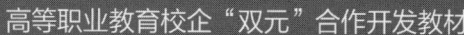
高等职业教育校企"双元"合作开发教材

审计实务

新准则 新税率

主 编 赖纯见 周 阅 左 燕

SHENJI SHIWU

新形态
教材

本书另配：教学课件
　　　　教　案
　　　　参考答案

中国教育出版传媒集团

高等教育出版社·北京

内容提要

本书是高等职业教育校企"双元"合作开发教材之一。

本书以会计师事务所财务报表审计的全业务流程为主线,基于财会审计领域最新法律法规和真实审计案例,按工作手册编写范式编写而成。本书包括九个项目:初步业务活动、风险评估及风险应对、审计计划、控制测试、实质性程序(资产类、负债类、所有者权益类、损益类)和审计报告。本书有助于学生了解审计工作流程,熟悉审计工作底稿,形成审计思维,提升实务技能。为了利教便学,部分学习资源(如实训数据、审计工作底稿)以二维码形式提供在相关内容旁,可扫描获取。此外,本书还另配有教学课件、教案、参考答案等教学资源,供教师教学使用。

本书既可以作为高等职业本科院校和高等职业专科院校财经商贸大类专业相关课程教材,也可以作为成人教育和会计人员继续教育培训用书。

图书在版编目(CIP)数据

审计实务 / 赖纯见,周阅,左燕主编.-- 北京 :
高等教育出版社,2025. 8. -- ISBN 978-7-04-065065-5

Ⅰ. F239.0

中国国家版本馆 CIP 数据核字第 2025ZG0318 号

策划编辑 张雨亭 钱力颖	**责任编辑** 张雨亭 钱力颖	**封面设计** 张文豪	**责任印制** 高忠富

出版发行	高等教育出版社	网　　址	http://www.hep.edu.cn
社　　址	北京市西城区德外大街 4 号		http://www.hep.com.cn
邮政编码	100120	网上订购	http://www.hepmall.com.cn
印　　刷	杭州广育多莉印刷有限公司		http://www.hepmall.com
开　　本	787mm×1092mm　1/16		http://www.hepmall.cn
印　　张	22.25		
字　　数	568 千字	版　　次	2025 年 8 月第 1 版
购书热线	010-58581118	印　　次	2025 年 8 月第 1 次印刷
咨询电话	400-810-0598	定　　价	49.00 元

前　　言

随着经济高质量发展和市场环境的复杂化,审计在经济活动中的监督保障功能日益凸显。高等职业教育财经类院校作为培养应用型审计专业人才的培养主体,承担着为社会输送高素质审计专业人才的重要使命。而校企合作则是构建契合市场需求的专业教材的有效路径。

本书由高校教师与企业专家合作编写,突破传统教材理论与实践脱节的局限,使内容更加贴近实际审计工作场景。专业教师依托深厚的学术积淀与丰富的教学经验,系统地构建教材的理论框架,融入审计领域的经典理论和前沿成果。企业一线审计专家凭借丰富实务经验,使内容与真实审计工作场景与方法接轨,确保内容紧密联系实际。

本书具有以下特点:

一、实务导向重构体系

本书以会计师事务所财务报表审计的全业务流程为主线,突破通用教材知识结构体系。本书以"工作流程＋报表项目"为纲,对接真实业务场景,让学生尽快理解和掌握财务报表审计工作全部内容,提升教材职业适配性和实用性。

二、真实案例强化技能

本书主要面向大数据与审计或相近专业高职教育高年级学生,难度适中,以"实操流程＋案例"为主,按工作手册编写范式编写,重点培养实务技能。本书精选了会计师事务所典型脱敏案例,真实呈现审计资料、业务流程及风险控制要点;重点解析审计实务中的问题处理逻辑与解决方法,有针对性地培养符合岗位要求的审计人才,实现技能培养与岗位需求的无缝衔接。

三、动态融合行业前沿

企业一线审计专家关注审计行业的发展趋势,将最新财税相关法律法规、审计技术与方法及时补充到教材中,确保学生所学内容与行业发展同步,有效提升其就业竞争力。

四、德技并修培育素养

本书在业务全流程教学过程中,着重强调审计人员的职业道德、诚信意识、风险意识以及沟通协调能力等多方面的职业素养,如通过案例解析塑造学生"德业兼修"的专业品格,为培养复合性的审计人才奠定基础。

本书由赖纯见、周阅和左燕担任主编,吴曙光、李斯佳、冯秀梅、龚玲、周艳和叶娟担任副主编,杜祖新、刘海涛和蒋敏参与编写。具体编写分工如下:吴曙光、李斯佳和冯秀梅编写项目一;赖纯见编写项目二、项目四、项目五、项目六、项目八、项目九;周阅和左燕编写项目三;龚玲、周艳和叶娟编写项目七;杜祖新、刘海涛和蒋敏制作了本书的配套教学资源。本书由赖纯见总纂定稿。

在本书的编写过程中,我们参考了大量相关著作、教材等书籍,在此,谨向所有相关作者表示诚挚的感谢。限于学识水平和实践经验,书中难免有不当之处,敬请各位读者批评指正。

编　者

2025 年 7 月

"审计实
操测试"
基础资料
索引

"审计实
操测试"
审计工作
底稿索引

"审计实
操测试"
基础资料
及审计工
作底稿二
维码使用
说明

目　　录

初步业务活动

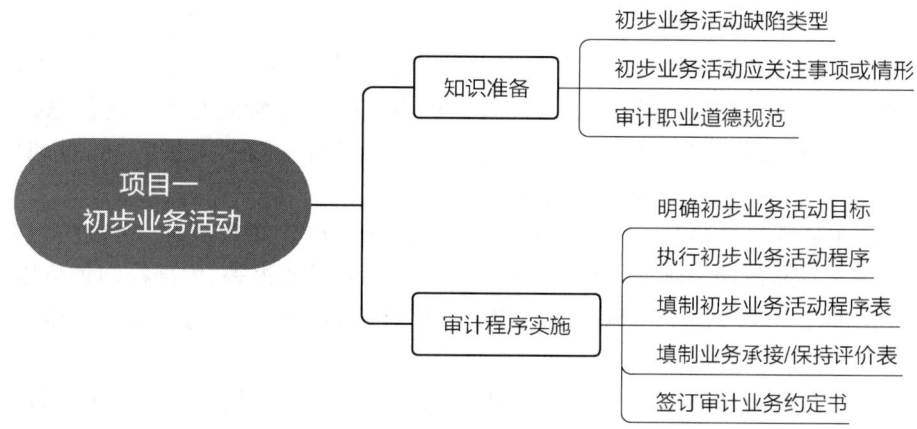

知识目标

1. 了解业务承接背景和被审计单位生产经营情况。
2. 熟悉对被审计单位管理层诚信判断。
3. 熟悉审计独立性。
4. 了解就业务约定书主要条款达成一致的内容。

能力目标

1. 能执行"了解业务承接背景"程序。
2. 能执行"了解被审计单位生产经营情况"程序。
3. 能独立完成"审计工作底稿——初步业务活动"填写。

素质目标

1. 提升沟通能力和社交能力。
2. 培养独立、严谨、审慎的职业素养。

　　光华会计师事务所收到了来自一家新兴科技公司——日月科技有限公司(以下简称"日月科技")的审计委托请求。日月科技主要从事高端电子产品的研发、生产和销售,在过去的两年中,公司业务增长迅速,市场份额不断扩大。

初步沟通 审计项目经理小李与日月科技的财务总监进行了初步沟通。财务总监介绍了公司的基本情况,包括业务范围、组织架构、财务状况等,并表达了对公司上市的期望,希望通过高质量的审计报告增强投资者的信心。

了解行业和公司 小李及其团队开始收集关于电子科技行业的信息,包括市场趋势、竞争格局、行业监管政策等。同时,他们深入研究日月科技的业务模式、销售渠道、供应链管理以及研发投入等方面的情况。他们发现企业所在行业技术更新换代快,市场竞争激烈,这可能对日月科技的产品定价和市场份额产生影响。在研究公司业务时,小李发现日月科技的主要销售渠道依赖几家大型电商平台,而其供应链中的关键零部件供应存在一定的供应商依赖风险。

评估独立性和专业胜任能力 光华会计师事务所对自身的独立性进行了评估。发现所内的一位合伙人曾在日月科技的主要竞争对手公司担任过高管,但其已离职超过 5 年,不会对独立性产生实质性影响。在专业胜任能力方面,光华会计师事务所拥有丰富的信息技术行业审计经验,具备应对复杂业务和技术问题的能力。但对于日月科技所采用的一些新型财务管理软件,审计团队需要进行额外的培训和学习。

商定审计业务约定书条款 经过多轮协商,双方初步确定了审计业务的范围、审计费用、报告提交时间等关键条款。例如,审计范围将涵盖公司的财务报表、内部控制评价以及可能的合规性审查。审计费用根据工作量和风险程度进行计算,预计在 12 万元左右。审计报告将在次年的 3 月 31 日前提交。

结论 通过初步业务活动,光华会计师事务所对日月科技的情况有了初步了解,认为可以承接该审计业务,但需要在后续的审计过程中保持职业谨慎,密切关注可能存在的风险点,并根据实际情况适时调整审计计划和策略。

任务 初步业务活动程序

学习活动一 明确任务

任务描述

本任务旨在执行初步业务活动审计程序,通过编制业务承接/保持评价表的方式进行。本任务中编制的审计工作底稿,应当让未曾接触本项目的人员了解和认知:① 业务承接背景;② 被审计单位生产经营情况;③ 审计人员对被审计单位管理层诚信的判断;④ 对审计独立性、专业胜任能力、资源及完成时间的判断;⑤ 就业务约定书主要条款达成的一致,如审计目的、报告时间、收费,签订业务约定书。本任务拟执行的审计程序如下。

一、初步业务活动目标

(1) 确定是否接受业务委托。
(2) 如接受业务委托,确保在计划审计工作时达到下列要求:① 注册会计师已具备执行业务所需要的独立性和专业胜任能力;② 不存在因管理层诚信问题而影响注册会计师承接或保持该项业务意愿的情况;③ 与被审计单位不存在对业务约定条款的误解。

二、初步业务活动程序

（1）了解被审计单位的基本情况，包括被审计单位的业务性质、经营规模、组织结构、行业状况、法律环境与监管环境等基本情况。

（2）初步评价审计业务环境，包括评价注册会计师遵守相关职业道德的情况，以及被审计单位管理层的诚信和对财务报告的责任等。

（3）签订审计业务约定书，明确审计业务的委托目的、审计范围、双方的责任与义务等事项。

具体任务，见"即测即评"中"审计实操测试"中的审计工作底稿（初步业务活动审计程序）。

任务 识别

1. 识读上述拟执行审计程序（任务），识别关键词，并把关键词写在下列横线上：_____

_____

2. 从关键词中选择词语用于描述初步业务活动审计程序任务（反映程序内容和要求）：

_____

_____

知识 准备

初步业务活动，是指注册会计师在接受委托前，为了确定是否承接审计业务以及为后续的审计工作制定计划而开展的一系列活动，主要包括：① 针对保持客户关系和具体审计业务实施相应的质量控制程序;② 评价会计师事务所及审计项目组成员遵守职业道德要求的情况，确保不存在影响独立性和客观性的因素;③ 就审计业务约定条款达成一致意见等。初步业务活动能够帮助注册会计师在承接业务前充分了解相关情况，降低审计风险，为高质量的审计工作奠定基础。

一、初步业务活动缺陷类型

1. 未能充分实施质量控制程序

没有对客户关系和具体审计业务进行全面、有效的质量控制评估，可能导致未能发现潜在的风险或问题。

2. 忽视独立性问题

未充分评估自身或所在会计师事务所在执行业务时是否具备独立性，可能存在影响独立性的因素未被识别或解决。

3. 对职业道德的评价不严谨

未能严格评价注册会计师及团队是否遵守相关职业道德，可能存在潜在的利益冲突等违反职业道德的情况。

4. 业务约定条款不明确或存在误解

与被审计单位就审计业务约定条款未能达成清晰、一致的意见,可能导致在审计范围、责任、报告形式等方面出现争议或误解。

5. 对客户诚信问题评估不足

没有充分调查和评估被审计单位管理层的诚信状况,可能无法及时发现因管理层诚信问题而影响业务承接的风险。

6. 未充分了解审计前提条件

未确定管理层是否采用了可接受的财务报告编制基础,或者管理层对注册会计师执行审计工作的前提是否认可。

7. 未准确评估自身专业胜任能力

过高或过低估计自身具备执行业务所需要的专业知识、技能和经验,可能影响审计的质量和效果。

8. 忽略或未及时识别客户及其环境的重大变化

在连续审计情形下,没有充分了解客户及其环境的重大变化,可能导致审计计划的不适当。

9. 未按规定与前任注册会计师进行沟通(如有)

首次接受审计委托时,没有按照要求与前任注册会计师进行必要的沟通,可能无法获取有价值的信息。

10. 未能及时签订或修改审计业务约定书

在需要签订或修改业务约定书时,未能及时完成相关工作,可能导致双方的权利与义务不明确。

为了避免这些错弊,审计人员应当严格按照审计准则的要求执行初步业务活动,保持职业怀疑,充分了解被审计单位及其环境,准确评估自身的独立性、专业胜任能力等,与被审计单位就业务约定条款进行充分沟通并达成一致意见,以确保审计工作的顺利开展。

二、初步业务活动应关注事项或情形

(一) 客户的诚信

(1) 调查客户的商业信誉和声誉:① 了解客户在行业内的声誉,是否存在商业欺诈、违法违规等不良记录;② 如果客户所在行业中曾有其他企业涉及财务造假,需要关注该客户是否也存在类似风险;③ 查看客户与其供应商、经销商或客户、员工等利益相关方的纠纷或诉讼记录,评估其诚信水平。

(2) 评估管理层的诚信度:① 了解管理层的职业背景、道德操守和过往经营管理决策的诚信表现,例如,管理层是否有过虚报业绩、隐瞒重要信息等行为;② 分析管理层的利益动机和压力,判断其是否存在为了达到特定业绩目标而操纵财务报表的可能性,例如,公司面临重大债务偿还压力或业绩对赌协议时,管理层可能有造假动机。

(二) 自身的独立性

(1) 识别潜在的利益冲突。检查会计师事务所、审计项目组成员及其直系亲属与客户之间是否存在直接或间接的经济利益关系。例如,审计人员持有被审计单位的股票,或者会计师事务所与被审计单位存在投资、借贷等经济往来。关注是否存在商业关系、家庭关系、雇佣关系等可能影响独立性的情形。例如,审计项目组成员的近亲属在被审计单位担任高级管理职务。

（2）评估独立性的维护措施。确定会计师事务所是否制定了有效的独立性政策和程序，以及这些政策是否得到有效执行。

（3）评估独立性的防范措施。对于可能存在的独立性威胁，评估会计师事务所是否采取了适当的防范措施，如人员回避、业务隔离。

（三）自身的专业胜任能力

（1）评估团队的专业知识和技能。分析审计项目组成员的教育背景、专业资质、职业经验和培训情况，确定其是否具备执行该审计业务所需要的专业知识和技能。例如，对于从事金融行业审计的项目组，成员是否熟悉金融行业相关的会计准则、监管要求和业务特点。必要时考虑是否需要借助外部专家的力量来弥补专业知识的不足。

（2）了解客户的业务性质、规模和复杂程度。对客户所处的行业、业务模式、组织架构、财务状况等进行深入了解，评估审计工作的难度和复杂性。例如，新兴的互联网金融企业的业务模式和会计处理可能较为复杂，需要审计人员具备相应的专业能力。

（四）业务约定书相关事项

（1）明确审计业务的性质和范围。与客户就审计业务的性质（如财务报表审计、内部控制审计等）、范围（包括审计的时间范围、业务范围和地理范围等）进行充分沟通和确认。例如，明确是对年度财务报表进行审计，还是对特定期间的财务报表进行审计；审计范围是否包括子公司、分支机构等。确保双方对审计业务的性质和范围有一致的理解，避免在后续审计过程中出现争议。

（2）确定审计报告的格式和内容。与客户协商审计报告的格式、类型（如标准审计报告、带强调事项段的无保留意见审计报告）、内容和发布方式等。例如，客户对审计报告的披露要求、使用目的和分发对象等。

（3）约定审计费用和支付方式。根据审计业务的工作量、难度、风险等因素，合理确定审计费用，并与客户达成一致。明确审计费用的支付方式、时间和条件，避免因费用问题影响审计工作的顺利进行。例如，约定在审计工作开始前支付一定比例的预付款，在审计报告出具后支付剩余款项。

（五）审计的前提条件

（1）确定管理层是否采用了适当的财务报告编制基础。了解客户编制财务报表所依据的会计准则、会计制度和相关法律法规等，判断其是否符合适用的财务报告编制基础。对于特殊行业或业务，关注是否存在特殊的会计处理要求和规定。

（2）确认管理层对注册会计师执行审计工作的前提的认可。管理层应认可并理解其对财务报表的责任，包括：① 按照适用的财务报告编制基础编制财务报表；② 设计、执行和维护必要的内部控制等。管理层应提供必要的审计条件，如允许注册会计师接触与审计相关的所有信息、人员和实物资产等。

三、审计职业道德规范

审计职业道德规范，是一套指导审计专业人员行为的准则，旨在确保审计工作的独立性、客观性、公正性和专业性。这些职业行为规范有助于提升审计工作的质量，增强公众对审计结果的信任，并保护投资者和其他利益相关者的利益。

（一）审计职业道德基本原则

中国注册会计师职业道德守则规定了与注册会计师执行财务报表审计相关的职业道德基

本原则,具体如下。

(1)诚信:审计人员应当在所有的职业活动中保持正直和诚实可信,不故意提供虚假或误导性的信息。例如,在审计报告中如实反映所发现的问题,不隐瞒重要事实。

(2)客观公正:审计人员应以客观的态度收集和评价审计证据,公正地作出审计结论和报告,不能因个人偏见、利益冲突或他人的不当影响而损害自己的职业判断。例如,对于相同的审计情况,即使涉及的对象不同也应采用相同的标准和方法进行处理。

(3)独立性:审计人员在执行业务时,应在精神和实质上独立于被审计单位,不受可能影响其职业判断的因素干扰。例如,审计师不能与被审计单位存在经济利益关系,或者受到被审计单位管理层的不当影响。

(4)专业胜任能力和勤勉尽责:审计人员应当具备和保持专业知识、技能和经验,以胜任所承担的审计工作,并保持应有的职业怀疑,认真履行审计职责。例如,持续学习新的审计准则和法规,及时更新自己的知识储备。

(5)保密:审计人员应对在审计过程中获取的被审计单位的信息严格保密,不得用于非审计目的或未经授权向第三方披露,除非为法律法规或职业准则规定的情况。例如,不能将被审计单位的涉密信息透露给竞争对手。

(6)良好的职业行为:审计人员应遵守相关法律法规和职业准则,不得从事有损职业声誉的行为。例如,不参与不正当的竞争活动,不诋毁同行;不夸大宣传提供的服务、获取的经验、资质和业务能力等。

(二)审计职业道德规范的具体应用

(1)独立性维护:审计人员在执行任务时,应避免与客户有过多的私人关系;不参与客户的经营决策;拒绝客户的不合理要求。

(2)客观性实践和公正性体现:审计人员在分析和解释数据时,应基于事实和证据,避免个人情感或偏见影响判断;在报告中公正地反映审计发现,不夸大或隐瞒问题。审计人员应平等对待所有客户和相关方,不因客户规模、性质或个人关系而有所偏颇。

(3)保密性遵守:对于审计过程中获取的敏感信息,审计人员应严格保密,不得泄露给无关第三方。只在法律要求或得到授权的情况下披露信息。

(4)专业能力和审计质量提升:审计人员应定期参加培训和专业考试,以更新知识和技能;在面对专业难题时,寻求资深同行或专业机构的指导。审计人员要坚持持续教育和终身学习,应关注行业动态,学习新的审计准则和技术。审计机构要把审计质量管理放在重要位置,应建立内部质量管理流程,定期进行自我检查和同行评审。

(5)保持职业怀疑:审计人员应保持职业怀疑态度,对于异常或不寻常的交易和事件,保持怀疑并进行深入调查。

(6)诚信行为:审计人员应在所有专业活动中保持诚实,不参与任何欺诈或不道德的行为。

(7)责任承担:审计人员应对审计报告的准确性和完整性承担责任,确保报告反映了审计工作的真实情况。

(8)遵守法律法规:审计人员应熟悉并遵守相关的法律法规、审计准则和行业规定。

(9)公共利益考量:审计人员应在审计工作中考虑公共利益,尤其是在涉及公共资金或上市公司的审计中。具体应用时,审计人员可能会面临一些道德困境,例如,当客户的某些做法可能违反职业道德规范时,审计人员需要采取适当的行动,如与客户沟通、寻求法律意见或报告给监管机构。此外,审计人员在准备和提交审计报告时,应确保报告内容真实、准确,不误导利益相关者。

通过这些实际行动,审计职业道德得以在审计实践中得到体现和执行。

学习活动二　审计程序实施

🔵 认知审计程序、示例

一、明确初步业务活动目标

（1）确定是否接受业务委托。

（2）如接受业务委托,确保在计划审计工作时达到下列要求：① 注册会计师已具备执行业务所需要的独立性和专业胜任能力。② 不存在因管理层诚信问题而影响注册会计师承接或保持该项业务意愿的情况。③ 与被审计单位不存在对业务约定条款的误解。

二、执行初步业务活动程序

（一）首次接受审计委托执行程序

（1）与被审计单位面谈,讨论下列事项：① 审计的目标;② 审计报告的用途;③ 管理层对财务报表的责任;④ 审计范围;⑤ 执行审计工作的安排,包括出具审计报告的时间要求;⑥ 审计报告格式和对审计结果的其他沟通形式;⑦ 管理层提供必要的工作条件和协助;⑧ 注册会计师不受限制地接触任何与审计有关的记录、文件和所需要的其他信息;⑨ 利用被审计单位专家或内部审计人员的程度（必要时）;⑩ 审计收费。

（2）初步了解被审计单位及其环境,并予以记录。

（3）征得被审计单位书面同意后,与前任注册会计师沟通。

（二）连续审计执行程序

（1）了解审计的目标,审计报告的用途,审计范围和时间安排等。

（2）查阅以前年度审计工作底稿,重点关注非标准审计报告涉及的说明事项,管理建议书的具体内容,重大事项概要等。

（3）初步了解被审计单位及其环境的重大变化,并予以记录。

（4）考虑是否需要修改业务约定条款,以及是否需要提醒被审计单位注意现有的业务约定条款。

（三）评价是否具备执行该项审计业务所需要的独立性和专业胜任能力
（四）完成业务承接评价表或业务保持评价表
（五）签订审计业务约定书（适用于首次接受业务委托,以及连续审计中修改长期审计业务约定书条款的情况）

三、填制初步业务活动程序表

光华会计师事务所拟承接复兴智能交通技术有限公司的审计业务,根据开展的初步业务活动程序,填写初步业务活动程序表。（见审计工作底稿实例1-1）

初步业务活动程序表

被审计单位：复兴智能交通技术有限公司　　　　索引号：A

项目：初步业务活动　　　　　　　　　　　　截止日/期间：2024-12-31

编制：文琴　　　　　　　　　　　　　　　　复核：李莉

日期：2025-03-10　　　　　　　　　　　　　日期：2025-03-10

一、注册会计师的目标

1. 确定是否接受业务委托

2. 如接受业务委托,确保在计划审计工作时达到下列要求

(1) 注册会计师已具备执行业务所需要的独立性和专业胜任能力。

(2) 不存在因管理层诚信问题而影响注册会计师承接或保持该项业务意愿的情况。

(3) 与被审计单位不存在对业务约定条款的误解。

二、审计工作核对表

初步业务活动程序	索引号	执行人
1. 与被审计单位面谈,讨论下列事项	AA	
(1) 审计的目标与范围。		
(2) 审计报告的用途。		
(3) 管理层的责任,包括：① 按照适用的财务报告编制基础编制财务报表,并使其实现公允反映(如适用)；② 设计、执行和维护必要的内部控制,以使财务报表不存在舞弊或错误导致的重大错报；③ 向注册会计师提供必要的工作条件,包括允许注册会计师接触与编制财务报表相关的所有信息(如记录、文件和其他事项),向注册会计师提供审计所需要的其他信息,允许注册会计师在获取审计证据时不受限制地接触其认为必要的内部人员和其他相关人员。		李莉
(4) 适用的财务报告编制基础。		
(5) 计划和执行审计工作的安排,包括项目组的构成等。		
(6) 拟出具审计报告的预期形式和内容,以及对在特定情况下出具的审计报告可能不同于预期形式和内容的说明。		
(7) 对审计涉及的被审计单位内部审计人员和其他员工工作的安排。		
(8) 对利用其他注册会计师和专家工作的安排。		
(9) 与前任注册会计师(如存在)沟通的安排。		
(10) 收费的计算基础和收费安排。		文琴
(11) 对审计结果的其他沟通方式。		
(12) 其他需要达成一致的事项。		
2. 对于首次接受审计委托的业务,在征得被审计单位书面同意后,与前任注册会计师沟通,并对沟通结果进行评价。		
3. 初步了解被审计单位及其环境,或其发生的重大变化,并予以记录。	AA　AB	

初步业务活动程序	索引号	执行人
4. 对于连续审计业务,查阅以前年度审计工作底稿,如果以前年度在审计报告中发表了非无保留意见,评价导致对上期财务报表发表非无保留意见的事项对本期的影响,了解以前年度在与治理层的沟通函中提及的值得关注的内部控制缺陷是否已得到解决等。		文琴
5. 对于连续审计业务,考虑是否需要修改业务约定条款,以及是否需要提醒被审计单位注意现有的业务约定条款。		
6. 如为集团审计业务,确定是否担任集团审计的注册会计师。		
7. 评价是否具备执行该项审计业务所需要的独立性和能力。		
8. 完成业务承接评价表或业务保持评价表。	AA　AB	李莉
9. 签订审计业务约定书(适用于首次接受业务委托,以及连续审计中修改长期审计业务约定书条款的情况)。	AC	

四、填制业务承接/保持评价表

在执行上述审计程序后,根据了解的被审计单位情况和审计机构情况,填制业务承接/保持评价表(见审计工作底稿实例1-2)。

审计工作底稿实例 1-2

业务承接评价表

被审计单位:复兴智能交通技术有限公司　　　　索引号:AA

项目:业务承接评价　　　　　　　　　　　　截止日/期间:2024-12-31/2024年度

编制:文琴　　　　　　　　　　　　　　　　复核:李莉

日期:2025-03-10　　　　　　　　　　　　　日期:2025-03-10

一、客户法定名称(中/英文):　　　复兴智能交通技术有限公司

二、客户地址:江州市闸北区经纬大道780号8幢16层

电话:　　　　　　传真:　　　　　　电子信箱:

网址:　　　　　　　　　　　　联系人:杨玲

三、客户性质(国有/外商投资/民营/其他)

民营

四、客户所属行业、业务性质与主要业务

科技推广和应用服务业,主要业务:运营车辆调度管理系统、公共自行车租赁系统、机场、车站客流疏导系统等

五、最初接触途径(详细说明)

(1) 本所职工引荐

（2）外部人员引荐	是
（3）其他（详细说明）	

六、客户要求我们提供审计服务的目的以及出具审计报告的日期

通用、4 月 30 日前

七、治理层、管理层关键人员和主要财务人员（姓名与职位）

治理层、管理层人员		主要财务人员	
姓名	职位	姓名	职位
武建	总经理	杨玲	财务经理

八、主要股东及实际控制人的名称、地址、相互关系、主营业务及持股比例

股东	地址	主营业务	持股比例	相互关系
武建			100.00%	法人

九、子公司的名称、地址、相互关系、主营业务及持股比例

公司名称	地址	主营业务	持股比例	相互关系
无				

十、合营企业的名称、地址、相互关系、主营业务及持股比例

公司名称	地址	主营业务	持股比例	相互关系
无				

十一、联营企业的名称、地址、相互关系、主营业务及持股比例

公司名称	地址	主营业务	持股比例	相互关系
无				

十二、分公司的名称、地址、主营业务

公司名称	地址	主营业务
无		

十三、客户主管税务机关

十四、客户法律顾问或委托律师（机构、经办人、联系方式）

无

十五、客户常年会计顾问（机构、经办人、联系方式）

无

十六、前任注册会计师（机构、经办人、联系方式），变更会计师事务所的原因，以及最近三年变更会计师事务所的频率

首次审计

十七、根据对客户及其环境的了解，记录下列事项

1. 客户的诚信

信息来源：

（1）与为客户提供专业会计服务的现任或前任人员进行沟通，并与其讨论

（2）向会计师事务所其他人员、监管机构、金融机构、法律顾问和客户的同行等第三方询问

（3）从相关数据库中搜索客户的背景信息

考虑因素：

（1）客户主要股东、关键管理人员、关联方及治理层的身份和商业信誉	良好	
（2）客户的经营性质	民营	
（3）客户主要股东、关键管理人员及治理层对内部控制环境和会计准则等的态度	积极	
（4）客户是否过分考虑将会计师事务所的收费维持在尽可能低的水平	否	
（5）工作范围受到不适当限制的迹象	否	
（6）客户可能涉嫌洗钱或其他刑事犯罪行为的迹象	否	
（7）变更会计师事务所的原因		
（8）关键管理人员是否更换频繁	否	

2. 经营风险

信息来源：从相关数据库中搜索客户的背景信息

考虑因素：

（1）同行业类似企业的经营业绩	否	
（2）法律环境	否	
（3）监管环境	否	
（4）受国家宏观调控政策的影响程度	否	
（5）是否涉及重大法律诉讼或调查	否	
（6）是否计划或有可能进行合并或处置资产的迹象	否	
（7）客户是否依赖主要客户（来自该客户的收入占全部收入的大部分）或主要供应商（来自该供应商的采购占全部采购的大部分）	否	
（8）管理层是否倾向于异常或不必要的风险	否	
（9）关键管理人员的薪酬是否基于客户的经营状况确定	否	
（10）管理层是否在达到财务目标或降低所得税方面承受不恰当的压力	否	

3. 财务状况

信息来源：近三年财务报表

考虑因素：

（1）现金流量或营运资金是否能够满足经营、债务偿付以及分发股利的需要	否	

(2) 是否存在对发行新债务和权益的重大需求	否	
(3) 贷款是否逾期未清偿,或存在违反贷款协议条款的情况	否	
(4) 最近几年毛利率或收入是否存在恶化的趋势	否	
(5) 是否涉及重大关联方交易	否	
(6) 是否存在复杂的会计处理问题	否	
(7) 客户融资后,其财务比率是否恰好达到发行新债务或权益的最低要求	否	
(8) 是否使用衍生金融工具	否	
(9) 是否经常在年末或临近年末发生重大异常交易	否	
(10) 是否对持续经营能力产生怀疑	否	

客户的风险级别(高/中/低)
低

十八、确定审计的前提条件是否存在
1. 管理层在编制财务报表时采用的财务报告编制基础是否是可接受的
考虑因素:

(1) 被审计单位的性质(如被审计单位是商业企业还是非营利组织)	营利性企业	
(2) 编制财务报表的目的(如编制财务报表是满足广大财务报表使用者的财务信息需求还是满足特定财务报表使用者的财务信息需求)	特定财务报表使用者使用	
(3) 贷款是否逾期未清偿,或存在违反贷款协议条款的情况	否	
(4) 财务报表的性质(如整套财务报表还是单一财务报表)	整套	
(5) 法律法规是否规定了适用的财务报表编制基础	是	

2. 管理层认可并理解其责任与管理层达成一致意见
管理层的责任包括:

(1) 按照适用的财务报告编制基础编制财务报表,并使其实现公允反映(如适用)	认同	
(2) 设计、实施和维护必要的内部控制,以使财务报表不存在舞弊或错误导致的重大错报	认同	
(3) 向注册会计师提供必要的工作条件,包括允许注册会计师接触与编制财务报表相关的所有信息(如记录、文件和其他事项),向注册会计师提供审计所需要的其他信息,允许注册会计师在获取审计证据时不受限制地接触其认为必要的内部人员和其他相关人员	认同	

十九、根据本所目前的情况,考虑下列事项

1. 项目组的时间和资源	是/否/不适用	详细情况
（1）根据本所目前的人力资源情况，是否拥有足够的具有必要素质和专业胜任能力的人员	是	
（2）是否能在提交报告的最后期限内完成业务	是	
2. 项目组的专业胜任能力		
（1）初步确定项目组关键人员是否熟悉相关行业或业务对象	是	
（2）初步确定的项目组关键人员是否了解相关监管要求或报告要求，或是否具备有效获取必要技能和知识的能力	是	
（3）在必要时，是否能够得到专家的帮助	是	
（4）如果需要项目质量控制复核，是否具备符合标准和资格要求的项目质量控制复核人员	是	

3. 独立性	
（1）自身利益	
考虑因素：本所或项目组成员是否因自身利益导致对独立性产生不利影响	
① 在客户中拥有直接经济利益	否
② 本所的收入过分依赖某一客户	否
③ 与客户存在重要且密切的商业关系	否
④ 过分担心可能失去某一客户	否
⑤ 某项目组成员正在与客户协商受雇于该客户	否
⑥ 与客户达成或有收费的协议	否
⑦ 在评价本所以往提供的专业服务时，发现了重大错误	否
（2）自我评价	
考虑因素：本所或项目组成员是否因自我评价对独立性产生不利影响	
① 为客户编制原始数据，而这些数据构成审计对象	否
② 项目组成员担任或最近曾经担任客户的董事或高级管理人员	否
③ 项目组成员目前或最近曾受雇于客户，并且所处职位能够对财务状况、经营成果或现金流量施加重大影响	否
④ 为客户提供直接影响财务状况、经营成果或现金流量的其他服务	否
（3）过度推介	
考虑因素：本所或项目组成员是否因过度推介导致对独立性产生不利影响	
① 是否曾推介客户的股份	否
② 是否曾担任客户的辩护人	否
（4）密切关系	

考虑因素：本所或项目组成员是否因密切关系导致对独立性产生不利影响	
① 项目组成员的近亲属担任客户的董事或高级管理人员	否
② 项目组成员的近亲属是客户的员工，其所处职位能够对财务状况、经营成果或现金流量施加重大影响	否
③ 客户的董事、高级管理人员或所处职位能够对财务状况、经营成果或现金流量施加重大影响的员工最近曾担任本所的项目合伙人	否
④ 接受客户的礼品或款待	否
⑤ 本所的合伙人或高级员工与客户存在长期业务关系	否

（5）外在压力

考虑因素：本所或项目组成员是否因外在压力对独立性产生不利影响	
① 受到客户解除业务关系或起诉的威胁	否
② 客户表示如果本所不同意对某项交易的会计处理，则不再委托其承办拟议中的非鉴证业务	否
③ 由于客户对所讨论的事项更具有专长而面临服从其判断的压力	否
④ 受到降低收费的影响而不恰当地缩小工作范围	否

（6）预计收取的费用及可收回性	
① 预计审计收费：33 000 元	
② 预计成本：25 000 元	
③ 可收回比率：100%	
二十、其他方面的意见	
无	
批准人：李莉	风险管理人（必要时）
基于上述方面，我们接受此项业务。	基于上述方面，我们接受此项业务。
签名：李莉	签名：
日期：2025 年 3 月 10 日	日期：
最终结论：我们接受此项业务。	

五、签订审计业务约定书

在确定要开展某项业务，并与被审计单位进行了商务谈判后，审计机构要与被审计单位签订审计业务约定书，详见光华会计师事务所与复兴智能交通技术有限公司签订的业务约定书。

审计业务约定书

甲方：复兴智能交通技术有限公司

乙方：光华会计师事务所（普通合伙）

兹由甲方委托乙方对甲方 2024 年度财务报表进行审计，经双方协商，达成以下约定：

一、审计的目标和范围

1. 乙方接受甲方委托，对甲方按照企业会计准则编制的 2024 年 12 月 31 日的资产负债表，2024 年度的利润表、所有者权益（或股东权益）变动表和现金流量表以及财务报表附注（以下统称财务报表）进行审计。

2. 乙方通过执行审计工作，对财务报表的下列方面发表审计意见：

（1）财务报表是否在所有重大方面按照企业会计准则的规定编制；

（2）财务报表是否在所有重大方面公允反映了甲方 2024 年 12 月 31 日的财务状况以及 2024 年度的经营成果和现金流量。

二、甲方的责任与义务

1. 根据《中华人民共和国会计法》及《企业财务会计报告条例》，甲方及甲方负责人有责任保证会计资料的真实性和完整性。因此，甲方管理层有责任妥善保存和提供会计记录（包括但不限于会计凭证、会计账簿及其他会计资料），这些记录必须真实、完整地反映甲方的财务状况、经营成果和现金流量。

2. 按照企业会计准则的规定编制财务报表是甲方管理层的责任，这种责任包括：① 按照企业会计准则的规定编制财务报表，并使其实现公允反映；② 设计、实施和维护必要的内部控制，以使财务报表不存在舞弊或错误导致的重大错报。

3. 及时为乙方的审计工作提供与审计有关的所有记录、文件和所需的其他信息（在 2025 年 3 月 15 日之前提供审计所需的全部资料，如果在审计过程中需要补充资料，亦应及时提供），并保证所提供资料的真实性和完整性。

4. 确保乙方不受限制地接触其认为必要的甲方内部人员和其他相关人员。

5. 甲方管理层对其作出的与审计有关的声明予以书面确认。

6. 为乙方派出的有关工作人员提供必要的工作条件和协助，乙方将于外勤工作开始前提供主要事项清单。

7. 按本约定书的约定及时足额支付审计费用以及乙方人员在审计期间的交通、食宿和其他相关费用。

8. 乙方的审计不能减轻甲方及甲方管理层的责任。

三、乙方的责任和义务

1. 乙方的责任是在实施审计工作的基础上对甲方财务报表发表审计意见。乙方按照中国注册会计师审计准则（以下简称审计准则）的规定进行审计。审计准则要求注册会计师遵守职业道德规范，计划和实施审计工作，以对财务报表是否不存在重大错报获取合理保证。

2. 审计工作涉及实施审计程序，以获取有关财务报表金额和披露的审计证据。选择的审计程序取决于乙方的判断，包括对舞弊或错误导致的财务报表重大错报风险的评估。在进行风险评估时,乙方考虑与财务报表编制相关的内部控制,以设计恰当的审计程序,但目的并非对内部控制的有效性发表意见。审计工作还包括评价管理层选用会计政策的恰当性和作出会计估计的合理性,以及评价财务报表的总体列报。

3. 由于审计和内部控制的固有限制,即使按照审计准则的规定适当地计划和执行审计工作,仍不可避免地存在财务报表的某些重大错报可能未被乙方发现的风险。

4. 在审计过程中,乙方若发现甲方存在乙方认为值得关注的内部控制缺陷,应以书面形式向甲方治理层或管理层通报。但乙方通报的各种事项,并不代表已全面说明所有可能存在的缺陷或已提出所有可行的改善建议。甲方在实施乙方提出的改进建议前应全面评估其影响。未经乙方书面许可,甲方不得向任何第三方提供乙方出具的沟通文件。

5. 按照约定时间完成审计工作,出具审计报告。乙方应于2025年3月30日前出具审计报告。

6. 除下列情况外,乙方应当对执行业务过程中知悉的甲方信息予以保密:① 法律法规允许披露,并取得甲方的授权;② 根据法律法规的规定,为法律诉讼、仲裁准备文件或提供证据,以及向监管机构报告发现的违反法规行为;③ 在法律法规允许的情况下,在法律诉讼、仲裁中维护自己的合法权益;④ 接受注册会计师协会或监管机构的执业质量进行检查,答复其询问和检查;⑤ 法律法规、执业准则和职业道德规范规定的其他情形。

四、审计收费

1. 本次审计服务的收费是以乙方各级别工作人员在本次工作中所耗费的时间为基础计算的。乙方本次审计服务的费用总额为人民币33 000.00元(大写:叁万叁仟元整)。

2. 甲方应于本约定书签署之日起2日内支付50%的审计费用,其余款项于审计报告草稿完成日结清。

3. 如果由于无法预见的原因,致使乙方从事本约定书所涉及的审计服务实际时间较本约定书签订时预计的时间有明显的增加或减少时,甲乙双方应通过协商,相应调整本约定书第四条第1项下所述的审计费用。

4. 如果由于无法预见的原因,致使乙方人员抵达甲方的工作现场后,本约定书所涉及的审计服务中止,甲方不得要求退还预付的审计费用;如上述情况发生于乙方人员完成现场审计工作,并离开甲方的工作现场之后,甲方应另行向乙方支付人民币30 000元的补偿费,该补偿费应于甲方收到乙方的收款通知之日起7日内支付。

5. 与本次审计有关的其他费用(包括交通费、食宿费等)由甲方承担。

五、审计报告和审计报告的使用

1. 乙方按照中国注册会计师审计准则规定的格式和类型出具审计报告。

2. 乙方向甲方出具的审计报告一式叁份。

3. 甲方在提交或对外公布乙方出具的审计报告及其后附的已审计财务报表时,不得对其进行修改。当甲方认为有必要修改会计数据、财务报表附注和所作的说明时,应当事先通知乙方,乙方将考虑有关的修改对审计报告的影响,必要时,将重新出具审计报告。

六、本约定书的有效期间

本约定书自签署之日起生效,并在双方履行完毕本约定书约定的所有义务后终止。但其中第三项第6段、第四、五、七、八、九、十项并不因本约定书终止而失效。

七、约定事项的变更

如果出现不可预见的情况,影响审计工作如期完成,或需要提前出具审计报告,甲乙双方均可要求变更约定事项,但应及时通知对方,并由双方协商解决。

八、终止条款

1. 如果根据乙方的职业道德及其他有关专业职责、适用的法律、法规或其他任何法定的要求,乙方认为已不适合继续为甲方提供本约定书约定的审计服务时,乙方可以采取向甲方提出合理通知的方式终止履行本约定书。

2. 在本约定书终止的情况下,乙方有权就其于本约定书终止之日前对约定的审计服务项目所做的工作收取合理的审计费用。

九、违约责任

甲、乙双方按照《中华人民共和国民法典》的规定承担违约责任。

十、适用法律和争议解决

本约定书的所有方面均应适用中华人民共和国法律进行解释并受其约束。本约定书履行地为乙方出具审计报告所在地,因本约定书所引起的或与本约定书有关的任何纠纷或争议(包括关于本约定书条款的存在、效力或终止,或无效之后果),双方选择以下第___种解决方式:

(1) 向有管辖权的人民法院提起诉讼;

(2) 提交重庆市仲裁委员会仲裁。

十一、双方对其他有关事项的约定

本约定书一式两份,甲乙方各执一份,具有同等法律效力。

复兴智能交通技术有限公司	光华会计师事务所(普通合伙)
(盖章)	(盖章)
授权代表:(签名并盖章)	授权代表:(签名并盖章)
二〇二四年三月十日	二〇二四年三月十日

填制电子底稿

参照初步业务活动审计程序要求和示例,完成项目一"即测即评"中"审计实操测试"中的审计工作底稿(初步业务活动中的业务承接/保持评价表的填制)。

学习活动三　课堂自查

(根据本任务学习情况和实操能力填写)

1. 难点:_____

_____

_____

2. 改进:_____

_____

_____

_____

项 目 拓 展

拓展阅读

▶ 知识视窗

认知人本审计

人本审计是一种将人的因素置于核心地位的审计理念和方法,它主张在审计分析框架中充分考虑人的行为、动机、价值观以及组织文化等因素的影响,有助于揭示人为因素在经济活动的作用,有助于提高审计的质量和价值。

例如,在企业内部审计中,人本审计不仅关注财务数据和业务流程,还注重分析员工的工作态度、职业操守以及管理层的领导风格等。通过了解员工是否得到合理的激励、是否有足够的资源和权限来履行职责,审计师能更全面地评估企业的经营状况和风险。此外,在政府审计中,人本审计可以用于考察公共政策的制定和执行是否充分考虑了民众的需求和利益,相关公职人员在履行职责时是否秉持公正、廉洁的原则。人本审计的优势在于识别传统技术手段难以发现的问题,提供更具针对性和有效性的审计建议。然而,实施人本审计也面临一些挑战,如对人为因素的评估难以量化、对审计人员综合素质要求高。

▶ 审计失败案例

2025年年初,甲会计师事务所拟承接Y公司2024年度财务报表审计。甲会计师事务所在初步业务活动中,对Y公司高层管理人员的诚信情况了解不足,未能实质性地了解和评估被审计单位高层管理人员的诚信问题。同时,在较为激烈的审计服务行业业务竞争下,甲会计师事务所的独立性也存在问题,因为基础审计费用偏低,且约定有浮动收费,从初步业务活动起,就出现了可能严重影响审计质量、增加审计失败风险的不利因素。Y公司在2024年度通过虚增营业收入和营业利润的手段进行财务舞弊,甲会计师事务所在审计过程中未能勤勉尽责,未对审计证据保持应有的职业怀疑,最终导致了审计失败。

素养园地

一家颇具规模的制造企业,准备聘请光华会计师事务所对其财务状况进行审计。审计团队在初步业务活动中,了解了企业的基本情况、业务范围和财务状况;评估了自身的独立性和专业胜任能力。在与企业管理层的沟通中,审计人员发现企业存在一些财务操纵迹象。然而,企业管理层试图通过各种方式向审计团队施加压力,希望他们在审计过程中"睁一只眼闭一只眼"。面对这样的情况,审计团队的负责人坚定地秉持诚信和客观公正的原则。他向团队成员强调:"审计人员肩负着为公众提供真实、可靠财务信息的责任。诚信是审计人员的职业基石,公正则是审计人员的行动准则。无论面对何种诱惑和压力,审计人员都不能违背职业道德。"

在接下来的工作中,审计团队严格按照审计准则和规范,对企业的财务数据进行了详尽的审查。他们不放过任何一个可疑的细节,与企业各部门进行充分的沟通和核实。最终,审计团队发现了企业存在的一系列财务造假问题,并如实出具了审计报告。这份报告不仅为投资者和利益相关者提供了准确的信息,也让企业认识到了自身的问题,为其整改和规范管理提供了有力的依据。这个事例说明审计人员要坚持:

（1）诚信意识。审计工作的基础是诚信,审计团队必须保持独立性,客观公正地对待每一项审计任务。

（2）责任意识。审计人员肩负着为社会提供真实、可靠的财务信息的责任,这关系到投资者的决策和市场的公平性。

（3）法律规范。审计过程中必须遵守相关法律法规,如《中华人民共和国会计法》《中华人民共和国审计法》《中华人民共和国注册会计师法》等,确保审计活动的合法性。

基础资料:
科目（月）
余额表

（4）坚持原则。审计团队必须坚持审计职业道德原则,不受外界因素干扰,展现审计人员的职业操守。

（5）社会影响。审计工作要致力于维护社会经济秩序和促进公平正义。

项目总结

▶ 学生感知

根据项目一学习、认知和能力训练情况,填写学习感知（掌握技能描述、心得体会等）：

_____

▶ 项目总结

知识内容重点与难点

重点:初步业务活动的核心程序包括业务承接评估（关注客户诚信、独立性、专业胜任能力）,审计业务约定书条款协商（审计范围、收费、报告时间）,管理层诚信调查（商业信誉、过往合规记录）及审计前提条件确认（财务报告编制基础、管理层责任）。首次审计须与前任会计师事务所沟通、全面了解业务环境;连续审计须关注历史底稿重大变化、业务约定条款修订。

难点:如何通过客户诚信调查（如行业口碑、法律纠纷）与独立性评估（关联关系、经济利益）识别承接风险;业务约定书条款的法律合规性判断（如审计范围界定、双方责任划分）。

技能训练重点与难点

重点:编制业务承接评价表（含客户基本信息、风险评估、资源匹配）,签署独立性声明,规范填列初步业务活动底稿（记录沟通细节、决策依据）。

难点:区分首次审计与连续审计的程序差异（如前任注册会计师沟通的必要性）;从复杂业务背景中提炼关键风险点（如新兴科技企业的技术依赖风险）。

即测即评

▶ 审计实操测试

项目一介绍了初步业务活动的内容和工作底稿的编制。按教学技能目标的要求,学生应能独立完成相关项目审计程序和工作底稿。(本测试相关的审计工作底稿详见二维码)

职业能力评价

职业能力	评价项目	学生自评
初步业务活动程序掌握	1. 首次接受审计委托执行程序	□A □B □C □D
	2. 连续审计执行程序	□A □B □C □D
	3. 评价审计独立性和专业胜任能力	□A □B □C □D
业务承接/保持评价表的填制	1. 客户的基本情况、审计业务基本情况、评价客户的诚信	□A □B □C □D
	2. 可审性评价结论	□A □B □C □D
	3. 评价本所或项目组成员独立性、专业胜任能力和资源等	□A □B □C □D
	4. 总体评价及结论	□A □B □C □D
理解审计业务约定书的内容	1. 协议的格式	□A □B □C □D
	2. 协议的条款	□A □B □C □D
	3. 协议双方的法律责任	□A □B □C □D
	4. 协议的生效及变更约定	□A □B □C □D

学生成绩:

注:(1) A 为掌握程度>80%,B 为掌握程度>70%,C 为掌握程度≥60%,D 为掌握程度<60%。
(2) 自评标准为学生对各项任务审计程序的执行力。
(3) 教师根据学生独立完成的审计工作底稿情况进行打分和评价,结果可作为平时成绩之一。

基础资料:核算项目(月)余额表

基础资料:核算项目明细表

基础资料:凭证表

基础资料:固定资产卡片

基础资料:存货表

审计工作底稿:初步业务活动

项目二　风险评估及风险应对

知识导图

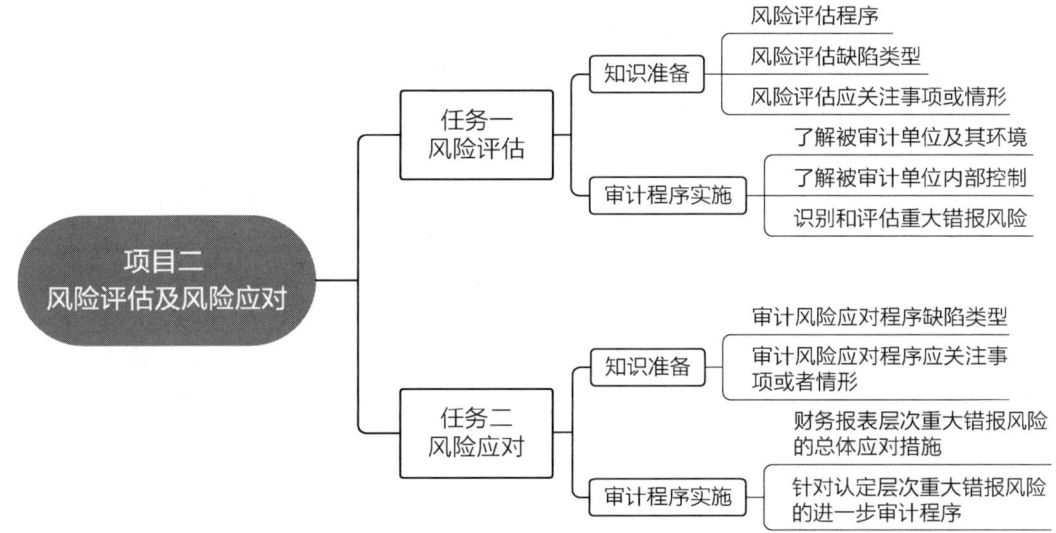

学习目标

知识目标

1. 了解被审计单位及其环境。
2. 了解被审计单位内部控制。
3. 熟悉总体应对措施。
4. 熟悉进一步审计程序。
5. 熟悉控制测试程序。

能力目标

1. 能执行风险评估程序。
2. 能制定风险应对措施。
3. 能执行控制测试。
4. 能独立完成"审计工作底稿——风险评估"填写。

素质目标

1. 树立勇于在工作中发现问题、解决问题的意识。
2. 养成独立、严谨、审慎的职业素养。
3. 提升沟通能力和社交能力。

项目引例

飞翔科技公司是一家专注于软件开发和信息技术服务的企业。公司成立于五年前,在过去几年中发展迅速,客户涵盖了多个行业领域。然而,随着业务的扩张,公司面临着日益复杂的市场环境和竞争压力。

风险评估

(1)行业竞争风险:软件行业竞争激烈,技术更新换代快,客户迁移成本降低。例如,新的竞争对手不断涌现,推出更具创新性和价格竞争力的产品,可能导致飞翔科技公司市场份额下降,收入减少。客户需求变化频繁,如果公司不能及时跟上技术发展和客户需求的变化,可能失去重要客户。

(2)技术研发风险:公司研发投入较大,但研发成果的不确定性较高。若某个关键研发项目因技术路线选择失误而被迫终止,前期投入就无法收回。另外,技术人才的竞争激烈,核心技术人员的流失可能影响研发进度和技术保密性。

(3)法律法规风险:软件行业面临着日趋严格的知识产权保护和数据安全要求。若公司在软件开发和数据处理过程中违反相关法律法规,可能面临法律诉讼和巨额罚款。

(4)财务风险:公司为了支持研发和业务扩张,大量举债,导致资产负债率较高,偿债压力较大。应收账款账期较长,存在坏账风险。例如,一些客户可能因财务困难无法按时支付款项。

风险应对

(1)应对行业竞争风险:① 加强市场调研和产品研发,定期评估市场需求和竞争态势,及时调整产品策略;② 建立客户关系管理系统,提高客户满意度和忠诚度,加强与重要客户的合作。

(2)应对技术研发风险:① 优化研发流程,加强项目管理和监控,确保研发项目按计划推进;② 提供有竞争力的薪酬和福利,营造良好的工作环境,吸引和留住核心技术人员。

(3)应对法律法规风险:设立专门的法务部门或聘请法律顾问,加强对法律法规的研究和遵守。建立完善的数据安全管理体系,定期进行合规性审查。

(4)应对财务风险:优化资本结构,合理控制债务规模,拓宽融资渠道。加强应收账款管理,建立信用评估体系,及时催收账款,对坏账进行合理计提。通过以上风险评估和风险应对措施的实施,飞翔科技公司能够更好地应对潜在风险,提高企业的可持续发展能力和财务报告的可靠性。

综上所述,风险评估和应对的核心是针对重大错报风险进行识别、评估及应对,并最终将审计风险降至可接受的低水平,从而提供高水平保证。

任务一 风险评估

学习活动一 明确任务

任务描述

风险评估程序,是指注册会计师为识别和评估财务报表层次以及认定层次的重大错报风

险,而设计和实施的审计程序。《中国注册会计师审计准则第 1101 号——注册会计师的总体目标和审计工作的基本要求》要求注册会计师在审计过程中贯彻风险导向审计的理念,围绕重大错报风险的识别、评估和应对,计划和实施审计工作。《中国注册会计师审计准则第 1211 号——重大错报风险的识别和评估》规范了注册会计师通过实施风险评估程序,识别和评估财务报表层次以及各类交易、账户余额和披露认定层次的重大错报风险。注册会计师应当依据实施这些程序所获取的信息,识别和评估重大错报风险。本任务旨在执行风险评估程序,通过了解被审计单位及其环境、了解被审计单位的内部控制,完成风险评估工作及其审计工作底稿填制。本任务拟执行的审计程序如下。

一、审计目标

(一) 确定重大错报风险水平
(1) 识别财务报表层次的重大错报风险。
(2) 识别各类交易、账户余额和披露认定层次的重大错报风险。
(二) 确定检查风险的可接受水平,为审计计划提供依据
(1) 确定影响检查风险评估的关键因素。
(2) 确定可接受水平的方法。

二、审计程序

(一) 了解被审计单位及其环境(不包括内部控制)
(1) 了解行业状况、法律环境与监管环境以及其他外部因素,评估相关风险。
(2) 了解被审计单位的性质,评估相关风险。
(3) 了解被审计单位适用的财务报告编制基础、会计政策以及变更会计政策的原因,评估相关风险。
(4) 了解被审计单位的目标、战略以及相关经营风险,评估相关风险。
(5) 了解被审计单位财务业绩的衡量和评价,评估相关风险。
(二) 了解被审计单位内部控制
(1) 从被审计单位整体层面了解内部控制。
(2) 从业务流程层面了解内部控制。
(三) 识别和评估重大错报风险
(1) 识别和评估财务报表层次重大错报风险。
(2) 识别和评估认定层次重大错报风险。

 **任务** 识别

1. 识读上述拟执行审计程序(任务),识别关键词,并把关键词写在横线上:＿＿＿＿＿

＿＿＿＿＿＿＿＿＿＿＿＿＿＿＿＿＿＿＿＿＿＿＿＿＿＿＿＿＿＿＿＿＿＿＿＿＿＿＿

2. 从关键词中选择词语用于描述风险评估程序任务(反映程序内容和要求):＿＿＿＿＿

＿＿＿＿＿＿＿＿＿＿＿＿＿＿＿＿＿＿＿＿＿＿＿＿＿＿＿＿＿＿＿＿＿＿＿＿＿＿＿

一、风险评估程序

注册会计师应当实施以下风险评估程序,以了解被审计单位及其环境,进而识别异常的交易或事项,据此初步获取与识别重大错报风险相关的信息,针对性地设计进一步审计程序。

(一) 询问

被审计单位管理层和对财务报告负有责任的人员是审计人员的重点询问对象。根据具体情况,审计人员还应考虑是否询问内部审计人员、采购人员、生产人员、销售人员等,以获取对识别重大错报风险有用的信息。同时,对于舞弊事项、持续经营、相关法律法规、被审计单位关联方、或有事项、期初余额等相关事项,注册会计师可以通过询问被审计单位管理层,更直接地获取初步信息。

(二) 实施分析程序

分析程序是了解企业整体变化和趋势的重要手段。通过分析程序,审计人员可以发现被审计单位可能存在的异常交易或事项,或者对财务报表和审计产生影响的金额、比率和趋势。常见的分析程序包括:① 对财务报表进行结构分析、比率分析;② 将经营结果与预算比较;③ 多年财务报表对比分析(趋势分析)。

(三) 观察和检查程序

常见的观察和检查程序包括:① 观察被审计单位的生产经营活动;② 检查文件、记录和内部控制手册;③ 阅读由管理层和治理层编制的报告;④ 实地察看被审计单位的生产经营场所和设备;⑤ 追踪交易在财务报告信息系统中的处理过程(穿行测试)。通过观察和检查,可以印证对管理层及其他相关人员的询问结果,并且可以提供被审计单位业务、经营环境、内部控制等有关信息。

二、风险评估缺陷类型

(一) 了解被审计单位及其环境

(1) 了解范围不全面。如果只关注了企业的财务状况,忽视了其所处的行业状况、市场竞争、法律法规环境等外部因素对企业的影响,可能导致无法准确评估企业面临的经营风险,进而影响审计风险评估的准确性。例如,在对一家制造业企业进行审计时,未充分了解原材料价格波动、行业技术更新换代等因素。如果对企业的内部组织结构、治理结构和内部控制了解不足,可能会遗漏潜在的风险点。例如,不清楚企业内部各部门之间的职责划分和权力制衡关系,或者未深入了解企业内部控制的设计和运行有效性。

(2) 了解方法不当。审计人员不应过度依赖询问管理层和员工获取信息,而不对获取的信息进行充分的验证和核实。管理层和员工可能出于自身利益或认知偏差,提供不准确或不完整的信息。比如,管理层可能为了美化企业业绩而隐瞒一些不利的经营状况或风险因素。此外,未充分利用其他信息渠道,如行业报告、专业数据库、监管机构公告等将导致评估结论不全。外部信息来源可以提供更客观、全面的行业和市场信息,有助于审计人员更准确地评估企业面临的风险。

(二) 识别和评估重大错报风险

(1) 风险识别遗漏。审计人员可能忽略企业存在的特殊风险:例如,从事跨国业务的企业可能面临汇率风险、政治风险等特殊风险,审计人员如果未考虑这些因素,就可能导致风险评估不完整。此外,随着业务的不断拓展和创新,企业可能会涉足一些新的业务领域或采用新的商业模式,审计人员如果缺乏相关领域的知识和经验,可能无法及时识别出其中蕴含的风险。

(2) 风险评估不准确。对风险发生的可能性和影响程度的评估缺乏合理依据,可能导致高估或低估风险。例如,仅凭借主观判断或经验来确定风险的重要性水平,而没有运用适当的风险评估模型或定量分析方法。此外,如果审计人员在评估风险时,未正确评估企业内部控制的有效性,可能会误判风险水平。例如,企业虽然存在某一风险因素,但内部控制能够有效地降低该风险发生的可能性和影响程度,而审计人员未考虑这一因素,可能会高估风险。

(三) 项目组内部讨论

(1) 讨论不充分,项目组成员之间缺乏有效的沟通和交流,导致对审计风险的认识不一致。例如,在讨论过程中,部分成员提出的重要风险点未得到其他成员的重视和进一步探讨,可能会影响风险评估的全面性和准确性。另外,讨论内容流于形式,没有深入分析问题,如,只是简单地列举风险点,而没有对风险产生的原因、可能导致的后果以及应对措施进行深入分析和讨论,也可能影响风险评估结果。

(2) 记录不完整,未对项目组内部讨论的过程和结果进行完整记录。审计工作底稿是审计过程的重要记录,记录不完整可能导致后续审计工作缺乏依据,也不利于审计质量的监督和检查。记录的内容过于简略,无法准确反映讨论的实质内容和关键信息。例如,只记录了讨论的时间和参与人员,而没有详细记录讨论的风险点、分析过程和结论等。

三、风险评估应关注事项或情形

(一) 宏观经济环境

宏观经济环境的变化会对企业的财务状况和经营成果产生深远影响。

1. 经济周期波动

在经济衰退期,企业可能面临销售下滑、应收账款回收困难、存货积压等问题,增加了财务报表的错报风险。例如,零售行业在经济不景气时,销售额大幅下降,可能导致存货跌价和销售收入确认不准确等风险。

2. 利率和汇率变动

对于有外币业务或借款的企业,汇率波动可能导致汇兑损益的重大波动,影响财务报表的准确性。利率的变化则会影响企业的借款成本和利息支出。如进出口企业,汇率的大幅波动可能使企业的外币资产和负债价值发生显著变化,若财务报表中未准确反映这些变化,就会产生错报风险。

3. 通货膨胀

通货膨胀会影响企业的成本结构和资产价值。在高通货膨胀环境下,原材料和劳动力成本可能上升,固定资产的重置成本也会增加。

(二) 行业状况

不同行业具有不同的特点和风险。

1. 行业竞争程度

在激烈竞争的行业中,企业可能为了保持市场份额或竞争优势而采取激进的会计政策或财务舞弊。例如,一些互联网企业为了吸引投资者,可能夸大用户数量或收入规模,导致财务报表存在重大错报风险。

2. 行业监管环境

某些行业受到严格的监管,监管政策的变化可能对企业的财务状况和经营成果产生重大影响。例如,医药行业受到药品审批、价格管制等政策的严格监管,政策的变化可能导致企业的研发投入、销售收入和利润发生重大变化。

3. 行业技术变革

技术的快速发展可能使一些企业的产品或服务迅速过时,导致资产减值和经营业绩下滑。例如,电子科技行业产品更新换代速度极快,如果企业不能及时调整战略和财务政策,可能面临存货跌价、固定资产减值等风险,影响财务报表的可靠性。

(三) 企业自身情况

1. 企业的性质

(1)所有权结构。复杂的所有权结构可能暗含利益输送、关联方交易不透明等问题。例如,企业存在多层级的控股关系或交叉持股,可能隐藏关联方之间的非正常交易,增加财务报表的错报风险。

(2)治理结构。不完善的公司治理结构可能导致管理层凌驾于内部控制之上,从而增加财务舞弊的风险。例如,董事会缺乏独立性,管理层权力过于集中,内部审计部门无法有效发挥监督作用等情况,都可能使企业的内部控制失效,威胁财务报表的真实性和可靠性。

(3)组织架构。企业内部组织架构的复杂性和变化可能影响财务报表的编制和信息传递。例如,大型企业集团拥有众多的子公司、分支机构和业务部门,各部门之间的信息沟通和协调不畅可能导致财务数据的不准确或不完整。

2. 企业的经营活动

(1)业务模式的复杂性。多元化、创新性或复杂的业务模式可能增加财务报表错报风险。例如,金融衍生工具交易的使用等复杂业务的会计处理和披露较为复杂,容易发生错报。

(2)关联方交易。关联方交易可能存在价格不公允、交易条款不合理等问题,从而影响财务报表的真实性和公允性。例如,企业通过与关联方进行虚假交易来虚增收入或转移利润,或者隐瞒关联方关系和交易,以误导投资者和审计人员。

(3)重大非常规交易。重大非常规交易通常具有特殊的商业目的和交易背景,其会计处理和风险评估较为复杂。例如,企业的资产处置、债务重组、合并等交易,可能涉及复杂的会计估计和判断,容易出现错报风险。

3. 企业的财务状况

(1)财务业绩的稳定性和趋势。如果企业的财务业绩波动较大或出现异常变化,可能表明存在潜在的风险因素。例如,企业的收入、利润在不同期间出现大幅波动,或者与同行业其他企业相比存在明显差异,可能是会计政策变更、会计估计不当、财务舞弊等导致的。

(2)盈利能力和偿债能力。盈利能力和偿债能力是评估企业财务状况的重要指标。如果企业的盈利能力持续下降,或者偿债能力出现问题,可能影响企业的持续经营能力,进而影响财务报表的可靠性。例如,企业的资产负债率过高,利息保障倍数过低,可能面临资金链断裂和破产的风险。

(3)资产质量和流动性。资产质量和流动性状况会影响企业的财务状况和经营成果。例如,企业的应收账款坏账准备计提不足、存货积压或滞销、固定资产存在重大减值迹象等,都可能导致资产价值不实,影响财务报表的准确性。

（四）内部控制

有效的内部控制可以降低财务报表的错报风险。

1. 内部控制环境

内部控制环境包括管理层的理念和经营风格、员工的职业道德和胜任能力、企业的组织文化等。如果企业的内部控制环境薄弱，员工缺乏诚信和责任感，管理层不重视内部控制，那么内部控制制度很难有效实施。例如，管理层为了追求短期业绩而忽视风险管理和内部控制，可能导致财务报表的错报风险增加。

2. 风险评估过程

企业是否能够及时识别和评估内外部风险，并采取相应的应对措施依靠风险评估过程。如果企业的风险评估机制不完善，无法准确识别重大风险，或者对风险的应对措施不当，可能导致财务报表出现重大错报。例如，企业在面临市场竞争加剧、原材料价格上涨等风险时，未及时调整经营策略和会计估计，可能导致财务报表信息不准确。

3. 控制活动

控制活动包括企业的授权审批、会计核算、资产保护、预算控制等控制措施。如果控制活动存在缺陷，可能导致财务报表的生成和披露过程中出现错误或舞弊。例如，企业的授权审批制度不严格，可能导致未经授权的交易发生；会计核算方法不恰当，可能导致财务数据的错误记录和报告。

4. 信息与沟通

信息与沟通指企业内部信息的及时传递和沟通，以及与外部利益相关者的信息交流。如果信息与沟通不畅，可能导致管理层无法及时获取准确的信息，影响决策的科学性和有效性，同时也可能导致财务报表的错报风险增加。例如，企业内部各部门之间信息传递不及时、不准确，或者企业与外部审计师之间沟通不足等。

5. 内部监督

内部监督机制下，由内部审计部门或其他监督机构对内部控制的有效性进行监督和评价。如果内部监督机制不完善，无法及时发现和纠正内部控制缺陷，可能导致财务报表的错报风险长期存在。例如，内部审计部门独立性不足，或者监督检查流于形式，无法发挥应有的监督作用。

（五）财务报表项目

不同的财务报表项目具有不同的风险特征，例如：

（1）应收账款。审计人员应关注应收账款的可收回性，是否存在坏账准备计提不足的风险。例如，企业的应收账款账龄较长，客户信用状况恶化，但坏账准备计提比例较低，可能导致高估应收账款的账面价值。

（2）存货。审计人员应考虑存货的计价方法是否恰当，是否存在存货跌价的风险。例如，在市场价格下跌的情况下，企业未及时对存货计提跌价准备，可能导致高估存货价值。

（3）固定资产。审计人员应审查固定资产的折旧计提是否合理，是否存在固定资产减值的迹象。例如，企业的固定资产使用年限估计过长，折旧计提不足，或者固定资产因技术进步等原因存在减值迹象但未进行减值测试，可能导致固定资产价值不实。

（4）收入。收入是财务报表的重要项目，也是容易发生错报的领域。审计人员应关注企业的收入确认政策是否符合会计准则，是否存在提前或延迟确认收入、虚构收入等风险。例如，企业通过与关联方进行虚假交易来确认收入，或者在销售合同尚未完全履行的情况下提前确认收入，都会导致收入的确认存在重大错报风险。

（5）或有事项和承诺。企业可能存在未在财务报表中充分披露的或有事项和承诺，如未决诉讼、担保、重大合同承诺等,这些事项可能对企业的财务状况和经营成果产生重大影响。审计人员需要关注企业是否对或有事项和承诺进行了充分的识别、评估和披露,以避免财务报表的遗漏或误导性陈述。

学习活动二　审计程序实施

认知审计程序、示例

一、了解被审计单位及其环境(审计工作底稿实例 2-1 至审计工作底稿实例 2-3)

注册会计师通过实施风险评估程序,了解被审计单位及其环境、了解内部控制。

"了解被审计单位及其环境(不含内部控制)程序表"(审计工作底稿实例 2-1)记录了解被审计单位的基本情况和外部环境(不含内部控制),并识别其中可能隐藏的重大错报风险。实施程序主要是询问为主,并结合分析程序、观察、检查程序,必要时可进行测试。如内容较多,也可另外附表并索引至该表。该表内容详略程度视项目的繁杂程度及注册会计师的专业判断确定。第一列"了解项目"可参照《财务报表审计工作底稿编制指南》中"了解被审计单位及其环境"需了解的内容一般限于与识别、判断重大错报风险直接相关的领域。

(一) 对行业形势、法律环境与监管环境以及其他外部因素的了解

通过了解相关情况,注册会计师可以了解被审计单位所处行业基本面,发展周期,公司产品生产经营特点、产品或服务价值构成等,了解判断企业面临的经营压力与机会。

(二) 对被审计单位性质的了解

通过了解被审计单位的性质,注册会计师可以知晓被审计单位的组织结构、所有权结构、治理结构、业务模式、管理风格等,同时可以识别上下游主要客户和供应商是否为关联方等,为识别审计风险提供帮助。

(三) 适用的财务报告编制基础、会计政策以及变更会计政策的原因

通过了解被审计单位适用的财务报告编制基础、会计政策以及变更会计政策的原因,评价其适用的财务报告编制基础和对会计政策的选择,注册会计师可以识别和判断被审计单位是否按照会计准则规定恰当选择会计政策及其变更,以及是否恰当进行会计处理和信息披露。一般情况下,注册会计师应当重点关注:① 会计政策选用的行业惯例,特别是收入、成本、固定资产折旧和资产减值;② 重大和异常交易的会计处理方法;③ 当期是否存在会计政策变更、会计估计变更,以及变更会计政策是否存在合理的理由。

(四) 目标、战略及相关经营风险

通过了解被审计单位目标、战略及相关经营风险,注册会计师可以识别是否存在可能对财务报表产生影响的因素。一般情况下,注册会计师应当了解被审计单位是否存在开发新产品或提供新服务、业务扩张、本期及未来的融资条件等方面有关的目标和战略,考虑是否存在可能导致财务报表发生重大错报的经营风险。

(五) 财务业绩的衡量与评价

通过了解被审计单位财务业绩的衡量与评价,注册会计师通常可以识别被审计单位管理层是否可能因相关绩效考核产生压力,即存在促使其实施舞弊的动机。一般情况下,注册会计师应当关注下列信息:① 关键业绩指标实现程度;② 业绩趋势是否正常;③ 管理层和员工业绩考核兑现情况。

(六) 财务报表分析

对被审计单位财务报表进行分析时,注册会计师通常从以下方面进行分析,判断潜在的风险领域:① 财务报表结构分析及指标分析;② 多期财务报表对比分析;③ 预测、预算和差异分析;④ 与行业平均或竞争对手关键指标进行对比分析。

📍 **审计工作底稿实例 2 - 1** -------------------------

了解被审计单位及其环境(不含了解内部控制)程序表

被审计单位:复兴智能交通技术有限公司　　　　　　索引号:BA

项目:了解被审计单位及其环境　　　　　　　　　　截止日:2024 - 12 - 31

编制:文琴　　　　　　　　　　　　　　　　　　　复核:李莉

日期:2025 - 03 - 10　　　　　　　　　　　　　　　日期:2025 - 03 - 10

一、审计目标

从以下方面了解被审计单位及其环境,并评估相应重大错报风险:

1. 行业状况、法律环境与监管环境以及其他外部因素
2. 被审计单位的性质
3. 被审计单位对会计政策的选择和运用
4. 被审计单位的目标、战略以及相关经营风险
5. 被审计单位财务业绩的衡量和评价

二、实施的风险评估程序

风险评估程序	索引号	执行人
1. 了解行业状况、法律环境与监管环境以及其他外部因素,评估相关风险		
(1) 向被审计单位的董事、总经理等相关人员询问行业、法律环境与监管环境以及其他外部因素	BA1 - 1	文琴
(2) 查阅以前年度审计工作底稿(适用于连续审计)、内部与外部的相关信息资料		
(3) 其他相关程序		
2. 了解被审计单位的性质,评估相关风险		
(1) 向管理层询问被审计单位所有权结构、治理结构和组织结构		
(2) 向销售主管询问主要客户和合同、付款条件、主要竞争者、定价政策、营销策略等相关情况	BA1 - 1	文琴
(3) 了解经营、投资、筹资活动,并查阅主要合同		
(4) 实地查看被审计单位主要生产经营场所		
(5) 其他相关程序		
3. 了解被审计单位对会计政策的选择和运用,评估相关风险		
(1) 向财务负责人询问被审计单位采用的主要会计政策、会计政策变更的情况、财务人员构成情况等	BA1 - 1	文琴

风险评估程序	索引号	执行人
(2) 查阅被审计单位会计工作手册、操作指引等财务资料和内部报告(如有)	BA1-1	文琴
(3) 其他相关程序		
4. 了解被审计单位的目标、战略以及相关经营风险,评估相关风险	BA1-1	文琴
(1) 向管理层询问被审计单位实施的或准备实施的目标和战略		
(2) 其他相关程序		
注:小型企业通常没有正式的计划和程序来确定其目标、战略并管理经营风险。注册会计师应通过访谈,询问被审计单位的目标、战略以及如何管理经营风险		
5. 了解被审计单位财务业绩的衡量和评价,评估相关风险	BA1-1	文琴
(1) 向管理层询问被审计单位管理层和员工的业绩考核与激励性报酬政策,以及不同层次部门的业绩报告等		
(2) 实施分析程序,将内部业绩指标与被审计单位设定的目标值进行比较,与竞争对手的业绩进行比较,分析业绩趋势	BA2-1	
(3) 其他相关程序		
6. 根据了解被审计单位及其环境的情况,评估相应的财务报表层次和认定层次的重大错报风险	BA2-1	李莉

二、了解被审计单位内部控制

注册会计师应依据《中国注册会计师审计准则第 1211 号——重大错报风险的识别和评估》的第二十六条、第二十七条、第二十九条、第三十一条和第三十二条的规定,了解和评价企业内部控制、流程和组织结构、控制活动及其监督,实施风险评估程序。

一般情况下,注册会计师应当了解企业的相关内部控制,并对拟信赖的内部控制进行测试,据以确定进一步审计程序的性质、时间和范围。如果拟不信赖内部控制,或者在某些控制环节不存在能够被注册会计师识别的控制活动,注册会计师可以不实施控制测试而直接实施实质性程序。但此时注册会计师应当考虑仅通过实施实质性程序是否能够获取充分、适当的审计证据。否则,必须执行控制测试。

(一) 了解被审计单位与财务报表编制相关的控制

内部控制要素包括以下五方面:① 内部环境(控制环境);② 风险评估;③ 内部监督;④ 信息与沟通(信息系统与沟通);⑤ 控制活动。其中,控制环境、风险评估、信息系统与沟通、内部监督,都属于整体层面的内部控制,业务流程层面的内部控制主要是指控制活动。注册会计师通常采取询问、检查和观察的方法实施了解,并将了解的情况摘要以文字记录,取得控制证据样本,形成审计工作底稿。

通过实施对被审计单位整体层面内部控制的了解和评价,注册会计师可以:① 形成对被审计单位内部控制整体层面的初步评价,从而指导对业务流程层面内部控制的了解;② 针对内部控制薄弱环节,设计拟实施的实质性程序。

书面记录对被审计单位整体层面内部控制的了解和评价可见审计工作底稿实例 2-2 至审计工作底稿实例 2-4。

在被审计单位整体层面了解内部控制

被审计单位：复兴智能交通技术有限公司　　　　　　索引号：BB
项目：在整体层面了解和评价内部控制　　　　　　截止日：2024-12-31
编制：文琴　　　　　　　　　　　　　　　　　　复核：李莉
日期：2025-03-10　　　　　　　　　　　　　　　日期：2025-03-10

在被审计单位整体层面了解和评价内部控制的工作包括：

(1) 了解被审计单位整体层面内部控制的设计，并记录所获得的了解

(2) 针对被审计单位整体层面内部控制的控制目标，记录相关的控制活动

(3) 执行询问、观察和检查程序，评价控制的执行情况

(4) 记录在了解和评价整体层面内部控制的设计和执行过程中存在的缺陷以及拟采取的应对措施

了解被审计单位整体层面内部控制形成下列审计工作底稿：

(1) 了解整体层面内部控制汇总表(BB-1)

(2) 了解和评价控制环境(BB-1-1)

(3) 了解和评价被审计单位的风险评估过程(BB-1-2)

(4) 了解和评价信息系统与沟通(BB-1-3)

(5) 了解和评价被审计单位对控制的监督(BB-1-4)

编制说明：

(1) 在了解和评价控制的设计并确定其是否得到执行时，应当使用询问、检查、观察程序，并记录所获取的信息和审计证据来源

(2) 如果使用以前审计获取的信息，应当考虑被审计单位的相关控制自上次测试后是否发生重大变动

(3) 本部分包括的工作底稿所记录的主要内容如下

① 汇总对整体层面内部控制了解的主要内容和结论(BB-1)

② 记录通过询问、观察和检查程序对控制环境的了解和评价结果(BB-1-1)

③ 记录通过询问、观察和检查程序对被审计单位的风险评估过程的了解和评价结果(BB-1-2)

④ 记录通过询问、观察和检查程序对信息系统与沟通的了解和评价结果(BB-1-3)

⑤ 记录通过询问、观察和检查程序对被审计单位对控制的监督的了解和评价结果(BB-1-4)

了解和评价整体层面内部控制汇总表

被审计单位：复兴智能交通技术有限公司　　　　　索引号：BB－1

项目：了解和评价整体层面内部控制汇总　　　　　截止日：2024－12－31

编制：文琴　　　　　　　　　　　　　　　　　复核：李莉

日期：2025－03－10　　　　　　　　　　　　　日期：2025－03－10

一、整体层面内部控制要素

整体层面内部控制要素	是否进行了解（是/否）
控制环境	是
风险评估	是
信息与沟通	是
内部监督	是

二、了解整体层面内部控制

根据对整体层面内部控制的了解，记录如下

（1）是否委托其他服务机构执行主要业务活动；如果被审计单位使用其他服务机构，将对审计计划产生哪些影响

否

（2）是否制定了相关的政策和程序以保持适当的职责分工；这些政策和程序是否合理

是，政策及程序合理

（3）自前次审计后，被审计单位的整体层面内部控制是否发生重大变化；如果已发生变化，将对审计计划产生哪些影响

否

（4）是否识别出非常规交易或重大事项；如果已识别出非常规交易或重大事项，将对审计计划产生哪些影响

否

（5）在了解整体层面内部控制过程中，是否进一步识别出其他风险；如果已识别出其他风险，将对审计计划产生哪些影响

否

三、信息技术一般控制采用的系统

应用系统的名称	计算机运作环境	来源	初次安装日期	修改	修改日期
金蝶 K3_SQLServer		购买			

拟于将来实施的重大修改、开发与维护计划

应用系统的名称	计算机运作环境	来源	初次安装日期	修改	修改日期
无					

本年度对信息系统进行的重大修改、开发与维护及其影响

无

四、了解整体层面内部控制结论汇总

控制要素	识别的缺陷	是否属于重大缺陷(是/否)	索引号	对重大错报风险评估、业务流程层面内部控制的有效性及审计计划的影响	是否须与被审计单位治理层和管理层沟通(是/否)
控制环境	无				
风险评估	无				
信息与沟通	无				
内部监督	无				

注：表明内部控制存在重大缺陷的情形可能包括：注册会计师在审计工作中发现了重大错报,而被审计单位的内部控制没有发现；控制环境薄弱、存在高级管理人员舞弊迹象(无论涉及金额大小)等。

(二)了解业务流程层面内部控制(控制活动)

1. 对业务层面内部控制的了解和评价

以制造业企业为例,被审计单位业务层面主要的内部控制可分为：销售与收款循环、采购与付款循环、生产与存货循环、工薪与人事循环、投资与筹资循环、财务报告流程内部控制。一般情况下,制造业企业的内部控制活动比较复杂。本书基于小型企业的具体情况,选取了部分关键控制环节列示。注册会计师在审计过程中,应根据实际情况对关键控制环节进行修订。

了解内部控制的常用方法包括文字描述和流程图,注册会计师可考虑两者结合或以文字描述为主。文字描述是对客户内部控制的书面说明,适当的文字描述应清晰描述被审计单位相关控制的特征,如：① 控制的目的；② 控制由谁执行；③ 控制的证据。针对关键业务的内部控制,注册会计师可以选取若干笔业务执行穿行测试。

书面记录对被审计单位业务层面内部控制的了解和评价见审计工作底稿实例 2 - 5、2 - 6。

◉ 审计工作底稿实例 2 - 4

了解和评价被审计单位对控制的监督

被审计单位：复兴智能交通技术有限公司　　　　　　索引号：BB - 1 - 4
项目：了解和评价对控制的监督　　　　　　　　　　截止日：2024 - 12 - 31
编制：文琴　　　　　　　　　　　　　　　　　　　复核：李莉
日期：2025 - 03 - 10　　　　　　　　　　　　　　日期：2025 - 03 - 10

索引号	控制目标	拟实施的风险评估程序	被审计单位的控制	询问	观察	检查	结论	存在的缺陷
一、持续监督								
	内部控制定期评价	询问、检查	建立内部审计的内部控制评价体系，定期评价内部控制			公司整体目标文件	控制设计合理，并得到执行	不适用
	内部控制制度能够评价内部控制对常规工作活动运行的保障程度	询问、检查	负责业务活动的管理人员将其在日常经营活动获得的生产、库存、销售或其他方面的信息与信息系统产生的信息相比较			具体策略和业务流程层面目标相关文件	控制设计合理，并得到执行	不适用
			将用于管理业务活动的经营信息与由财务报告系统所产生的财务资料相整合或者相比较，并分析差异					
	外界沟通所获取的信息能够反映内部控制运行的有效性	询问、检查	顾客按销货发票所列金额付款，即说明该发票金额准确无误；顾客投诉账单有错误，即表明处理销售业务的系统可能存在缺陷。当顾客投诉时，调查出现问题的原因			检查销货发票、供应商应寄来的对账单信息	控制设计合理，并得到执行	不适用
			记录来自供应商的信息（如供应商寄来的对账单），公司将其用作控制和监督的工具					
			考虑监管机构告知本企业遵循相关法律、法规和规章的情况或其他有助于判断内部控制系统作用的事项					
	管理层对内部审计人员和注册会计师提出的内部控制方面的意见和建议进行适当处理	询问、检查	设置具有适当权限的管理人员处理内部审计师和注册会计师所提的意见和建议，并形成记录			处理意见和建议的记录	控制设计合理，并得到执行	不适用
			跟踪相关决策并验证其落实情况					
	管理层能够获得有关于干控制有效的反馈信息	询问、检查	通过培训课程、规划会议和其他会议，掌握提出的争议及问题			检查培训记录	控制设计合理，并得到执行	不适用
			员工建议自下向上传递					

续　表

索引号	控制目标	拟实施的风险评估程序	被审计单位的控制	询问	观察	检查	结论	存在的缺陷
	定期询问员工遵循公司行为守则的情况，重要控制活动执行的有效性	询问、检查	要求员工定期确认其切实遵循了行为守则的规定				控制设计合理，并得到执行	不适用
			要求员工在执行重要控制活动（如调节指定账户金额）之后签名，留下执行证据			检查执行证据	控制设计合理，并得到执行	不适用
	内部审计工作有效	询问	未专门设立内部审计部门，由财务总监代行其职责				控制设计合理，并得到执行	不适用
	政策和程序得到有效执行	询问、检查	管理层定期审查政策和程序的遵循情况			检查相关会议记录	控制设计合理，并得到执行	不适用
二、专门评价								
	对内部控制进行专门评价，专门评价的范围和频率适当	询问	未专门设立内部审计部门，由财务总监代行其职责				控制设计合理，并得到执行	不适用

了解业务流程层面内部控制结论汇总表

被审计单位：复兴智能交通技术有限公司　　　　　　　索引号：BB2

项目：了解业务流程层面内部控制汇总表　　　　　　　截止日：2024-12-31

编制：文琴　　　　　　　　　　　　　　　　　　　复核：李莉

日期：2025-03-10　　　　　　　　　　　　　　　　日期：2025-03-10

一、在被审计单位业务流程层面拟测试的控制活动

（基于对业务流程层面内部控制的了解和评价，拟对其中部分控制活动进行测试）

序号	重要业务流程	控制活动	相关交易和账户
1	采购	合同审批、签订、执行	应付账款、固定资产、库存商品、低值易耗品等
2	记录应付款	付款审批、会计入账、复核	应付账款、固定资产、库存商品、低值易耗品等
3	付款	付款审批、出纳付款	银行存款、现金等
4	销售	发货单签字、发票开具	应收账款、银行存款、库存商品等
5	记录应收款	发货单签字、发票开具	应收账款、银行存款、库存商品等
6	费用报销	发票审核、审批	管理费用、银行存款、库存现金、销售费用、财务费用等
7	固定资产购建	立项审批	固定资产、在建工程、银行存款等
8	固定资产报废	审批	固定资产、银行存款、营业外支出等
9	筹资	计划、审批、合同协议签订	短期借款、长期借款、银行存款等

二、对重大错报风险评估的影响及需向治理层和管理层沟通的事项

业务流程	识别的缺陷	是否属于重大缺陷	索引号	对重大错报风险评估及进一步审计程序方案的影响	是否须与被审计单位治理层和管理层沟通
	无				

业务流程层面内部控制设计和执行情况评价表

被审计单位：复兴智能交通技术有限公司　　　　　　　索引号：BB2-1

项目：业务流程层面内部控制设计和执行评价　　　　　截止日：2024-12-31

编制：文琴　　　　　　　　　　　　　　　　　　　复核：李莉

日期：2025-03-10　　　　　　　　　　　　　　　　日期：2025-03-10

三、评价业务流程层面内部控制设计和执行情况

（一）评价业务流程层面内部控制设计和执行情况——采购与付款

受影响的主要财务报表项目：应付款项、预付款项

序号	主要控制活动	受影响的主要认定							是否得到执行		是否测试有效性（是/否）
		存在/发生	完整性	权利和义务	计价和分摊	准确性	截止	分类	是/否/不适用	索引号	
1	采购合同的订立与审批、采购与验收、实物资产的保管与会计记录、付款审批与执行等相关分录	√	√	√	√	√					
2	采购订单与采购申请单核对一致，并经适当人员审批后签订采购合同	√									
3	采购订单连续编号		√								
4	仓储部门收到货物后根据采购订单核对数量和内容，并经质量检验合格后入库				√	√					
5	验收入库单连续编号		√								
6	财务部门核对采购订单、采购发票、验收入库单一致后进行账务处理	√		√	√						
7	付款申请单经财务部门核对并经适当人员批准后，由出纳人员支付货款，财务人员进行账户处理并经适当人员复核后核销相关单证		√		√						
8	月末之前，采购部门将收到的所有采购发票及相关单证交财务部门进行相关处理						√				
9	与供应商定期对账	√	√	√							
10	定期复核实际采购成本与预算金额并分析差异					√					

（二）评价业务流程层面内部控制设计和执行情况——销售与收款

受影响的主要财务报表项目：营业收入、应收款项、预收款项

序号	主要控制活动	受影响的主要认定							是否得到执行		是否测试有效性（是/否）
		存在/发生	完整性	权利和义务	计价和分摊	准确性	截止	分类	是/否/不适用	索引号	
1	订单的接受与赊销的批准、销售合同的签订与审批、销售与发货、实物资产的保管与会计记录、收款审批与执行等职务相分离	√	√	√	√	√					
2	定期更新定价政策、信用政策、折扣政策和收款政策				√	√					

序号	主要控制活动	受影响的主要认定							是否得到执行		是否测试有效性(是/否)
		存在/发生	完整性	权利和义务	计价和分摊	准确性	截止	分类	是/否/不适用	索引号	
3	销售部门根据经适当批准的订单签订销售合同	√									
4	仓储部门根据经适当批准的发货通知单发货,并编制出库单	√									
5	出库单连续编号		√								
6	财务部门将出库单、销售合同与销售发票核对一致后入账	√		√	√	√					
7	销售退回、折扣和折让经适当批准后相应调整账务处理		√		√	√					
8	销售部门定期与仓储部门核对货物销售数量与实际发运数量	√	√								
9	定期与客户对账,并调整差异	√		√	√						
10	定期分析应收账款账龄,并催收逾期应收账款	√			√	√					
11	根据坏账准备政策定期计提坏账准备;坏账经适当批准后核销				√						
12	收到客户付款后,出纳人员办理收款,会计人员进行账务处理,并经适当复核后核销相关单证			√							
13	月末之前,将本月产生的销售合同、出库单交财务部门		√				√				
14	定期复核实际销售收入与预算金额并分析差异					√					

（三）评价业务流程层面内部控制设计和执行情况——仓储与生产

受影响的主要财务报表项目：存货、营业成本

序号	主要控制活动	受影响的主要认定							是否得到执行		是否测试有效性(是/否)
		存在/发生	完整性	权利和义务	计价和分摊	准确性	截止	分类	是/否/不适用	索引号	
1	存货的保管与清查,存货的销售与收款,存货处置的申请与审批,审批与执行,存货业务的审批、执行与相关会计记录等职务相分离	√	√	√	√	√		√			

序号	主要控制活动	受影响的主要认定							是否得到执行		是否测试有效性(是/否)
		存在/发生	完整性	权利和义务	计价和分摊	准确性	截止	分类	是/否/不适用	索引号	
2	依据经过适当批准的领料单领料	✓									
3	产成品经验收后入库	✓		✓	✓	✓					
4	产成品入库单连续编号		✓								
5	月末之前,将本月产生的领料单、入库单交财务部门进行成本归集、分配和结转					✓	✓				
6	定期盘点存货,经适当批准后由仓储、生产和财务部门调整差异	✓	✓	✓	✓	✓					
7	财务部门经适当批准后计提存货跌价准备				✓	✓					
8	定期复核成本差异					✓					

（四）评价业务流程层面内部控制设计和执行情况——货币资金

受影响的主要财务报表项目：货币资金

序号	主要控制活动	受影响的主要认定							是否得到执行		是否测试有效性(是/否)
		存在/发生	完整性	权利和义务	计价和分摊	准确性	截止	分类	是/否/不适用	索引号	
1	收付款业务的出纳、审核与记录职务相分离	✓	✓		✓	✓					
2	银行票据与印章保管的职务相分离	✓									
3	办理收付款与结算业务后的凭证加盖"收讫"或"付讫"戳记		✓								
4	支票的签发、作废按序号连续登记,作废加盖"作废"戳记		✓								
5	定期复核银行存款日记账和银行对账单,编制银行存款余额调节表	✓	✓								
6	现金收入当日存入银行	✓									
7	库存现金由出纳人员专门保管,并定期盘点	✓		✓							
8	开立、注销银行账户经适当审批	✓		✓							

（五）评价业务流程层面内部控制设计和执行情况——费用

受影响的主要财务报表项目：销售费用、管理费用

序号	主要控制活动	受影响的主要认定							是否得到执行		是否测试有效性(是/否)
		存在/发生	完整性	权利和义务	计价和分摊	准确性	截止	分类	是/否/不适用	索引号	
1	编制费用预算,并经适当人员审批		✓								
2	设定费用审批权限	✓									
3	费用的审批与执行、费用的支付与记录等职务相分离	✓			✓						
4	费用申请单经适当批准后,财务部门预支借款	✓									
5	收到费用发票后,费用报销单经适当批准,财务部门核对费用报销单、费用发票和费用申请单一致后进行账务处理	✓				✓	✓				
6	月末之前,将本月发生的费用发票、报销单和费用申请单交会计部门进行账务处理		✓				✓				
7	定期比较预算与费用的实际发生额,并分析差异					✓					

(六) 评价业务流程层面内部控制设计和执行情况——工薪与人事

受影响的主要财务报表项目:应付职工薪酬、营业成本、管理费用

序号	主要控制活动	受影响的主要认定							是否得到执行		是否测试有效性(是/否)
		存在/发生	完整性	权利和义务	计价和分摊	准确性	截止	分类	是/否/不适用	索引号	
1	人事、工时/工作量记录、薪酬计算、薪酬支付等职务相分离	✓	✓		✓	✓	✓	✓			
2	按照规定的招聘程序录用员工,按照规定办理员工辞退手续	✓									
3	员工薪酬的变动经适当批准后计入档案				✓	✓					
4	员工工时/工作量记录经适当批准后交至人力资源部门和会计部门	✓	✓		✓	✓					
5	人力资源部门根据薪酬标准和工时/工作量记录计算员工的薪酬与代扣代缴费用,并经适当批准					✓					
6	会计部门按照审批的工资单发放工资后,核销相关单证	✓									
7	会计部门将薪酬支出按既定标准分配至相应的账户					✓		✓			
8	定期复核薪酬支出实际数额与预算数额					✓					

（七）评价业务流程层面内部控制设计和执行情况——筹资与投资

受影响的主要财务报表项目：长期股权投资、交易性金融资产、债权投资、其他债权投资、短期借款、交易性金融负债、长期借款、投资收益、财务费用

序号	主要控制活动	受影响的主要认定							是否得到执行		是否测试有效性（是/否）
		存在/发生	完整性	权利和义务	计价和分摊	准确性	截止	分类	是/否/不适用	索引号	
1	对外投资项目的可行性研究与评估、对外投资的决策与执行、对外投资处置的审批与执行、对外投资绩效评估与执行；筹资方案的拟订与决策、筹资合同或协议的审批与订立、与筹资有关的各种款项偿付的审批与执行、筹资业务的执行与相关会计记录等职务相分离	√	√	√	√	√	√	√			
2	编制筹资和投资预算，并经适当审批，所有筹资和投资交易都经适当审批	√		√							
3	信贷部门编制记账凭证，后附综合授信使用申请或借款合同、银行回单等单证交财务部门复核				√	√					
4	借款合同或协议由专人保管，同财务记录核对一致，如发现差异应及时调查和处理	√	√								
5	信贷部门按月汇总编制信贷情况表，交财务部门审核后，上报管理层和治理层	√	√								
6	每季季末信贷部门根据银行借款利息回单编制付款凭证并附相关单证，经适当审批后交财务部门复核	√	√			√	√	√			
7	投资部门根据经批准的投资付款申请单、交易流水单等编制付款凭证，并附相关单证经适当审批后，交财务部门复核，定期进行核对，如有差异及时调整		√		√						
8	及时取得被投资单位相关报表，投资部门复核被投资公司的财务信息，按权益法计算投资收益，经适当审批后交财务部门复核和进行账务处理	√			√	√		√			

（八）评价业务流程层面内部控制设计和执行情况——固定资产

受影响的主要财务报表项目：固定资产、累计折旧、在建工程、工程物资、固定资产清理、资产减值损失

序号	主要控制活动	受影响的主要认定							是否得到执行		是否测试有效性（是/否）
		存在/发生	完整性	权利和义务	计价和分摊	准确性	截止	分类	是/否/不适用	索引号	
1	固定资产投资预算的编制与审批、采购合同的订立与审批、验收与款项支付、固定资产投保的申请与审批、保管与清查、处置申请与审批、付款审批与执行等职务相分离	√	√	√	√	√	√	√			

序号	主要控制活动	受影响的主要认定							是否得到执行		是否测试有效性(是/否)
		存在/发生	完整性	权利和义务	计价和分摊	准确性	截止	分类	是/否/不适用	索引号	
2	编制固定资产投资预算,并经适当审批	√		√							
3	请购单与固定资产投资预算核对一致,并经适当人员审批后签订采购合同	√									
4	请购单和采购合同连续编号		√								
5	资产使用部门对固定资产进行验收,办理验收手续,出具验收单,并与采购合同、发货单等凭证、资料进行核对				√	√					
6	验收单连续编号		√								
7	财务部门核对请购单、采购合同、采购发票、验收单一致后进行账务处理	√		√	√	√					
8	付款申请单经财务部门核对并经适当人员批准后,由出纳人员支付货款,财务人员进行账户处理并经适当人员复核后核销相关单证		√		√						
9	定期与供应商对账	√	√	√							
10	定期对固定资产进行盘点,并进行减值测试,固定资产盘点结果和报废经适当批准后进行处理	√	√		√	√	√	√			
11	固定资产折旧的会计政策和会计估计经适当审批				√						

(九)评价业务流程层面内部控制设计和执行情况——财务报告编制

序号	主要控制活动	是否得到执行		是否测试有效性(是/否)
		是/否/不适用	索引号	
1	对新业务、特殊合同的会计处理经过适当的审批	是		是
2	定期复核大额、异常和偶发交易的会计处理	是		是
3	定期复核会计政策、会计估计的合理性	是		是
4	重大的会计估计、调整分录经过特别审批	是		是
5	期末及时结账并复核	是		是
6	财务报告经过复核与批准	是		是

通过实施对被审计单位业务层面内部控制的了解和评价,注册会计师可以形成对被审计单位业务层面的初步评价,从而为进一步程序的选取提供帮助。同时,针对内部控制薄弱环节,针对性地确定拟实施的实质性程序。

三、识别和评估重大错报风险

（一）识别和评估财务报表层次重大错报风险

1. 识别

如果判断某风险与财务报表整体存在广泛联系,并可能影响多项认定,注册会计师应当将其识别为财务报表层次重大错报风险。例如,在经济不稳定的国家和地区开展业务、资产的流动性出现问题、重要客户流失、融资能力受限等,可能导致注册会计师对被审计单位的持续经营能力产生重大疑虑。管理层缺乏诚信或承受异常的压力,管理层凌驾于内部控制之上可能引发舞弊风险,这些风险与财务报表整体相关。又如,被审计单位面临经营亏损且资产流动性出现问题,并依赖于尚未获得保证的资金。在这种情况下,注册会计师可能确定持续经营假设不适当,可能要使用财务报告编制基础中的清算基础,这可能对所有认定产生广泛影响。

2. 评估

对于已识别的财务报表层次重大错报风险,注册会计师应当从下列两方面对其进行评估:① 评价这些风险对财务报表整体产生的影响;② 确定这些风险是否影响对认定层次风险的评估结果。

舞弊导致的重大错报风险可能与注册会计师对财务报表层次重大错报风险的考虑尤其相关。例如,注册会计师通过询问管理层了解到,被审计单位的财务报表将用于申请贷款,从而确保被审计单位获得进一步融资以维持营运资本。注册会计师可能因此认为,影响固有风险的舞弊风险因素导致易于发生错报的可能性(即虚假财务报告风险导致的财务报表易于发生错报的可能性)更高,如为了确保被审计单位能够获得融资,多计资产和收入以及少计负债和费用。

注册会计师识别和评估财务报表层次重大错报风险,以确定风险是否对财务报表具有广泛的影响,有助于其决定是否需要按照《中国注册会计师审计准则第 1231 号——针对评估的重大错报风险采取的应对措施》的规定采取总体应对措施。由于财务报表层次重大错报风险还可能影响个别认定,因此,识别和评估这些风险,还可以帮助注册会计师评估认定层次重大错报风险,并设计进一步审计程序,以应对该风险。

书面记录被审计单位舞弊风险评估询问记录和考虑的舞弊风险因素见审计工作底稿实例 2-7 和审计工作底稿实例 2-8。

 审计工作底稿实例 2-7 -

舞弊风险评估询问记录

被审计单位:复兴智能交通技术有限公司　　　　　　索引号:BC1
项目:舞弊风险评估与应对　　　　　　　　　　　　截止日:2024-12-31
编制:文琴　　　　　　　　　　　　　　　　　　　复核:李莉
日期:2025-03-10　　　　　　　　　　　　　　　　日期:2025-03-10

询问内容	被询问者	询问时间	询问结果
1. 向管理层询问	王建	2025-03-10	舞弊风险较小
（1）对舞弊导致的财务报表重大错报风险的评估			

询问内容	被询问者	询问时间	询问结果
（2）对舞弊风险的识别和应对过程	王建	2025-03-10	舞弊风险较小
（3）就其对舞弊风险的识别和应对过程与治理层沟通的情况			
（4）就其经营理念及道德观念与员工沟通的情况			
（5）是否知悉任何舞弊事实、舞弊嫌疑或舞弊指控			
2. 向治理层询问	王建	2025-03-10	舞弊风险较小
（1）如何监督管理层对舞弊风险的识别和应对过程			
（2）是否知悉任何舞弊事实、舞弊嫌疑或舞弊指控			
3. 向内部审计人员询问	杨玲	2025-03-10	舞弊风险较小
（1）对被审计单位舞弊风险的认识			
（2）在本期是否实施了用以发现舞弊的程序			
（3）管理层对通过内部审计程序发现的舞弊是否采取了适当的应对措施			
（4）是否了解任何舞弊事实、舞弊嫌疑或舞弊指控			
4. 向内部其他人员询问	杨玲	2025-03-10	舞弊风险较小
是否了解任何舞弊事实、舞弊嫌疑或舞弊指控			

审计工作底稿实例 2-8

舞弊风险评估——考虑舞弊风险因素

被审计单位：复兴智能交通技术有限公司　　　　　　索引号：BC2

项目：舞弊风险评估与应对——考虑舞弊风险因素　　　截止日：2024-12-31

编制：文琴　　　　　　　　　　　　　　　　　　　复核：李莉

日期：2025-03-10　　　　　　　　　　　　　　　　日期：2025-03-10

舞弊的动机	舞弊的机会	舞弊的借口	评估结果
1. 偷逃或骗取税款	高估或低估收入：被审计单位的业务形式使得收入确认更具灵活性	企业所有者或管理层存在通过不恰当方法降低盈利水平的逃税倾向	不存在
	高估或低估成本、费用：生产工艺过程复杂，各环节成本核算需要较多的会计估计	税负过重或高于同行业平均水平	否
2. 骗取外部资金	管理层能够控制或干涉财务报告过程或重大事项的会计处理方式	小企业筹资困难	否
	不相容职责没有完全分离	外部资金对被审计单位的发展或业务开展至关重要	否

舞弊的动机	舞弊的机会	舞弊的借口	评估结果
3. 牟取以财务业绩为基础的私人报酬最大化	对企业所有者或管理层的费用支出（如差旅费、业务招待费）审查薄弱	管理层认为从被审计单位获得的报酬与其承担的责任及经营规模不相称	否
4. 掩盖侵占资产的事实	会计信息系统存在重大缺陷	企业所有者混淆其业务与公司业务	否
	管理层由一人或少数人掌控，缺乏共同决策或制衡机制	非财务主管的管理层过度干涉会计政策的选择或重大会计估计的作出	否

（二）识别认定层次重大错报风险

在审计实务中，认定层次的重大错报风险聚焦于具体的会计账户、交易类别或披露事项，其影响通常局限于特定领域而非整个财务报表。注册会计师需要通过细致的风险评估，精准定位这些风险点，为后续审计程序提供明确方向。

1. 识别认定层次重大错报风险

当某一固有风险因素可能导致特定认定出现重大错报，且该风险与财务报表整体无广泛关联时，即可识别为认定层次风险。例如，某制造业 A 公司与外部企业合资成立 B 公司，采用权益法核算长期股权投资。由于 B 公司涉及复杂的资产估值、利润分配及减值测试，A 公司可能在初始投资成本计量、投资收益确认或商誉减值评估环节出现错误。若 A 公司未准确评估 B 公司可辨认净资产公允价值，可能导致长期股权投资的"准确性、计价和分摊"认定出错，影响财务报表中该账户的准确性。

又如上市实体 C 公司与控股股东 D 存在频繁的关联采购与销售，此时交易价格若不公允（如高价采购原材料、低价销售产品），可能涉嫌以关联交易调节利润。若 C 公司未在财务报表附注中完整披露关联方关系、交易金额及定价政策，则"列报"认定存在重大错报风险，可能误导投资者判断。

审计准则要求注册会计师确定"相关认定"，即明确具体哪项认定（如应收账款"存在"认定、存货"完整性"认定）存在风险，进而锁定"相关交易类别"（如销售与收款循环、采购与付款循环）。例如，识别出应收账款"存在"认定为相关认定后，需要深入了解销售与收款流程的信息系统，包括销售订单审批、发货记录、发票开具及收款核销等环节。若发现系统中订单审批权限未有效分离，可能导致虚假销售录入，就需要进一步印证应收账款"存在"认定的风险。

2. 评估认定层次重大错报风险

① 总体要求。分层评估固有风险与控制风险。对识别的认定层次风险，注册会计师须分别评估固有风险（不考虑内部控制时的错报可能性）和控制风险（内部控制未能防止错报的风险），避免模糊评估。例如，某小型零售企业存货出现重大错报风险，若不区分固有风险（如生鲜产品易损耗、市场价格波动大）与控制风险（如存货盘点制度缺失），可能导致审计程序设计偏差。若固有风险高（产品易变质），须增加实地监盘频率；若控制风险高（无定期盘点），则须测试现有内部控制执行有效性，或直接实施全量抽盘。

② 评估固有风险。考虑固有风险因素如交易复杂性，科技企业研发支出的资本化与费用化判断，因涉及技术可行性评估、未来收益预测等主观判断，"准确性"认定的固有风险较高。

例如,某软件公司将未满足资本化条件的开发支出计入无形资产,导致资产虚增。考虑固有风险因素时还应考虑行业特性影响,例如,交易性金融资产因市场波动剧烈,产生的公允价值变动等。

③ 评估控制风险。拟测试内部控制:通过检查、询问等程序评估控制有效性(如采购审批能否防止虚假交易),结果影响控制风险等级。不测试内部控制:直接以固有风险作为评估结果(如小型企业内部控制薄弱时,依赖实质性程序)。

④ 确定特别风险。符合以下特征的重大错报风险为特别风险:固有风险达上限(如商誉减值因管理层判断复杂);其他准则明确规定(如舞弊风险)。例如,超市的现金交易因影响小,通常不认定为特别风险;而企业出售业务分部时,商誉减值评估因高主观性和不确定性,可能被确定为特别风险,须实施专项程序(如复核估值模型)。通过分层评估,注册会计师可精准定位关键风险点,合理分配审计资源。

书面记录被审计单位风险评估相关的项目组讨论见审计工作底稿实例 2-9。

审计工作底稿实例 2-9

项目组讨论纪要——风险评估

被审计单位:复兴智能交通技术有限公司　　　　索引号:BD

项目:项目组讨论——风险评估　　　　　　　　截止日:2024-12-31

编制:文琴　　　　　　　　　　　　　　　　复核:李莉

日期:2025-03-10　　　　　　　　　　　　　日期:2025-03-10

会议时间:2025-03-14

会议地点:公司办公室

参会人员:李莉、文琴、王光

讨论内容记录:

(1) 被审计单位的总体情况和报告要求:连续审计,报告需要 6 份

(2) 对于连续审计业务,总结上年审计工作情况以识别重要问题

(3) 被审计单位及其环境的重大变化:行业发展稳定

(4) 财务报表容易发生错报的领域及发生错报的方式:收入、成本

(5) 重要审计事项和风险领域:货币资金、收入、成本、存货

(6) 发生舞弊导致的重大错报风险的可能性:较小

(7) 重要性水平的设定:按资产总额的 1%确定

(8) 总体审计策略:3 天现场时间,逐一对各财务报表项目进行详细审计

填制电子底稿

参照风险评估审计程序要求和示例,完成项目二"即测即评"中"审计实操测试"中的审计工作底稿(风险评估程序填制)。

（根据本任务学习情况和实操能力填写）

1. 难点：_____

_____

_____

_____

2. 改进：_____

_____

_____

_____

任务二　风 险 应 对

学习活动一　明确任务

任务 描述

　　本任务旨在确定风险应对的相关措施，为制定总体审计策略与具体审计计划作准备。《中国注册会计师审计准则第 1231 号——针对评估的重大错报风险采取的应对措施》规范了注册会计师针对评估的重大错报风险设计和实施的进一步审计程序。注册会计师应当针对评估的重大错报风险实施程序，即针对评估的财务报表层次重大错报风险确定总体应对措施，并针对评估的认定层次重大错报风险设计和实施进一步审计程序，以将审计风险降至可接受的低水平。本任务拟执行的审计程序如下。

一、审计目标

（1）为总体审计策略制定提供依据。

（2）为具体审计计划制定提供依据。

二、审计程序

1. 针对财务报表层次重大错报风险的总体应对措施

（1）保持职业怀疑。

（2）指派更有经验或具有特殊技能的审计人员，或利用专家的工作。

（3）加强对项目组成员及其工作的指导和监督。

（4）在选择拟实施的进一步审计程序时融入更多的不可预见的因素。

（5）对总体审计策略或对拟实施的审计程序作出调整。

2. 针对认定层次重大错报风险的进一步审计程序

（1）控制测试。

（2）实质性程序。

1. 识读上述拟执行审计程序（任务），识别关键词，并把关键词写在横线上：_____

_____

2. 从关键词中选择词语用于描述风险应对的具体措施（反映程序内容和要求）：

_____

_____

一、审计风险应对程序缺陷类型

（1）对行业环境了解不足，忽视行业特定的会计政策和法律法规要求，可能遗漏潜在的重大错报风险。

（2）对企业自身情况掌握不全面，未充分考虑被审计单位的组织架构、治理结构对内部控制和财务报表的作用，可能忽视由此带来财务报表层次的重大错报风险。

（3）控制测试实施不当测试范围不当，对重要账户和关键控制点的测试覆盖面不足，不能全面评估内部控制的有效性；测试时间不合理，测试周期过长或过短，不能准确反映内部控制在整个审计期间的有效性；测试方法有误，导致对内部控制有效性的判断出现偏差。

（4）实质性分析程序运用不当，选择的分析指标不合理，与被审计单位的业务特征和财务状况不匹配。对已识别的异常波动未进行深入调查和获取合理解释，可能遗漏重大错报风险。

（5）细节测试存在缺陷，抽样方法选择不科学，样本量确定不合理，可能导致抽样风险过大；对样本的审计程序执行不严格，未对样本中的异常情况进行充分关注和追踪；对发现的错报未进行恰当的汇总和评估，影响对财务报表层次重大错报风险的判断。

（6）审计证据收集不充分，未获取足够数量的审计证据以支持审计结论，特别是涉及高风险领域和重大事项；对关键证据的收集存在遗漏，如未获取重要合同、会议纪要等文件；证据可靠性存疑，依赖的外部证据未经充分核实其真实性和可靠性，内部生成的证据未考虑其被篡改或操纵的风险。

（7）与管理层和治理层沟通不畅，未及时将审计过程中发现的重大风险和问题与管理层和治理层进行沟通，影响问题的解决和审计工作的顺利进行；沟通的内容不完整或不准确，导致对方对审计情况的理解出现偏差。

（8）审计报告披露不完整或不准确，审计报告中对重大风险和问题的披露不够充分，未能准确反映审计工作的结果和发现；对审计意见的表述不清晰或不恰当，可能引起使用者的误解。

二、审计风险应对程序应关注事项或者情形

（1）宏观环境方面，关注经济形势变化、行业特定的经济因素变化，关注宏观经济的波动和法律法规及监管环境变化。

（2）被审计单位自身情况方面，关注企业战略与经营风险、公司治理与内部控制、财务状况与业绩指标等。

（3）交易和账户余额层面，关注复杂交易和特殊业务，如关联方交易、非货币性资产交换、债务重组等特殊业务；重大或异常的账户余额，如货币资金、收入和应收账款、存货和成本等。

（4）审计证据的获取和评价方面，注重审计证据的充分性和适当性，审计证据的相关性和可靠性，如对于客户提供的证据，需要评估其真实性和可信度，必要时进行核实和验证。

（5）利用专家工作和外部证据方面，在涉及复杂的专业领域，如资产评估、法律诉讼等，合理利用专家的工作；重视外部证据的获取，如银行函证、往来单位函证、政府部门的文件等。

学习活动二 审计程序实施

认知审计程序、示例

一、财务报表层次重大错报风险的总体应对措施

注册会计师应当对在财务报表重大错报风险的评估过程中的，与财务报表整体广泛相关的重大错报风险确定以下的总体应对措施。

（1）向项目组强调保持职业怀疑的必要性。

（2）指派更有经验或具有特殊技能的审计人员，或利用专家的工作。

（3）对指导和监督项目组成员并复核其工作的性质、时间安排和范围作出调整，对财务报表层次重大错报风险较高的审计项目，审计项目组的高级别成员，如项目合伙人、项目经理等经验较丰富的人员，要对其他成员提供更详细、更经常、更及时的指导和监督并加强项目质量复核。

（4）在选择拟实施的进一步审计程序时融入更多的不可预见的因素。在实务中，注册会计师可以通过以下方式提高审计程序的不可预见性：① 对某些未测试过的低于设定的重要性水平或风险较小的账户余额和认定实施实质性程序；② 调整实施审计程序的时间，使被审计单位不可预期；③ 采取不同的审计抽样方法，使当期抽取的测试样本与以前有所不同；④ 选取不同的地点实施审计程序，或预先不告知被审计单位所选定的测试地点。

（5）按照《中国注册会计师审计准则第 1201 号——计划审计工作》，对总体审计策略或对拟实施的审计程序作出调整：① 在期末而非期中实施更多的审计程序，因为控制环境的缺陷通常会削弱期中获得的审计证据的可信赖程度；② 通过实施实质性程序获取更广泛的审计证据，因为良好的控制环境是其他控制要素发挥作用的基础，控制环境存在缺陷通常会削弱其他控制要素的作用，导致注册会计师可能无法信赖内部控制，而主要依赖实施实质性程序获取审计证据；③ 增加拟纳入审计范围的经营地点的数量。

书面记录的被审计单位风险评估结果见审计工作底稿实例 2-10。

风险评估结果汇总表

被审计单位：复兴智能交通技术有限公司　　　　索引号：BE
项目：风险评估结果汇总表　　　　　　　　　　截止日：2024 - 12 - 31
编制：文琴　　　　　　　　　　　　　　　　　复核：李莉
日期：2025 - 03 - 10　　　　　　　　　　　　日期：2025 - 03 - 10

一、识别的重大错报风险汇总表

识别的重大错报风险	索引号	属于财务报表层次还是认定层次	是否属于特别风险（是/否）	是否属于仅通过实质性程序无法应对的重大错报风险（是/否）	交易类别、账户余额和列报认定受影响的财务报表项目
营业收入		认定层次	否	否	货币资金、应收账款
营业成本		认定层次	否	否	存货
短期借款			否	否	货币资金

二、财务报表层次风险应对方案

财务报表层次重大错报风险	索引号	总体应对措施
无		

三、特别风险结果汇总及应对措施

项目	经营目标	经营风险	特别风险	管理层应对或控制措施	财务报表项目及认定	审计措施	向被审计单位报告的事项
无							

(1) "经营目标"一栏填写对当期审计有影响的经营目标。
(2) "经营风险"一栏填写那些对当期审计有影响的经营风险，或注册会计师认为对未来审计产生影响并有必要向被审计单位报告的经营风险。
(3) "特别风险"一栏填写源自经营风险的特别风险，或在审计过程中发现的并非由经营目标和经营风险导致的特别风险。
(4) "管理层应对或控制措施"一栏填写管理层认为有助于降低特别风险的控制及其评价。如果评价结果显示注册会计师不能依赖这些内部控制，应相应调整。
(5) "财务报表项目及认定"一栏填写受特别风险影响的财务报表项目和认定。
(6) "审计措施"一栏填写应对特别风险的审计措施，即综合性方案或实质性方案。根据控制测试和实质性程序的结果对本栏内容予以更新。
(7) "向被审计单位报告的事项"一栏填写在风险评估中识别的须向被审计单位沟通的重大事项，包括内部控制缺陷、重大会计政策问题或舞弊风险等，须注明沟通方式（如书面建议、会议沟通）。

二、针对认定层次重大错报风险的进一步审计程序

　　进一步审计程序相对于风险评估程序而言，是指注册会计师针对评估的各类交易、账户余额和披露认定层次重大错报风险实施的审计程序，包括控制测试和实质性程序（细节测试和实质性分析程序），详见项目四至项目八。是否进行及在多大规模和范围进行控制测试，主要依据风险评估中注册会计师对被审计单位内部控制的了解和初步评价，具体有以下三种情况。

　　(1) 所设计的内部控制能够有效防止或发现并纠正重大错报，并得到执行：准备在了解

业务层面的内部控制基础上,对关键业务环节实施内部控制测试。

（2）控制本身的设计基本合理,但尚有部分缺失:不准备实施内部控制测试,在了解业务层面的内部控制基础上实施实质性程序。

（3）内部控制不够健全:不准备实施内部控制测试,在了解业务层面的内部控制基础上实施实质性程序。

根据对被审计单位内部控制的控制测试得出的控制有效性程度的结论,可以调整实质性程序的规模和性质,从而提升审计工作效率或解决仅实施实质性程序不能提供认定层次充分、适当的审计证据的情形。

风险应对程序和工作并非审计业务的一个孤立阶段,而是一个持续的、不断修正的过程,包括计划审计阶段某些活动的时间安排以及在进一步审计程序中必须完成的审计测试。

填制电子底稿

参照风险评估和风险应对的要求和示例,完成项目二"即测即评"中"审计实操测试"中的审计工作底稿。

学习活动三　课堂自查

（根据本任务学习情况和实操能力填写）

1. 难点: _____

_____

_____

2. 改进: _____

_____

_____

项 目 拓 展

拓展阅读

知识视窗

了解小型企业内部控制

小型企业相较于大型企业的特殊性要求注册会计师在了解其内部控制时注意以下方面内容。

1. 判断小型企业内部控制是否存在

为确定小型企业是否存在内部控制,注册会计师可以通过询问、观察等程序进行了解。例如,小型企业能够提供成文的内部控制制度(如制度手册、各种制度文件)且通过访谈,相关人员知晓制度内容及管理措施如何运行,通常可认为其存在相关内部控制。需要说明的是,存在内部控制仅仅表明该小型企业基本具备可审计性,并不意味着内部控制可以依赖。

2. 确定小型企业内部控制可以依赖

一般情况下,小型企业对主要业务存在内部控制。注册会计师审计时,可以选择依赖小型企业内部控制,或者不依赖内部控制。需要说明的是,注册会计师如果决定依赖被审计单位内部控制,减少实质性程序工作时,则需要实施控制测试。

3. 判断选择是否依赖小型企业的内部控制

注册会计师应当通过专业判断,确定是否依赖小型企业的内部控制。即使判断小型企业内部控制是存在的,仍旧可以选择不依赖小型企业的内部控制,通常应当在设计进一步审计程序时运用实质性方案,即实施的进一步审计程序以实质性分析、细节测试等实质性程序为主。

4. 小型企业缺乏成文的内部控制时的审计

当小型企业缺乏成文的内部控制时,注册会计师应当实施访谈程序,了解相关人员是否知晓单位就主要业务环节实施了常态化的管理措施,以及如何运行,运用专业判断确定其可审计性。如果仍然确定其可以审计,注册会计师通常应在设计进一步审计程序时运用实质性方案,即实施的进一步审计程序以实质性分析、细节测试等实质性程序为主。

◉ 审计失败案例

安然公司曾是一家大型能源、商品和服务公司,在 2000 年披露的营业额达 1 010 亿美元,却于 2001 年破产。安达信会计师事务所(以下简称"安达信")作为安然公司的审计机构,在审计过程中未能有效识别和揭示安然公司内部控制的重大缺陷和财务舞弊行为,具体表现如下。

(1)在了解安然内部控制时,没有保持应有的职业怀疑和谨慎。例如,对于安然复杂的特殊目的实体(SPE)结构和关联交易,安达信没有进行深入的调查和分析,未能发现其中隐藏的财务风险。

(2)未能识别安然公司治理结构存在严重缺陷。安然公司的董事会和管理层内缺乏有效的监督和制衡机制,部分公司高管权力过大,能够随意操纵公司的财务报表。例如,公司首席财务官可以自行决定 SPE 的设立和运作,缺乏有效的监督和约束。

(3)未能识别内部财务报告和信息披露制度存在问题。安然公司内部的财务报告流程不透明,财务信息被人为操纵和扭曲。公司没有有效的内部审计制度来监督财务报告的真实性和准确性。

(4)未能识别安然公司风险管理体系缺失。安然公司在从事高风险的能源交易和金融衍生产品交易时,没有建立相应的风险管理体系来识别、评估和应对风险。例如,安然公司在天然气期货等交易中过度投机,没有对市场风险进行有效的控制,最终导致巨额亏损。

安然公司的破产不仅给投资者带来了巨大的损失,也引发了美国资本市场的信任危机。安达信会计师事务所也因在安然事件中的失职行为而倒闭。这一事件也推动了美国的会计审计制度和证券监管制度的完善。

M环保科技企业,专注于污水处理和环保设备制造。该企业近年来发展迅速,业务不断扩张,准备进行上市融资,因此需要进行财务报表审计。会计师事务所审计团队在对该企业进行审计风险评估时,发现企业存在一些潜在风险。例如,环保行业政策变化频繁,可能影响企业的收入确认和成本核算;企业的研发投入较大,研发费用的资本化和费用化划分存在一定难度。注册会计师须运用专业知识和技能,深入分析这些风险因素,确定合适的审计程序和方法。比如,通过查阅行业政策法规、分析企业的合同和交易记录、与企业管理层和技术人员沟通等方式,来评估收入确认、成本核算和研发费用核算的合理性。

针对发现的风险,审计团队制定了相应的应对措施。对于政策变化风险,审计人员加强了对行业动态的跟踪和分析,要求企业提供详细的政策分析报告。对于研发费用的核算问题,审计人员仔细审查了研发项目的立项文件、研发进度报告、费用支出凭证等,以确定研发费用的合理性和准确性。这需要注册会计师具有严谨的工作态度和卓越的解决问题的能力,在面对复杂的审计风险时,需要运用专业知识和创新思维来制定有效的应对策略。

在审计过程中,审计人员必须保持诚信和职业道德。例如,当发现企业存在一些财务数据失实的迹象时,审计人员要坚守原则,不为利益所诱惑,如实披露问题。注册会计师及其他审计人员须树立正确的价值观。在职业生涯中,诚信是立身之本,只有坚守诚信,才能赢得社会的信任和尊重。同时,审计人员要有社会责任感与可持续发展观,在评估企业风险时,不仅要关注财务数据,还要考虑企业的环保责任履行情况、对社会和环境的贡献等。例如,企业是否按照环保法规进行生产经营,是否存在环境污染等问题。

在审计过程中,审计人员要有团队合作精神。财务报表审计需要团队合作,需要审计人员之间密切合作和有效沟通。在案例中,审计团队成员包括不同专业背景和经验的人员,他们相互协作,共同完成了审计任务。例如,在对企业的研发项目进行审计时,财务审计人员和技术专家需要充分沟通,了解研发项目的技术特点和财务核算要求,从而准确评估研发费用的合理性。这需要审计人员具有团队合作精神和沟通能力,只有团队成员相互支持、相互配合,才能提高工作效率,取得更好的成果。而在合作中,良好的沟通是解决问题、避免误解的关键,审计人员要学会倾听他人意见,表达自己的观点。

综上,财务报告审计风险评估及应对的专业知识和技能,积极、正确的价值观和职业道德观,社会责任感和团队合作精神,是一名优秀的审计人员的必备条件和素养。

项目总结

⟫ 学生感知

根据项目二学习、认知和能力训练情况,填写学习感知(掌握技能描述、心得体会等):

_____

_____

项目总结

知识内容重点与难点

重点：风险评估程序包括了解被审计单位环境(行业状况、治理结构、会计政策)、内部控制五要素(控制环境、风险评估、控制活动、信息系统与沟通、内部监督)；识别重大错报风险(财务报表层次的整体风险与认定层次的风险)。风险应对措施包括总体措施(如指派专家、增加不可预见程序)和进一步审计程序(控制测试、实质性程序)。

难点：控制测试与实质性程序的适用场景区分(如内部控制有效时依赖控制测试,反之强化实质性程序)；舞弊风险因素分析(如管理层压力、内部控制缺陷、异常交易)及应对(如突击监盘、关联方函证)。

技能训练重点与难点

重点：编制风险评估底稿(记录行业分析、内部控制流程图)、设计控制测试表(样本选取、程序执行)。

难点：通过穿行测试验证业务流程内部控制有效性(如从销售订单审批到发货的流程追踪)；对特别风险(如商誉减值、关联交易)设计专项审计程序(如外部专家估值、交易细节核查)。

即测即评

审计实操测试

审计工作底稿：风险评估与应对

项目二介绍了财务报表审计风险评估及应对的审计程序和工作底稿的编制。按教学技能目标的要求,学生应独立完成相关项目审计程序和工作底稿。(本测试相关的审计工作底稿详见二维码)

职业能力评价

职业能力	评价项目	学生自评
风险评估	1. 了解被审计单位及环境	□A □B □C □D
	2. 了解被审计单位内部控制	□A □B □C □D
	3. 识别和评估重大错报风险	□A □B □C □D
风险应对	1. 针对财务报表层次重大错报风险的总体应对措施	□A □B □C □D
	2. 针对认定层次重大错报风险的进一步审计程序	□A □B □C □D

学生成绩：

注：(1) A为掌握程度>80%,B为掌握程度>70%,C为掌握程度≥60%,D为掌握程度<60%。
　　(2) 自评标准为学生对各项任务审计程序的执行力。
　　(3) 教师根据学生独立完成的审计工作底稿情况进行打分和评价,结果可作为平时成绩之一。

项目三　审计计划

知识导图

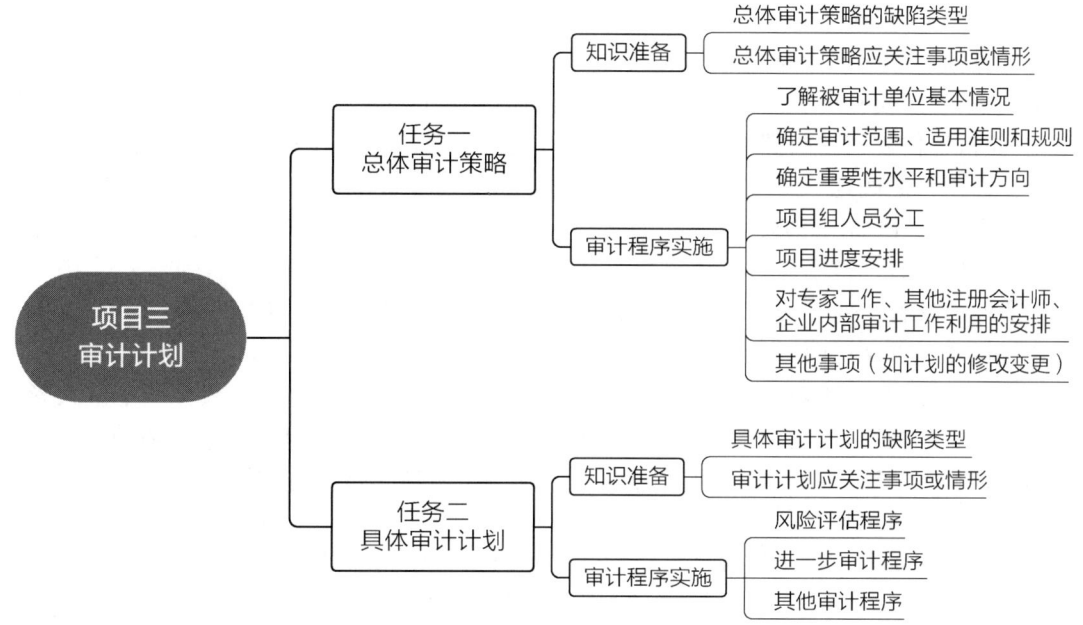

学习目标

知识目标

1. 了解审计计划的基本概念、作用和重要性。

2. 掌握审计计划编制的基本原则和方法。

3. 熟悉审计计划的主要内容。

4. 了解审计计划在审计业务流程中的地位和与其他审计环节的关系。

能力目标

1. 能确定重要性水平，并将其体现在审计计划中。

2. 能根据具体审计项目的要求和特点，制定可行的审计计划。

3. 能分析审计环境和审计对象，调整和优化审计计划。

4. 能够与审计团队其他成员、被审计单位进行有效的沟通和协调，以确保审计计划的顺利实施。

5. 能独立完成"审计工作底稿——审计计划"填写。

素质目标

1. 培养严谨细致、认真负责的工作态度。
2. 提升审计职业判断能力和决策能力,树立在工作中发现问题、解决问题的意识。
3. 增强团队合作精神,与团队成员共同协作完成审计计划的制定和实施。
4. 树立风险意识和法律意识,在审计计划制定中充分考虑审计风险和法律法规要求。
5. 提升沟通能力和社交能力。

项目引例

兴业制造有限公司,主要从事机械零部件的生产和销售。该公司拥有多个生产车间和广泛的销售网络,近年来业务规模不断扩大,但同时也面临着成本上升和市场竞争加剧的压力。

审计目标 本次审计的主要目标是对兴业制造有限公司的财务报表发表审计意见,包括资产负债表、利润表和现金流量表,以确定其是否真实、准确地反映了公司的财务状况和经营成果。同时,评估公司的内部控制制度是否有效运行,以发现潜在的风险和漏洞。

重要性水平的确定 审计团队根据公司的规模、业务性质和财务状况,初步确定重要性水平为净利润的 5%。例如,如果公司报告年度的净利润为 500 万元,那么重要性水平则为 25 万元。

审计范围 审计范围包括公司总部及其下属的三个生产基地,涵盖了采购、生产、销售、财务等主要业务流程。对于重要的子公司和关联方交易也将进行重点审查。

审计策略 采用风险导向审计方法,首先进行风险评估,识别可能影响财务报表的重大风险领域。例如,通过对市场环境的分析,发现原材料价格波动可能对成本核算产生重大影响;通过对销售合同的审查,发现部分客户的信用政策可能存在风险。基于风险评估的结果,制定详细的审计程序。对于高风险领域,如存货计价和减值准备的计提,增加审计样本量,进行更深入的测试;对于低风险领域,则适当减少审计程序。

审计时间安排 审计工作预计从当年 12 月开始,为期四个月。具体时间安排如下。

(1) 当年 12 月:进行初步风险评估和内部控制测试。

(2) 次年 1—2 月:实施实质性审计程序,包括对资产、负债、收入、费用等项目的审查。

(3) 次年 3 月:完成审计工作底稿的整理和审核,与管理层沟通审计发现的问题,起草审计报告。

审计人员安排 审计小组由一名项目经理、两名高级审计员和四名审计员组成。项目经理负责整体审计工作的协调和指导,高级审计员负责重要审计领域的工作,审计员负责具体的审计程序执行和数据收集。

资源需求 审计所需资源包括预计需要使用审计软件、数据分析工具以及必要的办公设备。同时,可能需要聘请外部专家对公司的某些复杂技术问题进行评估。

具体审计计划 具体审计计划包括风险评估及进一步审计程序,按照《中国注册会计师审计准则第 1211 号——重大错报风险的识别和评估》的规定,为了充分识别和评估财务报表重大错报风险,注册会计师计划实施的风险评估程序的性质、时间安排和范围;以及按照《中国注册会计师审计准则第 1231 号——针对评估的重大错报风险采取的应对措施》的规定,针对评估的认定层次的重大错报风险,注册会计师计划实施的进一步审计程序的性质、时间安排和范围。进一步审计程序包括控制测试和实质性程序。

通过以上审计计划的制定,审计团队能够有针对性地开展审计工作,提高审计效率和质量,为发表准确的审计意见提供有力支持。

任务一　总体审计策略

学习活动一　明确任务

任务 描述

　　本任务旨在制定总体审计策略,具体完成"即测即评"中"审计实操测试"部分教学资源的审计工作底稿(重要性和审计计划程序)。总体审计策略主要确定以下审计事项。本任务拟执行的审计程序如下。

一、审计范围

(1) 适用的财务报告编制基础。
(2) 适用的审计准则。
(3) 特定行业的报告要求(如适用)。

二、审计业务时间安排

(1) 报告时间安排。
(2) 执行审计工作的时间安排。
(3) 沟通的时间安排。

三、影响审计业务的重要因素(审计方向)

(1) 财务报表整体重要性。
(2) 识别重要的交易、账户余额和披露及相关认定。
(3) 可能存在较高重大错报风险的领域。

四、人员安排

(1) 项目组成员、职级和职责。
(2) 项目质量复核人员(如适用)、职级和职责。

五、对专家或其他第三方工作的利用(如适用)

(1) 对专家工作的利用。
(2) 对被审计单位使用服务机构的考虑(如适用)。

任务 识别

　　1. 识读上述拟执行总体审计策略(任务),识别关键词,并把关键词写在横线上:_____

2. 从关键词中选择词语用于描述总体审计策略任务(反映程序内容和要求):

_____

_____

📖 知识 准备

审计计划,是指注册会计师为了完成各项审计业务,达到预期的审计目标,在具体执行审计程序之前编制的工作计划。它是审计工作的重要指导性文件,对整个审计过程起着规划和指导的作用。审计计划的制定有助于合理分配审计资源,提高审计效率和质量,降低审计风险,确保审计工作能按照预定的目标和要求顺利进行,包括总体审计策略和具体审计计划。其中总体审计策略主要是确定审计范围、方向、资源配置和时间安排等。

一、总体审计策略缺陷类型

(一)目标设定不准确

(1)审计计划中没有明确阐述审计的总体目标和具体目标,导致审计人员在执行审计任务时方向不明,无法聚焦重点。例如,在对某公司财务报表审计计划中,仅简单提及"对财务报表进行审计",而没有明确是要核实收入的真实性、成本的准确性,还是要检查资产的计价与分摊等具体目标。

(2)目标与组织的战略目标、风险管理需求或法律法规要求脱节,无法为组织提供有价值的审计服务。例如,一家金融机构面临着严格的反洗钱监管要求,但审计计划中未将反洗钱合规审计作为重点目标。

(二)范围界定不合理

1. 范围过窄

(1)审计计划没有涵盖组织的重要业务领域、关键流程和高风险区域,导致审计遗漏重要问题。例如,在对一家制造业企业的审计计划中,没有将新产品研发流程纳入审计范围,忽略可能存在成本超支、项目延期等重大风险的流程。

(2)仅关注财务数据和报表,忽视了非财务领域的风险,如内部控制有效性、合规性、运营效率等。例如,对一家医院的审计计划只侧重财务收支的审计,而忽略了医疗服务质量、患者安全管理等非财务方面的风险。

2. 范围过宽

审计计划将过多的非关键业务或低风险领域纳入审计范围,导致审计资源分散,降低了审计效率和效果。例如,对一家小型企业的审计计划中,将与主营业务无关的边缘业务也列入了详细审计范围。

(三)时间安排不合理

1. 时间过紧

(1)审计计划没有充分考虑审计任务的复杂性和工作量,安排的审计时间过于紧凑,导致审计人员无法充分收集证据、深入分析问题,影响审计质量。例如,一个大型建设项目的审计计划要求在短时间内完成大量的工程结算审核和财务审计工作,难以保证审计的准确性和完整性。

(2)没有预留足够的时间用于应对突发情况或审计调整,如发现重大审计线索需要进一步深入调查、与被审计单位沟通协调等。

2. 时间过长

审计计划安排的时间过长,导致审计项目拖延,增加了审计成本,同时也可能使审计信息失去时效性。例如,一个常规的年度财务报表审计计划安排了半年以上的时间,远远超出了正常的审计周期。

(四)资源配置不当

1. 人员不足

(1)审计计划没有根据审计任务的需要合理配置审计人员,导致人员数量不足,无法按时完成审计任务。例如,一个大型企业集团的审计项目,仅安排了两名审计人员,无法应对集团众多子公司和复杂业务的审计需求。

(2)审计人员的专业背景、技能水平与审计任务不匹配,影响审计工作的质量和效率。例如,一个涉及信息技术系统审计的项目,没有安排具备信息技术专业背景的审计人员。

2. 技术手段不足

审计计划没有充分考虑运用现代审计技术和工具,如数据分析软件、审计信息系统等,导致审计方法落后,无法提高审计效率和发现问题的能力。例如,在大数据时代,审计计划仍然依赖传统的手工查账方法,没有运用数据分析技术对海量数据进行筛选和分析。

二、总体审计策略应关注事项或情形

(一)明确审计目标

与管理层、治理层或相关利益方沟通,了解他们对审计的期望和需求,确定审计要达到的总体目标。例如,对于年度财务报表审计,目标可能是对财务报表的真实性、准确性和完整性发表审计意见。总体目标细化为具体审计目标,如核实收入的确认是否符合会计准则、检查资产减值准备的计提是否充分等。

(二)确定审计范围

确定纳入审计范围的被审计单位的业务活动和职能部门,明确需要审计的期间和范围。根据审计目标和风险评估结果,确定重点审计领域和须详细审查的事项。例如,对于存在重大关联方交易的企业,将关联方交易列为重点审计领域。

(三)安排审计资源

根据审计任务的性质、复杂程度和时间要求,合理分配审计人员,确保审计团队具备相应的专业知识和技能。必要时考虑是否需要借助外部专家的力量,如评估复杂的无形资产价值时,可能需要聘请资产评估专家。

(四)考虑审计时间预算

合理估算完成各项审计任务所需要的时间,包括现场审计时间、审计证据整理和分析时间、撰写审计报告时间等。预留一定的弹性时间,有助于应对可能出现的意外情况和追加的审计程序。

(五)重要性水平的确定

在制定总体审计策略时,注册会计师必须对重大错报的金额和性质作出判断,包括财务报表整体重要性、实际执行的重要性和明显细微错报临界值等。

1. 财务报表整体重要性

注册会计师运用职业判断考虑财务报表整体的重要性对得出财务报表是否合法、公允反映的结论非常重要。这一过程通常为先确定基准再以其乘以某一百分比。常用的财务报表整体重要性基准和重要性水平百分比如表 3-1、表 3-2 所示。

表 3-1 常用的财务报表整体重要性基准

被审计单位类型	可能选择的基准
以营利为目的的实体	经常性业务的税前利润/亏损(成熟期)
非营利性组织(如学校、慈善机构、研发中心等)	成本或费用总额、收入或资产总额
经常性业务的税前利润/亏损波动较大;或以前年度盈利而本年度亏损的实体	加回异常项目或非经常性项目的税前利润/亏损;近几年平均税前利润/亏损(通常 3~5 年);营业收入……
新设立实体运营初期	所有者权益总额、费用总额或资产总额
以资产为主的实体(如开放式基金)	资产总额或净资产

表 3-2 常用的财务报表整体重要性水平百分比

被审计单位类型	可能选择的经验百分比
以营利为目的的实体	税前利润/亏损(绝对值)的 5%~10%
非营利性组织	费用总额或收入总额的 1%~2% 或资产总额的 0.5%~1%
以收入为基准的实体	收入的 1%~2%
以资产总额为基准的实体	通常不超过资产总额或净资产的 1.5%
以扣除利息、税金、折旧及摊销的利润(EBITDA)为基准的实体(如股东、债权人)	通常不超过 EBITDA 的 2.5%

运用较低经验百分比的情况:① 广泛分布的财务报表使用者,或被审计单位是上市企业;② 有较多外部债务;③ 特殊因素,如融资约定事项;④ 大型实体(因绝对值较大);⑤ 财务报表使用者对基准的敏感度。

运用较高经验百分比的情况:① 有限的财务报表使用者;② 小型实体;③ 财务报表中不存在含较高估计不确定性的重大会计估计;④ 通过集团融资(外债较少)。

2. 实际执行的重要性水平标准

财务报表实际执行的重要性水平标准一般为财务报表整体重要性 50%~75%,具体标准如表 3-3 所示。

表 3-3 财务报表实际执行的重要性水平标准

接近财务报表整体重要性 50% 的情况	接近财务报表整体重要性 75% 的情况
以前年度审计调整较多	以前年度审计调整较少
项目总体风险较高(如处于高风险行业,经常面临较大市场压力,首次承接的审计项目或者需要出具特殊目的报告)	项目总体风险较低(如处于风险行业,市场压力较小)

某些特殊情况下扣减百分比可小于 25%：① 满足上述实际执行的重要性的设定接近财务报表整体重要性 75% 的两个标准；② 被审计单位财务报表整体错报风险较低，如仅有个别重要项目且经营地点单一。

3. 明显微小错报临界值

注册会计师可能将低于某一金额的错报界定为明显微小的错报，对这类错报不需要累积，因为注册会计师认为这些错报的汇总数明显不会对财务报表产生重大影响。"明显微小"不等同于"不重大"。明显微小错报的金额的数量级，与按照《中国注册会计师审计准则第 1221 号——计划和执行审计工作时的重要性》确定的重要性的数量级相比，是完全不同的（明显微小错报的数量级更小，或其性质完全不同）。这些明显微小的错报，无论单独或者汇总起来，无论从金额、性质或其发生的环境来看都是明显微不足道的。

《中国注册会计师审计准则第 1251 号——评价审计过程中识别出的错报》第十六条规定，注册会计师应当在审计工作底稿中记录设定的某一金额，低于该金额的错报视为明显微小。确定该临界值需要注册会计师运用职业判断。在确定明显微小错报的临界值时，注册会计师可能的因素包括：① 以前年度审计中识别出的错报（包括已更正和未更正错报）的数量和金额；② 重大错报风险的评估结果；③ 被审计单位治理层和管理层对注册会计师与其沟通错报的期望；④ 被审计单位的财务指标是否勉强达到监管机构的要求或投资者的期望。

注册会计师对上述因素的考虑，实际上是在确定审计过程中对错报的过滤程度。注册会计师的目标是要确保不累积的错报（即低于临界值的错报）连同累积的未更正错报不会汇总成为重大错报。如果注册会计师预期被审计单位存在数量较多、金额较小的错报，可能考虑采用较低的临界值，以避免大量低于临界值的错报积少成多构成重大错报。如果注册会计师预期被审计单位错报数量较少，则可能采用较高的临界值。

注册会计师可能将明显微小错报的临界值确定为财务报表整体重要性的 3%～5%，也可能在此基础上适度上浮或下调，但通常不超过财务报表整体重要性的 10%，除非注册会计师认为有必要单独为重分类错报确定更高的临界值。如果注册会计师不确定一个或多个错报是否明显微小，就不能认为这些错报是明显微小的。

（六）沟通与协调

与被审计单位管理层等相关人员沟通，告知审计计划的大致内容和时间安排，取得其配合和支持。审计团队内部建立并实施良好的沟通机制，及时分享审计过程中的发现和问题，协调审计工作进度。

学习活动二　审计程序实施

认知审计程序、示例

一、了解被审计单位基本情况

复兴智能交通技术有限公司（以下简称"复兴智能交通"）成立于 2015 年，注册资本人民币 500 万元整，注册地址为江州市闸北区经纬大道 780 号 8 幢 16 层，是一家从事智能交通设备销售、安装、运营调试等业务的公司。

公司经营有共享阿拉丁等产品；第二类增值电信业务；运营车辆调度管理系统、公共自行车租赁系统、机场、车站客流疏导系统、城市交通智能调度系统、高速公路智能调度系统、机动车自动控制系统的开发、销售、安装及运营调试;交通信息采集系统、信息处理分析系统、信息发布系统的开发、安装及运营调试;立体停车库的设计、安装、维护;电动汽车充电设施建设及运营管理;销售电动汽车充电器、电动汽车充电桩、立体停车库、电动自行车、新能源电池、自动化控制设备。

截至 2024 年年末,复兴智能交通技术有限公司营业收入为 2 006 911.77 元,比上年同期增长 110.12%,签约相关业务合同 13 个,业务收入来源主要为城市交通智能调度系统销售和维护。

二、确定审计范围、适用准则和规则

(一) 审计范围

复兴智能交通 2024 年度财务报表,包括 2024 年 12 月 31 日的资产负债表,2024 年度的利润表、现金流量表、所有者权益变动表以及财务报表附注。

(二) 适用准则和规则

财务报表的编制需要遵循适用的会计准则和规则,具体要求因主体性质和行业而异。主要适用准则及核心规则包括企业会计准则、上市公司特殊规则,如监管部门监管要求、政府及非营利组织准则、国际财务报告准则(IFRS),以及财务报表编制基本要求、关键参考文件等,复兴智能交通技术有限公司适用准则和规则如表 3-4 所示。

表 3-4 财务报表适用准则及规定

项目	文件名称或重要条款
适用的会计准则和相关会计制度	企业会计准则
与财务报告相关的行业特别规定	无

三、确定重要性水平和审计方向

(一) 财务报表整体的重要性

复兴智能交通选择资产总额为基准,按 5% 确定财务报表整体重要性水平,取整数 5 万元 (5 170 809.39×5%=51 708.09)。理由是:复兴智能交通近年亏损,利润基准不适用;营业收入增长率较高但总量较低,营业收入基准不适用。故项目组选取资产总额作为确定财务报表整体的重要性水平的基础。

(二) 实际执行的重要性(可容忍错报)

复兴智能交通整体风险评估为低水平,选择财务报表整体的重要性的 75% 为实际执行的重要性,计算过程如下:

实际执行的重要性=财务报表整体的重要性×75%=50 000×75%=37 500(元)

(三) 明显细微错报临界值(建议调整水平)

选择财务报表整体的重要性的 3% 为错报临界值。相关计算如下。

错报临界值=财务报表整体的重要性×3%=50 000×3%=1 500(元)

（四）重要账户及重大错报风险领域

项目组根据企业经营活动情况，判定营业收入和应收账款、关联方及其交易、或有事项、持续经营等重要账户及重大错报风险领域。

四、项目组人员分工

（一）项目合伙人

统筹全局，制定审计计划，审批重大事项（如风险评估结果、审计调整）；对接客户管理层，协调外部资源（如专家、其他会计师）。

（二）项目经理

分配具体审计任务（如应收账款函证、存货监盘）；复核底稿逻辑，检查程序执行是否到位。

（三）审计助理

按分工完成各项目审计（如抽查凭证、编制明细表）；记录审计发现，及时向组长反馈异常情况。

（四）复核专员

由会计师事务所质量管理部门统一安排，实现分层底稿复核（如审计助理→项目经理→项目合伙人→复核专员），确保底稿记录充分、结论明确。

五、项目进度安排

（一）三阶段时间规划

（1）准备阶段，收集资料、了解内部控制、制定计划。

（2）实施阶段，完成风险评估与控制测试，实施实质性程序（如函证、截止测试）。

（3）完成阶段，汇总差异、编制报告、归档底稿等的时间安排。

（二）规划关键节点

如现场审计、中期汇报、报告初稿和定稿交付的时间节点。

六、对专家工作、其他注册会计师、企业内部审计工作利用的安排

根据项目需要，规划利用专家、其他注册会计师和内部审计工作相关事宜。具体如下。

（一）专家协作

如聘请信息技术领域专家检查 ERP（企业资源计划）系统权限设置（如采购订单修改日志）；利用资产评估师对投资性房地产公允价值进行验证。

（二）其他注册会计师

若客户为集团公司，协调子公司审计团队同步工作。要求其提供审计报告及底稿，复核关键科目（如收入、成本）。

（三）内部审计工作

参考内部审计的年度报告（如存货盘点结果），利用其对销售流程的日常监控记录，减少重复测试。

七、其他事项（如计划的修改变更）

（一）计划调整情形

（1）发现重大舞弊线索则立即启动专项程序（如扩大函证范围）。

（2）客户合并新公司则追加对新业务的风险评估。

（二）调整流程

书面记录调整原因（如填写审计计划变更审批单），项目组全员沟通调整内容，确保执行一致。

上述第四至七项，详见审计工作底稿实例 3－1。

📍 **审计工作底稿实例 3－1** -

审计计划

被审计单位：复兴智能交通技术有限公司　　　　索引号：BF－1

项目：审计计划——总体审计策略　　　　　　　截止日：2024－12－31

编制：文琴　　　　　　　　　　　　　　　　复核：李莉

日期：2025－03－10　　　　　　　　　　　　日期：2025－03－10

一、审计范围

报告要求	无特殊要求
适用的会计准则和相关会计制度	企业会计准则
适用的审计准则	中国注册会计师审计准则
与财务报告相关的行业特别规定	无
需要审计的集团内组成部分的数量及所在地	无
需要阅读的含有已审计财务报表的文件中的其他信息	无
制定审计计划需要考虑的其他事项	无

二、审计业务时间安排

（一）出具审计报告时间

2025 年 3 月 30 日

（二）执行审计时间安排

执行审计时间安排	时间
1. 期中审计/预审	
制定审计计划	2025－03－10
2. 期末审计	
（1）存货监盘	无
（2）发出询证函	2025－03－10
（3）固定资产抽盘	2025－03－12
（4）库存现金监盘	2025－03－12
（5）银行存款余额落实	2025－03－12
（6）采购、销售截止测试	2025－03－15

执行审计时间安排	时间
(7) 存货计价测试	2025 - 03 - 15
(8) 费用截止测试	2025 - 03 - 15
(9) 查阅相关的会计凭证	现场随时
(10) 查阅相关的合同	现场随时

（三）沟通的时间安排

所需沟通	时间
与管理层和治理层沟通的会议	2025 - 03 - 18
项目组会议（包括预备会和总结会）	2025 - 03 - 18
与前任注册会计师沟通（如适用）	
与其他注册会计师沟通（如适用）	
与专家或有关人士沟通（如适用）	

三、影响审计业务的重要因素

（一）重要性水平

适用的标准	未审数/元	比例	重要性水平/元
资产总额	5 170 809.39	1%	51 708.09
所有者权益总额	−1 748 797.33	2%	−34 975.95
营业收入	2 006 911.77	1%	20 069.12
利润总额	−570 291.35	5%	−28 514.57
净利润	−570 291.35	5%	−28 514.57

计划的重要性水平为 5 万元，实际执行按 75%，综合考虑后确认为 3 万元

理由：净利润为负数，不适用，资产总额具有代表性，故选择资产总额

（二）可能存在较高重大错报风险的领域

可能存在较高重大错报风险的领域	索引号
营业收入和应收账款；关联方及其交易；或有事项；持续经营	BC

（三）重要的组成部分和账户余额

重要的组成部分和账户	总额、余额或发生额/元
货币资金	227 163.12
营业收入	2 006 911.77
营业成本	1 188 868.53
固定资产	2 423 344.88

重要的组成部分和账户	总额、余额或发生额/元
预付账款	1 597 745.14
短期借款	1 940 677.99
其他应付款	4 451 189.29

四、人员安排

（一）项目组成员的责任

职　位	姓　名	主　要　职　责
项目经理	李莉	负责项目实施
审计助理	文琴	实施进一步审计程序
项目合伙人	汪卉	整体把握审计风险

（二）项目组成员独立性声明

本人声明：
(1) 不存在关系威胁和外在压力威胁；
(2) 本人对该客户的客观性和独立性不因任何私人关系、利益冲突或其他情况而改变。
项目组成员签名：

（三）与项目质量复核人员的沟通（如适用）

复核的范围：

沟通内容	负责沟通的项目组成员	计划沟通时间
风险评估、对审计计划的讨论	文琴	2025 - 03 - 10
对财务报表的复核	文琴	2025 - 03 - 10

五、对专家或有关人士工作的利用（如适用）

（一）对其他注册会计师工作的利用

其他注册会计师	利用其工作范围和程度	索引号
不适用		

（二）对专家工作的利用

主要报表项目	专家	主要职责和工作范围	利用专家工作的原因	索引号
不适用				

（三）对内部审计工作的利用

主要报表项目	拟利用的内部审计工作	索引号
不适用		

（四）对被审计单位使用服务机构的考虑

主要财务报表项目	服务机构名称	服务机构提供的相关服务及其注册会计师出具的审计报告意见及日期	索引号
不适用			

项目经理：　　李莉　　　日期：2025 - 03 - 10

项目合伙人：　　汪卉　　日期：2025 - 03 - 10

◗ 填制电子底稿

参照总体审计策略编制要求和示例,完成项目三"即测即评"中"审计实操测试"中的审计工作底稿(总体审计策略底稿填制)。

学习活动三　课堂自查

(根据本任务学习情况和实操能力填写)

1. 难点：_____

_____

_____

_____

2. 改进：_____

_____

_____

_____

任务二　具体审计计划

学习活动一　明确任务

📖 任务 描述

本任务旨在执行具体审计计划程序,完成"即测即评"中"审计实操测试"部分教学资源的电子底稿审计计划程序。具体审计计划主要包括风险评估、进一步审计程序安排和针对特殊情形的审计程序设计。本任务拟执行的审计程序如下。

一、风险评估程序

(1)了解被审计单位及其环境。

（2）识别和评估财务报表重大错报风险。

二、进一步审计程序

（1）财务报表层次重大错报风险应对措施。
（2）特别风险的应对措施。
（3）认定层次重大错报风险的应对措施。

三、其他审计程序

（1）对舞弊的考虑。
（2）对关联方交易的审计。
（3）对持续经营能力的评估。

 **任务** 识别

1. 识读上述拟执行具体审计计划程序（任务），识别关键词，并把关键词写在横线上：＿＿＿

_____

2. 从关键词中选择词语用于描述具体审计计划的审计程序任务（反映程序内容和要求）：

_____

_____

知识 准备

审计计划包括总体审计策略和具体审计计划，其中具体审计计划包括风险评估程序、进一步审计程序和其他审计程序。

一、具体审计计划缺陷类型

（一）风险评估不准确

1. 风险识别不全面

在风险评估阶段没有充分识别被审计单位面临的内外部风险，导致审计重点不突出，无法有效防范和应对风险。如在一家互联网金融企业的审计计划中，没有充分考虑网络安全风险、信用风险等重要风险因素。

对新业务、新领域的风险认识不足，没有及时更新风险评估模型和方法。如面对区块链技术在金融领域的应用，审计计划没有针对区块链技术带来的新风险进行评估和分析。

2. 风险评估方法不当

风险评估方法不科学、不合理，导致风险评估结果不准确。如仅依靠主观判断或经验来评估风险，没有运用定量分析方法和风险模型进行量化评估。

风险评估过程中没有充分收集相关信息和数据，导致评估依据不充分。如在对某企业内部控制进行风险评估时，没有对内部控制的执行情况进行充分的测试和调查，仅凭管理层的口头描述进行风险评估。

（二）沟通协调不畅

1. 内部沟通不畅

审计计划没有明确审计项目组内部成员之间的沟通机制和方式，导致信息传递不及时、不准确，影响审计工作的协同效率。如在审计过程中，审计人员发现的问题没有及时向项目负责人汇报，导致问题得不到及时解决。

审计计划没有与其他内部部门（如风险管理部门、合规部门）进行有效的沟通和协调，导致审计工作重复或遗漏，无法形成合力。如审计部门在制定审计计划时，没有与风险管理部门共享风险信息，导致审计重点与风险管理重点不一致。

2. 外部沟通不畅

审计计划中没有明确与被审计单位的沟通方式和时间安排，导致在审计过程中与被审计单位产生误解和冲突，影响审计工作的顺利进行。如审计人员在没有提前通知被审计单位的情况下，突然进驻开展审计，引起被审计单位的抵触情绪。

审计计划没有考虑与外部监管机构、审计委员会等相关方的沟通和汇报机制，导致审计工作无法得到有效的监督和指导。比如，审计人员没有及时向审计委员会汇报审计计划的执行情况和重大审计发现，影响了审计委员会对审计工作的监督和决策。

二、审计计划应关注事项或情形

（一）了解被审计单位及其环境、适用的财务报告编制基础

1. 行业形势、法律环境与监管环境以及其他外部因素

了解被审计单位所处行业的市场竞争状况、市场饱和度、技术发展趋势等。例如，对于处于新兴行业的企业，关注其技术研发投入和市场份额扩张；对于处于衰退行业的企业，关注其资产减值和经营转型策略。

研究相关法律法规对被审计单位经营活动的影响，如环保法规对重污染企业的约束、税收政策对企业税负的影响等。

2. 被审计单位的性质

了解被审计单位的所有权结构、治理结构、组织结构、业务模式（包括该业务模式利用信息技术的程度）等，评估可能存在的内部控制缺陷和管理层凌驾于控制之上的风险。了解被审计单位的经营活动、投资活动和筹资活动，分析其经营风险和财务风险。例如，对于多元化经营的企业，关注不同业务板块之间的协同效应和资源配置效率。

3. 被审计单位财务业绩的衡量标准，包括内部和外部使用的衡量标准

了解内外部指标，收集被审计单位预算、关键绩效指标、行业对标数据，识别异常指标（如毛利率显著高于行业均值）。分析管理层激励机制，评估其对财务数据的潜在影响；实施分析程序，对比收入、成本、存货等项目与行业数据的一致性；运用现金流量分析，识别利润与现金流的背离。

4. 被审计单位适用的财务报告编制基础、会计政策以及变更会计政策的原因

审查被审计单位适用的财务报告编制基础，以及选用的会计政策是否符合会计准则和相关法规要求，是否在不同期间保持一致。关注会计政策变更的合理性和合法性，以及对财务报表的影响。例如，评估企业因经营模式改变而调整存货计价方法的合理性和对财务报表的影响。

（二）评估重大错报风险

1. 识别财务报表层次和认定层次的重大错报风险

通过了解被审计单位及其环境,运用分析程序等方法,识别可能导致财务报表重大错报的风险因素。考虑风险的性质、发生的可能性和潜在的影响程度。例如,被审计单位存在大量逾期应收账款,可能存在坏账准备计提不足的风险,进而影响资产和利润的准确性。

2. 将识别的风险与认定层次可能发生错报的领域相联系

针对识别出的重大错报风险,确定对应的财务报表项目和认定,如存货的存在认定、收入的发生认定等。

（三）监控与调整

在审计过程中,持续监控具体审计计划的执行情况,评估审计程序的有效性和审计证据的充分性。根据新获取的信息和发现的问题,及时对审计计划进行调整和补充。例如,在审计过程中发现被审计单位存在重大的内部控制缺陷,需要增加控制测试的范围和力度。

（四）进一步审计程序

（1）针对收入确认:执行收入截止测试,检查资产负债表日前后的交易凭证;函证主要客户,确认交易真实性与金额准确性。

（2）针对关联交易:获取关联方清单,核查重大交易的定价依据;分析关联交易对财务指标的影响,评估是否具有商业实质。

（3）针对表外融资:核查 ABS(资产支持证券)、SPE(特殊目的实体)等表外工具的会计处理,评估是否符合相关会计准则;检查担保、回购协议等潜在负债,确保披露充分性。

学习活动二　审计程序实施

认知审计程序、示例

一、风险评估程序

风险评估程序包括了解被审计单位及其环境,识别和评估财务报表层次以及各类交易、账户余额和披露认定层次的重大错报风险。例如,通过询问管理层、观察生产经营活动、分析财务数据等方式进行风险评估。风险评估程序的审计实例详见项目二任务一"风险评估"。

二、进一步审计程序

进一步审计程序包括控制测试和实质性程序。控制测试用于测试内部控制的有效性,实质性程序则用于直接检查各类交易、账户余额和披露的正确性,如审计工作底稿实例 3-2 所示。

三、其他审计程序

在审计计划阶段,除了按照《中国注册会计师审计准则第 1211 号——重大错报风险的识别和评估》进行计划工作,注册会计师还需要兼顾其他准则中规定的、针对特定项目在审计计划阶段应执行的程序及记录要求。例如,《中国注册会计师审计准则第 1141 号——财务报表审计中与舞弊相关的责任》《中国注册会计师审计准则第 1324 号——持续经营》《中国注册会计师审计准则第 1142 号——财务报表审计中对法律法规的考虑》及《中国注册会计师审计准

审计工作底稿实例 3 - 2

被审计单位：复兴智能交通技术有限公司
项目：审计计划——进一步审计程序
编制：文琴
日期：2025 - 03 - 10

索引号：BF - 2
截止日：2024 - 12 - 31
复核：李莉
日期：2025 - 03 - 10

审 计 计 划

六、对重要账户和交易采取的进一步审计程序方案（计划矩阵）

重要账户或交易	识别的重大错报风险										拟实施的总体方案				
	重大错报风险水平	是否为特别风险	相关认定							相关控制预期是否有效	总体方案	控制测试	控制测试索引号	实质性程序	
			存在/发生	完整性	权利和义务	准确性/准确性、计价和分摊	截止	分类	列报					分析程序	细节测试	实质性程序索引号
营业收入	中	否	√	√	√	√		√	√	是					√	√
营业成本	中	否	√	√	√	√		√	√	是	细节测试时同时检查控制执行情况				√	√
货币资金	中	否	√	√		√	√	√	√	是					√	√

则第 1323 号——关联方》等准则中对注册会计师针对这些特定项目在审计计划阶段应当执行的程序及其记录作出了规定。当然,由于被审计单位所处行业、环境各不相同,特定项目可能也有所不同。例如,有些企业可能涉及环境事项、电子商务等。在实务中,注册会计师应根据被审计单位的具体情况确定特定项目并执行相应的审计程序。其他审计程序的审计实例详见项目二任务二"风险应对"。

审计计划是一个动态的过程,需要根据审计过程中获取的新信息和情况变化进行适时调整和完善。

➡ 填制电子底稿

参照具体审计计划程序要求和示例,完成项目三"即测即评"中"审计实操测试"中的审计工作底稿(具体审计计划底稿填制)。

学习活动三　课堂自查

(根据本任务学习情况和实操能力填写)

1. 难点: _____
_____
_____

2. 改进: _____
_____
_____
_____

项 目 拓 展

拓展阅读

➡ 知识视窗

审计计划更改

计划审计工作并非审计业务的一个孤立阶段,而是一个持续的、不断修正的过程,贯穿审计业务的始终。由于未预期事项、条件的变化或在实施审计程序中获取的审计证据等原因,在审计过程中,注册会计师应当在必要时对总体审计策略和具体审计计划作出更新和修改。

审计过程可以分为不同阶段,通常前一阶段的工作结果会对后续阶段的工作计划产生一定的影响,而后续阶段的工作过程中又可能发现需要对已制定的相关计划进行相应更新和修改。这些更新和修改一般可能涉及比较重要的事项。例如,对重要性水平的修改,对某类交易、账户余额和披露的重大错报风险的评估和进一步审计程序(包括总体方案和拟实施的具体审计程序)的更新和修改等。一旦计划被更新和修改,审计工作也就应当进行相应的修正。

例如,如果在制定审计计划时,注册会计师基于对材料采购交易的相关控制的设计和执行获取的审计证据,认为相关控制设计合理并得以执行,因此未将其评价为高风险领域并且计划执行控制测试。但是在执行控制测试时获得的审计证据与审计计划阶段获得的审计证据相矛盾,注册会计师认为该类交易的控制没有得到有效执行,此时,注册会计师可能需要修正对该类交易的风险评估,并基于修正的评估风险修改计划的审计方案,如采用实质性方案,即注册会计师实施的审计程序以实质性程序为主。

如果注册会计师在审计过程中对总体审计策略或具体审计计划作出重大修改,应当在审计工作底稿中记录作出的重大修改及其理由。

审计失败案例

安然公司的审计机构为安达信会计师事务所(以下简称"安达信")。安达信在审计计划阶段对安然公司的业务复杂性和高风险性认识不足。安然公司审计的审计计划失败之处如下:

1. 行业专门知识培训不足

安然公司的业务涉及能源期货、衍生金融工具等复杂领域,审计计划没有充分考虑这些业务的特殊风险。能源行业经营活动和会计处理的特殊性意味着如果审计人员未接受足够的关于能源行业财务和运营方面的培训,就无法在审计计划中充分识别关键风险点。

2. 审计计划的风险评估不全面

没有充分识别出安然公司管理层可能存在的欺诈风险。安然公司通过复杂的特殊目的实体(SPE)进行表外融资和隐藏债务,审计人员在制定计划时未能准确评估 SPE 相关风险。安然公司管理层为了维持公司高股价和维护自身利益,进行了大量的财务造假活动,而审计计划中对管理层舞弊的可能性评估不足。

安然公司财务报告审计失败造成了严重后果,安然公司破产,投资者遭受巨大损失,安达信受到严重的法律制裁和声誉损害,最终退出审计行业。这一事件对全球审计行业和资本市场都产生了深远的影响,也凸显了审计计划的重要性。

素养园地

某大型国有企业集团的年度审计项目由一家知名会计师事务所负责。该事务所高度重视将素质教育融入审计工作的各个环节。

诚信与职业道德教育:在审计计划制定前,会计师事务所组织审计团队成员开展职业道德培训,深入学习《中国注册会计师职业道德守则》,强调诚信是审计工作的基石。通过案例分析,如讲述国内外因审计人员违背诚信原则而导致审计失败的典型案例,让审计人员深刻认识到诚信缺失的严重后果。

严格实施质量管理:审计计划中要求审计人员对所获取的审计证据进行交叉验证和核实,确保审计证据的真实性和可靠性,这也是诚信原则在具体工作中的体现。在审计计划中安排了对企业重大项目投资决策的审计,这些项目往往涉及大量的公共资源和社会影响。审计人员通过深入了解项目的背景、目的和预期效益,评估企业在项目决策和实施过程中是否充分考虑了社会公共利益和可持续发展因素,从而检验企业的投资决策是否既符合经济效益原则,又具有良好的社会效益。

社会责任感培育:在制定审计计划时,会计师事务所引导审计团队认识到该国有企业在国民经济中的重要地位和社会责任,进而强调通过高质量的审计工作,不仅可以为企业自身的健康发展提供保障,还能维护国家和社会公众的利益。

弘扬团队协作与沟通精神:在审计计划制定过程中,组织不同专业背景、不同经验层次的审计人员共同参与,充分交流各自的观点和想法。例如,在确定审计方法和程序时,年轻审计人员提出运用大数据分析技术提高审计效率和准确性的建议,资深审计人员则分享了以往类似项目中的实践经验和应对复杂问题的技巧。通过这种互动和协作,项目组可以制定出更加科学、合理的审计计划。

与被审计单位的沟通与合作:在审计计划中明确了与企业管理层、财务部门及其他相关部门建立良好沟通机制的具体措施,如定期召开沟通会议、及时反馈审计进展和发现的问题等。这种沟通不仅有助于获取准确的审计信息,还能增进企业对审计工作的理解和加强支持,共同推动审计目标的实现。

通过将素质教育融入审计计划,整个审计项目得以高效、有序地开展。审计团队在工作中始终保持高度的责任感和敬业精神,严格按照审计计划执行审计程序,最终出具了客观、公正的审计报告,为企业的健康发展和国家的经济稳定做出了重要贡献。

项目总结

⊙ 学生感知

根据项目三学习、认知和能力训练情况,填写学习感知(掌握技能描述、心得体会等):

_____

⊙ 项目总结

知识内容重点与难点

重点:总体审计策略涵盖审计范围(财务报表项目、合并范围)、时间安排(报告提交节点)、资源分配(团队分工、专家利用);具体审计计划,包括风险评估程序、进一步程序(控制测试与实质性程序的性质、时间、范围);重要性水平确定(财务报表整体重要性、实际执行重要性、明显微小错报临界值)。

难点:重要性基准选择(如亏损企业选资产总额、成熟企业选营业收入)及比例调整(高风险行业取 50%,低风险取 75%);审计程序不可预见性设计(如抽盘非重要存货、函证零余额账户)。

技能训练重点与难点

重点:编制审计计划矩阵(关联重要账户与审计程序)、分配时间预算(如分配用于风险评估、实质性程序时间)。

难点：根据企业规模调整审计资源（小型企业简化流程、大型企业细分项目审计）；重要性水平对样本量的影响（如低重要性下需要增加细节测试样本）。

即测即评

◯ 审计实操测试

项目三介绍了计划审计工作阶段的总体审计策略和具体审计计划编制，按教学技能目标的要求，学生应能够配合、协助注册会计师完成相关审计计划程序，并填制工作底稿。（本测试相关的审计工作底稿详见二维码）

审计工作底稿：审计计划

职业能力评价

职业能力	评价项目	学生自评
总体审计策略	1. 审计目标确定	☐A ☐B ☐C ☐D
	2. 审计范围确定	☐A ☐B ☐C ☐D
	3. 审计方向确定	☐A ☐B ☐C ☐D
	4. 重要性水平确定	☐A ☐B ☐C ☐D
具体审计计划	1. 风险评估与审计计划关系理解	☐A ☐B ☐C ☐D
	2. 进一步审计程序编制	☐A ☐B ☐C ☐D
	3. 其他审计程序理解	☐A ☐B ☐C ☐D

学生成绩：

注：（1）A 为掌握程度＞80％，B 为掌握程度＞70％，C 为掌握程度≥60％，D 为掌握程度＜60％。
（2）自评标准为学生对各项任务审计程序的执行力。
（3）教师对学生独立完成的审计工作底稿情况进行打分和评价，结果可作为平时成绩之一。

项目四　控制测试

知识导图

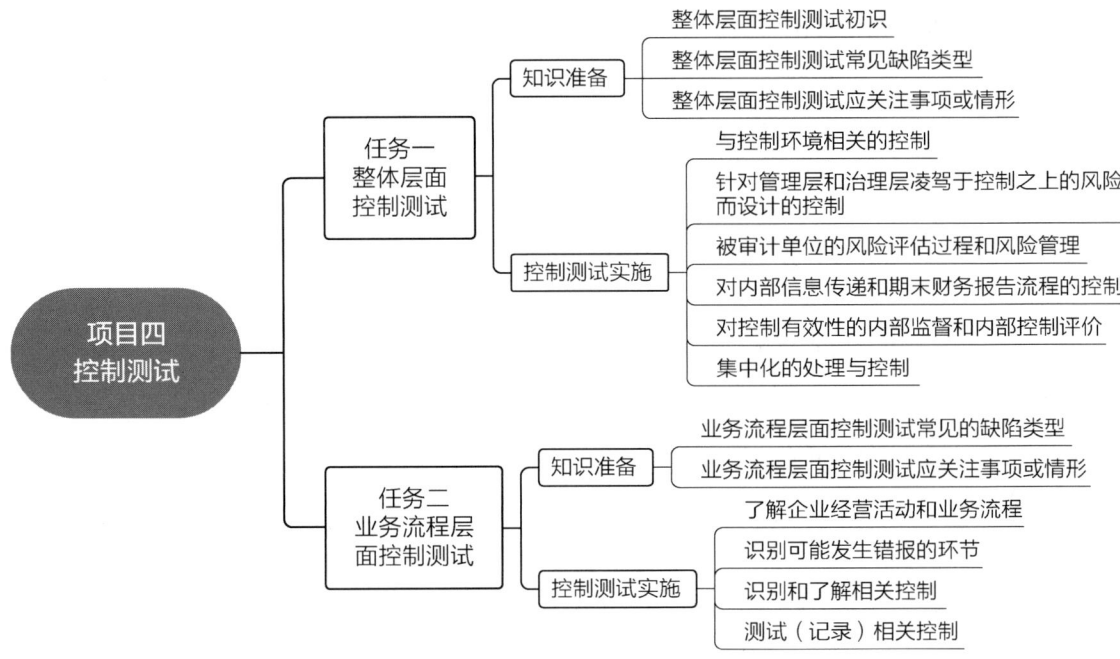

学习目标

知识目标

1. 掌握企业整体层面控制测试。
2. 掌握业务层面各循环（流程）控制测试。
3. 掌握销售与付款循环控制测试。
4. 熟悉控制测试审计工作底稿。

能力目标

1. 能执行企业整体层面控制测试。
2. 能执行业务流程层面控制测试。
3. 能编制销售与收款循环控制测试底稿。
4. 能独立完成"审计工作底稿——控制测试"项目填写。

素质目标

1. 培养审慎严谨的职业判断与风险评估意识。
2. 强化团队协作与沟通协调能力。
3. 树立合规意识与职业道德操守。

📋 项目引例

甲公司是一家生产电子设备的企业，主要产品包括智能手机、平板电脑和智能手表等。公司在过去几年中经历了快速的发展，但同时也面临着市场竞争的压力和内部管理的挑战。审计人员了解的公司内部控制相关的信息如下。

控制环境 公司管理层高度重视内部控制，制定了一系列规章制度和流程，包括采购、生产、销售、财务等方面。然而，在实际执行过程中，存在部分员工对制度不熟悉、执行不到位的情况。

采购与付款循环 公司的采购部门负责原材料的采购。在采购过程中，需要经过采购申请、供应商选择、采购订单审批、货物验收和付款等环节。然而，审计人员发现，部分采购申请未经适当的审批，供应商选择过程中存在一定的主观性，部分采购订单的审批不及时。

生产与存货循环 生产部门根据销售订单安排生产计划。在生产过程中，需要对原材料进行领用、加工、质量检验和成品入库等操作。但审计人员注意到，原材料的领用记录不完整，质量检验标准执行不严格，导致部分不合格产品流入市场。

销售与收款循环 销售部门负责产品销售和客户维护。销售过程中包括客户订单处理、发货、开具发票和收款等环节。审计发现，部分客户订单的处理存在延迟、发货记录与实际发货情况不符、发票开具错误等问题，影响了客户满意度和收款及时性。

财务报告流程 财务部门负责编制财务报表和进行财务分析。在财务核算过程中，需要对各项业务进行会计处理、凭证审核和账表核对等。然而，审计人员发现，部分会计凭证的附件不全，账表核对存在差异，影响了财务报表的准确性。

控制测试目标 审计人员的目标是通过控制测试，评估甲公司内部控制的有效性，确定是否需要扩大实质性测试的范围，以降低审计风险，保证审计质量。例如，在采购与付款循环中，审计人员可以抽取一定数量的采购申请单、采购订单和付款凭证，检查审批手续是否齐全、金额计算是否准确、供应商选择是否符合规定等，以评估采购与付款循环内部控制的有效性。在生产与存货循环中，可以抽取一定数量的原材料领用单、生产工单和质量检验报告，检查领用记录是否完整、生产工艺是否符合标准、质量检验是否严格等，以判断生产与存货循环内部控制的执行情况。

作为进一步审计程序的类型之一，控制测试并非在任何情况下都需要实施。当存在下列情形之一时，注册会计师应当实施控制测试：① 在评估认定层次重大错报风险时，预期控制的运行是有效的；② 仅实施实质性程序并不能够提供认定层次充分、适当的审计证据。

任务一　整体层面控制测试

学习活动一　明确任务

📖 任务 描述

控制测试,是为了评价内部控制在防止或发现并纠正认定层次重大错报方面的运行有效性而实施的审计程序。注册会计师应当选择为相关交易类别、账户余额和披露的认定提供证据的内部控制进行测试。

本任务旨在执行整体层面控制测试,了解和评价被审计单位整体层面内部控制,包括控制环境、与财务报告相关的信息系统和沟通、对控制的监督,具体完成"即测即评"中"审计实操测试"中的审计工作底稿(控制测试)。本任务拟执行的审计程序如下。

一、被审计单位整体层面控制测试目标

(1) 查证被审计单位内部控制环境有效性。
(2) 查证被审计单位治理结构和治理机制有效性。
(3) 查证被审计单位的风险评估过程有效性。
(4) 查证被审计单位内部信息传递、报告流程控制有效性。
(5) 查证被审计单位内部控制监督的有效性。

二、被审计单位整体层面控制测试程序

(1) 与控制环境相关的控制。
(2) 针对管理层和治理层凌驾于控制之上的风险而设计的控制。
(3) 被审计单位的风险评估过程和风险管理。
(4) 对内部信息传递和期末财务报告流程的控制。
(5) 对控制有效性的内部监督和内部控制评价。
(6) 集中化的处理与控制。

🔍 任务 识别

1. 识读上述拟执行控制测试(任务),识别关键词,并把关键词写在横线上:＿＿＿＿＿＿＿

＿＿

2. 从关键词中选择词语用于描述整体层面控制测试(反映程序内容和要求):＿＿＿＿＿

＿＿

一、整体层面控制测试初识

整体层面控制测试,主要包括与控制环境(即内部环境)相关的控制、针对管理层和治理层凌驾于控制之上的风险而设计的控制、被审计单位的风险评估过程、对内部信息传递和期末财务报告流程的控制、对控制有效性的内部监督(即监督其他控制的控制)和内部控制评价、集中化的处理和控制、监督经营成果的控制、针对重大经营控制及风险管理实务的政策。注册会计师应当测试控制设计的有效性和控制运行的有效性。注册会计师获取的有关控制运行有效性的审计证据包括:① 控制在所审计期间的相关时点是如何运行的;② 控制是否得到一贯执行;③ 控制由谁或以何种方式执行。

控制测试程序主要有:

1. 询问

注册会计师可以向被审计单位适当员工询问,获取与内部控制运行情况相关的信息。例如,询问信息系统管理人员有无未经授权接触计算机硬件和软件,向负责复核银行存款余额调节表的人员询问如何进行复核,包括复核的要点、发现不符事项的处理流程等。然而,仅通过询问不能为控制运行的有效性提供充分的证据,注册会计师通常需要印证被询问者的答复,如向其他人员询问和检查执行控制时所使用的报告、手册或其他文件等。

因此,注册会计师需要将询问与其他审计程序结合使用。而观察提供的证据仅限于观察发生的时点,因此,将询问与检查或重新执行结合使用,可能比仅实施询问和观察获取更高水平的保证。例如,被审计单位针对处理收到的邮政汇款单设计和执行了相关的内部控制,注册会计师通过询问和观察程序往往不足以测试此类控制的运行有效性,还需要检查能够证明此类控制在所审计期间。

2. 观察

观察是测试不留下书面记录的控制(如职责分离)的运行情况的有效方法。例如,观察存货盘点控制的运行情况。观察也可运用于实物控制,如查看仓库门是否锁好,或空白支票是否妥善保管。通常情况下,注册会计师通过观察直接获取的证据比间接获取的证据更可靠。但是,注册会计师还要考虑其所观察到的控制在注册会计师不在场时可能未被执行的情况。

3. 检查

对运行情况留有书面证据的控制,检查非常适用。书面说明、复核时留下的记号,或其他记录在偏差报告中的标志,都可以被当作控制运行情况的证据。例如,检查销售发票是否有复核人员签字,检查销售发票是否附有客户订购单和出库单。

4. 重新执行

例如,为了合理保证计价认定的准确性,被审计单位的一项控制是由复核人员核对销售发票上的价格与统一价格单上的价格是否一致。但是,要检查复核人员有没有认真执行核对,仅仅检查复核人员是否在相关文件上签字是不够的,注册会计师还需要自己选取一部分销售发票进行核对,这就是重新执行程序。如果需要进行大量的重新执行,注册会计师就要考虑通过实施控制测试以缩小实质性程序的范围是否有效率。

二、整体层面控制测试常见缺陷类型

（1）未实际执行了解企业层面的内部控制或未对企业层面内部控制进行测试，或对企业层面内部控制的了解及测试不完整。

（2）强行套用底稿模板或者以前年度底稿，底稿模板与被审计单位实际不符或未反映当年度企业层面内部控制发生变化。

（3）了解或测试企业层面内部控制时发现存在重大风险，但底稿未及时记录。

（4）了解或测试企业层面内部控制时已识别出重大或重要缺陷，但是未在执行企业层面控制测试或实质性程序时予以考虑。

三、整体层面控制测试应关注事项或情形

（1）管理层的理念和经营风格是否促进了有效的财务报告内部控制。

（2）管理层在治理层的监督下，是否营造并保持了诚信和合乎道德的文化。

（3）治理层是否了解并监督财务报告过程和内部控制。

（4）了解重大异常交易的会计处理流程以及被审计单位是否已经建立了相关的控制。

（5）关注被审计单位的关联方交易管理及业务流程，了解企业的关联方交易是如何产生、审批以及记录在财务报表中的。

（6）了解被审计单位的财务报表中是否有对财务报表产生重大影响的会计估计，并了解管理层作出这些会计估计的过程，关注管理层针对这些重大会计估计的相关控制，是否能防止管理层因操纵这些重大会计估计而导致财务报表出现重大错报的风险。

（7）关注管理层的薪酬及激励机制或是否面对较大的业绩压力，了解被审计单位是否设置了相应的控制，以防止管理层因为激励机制及业绩压力而对财务报表作出虚假报告。

（8）关注被审计单位是否建立了内部举报投诉制度（如举报热线、电子邮件、举报邮箱）和举报人保护制度，鼓励员工对各类违法或不当行为予以举报，并严禁任何人向善意举报的人或参与调查的人施加报复，关注被审计单位对举报投诉的处理程序，办理时限和办理要求，如是否设置了专门机构对投诉内容进行调查处理等。

（9）被审计单位是否根据设定的控制目标，有计划地全面、系统、持续地收集内外部相关信息，并结合实际情况，及时进行风险评估。

（10）被审计单位是否在目标设定的基础上，密切关注内外部主要风险因素，通过日常或定期的评估程序与方法对各种主要风险加以识别，并将各类风险进行分类整理，形成企业的风险清单。

（11）被审计单位是否在风险识别的基础上，采用定性和定量相结合的方法，按照风险发生的可能性及其影响程度等对识别的风险进行分析和排序，确定关注重点和优先控制的风险。

（12）被审计单位在进行风险分析时，是否充分吸收专业人员，组成风险分析团队，按照严格规范的程序开展工作，确保风险分析结果的准确性。

（13）被审计单位是否根据内部控制目标，结合风险评估结果和风险应对策略，综合运用控制措施将风险控制在可承受范围之内。

（14）关注被审计单位与财务报告相关的内部信息传递，针对财务报告流程的内部

控制可以确保管理层按照适当的会计准则编制合理、可靠的财务报告,以对外进行报告。

(15)管理层是否定期地将会计系统中记录的数额与实物资产进行核对。

(16)管理层是否建立了相关的控制以保证监督性控制能够在一个集中的地点有效进行,如共享服务中心。

(17)管理层是否为保证内部审计活动的有效性而建立了相应的控制。

(18)管理层是否建立了相关的控制以保证自我评价或定期的系统评价的有效性。

(19)分析共享服务中心内部控制的性质对被审计单位的影响。

(20)关注共享服务中心与财务报表相关的信息技术系统。

(21)上级单位是否会定期检查下属单位或分部的财务数据的真实性,以降低下属单位或分部管理层在财务报表上作出不恰当的人为调整的风险。

(22)管理层是否定期将经营成果与预算进行对比分析及复核,以分析财务资料是否存在异常情况。

(23)是否定期编制主要经营指标并对这些指标进行审阅及分析,以分析财务资料是否存在异常情况。

(24)是否定期更新经营预测,并且与期末的实际经营结果进行对比分析。

(25)企业是否建立了重大风险预警机制,明确界定重大风险和一旦出现必须启动应急处理机制的事项;应急预案、预警机制等相关的政策和方案是否非常明确地传达到相关人员;一旦出现紧急情况,企业是否能在第一时间作出将损失降到最低。

(26)企业是否建立了突发事件应急处理机制,确保突发事件得到及时妥善处理。

学习活动二　控制测试实施

🔵 认知审计程序、示例

一、与控制环境相关的控制

(1)管理层的理念和经营风格是否促进了有效的财务报告内部控制。

(2)管理层在治理层的监督下,是否营造并保持了诚信和合乎道德的文化。

(3)治理层是否了解并监督财务报告过程和内部控制。

二、针对管理层和治理层凌驾于控制之上的风险而设计的控制

(1)针对重大的异常交易(尤其是导致会计分录延迟或异常的交易)的控制。

(2)针对关联方交易的控制。

(3)与管理层的重大估计相关的控制。

(4)能够减弱管理层伪造或不恰当操纵财务结果的动机及压力的控制。

(5)建立的内部举报投诉制度。

三、被审计单位的风险评估过程和风险管理

(1)被审计单位是否根据既定的控制目标,有计划地全面、系统、持续地收集内外部相关

信息,并结合实际情况,及时进行风险评估。

(2)被审计单位是否在目标设定的基础上,密切关注内外部主要风险因素,通过日常或定期的评估程序与方法对各种主要风险加以识别,并将各类风险进行分类整理,形成企业的风险清单。

(3)被审计单位是否在风险识别的基础上,采用定性和定量相结合的方法,按照风险发生的可能性及其影响程度等,对识别的风险进行分析和排序,确定关注重点和优先控制的风险。被审计单位在进行风险分析时,是否充分吸纳专业人员,组成风险分析团队,按照严格规范的程序开展工作,确保风险分析结果的准确性。

(4)被审计单位是否根据内部控制目标,结合风险评估结果和风险应对策略,综合运用控制措施,将风险控制在可承受范围之内。

(5)企业是否建立了重大风险预警机制和突发事件应急处理机制。

四、对内部信息传递和期末财务报告流程的控制

(1)是否有财务报告相关的信息系统,以及其使用范围和完成财务报告流程。
(2)被审计单位财务报表的编制流程,包括输入、处理及输出。
(3)期末财务报告流程中运用信息技术的程度。
(4)管理层中参与期末财务报告流程的人员。
(5)纳入财务报表编制范围的组成部分。
(6)调整分录及合并分录的类型。

五、对控制有效性的内部监督和内部控制评价

(1)管理层是否定期地将会计信息系统中记录的数额与实物资产进行核对。
(2)管理层是否为保证内部审计的有效性而建立了相应的控制。
(3)管理层是否建立了相关的控制以保证自我评价或定期的系统评价的有效性。
(4)管理层是否建立了相关的控制以保证监督性控制能够在一个集中的地点有效进行,如共享服务中心等。

六、集中化的处理与控制

集中化的处理与控制,主要分析共享服务中心等近似集中化处理机构、机制对被审计单位的影响;了解共享服务中心的服务对象以及服务范围,并分析其服务对象的财务报表层次的重大错报风险;测试与财务报表相关风险大的集中化服务对象单位的相关内部控制。

与控制环境(即内部环境)相关的控制,控制测试设计及程序如表4-1至表4-9所示,其余整体层面控制测试见二维码"审计工作底稿:控制测试"。

(一)测试控制设计和运行的有效性

1. 管理层的理念和经营风格

(1)了解内部控制。从管理层风险偏好、决策模式、价值观传导等维度,识别控制环境基调。具体包括组织结构、职位职责说明等,如表4-1所示。

表 4-1　了解内部控制(经营理念和风格)

内部控制	如何执行和记录内部控制	是否为反舞弊控制	内部控制性质(人工控制/自动化控制/包含自动化成分的人工控制)	内部控制频率(每年一次/每季一次/每月一次/每周一次/每天一次/每天多次/其他)	执行内部控制人员的知识、经验和技能	与控制相关的风险
职位说明书明确了各岗位的任职要求和职责权限	企业制定有职位说明书,经总经理批准后发放给员工。职位说明书规定了各岗位履行职责所需要的知识与技能等任职条件,并描述了各岗位的工作权限与义务	否	人工控制	每年一次	总经理具有10年以上相关行业经验,对企业经营有深入的了解	较低
设置恰当的组织结构并根据业务变化及时更新	(1) 企业根据其自身业务需要设置了组织结构,并通过内网向所有员工传达。 (2) 董事会每年开会讨论组织结构的效率和效果,并根据业务的发展变化考虑是否需要更新	否	人工控制	每年一次	董事会成员均符合企业规定的任职条件,了解企业经营状况	较低
对候选员工的背景调查和聘用审批	(1) 当需要招聘人员时,由拟聘用该人员的部门拟定招聘计划(包括岗位具体职责、任职条件及工作要求等),经部门负责人、人力资源部负责人和总经理批准后,由人力资源部负责招聘。 (2) 应聘人员提交的资料首先由人力资源部经理负责背景调查(包括但不限于联系推荐人,获取资格/专业证书复印件),通过背景调查的人员由人力资源部负责人和相关部门负责人负责面试,其聘用须经人力资源部负责人和相关部门负责人共同批准。管理层岗位(包括部门负责人、承担重要财务报告职责的人员等)的任命还需要总经理批准。 (3) 被聘用的人员须与企业签订标准的劳动合同。标准劳动合同模板由法律合规部和人力资源部共同拟定,包含工资、雇佣期限、试用期、保密要求等关键劳动合同条款	否	人工控制	每天多次(截至9月期中测试时约新聘员工300人,这视为每天多次的人工控制)	人力资源部负责人具有10年以上人力资源管理经验。各部门负责人均有5年以上从业经验,了解本部门所需人员的能力要求	较低

（2）评价内部控制的设计有效性。验证管理层风格是否在控制设计中合理体现，包括职位说明书，候选员工背景调查和聘用审批等，见表4-2。

表4-2　内部控制设计有效性的审计程序（经营理念和风格）

编号	内部控制	审计程序	工作底稿索引号	设计与执行的有效性（有效/无效）	是否实施内部运行有效性测试
CE1-1	职位说明书明确了各岗位的任职要求和职责权限	（1）就企业的职位说明书和年度更新情况向总经理进行询问； （2）获取并检查企业的职位说明书以及总经理审批职位说明书更新的相关记录	××	有效	是
CE1-2	设置恰当的组织结构并根据业务变化及时更新	（1）询问总经理企业的组织结构设置及职责分配情况； （2）检查企业当年度的组织结构图以及公开组织结构的内部网页； （3）检查董事会审议组织结构的会议记录	××	有效	是
CE1-3	对候选员工的背景调查和聘用审批	（1）询问人力资源部负责人企业的聘用流程； （2）查阅一位新聘用员工的档案资料，检查其招聘计划是否通过相关部门负责人、人力资源部负责人和总经理的审批；人力资源部是否已对其进行背景调查；该员工的聘用是否经适当人员批准；是否已签订标准的劳动合同	××	有效	是

（3）实施内部控制运行有效性测试。测试管理层理念在控制执行中的情况，包括职位职责、组织结构、人员聘用等方面控制的有效性，如表4-3所示。

表4-3　内部控制运行有效性测试审计程序（经营理念和风格）

编号	内部控制	与控制相关的风险	内部控制的性质	项目组是否在评价设计与执行的过程中已实施并记录了内部控制运行有效性测试	审计程序的性质、时间安排和范围	样本量	样本量相关说明（如适用）	是否执行前推程序	前推程序的性质、时间安排和范围	样本量	工作底稿索引号	运行的有效性（有效/无效）
CE1-1	职位说明书明确了各岗位的任职要求和职责权限	较低	人工控制	是		不适用（每年一次，上述控制设计与执行有效性测试同时适用于运行有效性测试）			否（年末执行测试，因此不必前推程序）			××	有效

编号	内部控制	与控制相关的风险	内部控制的性质	项目组是否在评价设计与执行的过程中已实施并记录了内部控制运行有效性测试	审计程序的性质、时间安排和范围	样本量	样本量相关说明（如适用）	是否执行前推程序	前推程序的性质、时间安排和范围	样本量	工作底稿索引号	运行的有效性（有效/无效）
CE1-2	设置恰当的组织结构并根据业务变化及时更新	较低	人工控制	是	不适用（每年一次，上述控制设计与执行有效性测试同时适用于运行有效性测试）			否（年末执行测试，因此不需要前推程序）			××	有效
CE1-3	对候选员工的背景调查和聘用审批	较低	人工控制	否	查阅当年度入职的25名员工的档案资料，确定其招聘计划是否经部门负责人和总经理批准；人力资源部是否已对其进行背景调查；员工的聘用是否经适当人员批准；是否已签订标准的劳动合同	25	截至9月执行期中测试时新聘员工300人，视为每天多次的人工控制	是	对人力资源部负责人进行询问，确定员工的聘用流程在剩余期间是否发生变化	若未发生变化，则不再抽取样本进行测试	××	有效

2. 诚信和道德价值观的沟通与落实

（1）了解内部控制。了解企业是否通过制度，如员工手册或操守准则等类似行为示范或高级管理人员合规承诺，以及举报奖励激励机制等，将诚信与道德价值观融入控制环境基础框架，如表4-4所示。

（2）评价内部控制的设计有效性。了解企业与诚信与道德价值观相关的内部控制设计有效性的审计程序如表4-5所示。

（3）实施内部控制运行有效性测试。了解企业与诚信与道德价值观相关的内部控制运行有效性的审计程序如表4-6所示。

3. 治理层的参与程度

（1）了解内部控制。审计人员需要了解治理层（如董事会、审计委员会）是否通过定期会议如审计委员会等建立与管理层的制衡关系，奠定控制环境基础，如表4-7所示。

表 4-4　了解内部控制(诚信与道德价值观)

编号	内部控制	如何执行和记录内部控制	是否为反舞弊控制	内部控制性质(人工控制/自动化控制/包含自动化成分的人工控制)	内部控制频率(每年一次/每季一次/每月一次/每周一次/每天一次/每天多次/其他)	执行内部控制人员的知识、经验和技能	与控制相关的风险
CE1-4	《操守准则》	(1) 企业制定了员工应遵循的《操守准则》,要求员工正直诚信、遵守职业道德和公司政策要求,并制定了针对违规行为的相关惩戒政策。《操守准则》及相关网页信息由人力资源部负责更新。 (2) 员工入职培训中包括职业操守相关内容,员工需要参加培训后签署《操守准则》并提交人力资源部保存	否	人工控制	控制1:每年1次; 控制2:每天多次(截至9月执行期中测试时约新聘员工300人,视为每天多次的人工控制)	总经理具有10年以上相关行业经验,对企业经营有深入的了解	较低

表 4-5　评价内部控制设计有效性相关的审计程序(诚信与道德价值观)

编号	内部控制	审计程序	工作底稿索引号	设计与执行的有效性(有效/无效)	是否实施内部运行有效性测试
CE1-4	《操守准则》	(1) 就《操守准则》及员工培训情况向人力资源部负责人进行询问; (2) 获取并复核企业《操守准则》,检查企业公布操守准则的内部网页; (3) 获取并复核企业当年度的员工入职培训的培训资料和培训记录,从当年度入职员工名单中当年度新入职员工,检查其是否参加了有关职业操守培训并签署了操守协议	××	有效	是

表 4-6 内部控制运行有效性测试相关的审计程序（诚信与道德价值观）

编号	内部控制	与控制相关的风险	内部控制的性质	项目组是否在评价设计与执行的过程中实施并记录了内部控制运行有效性测试	审计程序的性质、时间安排和范围	样本量	样本量相关说明（如适用）	是否执行前推程序	前推程序的性质、时间安排和范围	样本量	工作底稿索引号	运行的有效性（有效/无效）
CE1-4	《操守准则》	较低	人工控制	否	抽取当年度入职的25名员工,检查其是否已参加包括职业操守在内的入职培训并签署操守协议	25	截至9月执行期中测试时约新聘员工300人	是	询问人力资源部负责人《操守准则》是否有更新	若未发生变化则不再抽取样本进行测试	××	有效

表 4-7 了解内部控制（治理层的参与程度）

编号	内部控制	如何执行和记录内部控制	是否为反舞弊控制	内部控制性质（人工控制/自动化控制/包含自动化成分的人工控制）	内部控制频率（每年一次/每季一次/每月一次/每周一次/每天一次/每天多次/其他）	执行内部控制人员的知识、经验和技能	与控制相关的风险
CE1-5	审计委员会的权限与职责	内部控制自我评价中发现的问题以及外部审计中发现的问题等事项	否	人工控制	控制1及控制4为每年一次;控制2及控制3为每季一次	审计委员会成员拥有必要的财务知识,对企业的情况有适当的了解	较低

　　（2）评价内部控制的设计有效性。了解治理层是否通过审计委员会的权限和职责等形式,设计有效的对年度财务报告审核等信息披露监督流程和应对舞弊的特别措施的监督机制,如表4-8所示。

表 4-8 评价内部控制设计有效性相关的审计程序（治理层的参与程度）

编号	内部控制	审 计 程 序	工作底稿索引号	设计与执行的有效性（有效/无效）	是否实施内部运行有效性测试
CE1-5	审计委员会的权限与职责	（1）就审计委员会成员的独立性、审计委员会职责等向审计委员会负责人进行询问。 （2）获取并检查审计委员会成员的背景描述资料及董事会有关审计委员会成员年度评估的会议资料。 （3）获取审计委员会第二季度的会议记录,检查其对财务报表的审批和内部审计工作情况的复核。 （4）参加审计委员会与注册会计师的年末沟通会议,观察审计委员会就财务报告和内部控制等问题与注册会计师进行的沟通	××	有效	是

（3）实施内部控制运行有效性测试。通过检查治理层会议记录、履职独立性（如审计委员会成员背景）、整改措施落实情况（如缺陷跟进报告）等，验证其对控制运行的监督效果，如表4-9所示。

表4-9　内部控制运行有效性测试相关的审计程序（治理层的参与程度）

编号	内部控制	与控制相关的风险	内部控制的性质	项目组是否在评价设计与执行的过程中已实施并记录了内部控制运行有效性测试	审计程序的性质、时间安排和范围	样本量	样本量相关说明（如适用）	是否执行前推程序	前推程序的性质、时间安排和范围	样本量	工作底稿索引号	运行的有效性（有效无效）
CE1-5	审计委员会的权限与职责	较低	人工控制	否	获取审计委员会第二季度和第四季度的会议记录，检查其对财务报表的审批和内部审计工作情况的复核	2	对每季一次的控制	否(年末执行测试,因此不必前推程序)			××	有效

（二）结论

实施整体层面相关控制的设计和运行有效性测试后需要形成审计结论，如表4-10、表4-11所示。

表4-10　控制环境相关控制的设计和运行有效性结论

对于控制环境（即内部环境）相关的控制的设计和运行有效性形成的结论	有效	无效
略	√	

表4-11　识别出的控制缺陷及对审计工作的影响

对于控制缺陷的描述	对审计工作的影响
无	无

◉ 填制电子底稿

参照整体层面控制测试程序要求和示例，完成项目四"即测即评"中"审计实操测试"中的审计工作底稿（整体层面控制测试填制）。

=== 学习活动三　课堂自查 ===

（根据本任务学习情况和实操能力填写）

1. 难点: ＿＿＿＿＿＿＿＿＿＿＿＿＿＿＿＿＿＿＿＿＿＿＿
＿＿＿＿＿＿＿＿＿＿＿＿＿＿＿＿＿＿＿＿＿＿＿＿＿＿＿＿＿＿
＿＿＿＿＿＿＿＿＿＿＿＿＿＿＿＿＿＿＿＿＿＿＿＿＿＿＿＿＿＿
＿＿＿＿＿＿＿＿＿＿＿＿＿＿＿＿＿＿＿＿＿＿＿＿＿＿＿＿＿＿

2. 改进: ＿＿＿＿＿＿＿＿＿＿＿＿＿＿＿＿＿＿＿＿＿＿＿
＿＿＿＿＿＿＿＿＿＿＿＿＿＿＿＿＿＿＿＿＿＿＿＿＿＿＿＿＿＿
＿＿＿＿＿＿＿＿＿＿＿＿＿＿＿＿＿＿＿＿＿＿＿＿＿＿＿＿＿＿
＿＿＿＿＿＿＿＿＿＿＿＿＿＿＿＿＿＿＿＿＿＿＿＿＿＿＿＿＿＿

任务二　业务流程层面控制测试

学习活动一　明确任务

任务 描述

本任务旨在执行业务层面的控制测试,获取关于流程、交易和应用层面控制有效性的审计证据,具体完成"即测即评"中"审计实操测试"部分的审计工作底稿(控制测试审计程序)。本任务拟执行的审计程序如下。

一、业务流程层面控制测试的审计目标

(1) 检验内部控制的执行情况,确认实际业务操作是否符合既定的控制要求,为审计工作提供依据,降低审计风险,提高审计效率和质量。

(2) 评估内部控制设计的合理性,确定其是否能够有效防范和发现业务流程中的风险。

(3) 通过对业务流程层面的控制进行测试,确定企业内部控制是否有效运行,以合理保证财务报表的真实性、准确性和完整性。

二、业务流程层面控制测试程序

(1) 了解企业经营活动和业务流程。
(2) 识别可能发生错报的环节。
(3) 识别和了解相关控制。
(4) 测试(记录)相关控制。

任务 识别

1. 识读上述拟执行控制测试(任务),识别关键词,并把关键词写在横线上: ＿＿＿＿＿
＿＿＿＿＿＿＿＿＿＿＿＿＿＿＿＿＿＿＿＿＿＿＿＿＿＿＿＿＿＿

2. 从关键词中选择词语用于描述销售与收款循环控制测试(反映程序内容和要求):
＿＿＿＿＿＿＿＿＿＿＿＿＿＿＿＿＿＿＿＿＿＿＿＿＿＿＿＿＿＿

业务流程层面的控制测试,是对企业各项业务流程中的内部控制进行评估和验证的重要手段。通过对业务流程层面的控制进行测试,审计人员可以确定企业内部控制是否有效运行,以合理保证财务报表的真实性、准确性和完整性。

一、业务流程层面控制测试常见的缺陷类型

1. 职责分离控制

(1)不相容职责未分离,关键岗位没有进行有效的分离,例如,出纳既负责现金收付又负责记账,这可能导致资金被挪用而难以被及时发现。

(2)职责划分不清晰,部门之间或岗位之间的职责边界模糊,出现问题时互相推诿。例如,销售与发货两个环节的职责划分不清,导致发货错误时无法确定责任主体。

2. 授权审批控制

(1)某些关键环节的操作没有经过适当的授权审批。例如,重大采购合同未经管理层批准就签订,或者财务支出在没有授权的情况下被执行。

(2)授权不明确,授权范围、权限和责任不清晰,导致员工在执行任务时不清楚自身的权限边界。例如,没有明确规定某项费用的审批权限是属于部门经理还是总监负责。

(3)越权审批,员工超越自己的权限进行审批。例如,低级别员工审批了本应由高级别领导审批的事项。

3. 风险管理控制

(1)风险识别不全面,未能准确识别业务流程中存在的各种风险,导致对一些潜在的重大风险缺乏有效的防范措施。

(2)风险评估不准确,对风险发生的可能性和影响程度评估错误,导致采取不恰当的风险应对措施。例如,过高估计风险而采取过于保守的措施,影响业务效率;或者过低估计风险而没有采取足够的防范措施。

(3)风险应对措施执行不力,虽然制定了风险应对措施,但在实际执行过程中未能严格落实,使得风险依然存在。

4. 合同管理控制

(1)合同签订不规范,合同条款不明确、不完整,或者存在法律漏洞。例如,对合同标的、数量、质量、价格、交付时间等关键条款约定不清。

(2)合同执行不到位,没有按照合同约定履行义务,如未按时交付货物或支付款项。

(3)合同变更管理不善,合同变更未经适当的审批程序,或者变更后的合同条款没有及时通知相关部门和人员。

5. 生产与库存控制

(1)生产计划不合理,生产计划与市场需求不匹配,导致库存积压或生产不足。例如,过度生产造成库存过高,占用大量资金;生产不足无法满足市场需求,影响企业的销售收入。

(2)库存管理混乱,库存盘点不及时、不准确,或者库存物资的存储条件不符合要求。例

如,对库存物资的数量和质量缺乏有效的管控,容易出现物资丢失、损坏或过期等情况。

（3）生产成本核算不准确,核算方法不合理,或者成本数据收集不完整,导致成本信息不准确。这会影响企业的产品定价和盈利能力分析。

6. 内部审计控制

（1）内部审计独立性不足。内部审计部门受到其他部门的不当干预,无法客观、公正地开展内部审计工作。

（2）审计范围不全面。内部审计只关注部分业务流程或领域,未能对企业的整体业务进行全面审计,容易遗漏重要的风险点。

（3）审计发现问题整改不力。对内部审计发现的问题没有及时进行整改,或者整改措施不彻底,导致问题反复出现。

7. 会计核算控制

缺乏财务监督,没有对财务核算过程进行有效的监督和审核,使错误的账务处理未能及时被发现和纠正。

8. 信息系统控制

（1）系统安全漏洞。信息系统存在安全隐患,如未设置用户权限、数据未加密等,容易导致数据泄露和系统被攻击。

（2）数据录入错误。操作人员在录入数据时出现错误,或者数据传输过程中出现差错,影响业务数据的准确性。

（3）系统故障。信息系统出现故障时,没有有效的应急预案,导致业务中断,影响企业的正常运营。

9. 销售与收款控制

（1）销售订单处理不规范,销售订单信息不完整、不准确,或者未经适当的审核就被执行。例如,销售价格错误、客户信息不完整等。

（2）应收账款管理不善：未能及时催收应收账款,导致坏账风险增加;对客户信用评估不准确,给予信用额度过高。

（3）收入确认不恰当,提前或延迟确认收入,不符合会计准则的要求。例如,在货物尚未交付或服务尚未提供的情况下就确认收入。

10. 采购与付款控制

（1）采购流程不规范,采购申请未经适当审批、供应商选择不合理、采购合同条款不明确等。

（2）付款控制不严,未按照合同约定的付款条件进行付款,或者付款审批程序不严格,导致资金风险增加。

（3）采购物资质量问题,对采购物资的质量检验不严格,导致不合格物资进入企业,影响生产经营。

二、业务流程层面控制测试应关注事项或情形

1. 销售与收款循环

（1）销售订单的审批与处理。关注销售订单是否经过适当的审批,审批权限是否明确,订单信息是否准确完整。例如,检查销售价格是否符合公司定价政策,客户信用额度是否经过评估。

（2）货物发运与收入确认。确认货物发运的记录是否准确，收入确认的时点是否符合会计准则。例如，查看发货单、运输单据与销售发票的日期是否匹配，以确定收入是否在恰当的期间确认。

（3）应收账款的管理。关注应收账款的账龄分析是否准确，坏账准备的计提是否合理。检查客户对账的频率和程序，确保应收账款的真实性和准确性。

（4）销售退回与折扣。审查销售退回和折扣的审批程序是否严格，是否有充分的证据支持。核实退回货物的入库记录和账务处理是否正确。

2．采购与付款循环

（1）采购申请与审批。确认采购申请是否有合理的需求依据，审批流程是否规范。检查采购预算的执行情况，防止超预算采购。

（2）供应商选择与管理。关注供应商的选择标准是否明确，是否对供应商进行定期评估。审查采购合同的条款是否合理，是否保护公司的利益。

（3）货物验收与付款。确保货物验收的程序严格，验收记录完整。检查付款的审批流程和支付凭证，防止重复付款或支付错误。

（4）应付账款的核算。核实应付账款的账龄分析是否准确，是否及时清理长期未付的款项。

3．生产与存货循环

（1）生产计划与安排。审查生产计划是否根据销售订单和库存情况制定，是否合理可行。检查生产指令的下达和执行情况，确保生产进度的控制。

（2）原材料的采购与领用。关注原材料的采购是否符合质量要求和成本控制目标。核实原材料的领用记录是否准确，是否存在浪费或失窃情况。

（3）生产成本的核算。确认生产成本的计算方法是否合理，成本分配是否准确。检查在产品和完工产品的核算是否符合会计准则。

（4）存货的盘点与管理。确保存货盘点的程序规范，盘点结果真实可靠。审查存货的存储条件和保管措施，防止存货的损坏和丢失。

4．货币资金循环

（1）现金管理。关注现金收支的审批程序是否严格，库存现金日记账是否及时准确登记。检查现金库存的限额管理和安全措施是否到位。

（2）银行存款管理。核实银行账户的开立、变更和注销是否经过适当的审批。审查银行对账单的核对程序和余额调节表的编制是否正确。

（3）资金收付的控制。确认资金收付的授权审批制度是否健全，支付凭证的审核是否严格，防止资金被挪用或侵占。

5．其他方面

（1）信息系统的控制。审查财务信息系统的安全性和可靠性，是否有适当的权限管理和数据备份措施。检查系统生成的财务数据是否准确完整。

（2）内部审计的作用。关注内部审计部门对业务流程的监督和检查是否有效。核实内部审计发现的问题是否得到及时整改。

（3）重大风险事项的应对。了解公司对重大风险事项的识别和应对措施，评估其对财务报表的影响。例如，了解被审计单位是否存在重大诉讼、资产减值等情况。

一、了解企业经营活动和业务流程

在实务中,被审计单位的整个经营活动通常可被划分为几个重要的业务循环(又称"业务流程"),这有助于注册会计师更有效地了解和评估重要业务流程及相关控制。制造业企业的经营活动可以划分为销售与收款循环、采购与付款循环、生产与存货循环、筹资与投资循环、固定资产和其他长期资本业务流程以及货币资金业务流程等。

注册会计师可以通过检查被审计单位的手册和其他书面指引获得有关信息,还可以通过询问和观察来获得全面的了解。向适当人员询问通常是比较有效的方法。需要注意的是,很多重要的交易流程涉及被审计单位的多个部门。例如,销售业务可能涉及销售部门(负责订单处理)、开票会计部门(负责账务处理)和仓库(负责发货)等。因此,注册会计师应考虑分别向不同部门的相关人员询问。

注册会计师需要记录以下信息:① 输入信息的来源;② 所使用的重要数据档案,如客户清单;③ 重要的处理程序,包括在线输入和更新处理;④ 重要的输出文件、报告和记录;⑤ 基本的职责划分。

二、识别可能发生错报的环节

注册会计师需要了解和确认被审计单位应在哪些环节设置控制,以防止或发现并纠正各重要业务流程可能发生的错报。注册会计师所关注的控制,是那些能通过防止错报的发生,或者通过发现和纠正已有错报,从而确保每个流程中业务活动(从交易的发生到记录于账簿)能够顺利运转的人工或自动化控制程序。

尽管不同的被审计单位为确保会计信息的可靠性会对业务流程设计和实施不同的控制,但设计控制的目的是为实现某些控制目标(表 4 – 12),而这些控制目标又与财务报表重要账户的相关认定相联系。一般情况下,此时可不考虑列报认定,因为列报及其相关认定通常在财务报告流程中予以考虑。

表 4 – 12　控制目标

控制目标	内容
完整性:所有的有效交易都已记录	必须有程序确保没有漏记实际发生的交易
发生:每项已记录的交易均真实发生	必须有程序确保会计记录中没有虚构的或重复入账的项目
准确性:准确计量交易	必须有程序确保交易以准确的金额入账
截止:恰当确定交易生成的会计期间	必须有程序确保交易在适当的会计期间内入账(如月、季度、年等)
分类	必须有程序确保将交易记入正确的总账,必要时,记入相应明细账
列报	必须有程序确保所有作为账簿记录中的借贷方余额都正确地归集(加总),确保加总后的金额正确过入总账和明细分类账

对于每个重要交易流程,注册会计师都会考虑这些控制目标。评价是否实现这些目标的重要标志是,是否存在控制来防止错报的发生,或者是否存在可以发现并纠正错报,然后重新提交到业务流程处理程序中进行处理的控制。

注册会计师通过设计一系列关于控制目标是否实现的问题,从而确认某项业务流程中需要加以控制的环节。这些问题针对的是业务流程中数据生成、转移或被转换的环节。表4-13列举了部分在销售交易中的控制目标是否实现的问题。

表 4-13　销售交易中的控制目标示例

控制目标是否实现	相关认定
如何确保没有记录虚构或重复的销售	发生
如何确保所有的销售和收款均已记录	完整性
如何保证货物运送给正确的收货人	准确性
如何保证发货单据只有在实际发货时才开具	发生
如何保证发票正确的反映了发货的数量	准确性

三、识别和了解相关控制

通过对被审计单位的了解,包括对被审计单位企业层面控制的了解,以及在上述程序中对重要业务流程的了解,注册会计师需要进一步了解流程、交易和应用层面的控制。针对业务流程中容易发生错报的环节,注册会计师应当确定:① 被审计单位是否建立了有效的控制以防止或发现并纠正这些错报;② 被审计单位是否遗漏了必要的控制;③ 是否识别出可以最有效测试的控制。

(一) 控制的类型

1. 预防性控制

预防性控制通常用于正常业务流程的每一项交易,以防止错报的发生。在流程中防止错报是信息系统的重要目标。缺少有效的预防性控制增加了数据发生错报的可能性,在相关账户及其认定存在较高重大错报风险时更是如此。

预防性控制可能是人工的,也可能是自动化的。预防性控制及其能防止错报的示例如表4-14所示。

表 4-14　预防性控制示例

对控制的描述	拟防止的错报
计算机程序自动生成收货报告,同时更新采购档案	防止出现购货漏记账的情况
在更新采购档案之前必须先有收货报告	防止记录未收到货物的采购交易
销货发票上的价格根据价格清单上的信息确定	防止销货计价错误
计算机将各凭证上的账户号码与会计科目表对比,然后进行一系列的逻辑测试	防止出现分类错报

与简单的业务流程相比，对于较复杂的业务流程，被审计单位通常更依赖自动化控制。例如，对于一个简单的业务流程，发运货物的计价控制包括人工对销货发票的复核，以确定发票采用了正确的价格和折扣。但在一个较复杂的业务流程中，被审计单位可能依赖数据录入控制识别不符合要求的价格和折扣，以及通过访问控制来控制对价格信息记录的访问。

对于处理大量业务的复杂业务流程，被审计单位通常使用对程序修改的控制和访问控制以确保自动化控制的持续有效。实施针对程序修改的控制，是为了确保所有对计算机程序的修改在实施前都经过适当的授权、测试以及核准。实施访问控制，是为了确保只有经过授权的人员和程序才有权访问数据，且只能在预先授权情况下才能处理数据（如查询、执行和更新）。程序修改的控制和访问控制通常不能直接防止错报，但对于确保自动化控制在整个拟信赖期间内的有效性十分重要。

2. 检查性控制

建立检查性控制的目的，是发现流程中可能发生的错报，即尽管有预防性控制还是会发生的错报。被审计单位通过检查性控制，监督其流程和相应的预防性控制能否有效地发挥作用。检查性控制通常是管理层用来监督实现流程目标的控制。检查性控制可以由人工执行也可以由信息系统自动执行。

检查性控制通常并不适用于业务流程中的所有交易，而适用于一般业务流程以外的已经处理或部分处理的某类交易。这类控制可能一年只运行几次，如每月将应收账款明细账与总账比较；也可能每周运行，甚至一天内运行多次。

与预防性控制相比，不同被审计单位之间的检查性控制差别较大。许多检查性控制取决于被审计单位的性质、执行人员的能力、习惯和偏好。检查性控制可能是正式建立的程序，如编制银行存款余额调节表并追查调节项目或异常项目，也可能是非正式的程序。有些检查性控制虽然并没有被正式地设定，但被审计单位人员会有规律地执行并作记录，这些控制也是被审计单位内部控制的有机组成部分。例如，财务总监复核月度毛利率的合理性；信用管理部经理记录每月到期应收款以确定这些应收款是否收到，并追查挂账的项目；财务总监实施特定的分析程序来确定某些费用与销售的关系是否与经验数据相符，如果不符，查明原因并纠正其中的错报等。检查性控制及其可能检查出的错报的示例如表 4-15 所示。

表 4-15 检查性控制示例

对控制的描述	控制预期查出的错报
定期编制银行存款余额调节表，跟踪调查调节项目	在对项目进行审核的同时，查找"银收企未收"项目、"银付企未付"项目或虚构入账的不真实的银行收支项目，未及时入账或未正确汇总分类的银行收支项目
计算机系统每天比较运出货物的数量和开票数量。如果发现差异，产生报告，由开票主管复核和追查	查找未开票和记录的出库货物，以及与真实发货无关的发票
每季度复核应收账款贷方余额并找出原因	查找没有记录的发票和销售与现金收入中的分类错误

如果确信存在以下情况，则可以将检查性控制作为一个主要的手段，以合理保证某特定认定发生重大错报的可能性较小：① 控制所检查的数据是完整、可靠的；② 控制对于发现重大错报足够敏感；③ 发现的所有重大错报都将被纠正。

需要注意的是,对控制的分类取决于控制运用的目的和方式,以及被审计单位和注册会计师对控制的认识。总而言之,控制如何被分类并不重要,重要的是它是否有效以及注册会计师能否测试其有效性。此外,业务流程中重要交易类别的控制须同时包括预防性控制和检查性控制,因为没有相应的预防性控制,检查性控制也不能充分发挥作用。

(二)识别和了解控制

注册会计师需要获取充足的有关控制的信息,以使其能够识别控制,了解控制如何执行、由谁执行,以及执行中所使用的数据报告、文件和其他材料等。注册会计师还需要确认,执行控制后所形成的证据以及该控制是否足够敏感,是否能够防止或及时发现并纠正重大错报。

识别和了解控制采用的主要方法是询问被审计单位各级别的负责人员。其中,业务流程越复杂,注册会计师越有必要询问信息系统人员,以辨别有关的控制。通常,应首先询问级别较高的人员,再询问级别较低的人员,以确定他们认为应该运行哪些控制,以及哪些控制是重要的。这种"从高到低"的询问方法使注册会计师能迅速地辨别被审计单位的重要控制,特别是检查性控制。

(1)对于从级别较低人员处获取的信息,注册会计师需要向级别较高的人员核实其完整性,并确定是否与级别较高的人员所理解的预定控制相符。这一步骤不仅可以向注册会计师提供有关实际执行的控制的信息,而且可以使注册会计师了解管理层对控制运行情况的熟悉程度。在询问过程中,注册会计师还应当了解各层次监督和管理人员如何确认预定的预防性控制和检查性控制正在按计划运行。

(2)注册会计师可以通过与被审计单位讨论,了解确保信息系统生成数据的完整性与准确性的控制。这些检查性控制可能包括对输入与输出的数据进行比较,定期复核信息记录的数据或监督生成数据与预期数据的差异。对生成数据与预期数据的差异,注册会计师应当了解控制如何识别和判断这些差异,如何追查这些差异以及纠正发现的错报。在评价这些控制时,应重点关注其是否能查出所有重要的错报,包括在自动化信息系统中可能发生的错报。

(3)注册会计师并不需要了解与每一控制目标相关的所有控制。在了解控制时,注册会计师应当重点考虑一项控制活动单独或连同其他控制,是否能够以及如何防止或发现并纠正重大错报。如果多项控制能够实现同一目标,注册会计师不必了解与该目标相关的每一项控制。例如,为应对营业收入的"发生"认定,注册会计师可能既要识别保证出库单只为已经发出的货物编制的控制,同时可能还要识别保证只有在与出库单相匹配时才能开具销售发票并登记入账的控制。

(4)注册会计师也可能认定不管存在多少种的潜在错报,某一特定的控制(如一个设计合理的检查性控制)自身可以足够有效地实现控制目标。例如,对实际发货数量与开票数量进行定期核对调节的程序本身就足以对销售流程中"存在"目标提供合理保证,并且也能为销售流程中"完整性"目标提供合理保证。因此,在这种情况下,注册会计师可能只需要了解对实际发货数量与开票数量进行定期核对调节的控制。

(5)注册会计师还应考虑一项检查性控制发现和纠正错报的能力。例如,将实际发货数量与开票数量进行核对调节的程序,比复核毛利率或进行实际销售与预算销售的比较更能发现未开票的发货,因为进行上述复核或比较的主要目的不是为了查出未开票的发货,即:控制与认定直接或间接相关,关系越间接,控制对防止或发现并纠正认定错报的效果越小。注册会计师应考虑识别和了解与认定关系更直接、更有效的控制。如果在之后的穿行测试中,注册会计师发现已识别的控制实际并未得到执行,则应当重新针对该项控制目标识别是否存在其他控制。

四、测试（记录）相关控制

在被审计单位已设置的控制中，注册会计师应在工作底稿中记录需要在特定环节设置控制的原因，同时记录执行该控制的人员。注册会计师可以通过备忘录、笔记或复印被审计单位相关资料而逐步使信息趋于完整。下文以销售与收款循环内部控制测试为例列示了业务流程层面控制测试工作底稿的可能内容。

（一）识别重要账户、列报及其相关认定

在确定重要账户、列报及其相关认定时，注册会计师确认销售收入和应收账款是重要账户。其相关的认定如表4-16所示。

表4-16 销售收入和应收账款相关认定

账户	发生/存在	准确性	完整性	截止	准确性、计价和分摊	分类	权利和义务
销售收入	是	是	是	是	不适用	是	不适用
应收账款	是	不适用	是	适用	是	是	是

（二）了解、评估并测试与销售收入相关的业务层面控制

1. 了解业务流程及控制

销售与收款业务流程通常包括以下子流程：订单处理、发货、开票、收款、调整（包括销售退回、坏账准备等导致的调整）、主数据维护、职责分离，如表4-17所示。

表4-17 销售与收款业务流程控制的了解

控制编号	控制名称	控制目标	控制描述	控制频率	人工/自动化	预防性/检查性	账户	认定	是否为关键控制
订单-1	确定新客户授信额度	调查新客户的信用状况并由适当层级的管理人员批准新客户的授信额度	销售员对新客户的基本信息和信用状况进行调查并填写新客户信用调查表，交给销售经理、财务经理和总经理复核批准。应收账款会计根据三位管理人员的签字批准在信息系统中添加新客户并设定赊销限额	不定期	人工	预防性	销售收入/应收账款	发生/存在	否
订单-5	销售订单必须经过批准	销售条款和价格由适当层级的管理人员进行审批	所有的销售订单均交给销售经理审核；销售经理检查客户的剩余授信额度、约定价格等信息，与订单进行核对，以决定是否批准销售订单。仓储部根据经批准的订单开具提货单，准备发货	不定期	人工	预防性	销售收入/应收账款	发生/存在	是

控制编号	控制名称	控制目标	控制描述	控制频率	人工/自动化	预防性/检查性	账户	认定	是否为关键控制
发货-4	仓储经理复核装运的货物	发出货物的规格和数量与销售订单一致	仓储经理每天随机抽查1～2笔出库产品,将堆放在装运区准备发送的货物与销售订单和提货单进行核对。该程序无书面记录	每天1次	人工	预防性	销售收入/应收账款	准确性/准确性、计价和分摊	否
发货-6	复核已批准未发货销售订单	经批准的订单及时安排发货	销售经理每周周五查看已批准未发货的销售订单汇总表,调查延迟发货的原因并予以相应处理	每周1次	人工	预防性	不适用	不适用	否
开票-4	异常交易条款须经过审批	发票上的价格、金额和其他信息准确	超过预定价格范围的优惠价格和超出一定比例的折扣,必须由销售经理批准。开票人员查看销售经理的批准签名后才开具发票	不定期	人工	预防性	销售收入/应收账款	发生/准确性;存在/准确性、计价和分摊	否
开票-6	销售收入入账前三单核对配比	根据实际发生的销售,准确记录销售收入和应收账款	应收账款会计将销售订单、客户/物流公司签收的提货单和发票三种单据进行核对,确认相关信息一致,再记入相应的销售收入明细账和应收账款明细账	每天多次	人工	预防性	销售收入/应收账款	发生/准确性;存在/准确性、计价和分摊	是
收款-3	收到款项与销售订单和发票核对	收款记入正确的应收账款明细账	应收账款会计逐笔将收到的款项与销售订单和发票进行核对,再记入对应的客户应收账款明细账,冲抵对应的发票。对无法找到对应销售订单或发票的款项,与销售部门联系,调查原因并解决	每天多次	人工	预防性	应收账款	准确性、计价和分摊/权利和义务	是
收款-9	与客户对账以及时发现错误	确认的销售收入和应收账款余额准确	应收账款会计每月月末向20家主要客户寄送当月销售金额和月末应收账款余额对账单,并对发现的差异进行调查,向财务经理和销售经理汇报,适当时作出调整	每月1次	人工	检查性	销售收入/应收账款	准确性/完整性/发生或存在/完整性/准确性、计价和分摊/权利和义务	否

控制编号	控制名称	控制目标	控制描述	控制频率	人工/自动化	预防性/检查性	账户	认定	是否为关键控制
调整-8	所有实现的销售得到及时准确记录	所有出库的产品均在当月确认销售	仓储部每月编制当月产成品收发存明细表。财务经理将该表中各种产品当月出库数量与应收账款会计编制的按产品列示的当月销售收入明细表进行核对,调查差异原因并决定是否需要调账	每月1次	人工	检查性	销售收入、应收账款	完整性/截止/发生或存在/完整性	是

2. 选取拟测试的控制并测试

通过检查订单审批、信用评估、发货授权、发票开具、应收账款管理等关键环节的控制活动执行轨迹(如签字记录、系统日志),验证其是否按设计持续有效运行,以确保收入确认真实性、资金安全性及业务流程合规性,如表4-18和表4-19所示。

表4-18 销售与收款业务流程控制测试设计

测试编号及关键控制描述	控制频率	人工/自动化	与控制相关的风险	认定(注1)				测试性质	测试时间安排(注2)	测试范围
				发生	准确性	完整性	截止			
订单-5 所有的客户订单必须经销售经理批准才能安排发货	不定期	人工	高	是				检查	20×4年1月	60
开票-6 应收账款会计将销售订单、客户/物流公司签收的提货单和销售发票三种单据进行核对,确认相关信息一致,再记入相应的销售收入明细账和应收账款明细账	每日多次	人工	高	是	是			检查/重新执行	20×4年1月	60
调整-8 财务经理将仓储部门编制的每月产成品收发存明细表中的产品出库记录与当月确认销售收入所对应的产品信息进行核对并调查差异	每月1次	人工	中	是		是	是	询问/检查	20×4年1月	3

注1:本例未涉及销售收入的分类认定;
注2:本例中假设控制测试均在基准日后实施,未涉及期中测试及前推程序。

表 4 - 19　销售与收款业务流程控制测试

控制编号	控制描述	控制频率	人工/自动化	预防性/检查性	是否关键控制	判断是否为关键控制的理由
订单-1	销售员对新客户的基本信息和信用状况进行调查并填写新客户信用调查表,交给销售经理、财务经理和总经理复核批准,应收账款会计根据三位管理人员的签字批准在信息系统中添加新客户并设定赊销限额	不定期	人工	预防性	否	该项控制属于销售交易发起之前的控制,侧重于企业的经营效率效果,与销售收入的发生认定和计价认定只有间接的联系(发生:产品只销售给真实的经授权的客户;计价:执行客户信用管理,避免应收账款无法收回的损失),但不直接针对这些认定
订单-5	所有的销售订单均交给销售经理审核;销售经理检查客户的剩余授信额度、约定价格等信息,与订单进行核对,以决定是否批准销售订单。仓储部根据经批准的订单开具提货单,准备发货	不定期	人工	预防性	是	该项控制与销售收入的发生认定直接相关,能够防止未经授权的销售行为,是企业确保销售收入真实有效且经过适当授权的重要手段
发货-4	仓储经理每天随机抽查1~2笔出库产品,将堆放在装运区准备发送的货物,与销售订单和提货单进行核对。该程序无书面记录	每天1次	人工	预防性	否	该项控制具有随意性,不够精确,而且未留下书面记录,注册会计师只能观察和询问,而无法实施检查程序以测试该控制的有效性
发货-6	销售经理每周周五查看已批准未发货的销售订单汇总表,调查延迟发货的原因并予以相应处理	每周1次	人工	预防性	否	该项控制旨在确保企业的经营效率和服务质量,与财务报表认定无关,不属于财务报表内部控制
开票-4	超过预定价格范围的优惠价格和超出一定比例的折扣,必须由销售经理和总经理批准。开票人员查看了批准签名后才开具发票	不定期	人工	预防性	否	该项控制的目的是严格限制价格优惠和折扣,侧重于提高企业的经营业绩。而且公司销售业务中超出既定价格或折扣情况极少发生,导致财务报表重大错报的可能性很小
开票-6	应收账款会计将销售订单、客户/物流公司签收确认的提货单和发票三种单据进行核对,确认相关信息一致,再记入相应的销售收入明细账和应收账款明细账	每天数次	人工	预防性	是	该项控制是针对企业常规交易的信息处理控制,通过各种单据相关信息的互相核对达到控制目标,执行过程精确,而且能同时涵盖销售收入的发生认定和准确性认定(以及应收账款的存在认定和准确性认定)

控制编号	控制描述	控制频率	人工/自动化	预防性/检查性	是否关键控制	判断是否为关键控制的理由
收款-3	应收账款会计逐笔将收到的款项与销售订单和发票进行核对,再记入对应的应收账款明细账冲抵对应的发票。对无法找到对应销售订单或发票的款项,与销售部门联系,调查原因并解决	每天数次	人工	预防性	是	该项控制是针对企业常规交易的信息处理控制,通过各种单据相关信息的互相核对达到控制目标,执行过程精确,对应收账款贷方发生额的准确性认定起到关键作用
收款-9	应收账款会计每月月末向20家主要客户寄送当月销售金额和月末应收账款余额对账单。对发现的差异进行调查,向财务经理和销售经理汇报,适当时作出调整	每月1次	人工	检查性	否	该项控制针对的是一部分而非全部的销售收入和应收账款,其执行效果受到客户的配合程度、客户的内部控制及财务信息质量的影响;其所针对的认定还有其他控制可以涵盖
调整-8	仓储部每月编制当月产成品收发存明细表。财务经理将该表中各种产品当月出库数量与应收账款会计编制的按产品列示的当月销售收入明细表进行核对,调查差异原因并决定是否需要调账	每月1次	人工	检查性	是	该项控制与销售收入的完整性认定和截止认定直接相关,能够有效发现并纠正与这些认定相关的重大错报,将不同部门提供的信息进行互相核对,控制的执行较为精确

填制电子底稿

参照销售与收款循环控制测试要求和示例,完成项目四"即测即评"中"审计实操测试"中的审计工作底稿(销售与收款循环等业务流程层面的控制测试)。

学习活动三 课堂自查

(根据本任务学习情况和实操能力填写)

1. 难点:_____

_____

_____

2. 改进:_____

_____

项 目 拓 展

拓展阅读

知识视窗

认知控制测试与了解内部控制关系

控制测试,是指用于评价内部控制在防止或发现并纠正认定层次重大错报方面的运行有效性的审计程序,这一概念需要与"了解内部控制"进行区分。"了解内部控制"包含两层含义:一是评价控制的设计;二是确定控制是否得到执行。测试控制运行的有效性与确定控制是否得到执行所需获取的审计证据是不同的。在实施风险评估程序以获取控制是否得到执行的审计证据时,注册会计师应当确定某项控制是否存在,被审计单位是否正在使用。在测试控制运行的有效性时,注册会计师应当从下列方面获取关于控制是否有效运行的审计证据:

(1) 控制在所审计期间的相关时点是如何运行的;

(2) 控制是否得到一贯执行;

(3) 控制由谁或以何种方式执行。

从这三个方面来看,控制运行有效性强调的是控制能够在各个不同时点按照既定设计得以一贯执行。因此,在了解控制是否得到执行时,注册会计师只需要抽取少量的交易进行检查或观察某几个时点。但在测试控制运行的有效性时,注册会计师需要抽取足够数量的交易进行检查或对多个不同时点进行观察。

例如,某被审计单位针对销售收入和销售费用的业绩评价控制:① 财务经理每月审核实际销售收入(按产品细分)和销售费用(按费用项目细分),并与预算数和上年同期数比较,对于差异金额超过 5% 的项目进行分析并编制分析报告;② 销售经理审阅该报告并采取适当跟进措施。注册会计师抽查了最近 3 个月的分析报告,并看到上述管理人员在报告上签字确认,证明该控制已经得到执行。然而,注册会计师在与销售经理的讨论中,发现他对分析报告中明显异常的数据并不了解,也无法作出合理解释,这说明该控制并未得到有效执行。

测试控制运行的有效性与确定控制是否得到执行,所需要获取的审计证据虽然存在差异,但两者也有联系。为评价控制设计和确定控制是否得到执行而实施的某些风险评估程序并非专为控制测试而设计,但可能提供有关控制运行有效性的审计证据,注册会计师可以考虑在评价控制设计和获取其得到执行的审计证据的同时测试控制运行有效性,以提高审计效率;同时注册会计师应当考虑这些审计证据是否足以实现控制测试目的。

审计失败案例

中天运会计师事务所(特殊普通合伙)(以下简称"中天运")对山东胜通集团股份有限公司(以下简称"胜通集团")2013 年度至 2017 年度财务报表审计时,只在胜通集团层面进行控制测试,没有在胜通集团各子公司实施控制测试,未在了解被审计单位及其环境、内部控制审计程序中获取子公司的 ERP 系统数据,没有对 ERP 系统实施内部控制审计程序,未获取充分适当的审计证据。胜通集团子公司的 ERP 系统数据均可反映其实际业务情况。通过获取 ERP 系统数据,可以发现胜通集团的两家子公司存在虚假采购、销售的事实。然而,中天运审计过程中未了解与财务报告相关的信息系统(包括相关业务流程),未进行重大业务内部控制测试,在控制测试环节的结论为"控制有效,可适当简化实质性测试",选择了对控制有效性的高度信赖,该评价没有充分、适当的审计证据支持,不符合中国注册会计师审计准则关于识别和评估重大错报风险和针对评估的重大错报风险采取应对措施的规定。

素养园地

信华会计师事务所负责对兰德公司进行年度财务报表审计。在审计过程中,需要对兰德公司的采购与付款循环进行控制测试。审计人员抽取了一定数量的采购订单样本,检查是否有相关负责人的签字审批。结果发现,有少数采购订单没有按照公司规定的审批流程进行签字。进一步调查发现,是因为公司部分员工为了追求采购效率,忽视了审批流程的重要性。

审计人员与兰德公司管理层沟通时强调,严格遵守采购审批流程是诚信经营的基础。每一个环节的规范操作都关系到公司财务信息的真实性与可靠性,这不仅是对公司股东和投资者的诚信,也是对社会公众的诚信。如果为了效率而忽视流程,可能导致虚假采购或不合理采购的情况发生,最终损害公司的信誉和形象。通过这个事例,公司员工认识到诚信不仅仅是一个道德口号,而是体现在日常工作的每一个行动细节中。

审计人员指出,公司每一位参与采购流程的员工都肩负着一定的责任。从采购部门提出采购申请到管理层的审批,每一个环节的责任人都要对自己的行为负责。缺失履行审批职责可能导致公司资金浪费和财务风险增加。这让员工明白在工作中要树立强烈的责任意识,不能因为一时方便或者追求短期效益而忽视自己的责任。

审计人员提醒兰德公司管理层,公司的采购流程和相关内部控制是基于相关法律法规以及行业规范制定的。不遵守这些制度,不仅违反了公司内部管理规定,还可能触犯法律。例如,如果因为采购流程不规范导致公司遭受重大损失,相关责任人可能需要承担法律责任。这强化了他们在工作中遵循法律法规的意识。

本次审计工作及改进建议反馈,对兰德公司形成了持续影响:

(1)兰德公司管理层高度重视审计人员提出的问题,组织全体员工进行了内部控制和职业道德的培训,重点强调了采购流程中诚信、责任和法治的重要性。

(2)兰德公司对采购流程进行了优化,增加了监督环节,确保每一个采购订单都严格按照审批流程进行操作。

(3)通过这次审计控制测试,兰德公司的员工在工作中更加注重合规操作,公司的内部控制环境得到了改善,财务报表的可靠性得到了进一步的提升。

学生感知

根据项目四学习、认知和能力训练情况,填写学习感知(掌握技能描述、心得体会等):

_____

_____

项目总结

知识内容重点与难点

重点:整体层面控制(如控制环境、风险评估过程、信息系统与沟通、内部监督);业务流程层面控制(如销售与收款循环的订单审批、采购与付款循环的发票匹配),控制测试方法(如询问、观察、检查、重新执行)。

难点:识别关键控制活动(如职责分离、授权审批);对小型企业非成文控制的评估(如通过日常操作观察判断内部控制执行有效性)。

技能训练重点与难点

重点:填写控制测试工作底稿(如记录控制目标、测试步骤、样本结果)、标注关键控制节点(如采购合同须双人审批)。

难点:区分预防性控制(如连续编号防漏记)与检查性控制(如月度对账查漏);应对内部控制缺陷(如出纳兼任会计时应扩大实质性程序范围)。

即测即评

审计实操测试

审计工作底稿:控制测试

项目四介绍了整体层面控制测试和业务流程层面控制测试(包括货币资金控制测试、采购与付款循环控制测试、销售与收款循环控制测试等)。按教学技能目标的要求,学生应能独立完成控制测试审计程序和工作底稿。(本测试相关的审计工作底稿详见二维码)

职业能力评价

职业能力	评价项目	学生自评
企业整体层面的控制测试	1. 与控制环境相关的控制	□A □B □C □D
	2. 针对管理层和治理层凌驾于控制之上的风险而设计的控制	□A □B □C □D
	3. 被审计单位的风险评估过程和风险管理	□A □B □C □D
	4. 对内部信息传递和期末财务报告流程的控制	□A □B □C □D

职业能力	评价项目	学生自评
企业整体层面的控制测试	5. 对控制有效性的内部监督和内部控制评价	□A　□B　□C　□D
	6. 集中化的处理与控制	□A　□B　□C　□D
业务流程层面的控制测试	1. 了解企业经营活动和业务流程	□A　□B　□C　□D
	2. 识别可能发生错报的环节	□A　□B　□C　□D
	3. 识别和了解相关控制	□A　□B　□C　□D
	4. 测试(记录)相关控制	□A　□B　□C　□D

学生成绩:

注:(1) A 为掌握程度>80%,B 为掌握程度>70%,C 为掌握程度≥60%,D 为掌握程度<60%。

(2) 自评标准为各项任务审计程序的执行力。

(3) 教师根据学生独立完成的审计工作底稿情况进行打分和评价,结果可作为平时成绩之一。

项目五　实质性程序——资产类项目

 知识导图

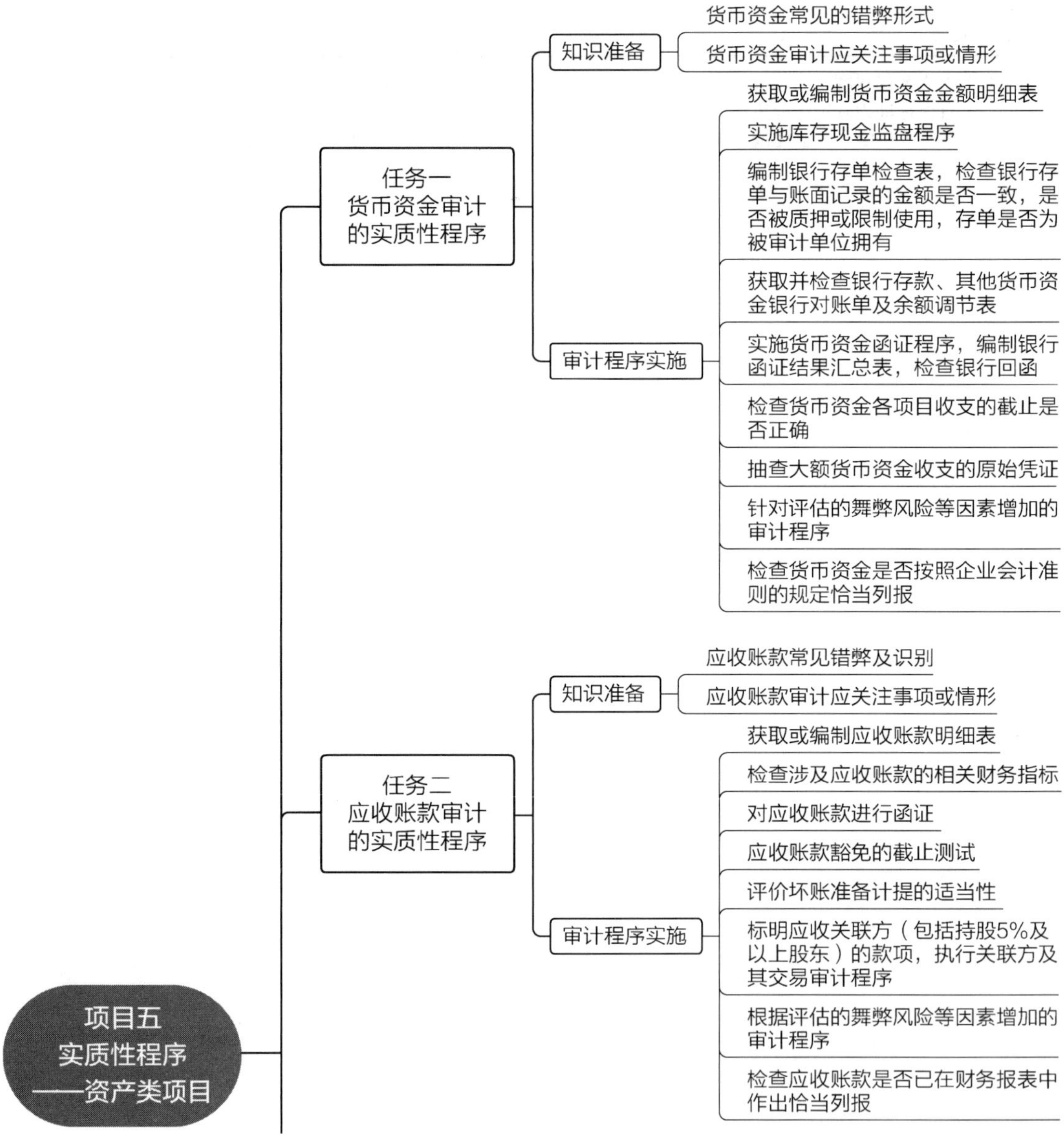

```
                                          ┌─ 货币资金常见的错弊形式
                              ┌─ 知识准备 ─┤
                              │            └─ 货币资金审计应关注事项或情形
                              │
                              │            ┌─ 获取或编制货币资金金额明细表
                              │            │
                              │            ├─ 实施库存现金监盘程序
                              │            │
                 任务一        │            ├─ 编制银行存单检查表，检查银行存
              货币资金审计 ────┤            │  单与账面记录的金额是否一致，是
              的实质性程序     │            │  否被质押或限制使用，存单是否为
                              │            │  被审计单位拥有
                              │            │
                              │            ├─ 获取并检查银行存款、其他货币资
                              │            │  金银行对账单及余额调节表
                              └─ 审计程序实施┤
                                           ├─ 实施货币资金函证程序，编制银行
                                           │  函证结果汇总表，检查银行回函
                                           │
                                           ├─ 检查货币资金各项目收支的截止是
                                           │  否正确
                                           │
                                           ├─ 抽查大额货币资金收支的原始凭证
                                           │
                                           ├─ 针对评估的舞弊风险等因素增加的
                                           │  审计程序
                                           │
                                           └─ 检查货币资金是否按照企业会计准
                                              则的规定恰当列报
项目五
实质性程序
——资产类项目
                                          ┌─ 应收账款常见错弊及识别
                              ┌─ 知识准备 ─┤
                              │            └─ 应收账款审计应关注事项或情形
                              │
                              │            ┌─ 获取或编制应收账款明细表
                              │            │
                              │            ├─ 检查涉及应收账款的相关财务指标
                              │            │
                 任务二        │            ├─ 对应收账款进行函证
              应收账款审计 ────┤            │
              的实质性程序     │            ├─ 应收账款豁免的截止测试
                              │            │
                              │            ├─ 评价坏账准备计提的适当性
                              │            │
                              │            ├─ 标明应收关联方（包括持股5%及
                              └─ 审计程序实施┤  以上股东）的款项，执行关联方及
                                           │  其交易审计程序
                                           │
                                           ├─ 根据评估的舞弊风险等因素增加的
                                           │  审计程序
                                           │
                                           └─ 检查应收账款是否已在财务报表中
                                              作出恰当列报
```

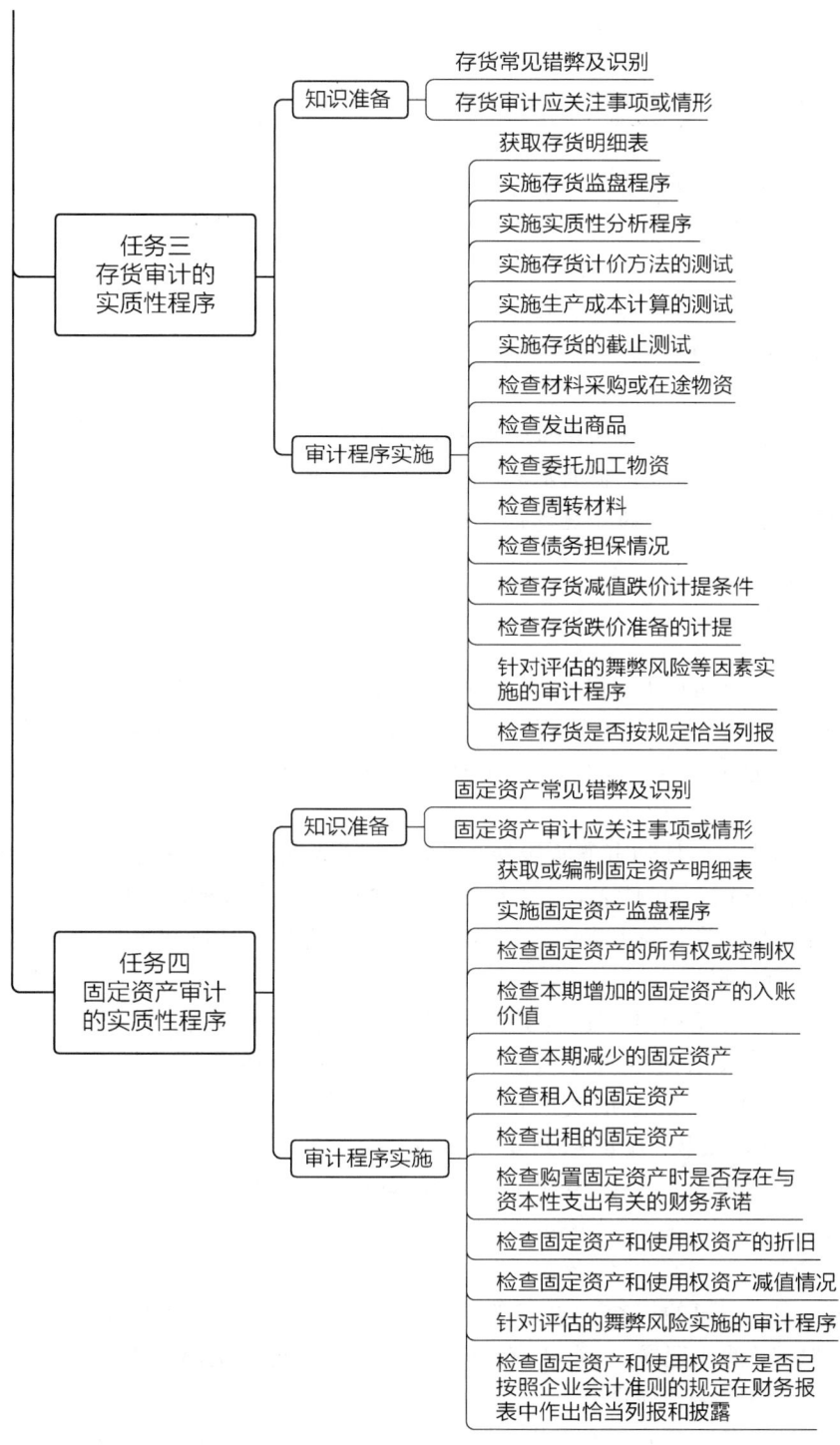

存货常见错弊及识别
知识准备
存货审计应关注事项或情形

任务三
存货审计的
实质性程序

获取存货明细表
实施存货监盘程序
实施实质性分析程序
实施存货计价方法的测试
实施生产成本计算的测试
实施存货的截止测试
审计程序实施
检查材料采购或在途物资
检查发出商品
检查委托加工物资
检查周转材料
检查债务担保情况
检查存货减值跌价计提条件
检查存货跌价准备的计提
针对评估的舞弊风险等因素实施的审计程序
检查存货是否按规定恰当列报

固定资产常见错弊及识别
知识准备
固定资产审计应关注事项或情形

任务四
固定资产审计
的实质性程序

获取或编制固定资产明细表
实施固定资产监盘程序
检查固定资产的所有权或控制权
检查本期增加的固定资产的入账价值
检查本期减少的固定资产
检查租入的固定资产
检查出租的固定资产
审计程序实施
检查购置固定资产时是否存在与资本性支出有关的财务承诺
检查固定资产和使用权资产的折旧
检查固定资产和使用权资产减值情况
针对评估的舞弊风险实施的审计程序
检查固定资产和使用权资产是否已按照企业会计准则的规定在财务报表中作出恰当列报和披露

🔍 学习目标

知识目标

1. 了解库存现金、银行存款审计实质性程序。
2. 掌握应收账款审计实质性程序。

3. 掌握存货审计实质性程序。

4. 掌握固定资产审计实质性程序。

5. 熟悉资产类项目审计工作底稿。

能力目标

1. 能执行货币资金审计实质性程序。

2. 能执行应收账款审计实质性程序。

3. 能执行存货审计实质性程序。

4. 能执行固定资产审计实质性程序。

5. 能独立完成"审计工作底稿——资产类项目"填写。

素质目标

1. 培养风险导向的资产类项目审计职业判断能力。

2. 强化资产类项目审计证据的批判性获取与分析能力。

3. 树立资产类项目审计的合规意识与细节管控素养。

项目引例

光明制造有限公司（以下简称光明公司）成立于 2000 年 11 月 10 日,公司类型为有限责任公司,是一家生产、销售汽车和摩托车零配件、汽车变速器和机械零配件及型材的机加工制造业中型企业,其产品销往全国各地,主营业务收入为汽摩配产品销售收入。

2025 年 4 月,光华会计师事务所接受委托,审计了光明公司财务报表,包括 2024 年 12 月 31 日的合并及母公司资产负债表,2024 年度的合并及母公司利润表、现金流量表、所有者(股东)权益变动表以及相关财务报表附注。2025 年 5 月,光华会计师事务所向公司全体股东出具了无保留意见审计报告。

光明公司会计核算和财务管理具有传统制造业的一般特点,包括大量的存货、应收账款、固定资产,以及适量的货币资金。除此之外,该公司在经营活动中还涉及长期股权投资、研发支出等,从财务报表审计业务的资产类项目审计来看,代表性较好。本项目的货币资金、应收账款、存货和固定资产审计任务,将以 2024 年光华会计师事务所对光明公司审计实施的工作程序和工作底稿为基础,经脱敏处理后编制审计程序和底稿实例用于教学。

货币资金审计

库存现金方面,公司的库存现金日记账显示,公司经常有大额现金收支,且部分现金收支没有合理的审批和记录。例如,有一笔 5 万元的现金支出,用途仅标注为"业务费用",但没有详细的发票和说明。

银行存款方面,审计人员发现有几笔银行对账单上的收支记录与公司的银行存款日记账不一致。例如,某笔 20 万元的收款在银行对账单上有显示,但公司却未及时入账。

应收账款审计

公司的应收账款余额较大,且账龄分析显示有部分账款逾期时间较长。在审查相关销售合同和发票时,审计人员发现有一些销售业务的合同条款不清晰,发票开具不规范。

例如,与客户 A 的一笔 100 万元销售业务,合同中对于付款条件的约定模糊,导致收款存在困难。同时,开具的发票抬头有误,影响了客户的付款进度。

存货审计

存货盘点结果显示,实际存货数量与账面数量存在差异。部分存货的计价方法不一致,影响了成本核算的准确性。

例如,某种原材料在不同批次的采购中采用了不同的计价方法,导致成本波动较大。而且,部分存货存在损坏和过期的情况,但未及时进行处理和减值计提。

固定资产审计

固定资产的折旧计算存在错误,部分新购置的设备未及时入账。

例如,公司有一台价值 50 万元的生产设备在投入使用 3 个月后仍未作为固定资产入账,导致折旧计提不足。同时,部分已报废的固定资产未及时清理,仍挂在账上。

无形资产审计

公司拥有一项专利技术,但在无形资产的评估和摊销方面存在问题。

例如,对于该项专利技术的价值评估缺乏合理的依据,摊销年限的确定也不符合会计准则的要求。

通过对光明公司资产类项目的审计,审计人员发现了上述问题,并通过审计确定了这些问题对财务报表的影响,并提出合理的审计意见和建议。

任务一 货币资金审计的实质性程序

学习活动一 明确任务

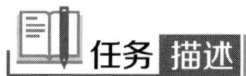任务 描述

本任务旨在执行货币资金审计的实质性程序,与财务报表认定的存在、完整性、权利和义务、准确性、计价和分摊、列报对应。具体完成"即测即评"中"审计实操测试"中的审计工作底稿(货币资金审计)。本任务拟实施的审计程序如下。

一、货币资金审计目标

货币资金审计目标与财务报表认定的对应关系,如表 5-1 所示。

表 5-1 货币资金审计目标与财务报表认定对应关系

财务报表认定	审计目标
存在	A. 资产负债表中记录的货币资金真实存在
完整性	B. 所有应当记录的货币资金交易均已完整记录
权利和义务	C. 记录的货币资金由被审计单位拥有或合法控制

财务报表认定	审计目标
准确性、计价和分摊	D. 货币资金以恰当金额列入资产负债表,相关计价调整记录正确
列报	E. 货币资金已在财务报表中恰当列报和披露

二、应执行的实质性审计程序(任务)

为实现货币资金审计目标和对应的财务报表认定,注册会计师需要执行系列实质性程序,可供选择的实质性程序如表5-2所示。

表 5-2 货币资金审计可供选择的实质性程序

审计目标	可供选择的实质性程序
D	获取或编制货币资金余额明细表
	(1) 分别复核加计是否正确,检查账表数据相符性
	(2) 检查折算汇率及折算金额是否正确
A	实施库存现金监盘程序
	(1) 制定监盘计划,确定监盘时间
	(2) 将盘点金额与库存现金日记账余额进行核对
	(3) 调整至资产负债表日的金额
	(4) 检查借条、未提现支票、未作报销的原始凭证处理
AC	编制银行存单检查表并检查账实相符性
	(1) 对已质押的定期存款,检查质押合同
	(2) 对未质押的定期存款,检查开户证书原件
	(3) 检查已提取定期存款兑付凭证和银行对账单相符性
ABCD	获取并检查银行对账单及余额调节表
	(1) 获取银行对账单并核对
	(2) 获取银行存款余额调节表并检查
	(3) 复核余额调节表的调节事项性质和范围是否合理
	(4) 检查是否存在未入账的利息收入和利息支出
	(5) 检查是否存在其他跨期收支事项
	(6) 检查银行存款余额调节表异常调整事项
ACD	实施货币资金函证程序
	(1) 向开户银行函证
	(2) 银行函证结果的差异处理
BA	检查货币资金收支截止测试

审计目标	可供选择的实质性程序
ABC	抽查大额货币资金(原始凭证)
	针对评估的舞弊风险等因素增加的审计程序
E	检查货币资金是否按照企业会计准则的规定恰当列报

任务 识别

1. 识读上述拟执行审计程序(任务),识别关键词,并把关键词写在横线上：_____

_____

2. 从关键词中选择词语用于描述货币资金审计实质性程序任务(反映程序内容和要求)：

_____

_____

知识 准备

货币资金核算的范围主要包括库存现金、银行存款以及其他货币资金,它的主要目的是为了确保企业的资金安全,保证企业的正常运营,企业应建立健全的货币资金管理制度,加强对货币资金的管理和控制。

一、货币资金常见的错弊形式

(一) 银行账户管理漏洞

企业可能存在银行存款账户记录不全、私自开设未入账账户或隐瞒账户受限情况。审计时,注册会计师需要协同企业财务人员获取银行存款账户清单,与账面记录逐项比对;通过调取企业信用报告(详细版),核查贷款、担保等隐性负债;同时,重点排查银行汇票保证金、冻结资金等受限货币资金,确认是否存在未披露的权利限制或对外担保。

(二) 函证流程风险

函证是关键审计程序,若被审计单位人员参与收发过程,易出现拦截、篡改回函等舞弊行为。因此,审计人员必须全程独立控制函证流程,妥善留存发函、回函物流单据,并对异常回函地址保持高度警觉。

(三) 未达账款处理不当

企业对大额未达账款不调整、不披露,尤其在涉及"银行已付企业未付"和"银行未收企业已收"的款项时,可能掩盖资金挪用、虚构收入等问题。审计时须对超出细微错报水平的未达账款,要求企业进行账务调整或充分披露。

(四) 现金交易舞弊

利用现金交易的隐蔽性实施舞弊,如通过虚增现金采购套取资金、虚构现金销售虚增收入。审计人员需要分析现金交易占比是否符合行业惯例,追踪大额现金收支原始单据,观察现金交易全过程,验证交易真实性。

（五）定期存单风险

企业可能通过虚假定期存单虚增资产,或隐瞒存单质押情况。审计人员必须查验定期存单原件并实施函证,评估存单存续的商业合理性,确认是否存在质押等权利受限情形。

二、货币资金审计应关注事项或情形

在货币资金审计中,注册会计师须以敏锐的职业判断,识别异常现象背后的潜在风险,应重点关注以下事项或情形。

（一）业务模式异常

若企业现金交易占比显著高于行业平均水平,或在无实质经营的地区开设银行账户,可能暗示存在账外经营、资金体外循环等违规行为。

（二）资金规模失衡

库存现金远超业务周转需求,或银行账户数量与经营规模严重不符,可能暴露出资金使用效率低下、私设"小金库",甚至管理层侵占资产等问题。

（三）财务数据矛盾

货币资金收支与现金流量表数据勾稽异常,无法提供完整银行对账单或长期存在大量未达账项,反映出企业账务处理可能存在重大缺陷,甚至蓄意造假。

（四）特殊业务疑点

无外贸业务却频繁发生大额外币收支,或银行承兑汇票缺少协议支撑、保证金比例异常,可能涉及非法转移资金、虚构交易等严重舞弊。

（五）关联异常线索

在审计其他科目时,若发现大额无业务背景的资金往来、长期挂账预付款项,或企业一边持有大量自有资金,一边高额举债,须警惕资金挪用、利益输送等风险。同时,收付款方与交易对象名称不一致等异常情况,也可能暗藏货币资金管理漏洞。

（六）审计配合异常

被审计单位以各种理由阻挠银行函证,或对异常事项无法提供合理解释,往往是试图掩盖货币资金重大问题的信号,须进一步分析。

学习活动二　审计程序实施

⏩ 认知审计程序、示例

一、获取或编制货币资金余额明细表（审计工作底稿实例 5-1）

获取或编制货币资金余额明细表的要点如下:

（1）分别复核加计是否正确,并分别与总账金额、日记账合计数核对确定是否相符,总计数与财务报表核对确定是否相符。

（2）检查非记账本位币的折算汇率及折算金额是否正确。

二、实施库存现金监盘程序

光明公司 2025 年 3 月 9 日货币资金包括库存现金、银行存款和其他货币资金。其中银行

货币资金账项明细表

被审计单位：光明制造有限公司 编制：张海 日期：2025-03-09 索引号：ZA-003

财务报表截止日：2024年12月31日 复核：李莉 日期：2025-03-11 项目：货币资金——账项明细表

科目编号	项目	币种借贷方	账面期初数	账表差异期初调整数	未审期初数	期初调整数	审定期初数	未审借方发生额	未审贷方发生额	审定借方发生额	审定贷方发生额	账面期末数	期末账表调整数	未审期末数	期末调整数	审定期末数	索引号
库存现金																	
1001	库存现金	借	141 045.88	—	141 045.88	—	141 045.88	2 036 365.79	2 078 461.04	2 036 365.79	2 078 461.04	98 950.63	—	98 950.63	—	98 950.63	
	现金小计	借	141 045.88	—	141 045.88	—	141 045.88	2 036 365.79	2 078 461.04	2 036 365.79	2 078 461.04	98 950.63	—	98 950.63	—	98 950.63	
银行存款																	
1002.01	中国建设银行股份有限公司**支行	借	4 626.29	—	4 626.29	—	4 626.29	6 008.36	7 869.35	6 008.36	7 869.35	2 765.30	—	2 765.30	—	2 765.30	
1002.02	中国银行股份有限公司****支行	借	289 921.42	—	289 921.42	—	289 921.42	263 938 801.61	264 052 351.28	263 938 801.61	264 052 351.28	176 371.75	—	176 371.75	—	176 371.75	
1002.04	**农村商业银行股份有限公司***支行	借	2 068 110.35	—	2 068 110.35	—	2 068 110.35	206 031 538.63	199 832 620.71	206 031 538.63	199 832 620.71	8 267 028.27	—	8 267 028.27	—	8 267 028.27	
1002.14	上海浦东发展银行股份有限公司**分行	借	5 000.00	—	5 000.00	—	5 000.00	9.08	5 009.08	9.08	5 009.08	—	—	—	—	—	
1002.17	**银行	借	—	—	—	—	—	7 003 142.30	6 992 150.81	7 003 142.30	6 992 150.81	10 991.49	—	10 991.49	—	10 991.49	
...	...	...	...	...	...	...	...	...	...	...	...	...	...	...	...	...	
	银行存款小计	借	2 499 859.10	—	2 499 859.10	—	2 499 859.10	598 140 988.70	586 562 848.30	598 140 988.70	586 562 848.30	14 077 999.50	—	14 077 999.50	—	14 077 999.50	

科目编号	项目	币种	借贷方	账面期初数	账表差异期初调整数	未审期初数	期初调整数	审定期初数	未审借方发生额	未审贷方发生额	审定借方发生额	审定贷方发生额	账面期末数	期末账表调整数	未审期末数	期末调整数	审定期末数	索引号
其他货币资金																		
1012.01	开立银行承兑汇票保证金		借	18 440 710.53	—	18 440 710.53	—	18 440 710.53	34 475 000.00	34 212 131.70	34 475 000.00	34 212 131.70	18 703 578.83	—	18 703 578.83	—	18 703 578.83	
1012.02	开立信用证保证金		借	—	—	—	—	—	23 760 000.00	14 446 747.33	23 760 000.00	14 446 747.33	9 313 252.67	—	9 313 252.67	—	9 313 252.67	
1012.03	融资租赁保证金		借	7 500 000.00	—	7 500 000.00	—	7 500 000.00	—	—	—	—	7 500 000.00	—	7 500 000.00	—	7 500 000.00	
	其他货币资金小计		借	25 940 710.53	—	25 940 710.53	—	25 940 710.53	58 235 000.00	48 658 879.03	58 235 000.00	48 658 879.03	35 516 831.50	—	35 516 831.50	—	35 516 831.50	
	货币资金合计		借	28 581 615.51	—	28 581 615.51	—	28 581 615.51	658 412 354.49	637 300 188.37	658 412 354.49	637 300 188.37	49 693 781.63	—	49 693 781.63	—	49 693 781.63	

审计说明：经核对，未见异常。

存款包括7家银行13个账户的存款余额合计;其他货币资金包括开立银行承兑汇票保证金、开立信用证保证金和融资租赁保证金。公司制定了货币资金盘点清查计划,光华会计师事务所拟适时完成库存现金监盘程序,并调整至资产负债表日(2024年12月31日)的金额。

光明公司根据本次审计工作中被审计单位责任,积极配合,并拟定了企业货币资金盘点计划。

(一) 盘点清查目的

(1) 确定货币资金及票据存在的真实性。

(2) 确保货币资金及票据的实际数量与账面数相符。

(3) 判断货币资金及票据的安全性、流动性。

(二) 盘点清查类别及范围

本公司所有的现金、银行存款、其他货币资金及票据。

(三) 盘点清查基准日

2024年12月31日。

(四) 盘点清查日期及时间

(1) 现金及票据:2025年3月9日。

(2) 银行存款:2025年3月9日。

(3) 其他货币资金:2025年3月9日。

(五) 盘点清查的人员及分工

(1) 人员分组。盘点人员分为3个盘点小组和1个综合小组,综合小组负责指导盘点小组工作,以及配合审计人员进行监盘、抽盘、检查;盘点工作总体人员安排、分组情况和日程如表5-3、表5-4、表5-5所示。

(2) 盘点小组组成及工作安排如表5-3所示。

表5-3 盘点工作安排

序号	组长	组员	盘点类别	所在地
第1组	机关	财务001	货币资金及应收应付票据	
第2组	一分	财务002	同上	
第3组	二分	财务003	同上	

(3) 综合小组组成及主要职责如表5-4所示。

表5-4 货币资金盘点综合组人员及职责

组长	
副组长	
组员	被审计单位财务部门与会计师事务所相关人员
主要职责	——制定盘点工作计划 ——对盘点工作中进行监督、抽盘 ——对盘点结果进行复核、抽查 …

（4）货币资金盘点的具体日程安排表如表 5-5 所示。

表 5-5　货币资金盘点工作日常安排

序号	日期	工作进度	部门及负责人
1	3月5日	召开公司内部货币资金及票据盘点工作会议，明确盘点工作任务	综合组
2	3月9日以前	由财务部门对账簿记录进行核对，做到所有单据全面及时入账，对账相符	各单位负责人
3	3月9日	正式盘点，盘点结束后各盘点小组组长将盘点表签字确认	各盘点小组组长
4	3月9—3月20日	汇总现金、存单及票据盘盈盘亏结果，获取银行对账单，编制银行存款余额调节表	各盘点清产小组
5	3月9日—3月15日	抽查盘点现金、存单及票据	综合组
6	3月10日—3月18日	对各单位进行检查，核查银行存款和其他货币资金	综合组

（六）注意事项

（1）库存现金盘点应在 3 月 9 日下班前盘点，出纳应注意提前终止收入、报销行为。

（2）各单位应及时取得银行盖章的银行对账单，及时编制银行存款余额调节表。

（3）银行存单应妥善保管，已销户的账号需要获取销户证明。

（4）盘点数如有差错需要修改时，必须由盘点人员在修改处签字确认。

（5）综合组将于盘点日对盘点现场进行巡视，观察盘点是否按照盘点计划进行，如有违反，应予以立即纠正，保证本次盘点工作顺利完成。

（七）盘点附表

（1）库存现金盘点表、银行定期存单盘点表、票据盘点表。

（2）银行存款明细表、银行存款余额调节表。

（3）其他货币资金明细表。

光华会计师事务所查看了光明制造有限公司制定的盘点计划，确定监盘时间，并执行监盘程序。

① 将盘点金额与库存现金日记账余额进行核对。如有差异应查明原因，提请被审计单位调整，如无法查明原因，应要求被审计单位按管理权限批准后进行调整。

② 由于在非资产负债表日进行盘点，应将盘点结果数据调整至资产负债表日的金额，如审计工作底稿实例 5-2 所示。

③ 若有冲抵库存现金的借条、未提现支票、未作报销的原始凭证，需要在盘点表中注明。如有必要应提请被审计单位作出调整，特别关注数家公司混用现金保险箱的情况。

现金清查核对及盘点记录

评估基准日：2024 年 12 月 31 日

被评估单位：光明制造有限公司

清查核对记录				实有现金盘点记录				
项目	行次	人民币（元）	美元	面额（元）	人民币（元）			
					张（枚）	金额	张（枚）	金额
上一日账面库存余额	①	53 856.08		1 000				
盘点日未记账传票收入金额	②			500				
盘点日未记账传票付出金额	③			100	425	42 500.00		
盘点日账面应有余额	④＝①＋②－③	53 856.08		50	211	10 550.00		
盘点日实有现金数额	⑤	53 856.00		20	35	700.00		
盘点日应有金额与实际金额差异	⑥＝④－⑤	0.08		10	6	60.00		
差异原因分析	差异有捌分,系四舍五入尾差			5	8	40.00		
				2				
				1	6	6.00		
				0.5				
追溯至评估基准日账面余额	基准日至评估日现金付出总额	326 749.50	0.2					
	基准日至评估日现金收入总额	281 655.00	0.1					
	基准日库存现金应有余额	98 950.63	0.05					
	基准日账面汇率		0.02					
	基准日余额折合本位币金额		0.01					
本位币合计				实点合计	691	53 856.00		
调整	－1			即期汇率				
	－2			人民币				
调整后账面值		98 950.63		库存现金保管地点：				
评估基准日账面值		98 950.63		现金保管人：				

清查核对记录				实有现金盘点记录				
项目	行次	人民币（元）	美元	面额(元)	人民币(元)			
					张(枚)	金额	张(枚)	金额
长款金额：				财务负责人：				
短款金额：				评估监盘人员：				
评估价值：			98 950.63	盘点日期：2025－03－09				

清查日期：2025 年 3 月 9 日　　　　评估人员：　　　　复核人：

三、编制银行存单检查表,检查银行存单与账面记录的金额是否一致,是否被质押或限制使用,存单是否为被审计单位拥有

(1) 对已质押的定期存款,检查质押合同,关注相应的质押借款有无入账。

(2) 对未质押的定期存款,应检查开户证书原件。

(3) 对审计外勤工作结束日前已提取的定期存款,应核对相应的兑付凭证和银行对账单。

四、获取并检查银行存款、其他货币资金银行对账单及余额调节表

(1) 获取银行对账单,并与账面余额核对,关注银行对账单账户名是否为被审计单位。

(2) 获取银行存款(其他货币资金)余额调节表,检查调节表中加计数是否正确,调节后银行日记账余额与银行对账单余额是否一致。(见审计工作底稿实例5－3)

(3) 复核银行存款余额调节表的调节事项性质和范围是否合理。

(4) 检查是否存在未入账的利息收入和利息支出。

(5) 检查是否存在其他跨期收支事项。

(6) 当未经授权或授权不清支付货币资金的情况比较突出时,检查银行存款余额调节表中支付给异常的领款人(包括载明没有收款人)、签字不全、收款地址不清、金额较大的调整事项。

五、实施货币资金函证程序,编制银行函证结果汇总表,检查银行回函

(1) 实施货币资金函证。向开户银行函证,函证范围为被审计单位本期有款项存入的开户银行,包括零余额账户和账户已结清的银行。向承办银行汇票、本票等其他货币资金业务的银行函证,函证内容包括资产负债表日银行对账单余额是否正确,是否有质押、冻结等变现有限制的款项,是否有存放在境外或有潜在回收风险的款项。(见审计工作底稿实例5－4)

(2) 检查银行回函。确定被审计单位账面余额与银行函证结果的差异,对不符事项作出处理。(见审计工作底稿实例5－5)

六、检查货币资金各项目收支的截止是否正确

选取资产负债表日前后适量样本(如20张、金额在1万元以上的凭证)实施截止测试,关注业务内容及对应项目。如有跨期收支事项,考虑提请被审计单位调整(见审计工作底稿实例5－6、审计工作底稿实例5－7)

银行存款未达账项调节表

被审计单位：光明制造有限公司　　　　编制：张海　　　　日期：2025-03-09　　　　索引号：ZA-008

报表截止日：2024年12月31日　　　　复核：李莉　　　　日期：2025-03-11　　　　项目：货币资金——银行存款未达账项调节表

开户行名称	账号	存款性质	币种	企业账簿金额			银行对账单余额			差异差额	调节表余额				调节后是否相符	索引号
				原币	汇率	人民币	原币	汇率	人民币		银收企未收	银付企未付	企收银未收	企付银未付		
中国建设银行股份有限公司＊＊支行			人民币			2 765.30			2 765.30	—						
中国银行股份有限公司重庆＊＊支行			人民币			176 371.75			156 371.75	20 000.00			20 000.00		是	
重庆农村商业银行股份有限公司＊＊支行			人民币			8 261 528.27			8 267 028.27	−5 500.00				5 500.00	是	
中国银行股份有限公司重庆＊＊支行欧元账户			人民币			89.96			89.96	—						
中国银行股份有限公司重庆＊＊支行美元账户			人民币			1.11			1.11	—						
重庆农村商业银行股份有限公司＊＊支行美元账户			人民币			96.36			96.36	—						
中国工商银行＊＊支行			人民币			259.38			259.38	—						

开户行名称	账号	存款性质	币种	企业账簿金额			银行对账单余额			差异差额	调节表余额				调节后是否相符	索引号
				原币	汇率	人民币	原币	汇率	人民币		银收企未收	银付企未付	企收银未收	企付银未付		
浦发村镇银行＊支行			人民币			2 189.57			2 189.57	—						
中国工商银行＊支行			人民币			9 716.45			9 716.45	—						
上海浦东发展银行股份有限公司＊分行			人民币			—			—	—						
重庆银行＊支行			人民币			5 604 692.98			5 604 692.98	—						
重庆银行			人民币			3 796.88			3 796.88	—						
重庆银行			人民币			10 991.49			10 991.49	—						

审计说明：经查阅，未见异常。

七、抽查大额货币资金收支的原始凭证

（1）检查原始凭证是否齐全、记账凭证与原始凭证是否相符、账务处理是否正确、是否记录于恰当的会计期间等内容。（见审计工作底稿实例5-8）

审计工作底稿实例 5-4 --

银行询证函

编号：4101-8

重庆银行股份有限公司××分行××支行：

本公司①聘请的[××会计师事务所]②正在对本公司 2024 年度的财务报表进行审计，按照中国注册会计师审计准则的要求，应当询证本公司与贵行相关的信息。下列第 1—14 项及附表（如适用）信息出自本公司的记录：

（1）如与贵行记录相符，请在本函"结论"部分[签章]或[签发电子签名]③；

（2）如有不符，请在本函"结论"部分列明不符项目及具体内容，并[签章]或[签发电子签名]。

本公司谨授权贵行将回函直接寄至××会计师事务所[或直接转交××会计师事务所函证经办人④]，地址及联系方式⑤如下：

回函地址：××市××区××路××号

联系人：×××　　　电话：××　　　　　　邮编：100010

电子邮箱：

本公司谨授权贵行可从本公司××账号⑥支取办理本询证函回函服务的费用（如适用）。

截至 2024 年 12 月 31 日，本公司与贵行相关的信息列示如下：

1. 银行存款

账户名称	银行账号	币种	利率	账户类型	账户余额/元	是否属于资金归集（资金池或其他资金管理）账户	起始日期	终止日期	是否存在冻结、担保或其他使用限制（如是，请注明相关情形）	备注
光明制造有限公司	＊＊＊	人民币			5 604 692.98	否			否	

以下备注说明可以于函证时删除：

① 本询证函格式中，"本公司"可以根据实际情况填写为"本单位"等措辞。

② 本询证函格式中，"[ ]"中显示的内容可以根据实际情况填写。

③ 根据《中华人民共和国电子签名法》（以下简称《电子签名法》），可靠的电子询证函属于《电子签名法》规定的一种数据电文。可靠的电子签名与手写签名或者盖章具有同等法律效力。函证各相关方在数字函证平台中使用符合《电子签名法》相关规定的数据电文和电子签名具有法律效力。

④ 会计师事务所应按照相关银行公示的函证具体要求提供相关人员的证明文件等。

⑤ "回函地址、联系人、电话、邮编、电子邮箱"等要素应完整、准确填写。

⑥ 扣款账户不得填列资金监管账户、保证金账户等无法用于扣款的账户。

除上述列示的银行存款（包括余额为零的存款账户）外，本公司并无在贵行的其他存款。

2. 银行借款

借款人名称	借款账号	币种	余额/元	借款日期	到期日期	利率	抵(质)押品/担保人	备注

除上述列示的银行借款外，本公司并无自贵行的其他借款。

3. 自[　　年　月　日]起至[　　年　月　日]期间内注销的银行存款账户

账户名称	银行账号	币种	注销账户日

除上述列示的注销账户外，本公司在此期间并未在贵行注销其他账户。

4. 本公司作为委托人的委托贷款

账户名称	银行结算账号/借据编号/贷款账号	资金借入方	币种	利率	余额/元	贷款起止日期	备注

除上述列示的委托贷款外，本公司并无通过贵行办理的其他以本公司作为委托人的委托贷款。

5. 本公司作为借款人的委托贷款

账户名称	银行结算账号/借据编号/贷款账号	资金借出方	币种	利率	余额/元	贷款起止日期	备注

除上述列示的委托贷款外，本公司并无通过贵行办理的其他以本公司作为借款人的委托贷款。

6. 担保

(1) 本公司为其他单位提供的、以贵行为担保受益人的担保。

被担保人	担保方式	币种	担保余额/元	担保到期日	担保合同编号	备注

除上述列示的担保外,本公司并无其他以贵行为担保受益人的担保。

(2)贵行向本公司提供的担保(如保函业务、备用信用证业务等)。

被担保人	担保方式	币种	担保金额/元	担保到期日	担保合同编号	备注

除上述列示的担保外,本公司并无贵行提供的其他担保。

7. 本公司为出票人且由贵行承兑而尚未支付的银行承兑汇票

银行承兑汇票号码	结算账户账号	币种	票面金额/元	出票日	到期日	抵(质)押品

除上述列示的银行承兑汇票外,本公司并无由贵行承兑而尚未支付的其他银行承兑汇票。

8. 本公司向贵行已贴现而尚未到期的商业汇票

商业汇票号码	承兑人名称	币种	票面金额/元	出票日	到期日	贴现日	贴现率	贴现净额

除上述列示的商业汇票外,本公司并无向贵行已贴现而尚未到期的其他商业汇票。

9. 本公司为持票人且由贵行托收(或由本公司提示付款)的商业汇票

商业汇票号码	承兑人名称	币种	票面金额/元	出票日	到期日

除上述列示的商业汇票外,本公司并无由贵行托收(或由本公司提示付款)的其他商业汇票。

10. 本公司为申请人,由贵行开具的、未履行完毕的不可撤销信用证

信用证号码	受益人	币种	信用证金额/元	到期日	未使用金额/元

除上述列示的不可撤销信用证外,本公司并无由贵行开具的、未履行完毕的其他不可撤销信用证。

11. 本公司与贵行之间未履行完毕的外汇买卖合约

类别	合约号码	贵行卖出币种	贵行买入币种	未履行的合约买卖金额/元	汇率	交收日期

除上述列示的外汇买卖合约外,本公司并无与贵行之间未履行完毕的其他外汇买卖合约。

12. 本公司存放于贵行托管的证券或其他产权文件

证券或其他产权文件名称	证券代码或产权文件编号	数量	币种	金额/元

除上述列示的证券或其他产权文件外,本公司并无存放于贵行托管的其他证券或其他产权文件。

13. 本公司购买的由贵行发行的未到期银行理财产品

产品名称	产品类型（封闭式/开放式）	币种	持有份额	产品净值/元	购买日	到期日	是否被用于担保或存在其他使用限制

除上述列示的银行理财产品外,本公司并未购买其他由贵行发行的理财产品。

14. 其他

_____

附表 资金归集(资金池或其他资金管理)账户具体信息

序号	资金提供机构名称（即拨入资金的具体机构）	资金提供机构账号	资金使用机构名称（即向该具体机构拨出资金）	资金使用机构账号	币种	截至函证基准日拨入或拨出资金余额（拨出填列正数,拨入填列负数）/元	备注
1	举例：A公司					××××	
2			举例：B公司			××××	
…	…		…			…	

××公司［预留签章］/［采用电子授权］

年　　月　　日

公司经办人：
职　务：
电　话：

_____以下由被询证银行填列_____

结论：

经本行核对，所函证项目与本行记载信息相符。特此函复。

年　　月　　日　　［经办人：　　　职务/岗位：　　　电话：
　　　　　　　　　　　复核人：　　　职务/岗位：　　　电话：］
　　　　　　或
　　　　　［系统处理签字：］

（银行盖章）

经本行核对，所函证项目存在以下不符之处。

年　　月　　日　　［经办人：　　　职务/岗位：　　　电话：
　　　　　　　　　　　复核人：　　　职务/岗位：　　　电话：］
　　　　　　或
　　　　　［系统处理签字：］

（银行盖章）

银行存款函证结果汇总表

被审计单位：光明制造有限公司　　　　　索引号：4101-7　　　金额单位：元

项目：货币资金　　　　　　　　　　　　截止日：2024 年 12 月 31 日

编制：张海　　　　　　　　　　　　　　复核：李莉

日期：2025 年 3 月 9 日　　　　　　　　日期：2025 年 3 月 11 日

| 开户银行 | 账号 | 币种 | 函证情况 | | | | | 冻结、质押等事项说明 |
			对账单余额	函证日期	回函日期	回函金额	金额差异	
中国建设银行股份有限公司＊＊支行	＊＊＊	人民币	2 765.30	2025-03-09	2025-03-10	2 765.30	—	
中国银行股份有限公司＊＊支行	＊＊＊	人民币	156 371.75	2025-03-09	2025-03-10	156 371.75	—	
农村商业银行股份有限公司＊＊支行	＊＊＊	人民币	8 267 028.27	2025-03-09	2025-03-10	8 267 028.27	—	
银行＊＊支行	＊＊＊	人民币	5 604 692.98	2025-03-09	2025-03-10	5 604 692.98	—	
中国银行股份有限公司＊＊支行欧元账户	＊＊＊	人民币	89.96	2025-03-09	2025-03-10	89.96	—	
中国银行股份有限公司＊＊支行美元账户	＊＊＊	人民币	1.11	2025-03-09	2025-03-10	1.11	—	
农村商业银行股份有限公司＊＊支行美元账户	＊＊＊	人民币	96.36	2025-03-09	2025-03-10	96.36	—	
中国工商银行＊＊支行	＊＊＊	人民币	259.38	2025-03-09	2025-03-10	259.38	—	
浦发村镇银行＊＊支行	＊＊＊	人民币	2 189.57	2025-03-09	2025-03-10	2 189.57	—	
中国工商银行＊＊支行	＊＊＊	人民币	9 716.45	2025-03-09	2025-03-10	9 716.45	—	
＊＊银行	＊＊＊	人民币	3 796.88	2025-03-09	2025-03-10	3 796.88	—	
＊＊银行	＊＊＊	人民币	10 991.49	2025-03-09	2025-03-10	10 991.49	—	

审计说明：经查阅，未见异常。

库存现金截止测试

被审计单位：光明制造有限公司　　编制：张海　　日期：2025－03－09　　索引号：ZA－014

报表截止日：2024 年 12 月 31 日　　复核：李莉　　日期：2025－03－11

项目：货币资金——库存现金截止测试

放入截止测试科目名称：1001 库存现金　　　　　　　　　　　　金额单位：元

截止日前天数	10	截止日前测试开始日期	2024－12－21	截止日前测试金额绝对值≥	10 000.00
截止日后天数	10	截止日后测试结束日期	2025－01－10	截止日后测试金额绝对值≥	10 000.00

截止日前

测试凭证内容							收支归属期间	
日期	凭证种类	凭证号	业务内容	对方科目	借方	贷方	审计年度	以后年度
合计					—	—		

截止日期：2024 年 12 月 31 日

截止日后

测试凭证内容							收支归属期间	
日期	凭证种类	凭证号	业务内容	对方科目	借方	贷方	审计年度	以后年度
合计					—	—		

测试说明：经测试，截止日前后十日内未有库存现金金额在 10 000 元以上的业务。

银行存款截止测试

被审计单位：光明制造有限公司　　编制：张海　　日期：2025－03－09　　索引号：ZA－015

报表截止日：2024 年 12 月 31 日　　复核：李莉　　日期：2025－03－11

项目：货币资金——银行存款截止测试

放入截止测试科目名称：1002 银行存款　　　　　　　　　　　　金额单位：元

截止日前天数	10	截止日前测试开始日期	2024－12－21	截止日前测试金额绝对值≥	50 000.00
截止日后天数	10	截止日后测试结束日期	2025－01－10	截止日后测试金额绝对值≥	50 000.00

截止日前								
测 试 凭 证 内 容							收支归属期间	
日期	凭证种类	凭证号	业务内容	对方科目	借方	贷方	审计年度	以后年度
合计					—	—		

截止日期：2024 年 12 月 31 日

截止日后								
测 试 凭 证 内 容							收支归属期间	
日期	凭证种类	凭证号	业务内容	对方科目	借方	贷方	审计年度	以后年度
2025 - 01 - 02	记	287	8205 户付超润货款	应付账款；财务费用	—	50 000.00		×
2025 - 01 - 03	记	3	付＊＊中渝国际代缴卡帕设备增值税	财务费用；应交税费	—	983 981.96		×
2025 - 01 - 10	记	60	应付票据到期付款	应付票据	—	8 203 033.30		×
2025 - 01 - 10	记	8	8205 户交 12月天然气费	管理费用；制造费用；应交税费	—	62 263.94		×
合计					—	9 299 279.20		

测试说明：经测试，未见跨期

 审计工作底稿实例 5 - 8 --------------------------------

大额现金收支检查情况表

被审计单位：光明制造有限公司　　编制：张海　　日期：2025 - 03 - 09　　索引号：ZA - 017

报表截止日：2024 年 12 月 31 日　　复核：李莉　　日期：2025 - 03 - 11

项目：货币资金——大额现金收支检查情况表　　　　　　　　　　　　　单位：元

日期	凭证种类	凭证编号	业务内容	明细科目	对方科目	金额		核对内容					备注
						借方	贷方	1	2	3	4	5	
2024 - 01 - 07	记	42	还何总借支		其他应付款	—	100 000.00	√	√	√	√		
2024 - 01 - 14	记	39	1.7 取现备用		银行存款	100 000.00	—	√	√	√	√		
2024 - 01 - 14	记	39	1.14 取现备用		银行存款	100 000.00	—	√	√	√	√		
2024 - 01 - 25	记	349	发放 2023 年 12月工资		应付职工薪酬；其他应付款；财务费用	—	70 233.38	√	√	√	√		

日期	凭证种类	凭证编号	业务内容	明细科目	对方科目	金额		核对内容					备注
						借方	贷方	1	2	3	4	5	
2024-01-30	记	241	1.29—1.30 取现金备用		银行存款	411 647.00	—	√	√	√	√		
2024-03-18	记	121	**过路费油费		管理费用	—	401.80	√	√	√	√		
2024-04-20	记	304	发放 2024 年 2 月工资		其他应付款;财务费用;应付职工薪酬	—	79 261.68	√	√	√	√		
2024-05-20	记	360	发放 2024 年 3 月工资		库存现金;银行存款;应付职工薪酬;财务费用	—	137 013.23	√	√	√	√		
2024-07-18	记	181	15352 户取现金		应收账款;营业外收入;银行存款	112 720.00	—	√	√	√	√		
2024-09-17	记	254	9.17 取备用金		银行存款	90 579.00	—	√	√	√	√		
2024-09-19	记	274	**报销快递费		管理费用;其他应付款	—	43.00	√	√	√	√		
2024-10-09	记	91	退**宿舍押金		其他应付款	—	200.00	√	√				
2024-10-21	记	242	取现金		银行存款	176 541.00	—	√	√	√	√		
2024-10-30	记	354	**工伤医药费报销		其他应付款;管理费用	—	97.00	√	√	√	√		
2024-11-28	记	346	**接待张工餐费		管理费用	—	221.00	√	√	√	√		
2024-11-29	记	358	发放 10 月员工食堂餐补		财务费用;应付职工薪酬;其他应付款	—	69 509.00	√	√	√	√		

核对内容说明:① 原始凭证是否齐全;② 记账凭证与原始凭证是否相符;③ 账务处理是否正确;④ 是否记录于恰当的会计期间;⑤ ……

抽样说明:

分层抽样:

金额小于10 000 元的,按随机抽样,抽取样本 5 笔;金额在 10 000~100 000 元的,按随机抽样,抽取样本 4 笔;金额在 100 000~500 000 元的,按随机抽样,抽取样本 7 笔;共抽取样本 16 笔。

审计说明:经抽凭检查,未见异常

（2）检查是否存在非营业目的的大额货币资金转移，并核对相关账户的进账情况。如有与被审计单位生产经营无关的收支事项，应查明原因并作相应的记录。（见审计工作底稿实例

审计工作底稿实例 5-9 -

银行存款收支检查情况表

被审计单位：光明制造有限公司　　　编制：张海　　日期：2025-03-09　　索引号：ZA-018

报表截止日：2024 年 12 月 31 日　　复核：李莉　　日期：2025-03-11

项目：货币资金——银行存款收支检查情况　　　　　　　　　　　　　　　　单位：元

日期	凭证种类	凭证编号	业务内容	明细科目	对方科目	金额 借方	金额 贷方	1	2	3	4	5	6	备注
2024-01-14	记	39	1.14 取现金备用		库存现金	—	100 000.00	√	√	√	√			
2024-02-27	记	214	电汇何总报销		财务费用；管理费用	—	21 688.00	√	√	√	√			
2024-03-12	记	248	收亚捷、哈科退货款		预收账款	1 255 600.00	—	√	√	√	√			
2024-04-21	记	323	15352 户扣 5 000 万元贷款利息		财务费用；管理费用	—	215 385.41	√	√	√	√			
2024-04-23	记	349	重庆银行贷款放款		长期借款；银行存款	5 984 000.00	—	√	√	√	√			
2024-04-29	记	335	15352 户扣缴 4 月社保		应付职工薪酬	—	603 312.64	√	√	√	√			
2024-05-10	记	292	支付海尔融资租赁租赁 2024 年 5 月本金及利息		长期应付款；财务费用	—	1 825 316.25	√	√	√	√			
2024-05-14	记	337	预付永达磨齿款（2 500 件×21.7）		预付账款	—	61 302.50	√	√	√	√			
2024-05-21	记	303	15352 户扣贷款利息		管理费用；银行存款；财务费用	—	208 437.50	√	√	√	√			
2024-05-30	记	339	收南京康尼退回设备款预付款		预收账款	645 000.00	—	√	√	√	√			
2024-06-18	记	290	8205 户转款 31942 户		银行存款；财务费用；长期股权投资	—	410 001.00	√	√	√	√			
2024-07-31	记	128	31942 户转款 8205 户		财务费用；银行存款	—	150 005.00	√	√	√	√			

日期	凭证种类	凭证编号	业务内容	明细科目	对方科目	金额		核对内容						备注
						借方	贷方	1	2	3	4	5	6	
2024-08-02	记	245	7.29 取备用金		库存现金	—	49 900.00	√	√	√	√			
2024-09-20	记	287	9.20 中国银行转付隆德丽款		应付账款；财务费用	—	112 399.00	√	√	√	√			
2024-09-21	记	177	31942 户转 15352 户		银行存款	1 550 000.00	—	√	√	√	√			
2024-12-11	记	161	转太仓南雁投资款		财务费用；长期股权投资；银行存款	—	7 410 148.20	√	√	√	√			
2024-12-19	记	297	收广西南雁转款		其他应收款	990 000.00	—	√	√	√	√			

核对内容说明：① 原始凭证是否齐全；② 记账凭证与原始凭证是否相符；③ 账务处理是否正确；④ 是否记录于恰当的会计期间；⑤ ……
抽样说明：
分层抽样：
金额在 10 000～100 000 元的，按随机抽样，抽取样本 4 笔；金额在 100 000～500 000 元的，按随机抽样，抽取样本 5 笔；金额大于 500 000 元的，按随机抽样，抽取样本 8 笔；共抽取样本 17 笔。
手工抽取凭证 0 笔。
审计说明：经抽凭检查，未见异常。

 审计工作底稿实例 5－10

其他货币资金检查情况表

被审计单位：光明制造有限公司　　　编制：张海　　　日期：2025-03-09　　　索引号：ZA-019
报表截止日：2024 年 12 月 31 日　　　复核：李莉　　　日期：2025-03-11
项目：货币资金——其他货币资金检查情况表　　　　　　　　　　　　　　单位：元

日期	凭证种类	凭证编号	业务内容	明细科目	对方科目	金额		核对内容						备注
						借方	贷方	1	2	3	4	5	6	
2024-01-29	记	294	电子银行承兑撤票退回保证金		银行存款；财务费用；管理费用	—	113 328.00	√	√	√	√			
2024-02-27	记	205	存开电子承兑保证金		银行存款；其他应收款	1 260 000.00	—	√	√	√	√			
2024-03-21	记	218	**磨齿机开信用证存保证金		银行存款	7 760 000.00	—	√	√	√	√			

日期	凭证种类	凭证编号	业务内容	明细科目	对方科目	金额		核对内容						备注
						借方	贷方	1	2	3	4	5	6	
2024-04-08	记	205	应付票据到期付款		应付票据	—	2 401 200.00	√	√	√	√			
2024-05-20	记	473	8205户收退回信用证保证金		银行存款;财务费用;应交税费;管理费用	—	253 695.67	√	√	√	√			
2024-07-25	记	76	应付票据到期付款		应付票据	—	3 741 672.00	√	√	√	√			
2024-08-23	记	111	中国银行退信用证保证金		银行存款;财务费用	—	186 747.33	√	√	√	√			
2024-09-30	记	161	德国**倒角机开信用证存保证金		银行存款	3 500 000.00	—	√	√	√	√			
2024-12-06	记	320	应付票据到期付款		应付票据	—	3 600 000.00	√	√	√	√			

核对内容说明：① 原始凭证是否齐全；② 记账凭证与原始凭证是否相符；③ 账务处理是否正确；④ 是否记录于恰当的会计期间；⑤ ……

抽样说明：

分层抽样：

金额在 100 000～500 000 元的，按随机抽样，抽取样本 3 笔；大于 500 000 元的，按随机抽样，抽取样本 6 笔；共抽取样本 9 笔。

手工抽取凭证 0 笔。

审计说明：经抽凭检查，未见异常。

八、针对评估的舞弊风险等因素增加的审计程序

（1）对现金进行突击监盘；

（2）从银行账户（包括已注销的账户）对账单中选取重大收支金额，追查至被审计单位银行存款日记账，检查是否准确记录。

九、检查货币资金是否按照企业会计准则的规定恰当列报

检查基准日资产负债表中货币资金项目期末余额，是否为库存现金、银行存款和其他货币资金账列余额之和。

▶ 填制电子底稿

参照货币资金审计程序的要求和示例，完成项目五"即测即评"中"审计实操测试"中的审计工作底稿（货币资金审计）。

（根据本任务学习情况和实操能力填写）

1. 难点：_____

_____

_____

_____

2. 改进：_____

_____

_____

_____

任务二　应收账款审计的实质性程序

学习活动一　明确任务

任务描述

本任务旨在执行应收账款审计的实质性程序，与财务报表认定的存在，完整性，权利和义务，准确性、计价和分摊，列报对应。具体完成"即测即评"中"审计实操测试"中的审计工作底稿（应收账款审计）。本任务拟执行的审计程序如下。

一、应收账款审计目标与财务报表认定对应关系

应收账款审计目标与财务报表认定对应关系如表5-6所示。

表5-6　应收账款审计目标与财务报表认定的对应关系

财务报表认定	审计目标
存在	A. 资产负债表中记录的应收账款真实存在
完整性	B. 所有应当记录的应收账款交易均已记录，无遗漏
权利和义务	C. 记录的应收账款确为被审计单位拥有或控制
准确性、计价和分摊	D. 应收账款以恰当金额列入财务报表，与之相关的计价调整已恰当记录
列报	E. 应收账款已按企业会计准则在财务报表中恰当列报与披露

二、拟执行的实质性审计程序(任务)

为实现应收账款审计目标和对应的财务报表认定,注册会计师需要执行一系列实质性程序,可供选择的实质性程序如表5-7所示。

表5-7 应收账款审计可供选择的实质性程序

审计目标	可供选择的审计程序
D	1. 获取或编制应收账款明细表 (1) 复核加计是否正确,账账、账表数据核对是否相符; (2) 检查应收账款的折算汇率及折算是否正确(如涉及); (3) 查明贷方余额项目原因,必要时作重分类调整; (4) 检查调整同一客户多处挂账、异常余额或与销售无关的其他款项 (5) 标识重要的欠款单位,计算其余额占比
AB	2. 检查涉及应收账款的相关财务指标 (1) 分析信用政策似乎发生变化; (2) 计算应收账款周转率、应收账款周转天数等指标,对比或类比检查是否存在重大异常
ACD	3. 对应收账款进行函证
BA	4. 应收账款豁免的截止测试
D	5. 评价坏账准备计提的适当性
	6. 标明应收关联方的款项,执行关联方及其交易审计程序
	7. 根据评估的舞弊风险等因素增加的审计程序
E	8. 检查应收账款是否已按照企业会计准则的规定在财务报表中作出恰当列报

任务 识别

1. 识读上述拟执行审计程序(任务),识别关键词,并把关键词写在横线上:_____

_____

2. 从关键词中选择词语用于描述应收账款审计实质性程序任务(反映程序内容和要求):

_____

_____

知识 准备

应收账款是企业因销售商品、产品或提供服务等业务,应向购买单位收取的款项,包括应由购买单位或接受服务单位负担的税金、代购买方垫付的各种运杂费等,不包括应收职工欠款、应收债务人的利息等其他应收款,以及投标、租入包装物等各类存出保证金。

应收账款是伴随企业的销售行为发生而形成的债权,应收账款的确认与收入的确认密切相关。企业应按不同的购货或接受服务的单位设置明细账户进行核算。

一、应收账款常见错弊及识别

（一）应收款项不真实

（1）结合营业收入的审计对应收款项进行分析测试，应收款项的增长是否与收入匹配，检查公司的赊销政策及销售合同，判断应收账款余额是否异常。

（2）审计人员应保持对函证全过程的密切控制，函证样本应由审计人员独立选取，且样本量应该充分；函证收发应由审计机构人员亲自执行，回函地址应为会计师事务所，防止函证被拦截或篡改等舞弊风险；保留发函、回函物流单据；确保回函真实可靠；对被审计单位以各种理由不配合实施往来函证的单位保持高度职业怀疑。

（3）未收到回函的大额往来，应实施替代程序；对回函可能性不高的、余额重大的，同时执行替代程序。替代测试应针对某一特定账户来执行，每个客户填列与其对应的替代检查表；替代测试应当以销售业务活动流程为主线索，重点检查经济业务合同、发票、出库单、运输单、收货或验收记录等。一般情况下，替代测试还应考虑检查期后收款或退货情况，付款人是否与账面记录单位一致。无发生额的建议取得催收记录或还款计划。

（二）信用减值损失计提不正确

分析预期信用损失政策是否合理，是否符合金融工具准则的相关规定；根据企业的会计政策，重新计算坏账准备；对于金额较大的坏账准备应当考虑单独测试；对于单项计提预期信用损失的坏账准备应当考虑是否合理，是否存在利用会计政策和会计估计变更调整利润的情况；检查是否存在债务人破产或者死亡导致债权无法收回的情况，或者债务人长期未履行偿债义务的情况，如是，应提请被审计单位处理。

（三）关联方应收款异常

关注关联方交易形成的应收款项，了解关联方交易的商业理由是否充分，结合收入审计对关联方往来进行穿行测试，检查发票、合同、协议及入库和运输单据等相关文件，向关联方函证交易的条件和金额及其他重要信息，判断是否具有商业实质；关注审计范围内关联方之间的内部往来对账情况。

一方控制、共同控制另一方或对另一方施加重大影响，以及两方或两方以上同受一方控制、共同控制或重大影响的，构成关联方。关联方关系的定义详见《企业会计准则第 36 号——关联方披露》《企业会计准则解释第 13 号》。

（四）应收款项长期挂账不合理

长期挂账的应收账款，应重点关注长期挂账的原因是否合理，检查其形成的相关要素，如账龄、款项性质，是否仍有业务往来，关注对方单位经营情况是否异常，对方单位是否已破产注销，是否存在减值。

（五）应收账款列报不正确

对特定客户的特定应收账款通过无追索权保理出售应收账款，满足金融资产转移终止确认的条件时，应转入"应收款项融资"中核算。

二、应收账款审计应关注事项或情形

（一）往来明细表内容完整性

所有往来明细表均应当包括期初数，本期发生额和期末余额、账龄分析等栏目。

（二）账龄分析正确性

一般情况下，可以按应收款项的末笔发生额时间来划分账龄，若余额较大，账龄分析一般可以采用先进先出法。

（三）函证及其控制

应当根据审计准则的要求进行函证，如不函证须说明理由。函证时，从企业相关部门取得客户信息，或者从销售发票等资料中提取客户信息，编制函证清单；函证收发应由审计人员亲自执行，并回函至会计师事务所，保留发函、回函物流单据，确保函证的质量控制。

对回函情况进行统计，判断是否符合预期；如有回函不符情况，应查找原因，判断是否需要进行调整。

（四）期后已收回应收账款检查

期后已经收回的应收账款，一般只需要在明细表中标明即可；如果该余额特别巨大，需要进行替代测试以证实其发生期间的正确性；即便函证相符，也需要进行适当的检查。

学习活动二　审计程序实施

认知审计程序、示例

一、获取或编制应收账款明细表

（1）复核加计是否正确，并与总账数和明细账合计数核对是否相符；结合坏账准备科目与报表数核对是否相符。

（2）检查非记账本位币应收账款的折算汇率及折算是否正确。

（3）分析有贷方余额的项目，查明原因，必要时作重分类调整。

（4）结合其他应收款、预收账款等往来项目的明细余额，调查有无同一客户多处挂账、异常余额或与销售无关的其他款项（如代销账户、关联方账户或员工账户）。如有，应作出记录，必要时作调整。

（5）标识重要的欠款单位，计算其欠款合计数占应收账款余额的比例。（见审计工作底稿实例5-11）

二、检查涉及应收账款的相关财务指标

（1）分析信用政策是否发生变化，计算本期应收账款借方累计发生额与营业收入的百分比，并与上期及管理层的考核指标进行比较。

（2）计算应收账款周转率、应收账款周转天数等指标，并与被审计单位以前年度指标、同行业同期相关指标对比分析，检查是否存在重大异常。

三、对应收账款进行函证

除非有充分证据表明应收账款对财务报表不重要或函证很可能无效，否则，应对应收账款进行函证。如果不对应收账款进行函证，应在工作底稿中说明理由。如果认为函证很可能无效，应当实施替代审计程序获取充分、适当的审计证据。

（1）应对所有应收账款实施函证程序，除非有充分证据表明应收账款对财务报表不重要，或函证很可能无效。

（2）对函证实施过程进行控制，包括：核对询证函是否由注册会计师直接收发；被询证者

应收账款明细表

被审计单位：光明制造有限公司　　　　编制：张海　　　　日期：2025-03-09　　　　索引号：ZE-003
报表截止日：2024年12月31日　　　　复核：李莉　　　　日期：2025-03-11　　　　项目：应收账款——明细表

单元：元

科目编码	项目名称	借贷方向	未审期初数	期初调整数	审定期初数	审定借方发生额	审定贷方发生额	未审期末数						期末账项调整		期末重分类调整		审定期末数					索引号	期后回款情况
								合计	未审账龄1年以内	未审账龄1-2年	未审账龄2-3年	未审账龄3-4年	校对差额	借方	贷方	借方	贷方	合计	审定账龄1年以内	审定账龄1-2年	审定账龄2-3年	校对差额		
1122;001;BL.0002	应收账款	借	508 151.51	—	508 151.51	103 361 559.86	103 869 711.37	—										—						
1122;001;BL.0003	应收账款	借	1 786 302.35	—	1 786 302.35	5 544 624.43	6 057 485.44	1 273 441.34	1 273 441.34									1 273 441.34	1 273 441.34					
1122;001;BL.0007	应收账款	借	2 981 361.86	—	2 981 361.86	5 874 811.34	8 856 173.20	—										—						
1122;001;BL.0012	应收账款	借	798 266.46	—	798 266.46	201 627.31	660 702.34	339 191.43	201 627.31	137 564.12								339 191.43	201 627.31	137 564.12				
1122;001;BL.0101	应收账款	借	—	—	—	2 940 000.00	2 940 000.00	—										—						
1122;001;BL.0132	应收账款	借	—	—	—	83 613.00	83 613.00	—										—						
1122;001;BL.1004	应收账款	借	23 895.57	—	23 895.57	—	9 766.33	14 129.24			14 129.24							14 129.24			14 129.24			
1122;001;BL.1006	应收账款	借	106 456.13	—	106 456.13	—	—	106 456.13			106 456.13							106 456.13			106 456.13			
1122;001;BL.1007	应收账款	借	205 000.00	—	205 000.00	2 000.27	2 000.27	205 000.00	205 000.00									205 000.00	2 000.27	202 999.73				
1122;001;BL.1008	应收账款	借	30.61	—	30.61	—	—	30.61			30.61							30.61			30.61			
……			……	……	……	……	……	……	……	……	……					……		……	……	……	……			
合计			162 200 407.95	193 381.68	163 156 397.93	379 840 579.31	370 895 545.61	170 952 059.97	110 564 562.46	59 285 178.23	1 102 319.28	—	—	—	—	193 381.68	—	171 145 441.65	110 564 562.46	59 292 887.91	1 287 991.28	—		

审计说明：经核对，未见异常。

以传真、电子邮件等方式回函的,应要求被询证者寄回询证函原件;如果未能收到积极式函证回函,应当考虑与被询证者联系,要求对方作出回应或再次寄发询证函。

(3) 编制"应收账款函证结果汇总表",对函证结果进行评价(见审计工作底稿实例 5-12)。核对回函内容与被审计单位账面记录是否一致,如不一致,分析不符事项的原因,检查销售合同、出库单等相关原始单据,分析被审计单位对于回函与账面记录之间差异的解释是否合理,编制"应收账款函证结果调节表",并检查支持性凭证;如果不符事项构成错报,应重新考虑所实施审计程序的性质、时间和范围。

(4) 针对最终未回函的账户实施替代审计程序(如实施期后收款测试、检查运输记录、销售合同等相关原始资料及询问被审计单位有关部门等)。(见审计工作底稿实例 5-13)

四、应收账款豁免的截止测试

(1) 在资产负债表日前后分别选取适量的样本(10 日内被审计单位授予欠款单位的、金额大于 5 万元的减免应收账款凭证),以测试豁(减)免的余额是否已计入恰当的期间。(见审计工作底稿实例 5-14)

(2) 检查资产负债表日前后销售退回和赊销水平,确定是否存在异常迹象(如与正常水平相比),并考虑是否有必要追加审计程序。

五、评价坏账准备计提的适当性

(1) 取得或编制坏账准备计算表,复核加计正确,与坏账准备总账数、明细账合计数核对判断是否相符;将应收账款坏账准备本期计提数与信用减值损失相应明细项目的发生额核对,是否相符。

(2) 检查应收账款坏账准备计提和核销的批准程序,取得书面报告等证明文件,评价计提坏账准备所依据的资料、假设及方法;复核应收账款坏账准备是否按经股东(大)会或董事会批准的既定方法和比例提取,其计算和会计处理是否正确。

(3) 在账龄分析表中,选取金额大于 10 万元的账户、逾期超过 180 天账户,以及认为必要的其他账户(如有收款问题记录的账户,收款问题行业集中的账户)。复核并测试所选取账户期后收款情况。针对所选取的账户,与授信部门经理或其他负责人员讨论其可收回性,并复核往来函件或其他相关信息,以支持被审计单位就此作出的声明。针对坏账准备计提不足情况进行调整。

(4) 实际发生坏账损失的,检查转销依据是否符合有关规定,会计处理是否正确。

(5) 已经确认并转销的坏账重新收回的,检查其会计处理是否正确。

(6) 通过比较前期坏账准备计提数和实际发生数,以及检查期后事项,评价应收账款坏账准备计提的合理性。(见审计工作底稿实例 5-15)

六、标明应收关联方(包括持股 5% 及以上股东)的款项,执行关联方及其交易审计程序

关联方交易审计,是对被审计单位关联方交易的完整性、存在性与合法性所开展的审查监督活动,其目的在于通过解决审计过程中所发现的问题,以提高被审计单位关联方交易信息的透明度。

(1) 查阅单位相关会议的记录并审阅相关的资料(合同、业务单据等)。

审计工作底稿实例 5-12

应收账款函证结果汇总表

被审计单位：光明制造有限公司　　编制：张海　　日期：2025-03-09　　索引号：ZE-005
报表截止日：2024年12月31日　　复核：李莉　　日期：2025-03-11　　项目：应收账款——函证结果汇总表
金额单位：元

一、应收账款函证情况列表

单位名称	询证函编号	样本特征	币种	账面金额	回函确认金额	差异	差异调节表索引	函证方式	回函形式 纸质原件	传真件	电子邮件	其他介质	函证日期 第一次	第二次	回函日期	替代测试索引号
***	1	余额较大	人民币	1 300 000.00	—	—		积极函证							未回函	

共 1 行

样本特征	样本户数	样本金额
余额较大	1	1 300 000.00
异常交易	0	—
重大交易	0	—
随机	0	—
其他	—	—
样本合计	1	1 300 000.00
企业期末户数及金额		

抽取样本占报表的比例

二、审计说明
(1) 选样方法及样本量说明。
选取发生额较大、余额较大等单位进行询证。
(2) 对询证函保持的控制的说明。
(3) 对以传真或电子邮件形式收到的回函的可靠性的考虑。
(4) 对误差的分析。

项目	金额
已识别的误差	
推断出的总体误差（扣除已识别的误差）	

应收账款替代测试表

被审计单位：光明制造有限公司　　　编制：张海　　　日期：2025－03－09

报表截止日：2024 年 12 月 31 日　　　复核：李莉　　　日期：2025－03－11

项目：应收账款——替代测试　　　　　　　　　　　　　　　单位：元

选择需要测试的账户：						1122；001；B2.2024 应收账款					
一、期初余额						—					
二、借方发生额						5 944 891.48					

入账金额							检查内容				
序号	记账时间	凭证种类	凭证编号	业务说明	对方科目名称	借方发生额	①	②	③	④	⑤
1	2024－06－20	记	47	采埃孚销售收入	应交税费；主营业务收入	54 346.49	√	√	√	√	
2	2024－06－20	记	56	采埃孚模具收入	应交税费；其他业务收入	1 176 330.00	√	√	√	√	
3	2024－08－16	记	233	应收模具费	主营业务收入；应交税费	1 176 330.00	√	√	√	√	
4	2024－08－20	记	231	本月销售收入	应交税费；主营业务收入	163 768.64	√	√	√	√	
5	2024－08－20	记	234	本月销售收入	应交税费；主营业务收入	1 169 688.37	√	√	√	√	
6	2024－11－20	记	172	本月销售收入	主营业务收入；应交税费	968 114.82	√	√	√	√	
7	2024－12－20	记	275	退货冲销售收入	应交税费；主营业务收入	−15 157.23	√	√	√	√	
8	2024－12－20	记	275	本月销售收入	应交税费；主营业务收入	1 251 470.39	√	√	√	√	
小计						5 944 891.48					
全年借方发生额合计						5 944 891.48					
测试金额占全年借方发生额的比例						100.00%					
三、贷方发生额											

入账金额							检查内容				
序号	记账时间	凭证种类	凭证编号	业务说明	对方科目名称	贷方发生额	①	②	③	④	⑤
1	2024 - 07 - 18	记	181	收福田采埃孚电汇模具款	库存现金；银行存款	1 176 330.00	√	√	√	√	
2	2024 - 08 - 30	记	242	收采埃孚货款	银行存款	54 346.49	√	√	√	√	
3	2024 - 09 - 11	记	230	收采埃孚模具款	银行存款	1 176 330.00	√	√	√	√	
小计						2 407 006.49					
全年贷方发生额合计						2 407 006.49					
测试金额占全年贷方发生额的比例						100.00%					
四、期末余额						3 537 884.99					

五、期后收款检查

入账金额							检查内容				
序号	记账时间	凭证种类	凭证编号	业务说明	对方科目名称	贷方发生额	①	②	③	④	⑤
1	2025 - 02 - 20	记	9	2.20 收到承兑汇票	应收票据	1 300 000.00	√	√	√	√	
2	2025 - 03 - 01	记	195	3.11 收到承兑汇票	应收票据	200 000.00	√	√	√	√	
3	2025 - 03 - 16	记	82	收采埃孚货款	银行存款	768 114.82	√	√	√	√	
4	2025 - 03 - 20	记	110	应付冲应收（应付2024年12月购采埃孚粗车坯6S500四档结合齿款冲减应收账款 NO：＊＊＊）	应付账款	27 611.49	√	√	√	√	
5	2025 - 03 - 31	记	202	31942 户收采埃孚货款	银行存款	981 448.90	√	√	√	√	

检查内容说明：① 原始凭证是否齐全；② 记账凭证与原始凭证是否相符；③ 账务处理是否正确；④ 是否记录于恰当的会计期间；⑤ ……

审计说明：经测试，未见异常。

应收账款截止测试

被审计单位：光明制造有限公司　　编制：张海　　日期：2025 - 03 - 09　　索引号：ZE - 014

报表截止日：2024 年 12 月 31 日　　复核：李莉　　日期：2025 - 03 - 11

项目：应收账款——截止测试

放入截止测试科目名称：1122 应收账款　　　　　　　　　　　　　　　　单位：元

| 截止日前天数 | 10 | 截止日前测试开始日期 | 2024 - 12 - 21 | 截止日前测试金额绝对值≥ | 50 000.00 |
| 截止日后天数 | 10 | 截止日后测试结束日期 | 2025 - 01 - 10 | 截止日后测试金额绝对值≥ | 50 000.00 |

截止日前

日期	凭证种类	凭证号	内容	对方科目	金额 借方	金额 贷方	是否跨期

截止日期：2024 年 12 月 31 日

截止日后

日期	凭证种类	凭证号	内容	对方科目	金额 借方	金额 贷方	是否跨期
2025 - 01 - 07	记	288	收广西南 * 承兑汇票	应收票据	—	2 900 000.00	×
2025 - 01 - 07	记	288	收茂捷承兑汇票	应收票据	—	1 640 832.73	×
2025 - 01 - 07	记	288	收泸州 * 承兑汇票	应收票据	—	2 484 000.00	×
2025 - 01 - 07	记	288	收广西南 * 承兑汇票	应收票据	—	2 900 000.00	×
2025 - 01 - 07	记	288	收泸州 * 承兑汇票	应收票据	—	2 484 000.00	×

审计说明：经测试，未见跨期。

应收账款坏账准备计算表

被审计单位：光明制造有限公司　　编制：张海　　日期：2025 - 03 - 09　　索引号：ZE - 010

报表截止日：2024 年 12 月 31 日　　复核：李莉　　日期：2025 - 03 - 11

项目：应收账款——坏账准备计算表　　　　　　　　　　　　　　　　单位：元

计算过程			索引号
放入科目			
一、坏账准备本期期末应有金额　①=②+③		—	

1. 期末单项金额重大且有客观证据表明发生了减值的应收账款对应坏账准备的应有余额

单位名称	余额	账龄	个别计提坏账准备金额
合计②	—		—

2. 期末单项金额非重大以及经单独测试后未减值的单项金额重大的应收账款对应坏账准备的应有余额

项目	账龄	应收账款余额	坏账准备计提比例	坏账准备应有余额	
应收账款	1 年以内	29 313 022.02			
	1—2 年	59 292 887.91			
	2—3 年	1 287 991.28			
	5 年以上				
	合计③	89 893 901.21		—	
二、坏账准备上期审定数 ④			—		
三、坏账准备本期转出(核销)金额					

单位名称	余额	坏账准备金额	
……			
合计⑤	—	—	

四、计算坏账准备本期全部应计提金额		
⑥=①-④+⑤		—

审计说明：经查阅，企业采用个别认定法计提坏账准备，未计提坏账准备。

(2) 核实单位与其关联方的交易性质,是否具有商业实质。

(3) 核实单位是否存在未处理的关联方交易。

(4) 查阅单位报表记录中数额较大且异常或不常发生的金额。

(5) 审阅单位有关存款借款的询证函是否存在担保关系。

七、根据评估的舞弊风险等因素增加的审计程序

若评估发现舞弊风险较高,审计人员可追加如下程序。① 扩大函证范围(含零余额/小额客户),严格控制函证收发流程。② 核查异常销售合同条款,重点关注退货、折扣及关联方交易。③ 对比应收账款周转率与行业水平,追查账龄异常延长原因。④ 测试销售审批、发货及收款内部控制执行有效性,识别潜在漏洞。⑤ 关注员工行为异常或客户异常回款,结合物流凭证验证交易真实性。

八、检查应收账款是否已在财务报表中作出恰当列报

(1) 核对列报金额:确保资产负债表中应收账款金额与总账、明细账一致,关注是否存在重分类调整(如长期挂账应转入其他非流动资产)。

（2）附注披露完整性：检查附注是否披露账龄结构、前五大客户名称及金额、坏账准备计提政策、关联方应收账款明细等关键信息。

（3）特殊项目处理：确认因金融资产转移或质押产生的应收账款是否单独列示，披露受限情况及会计处理依据。

（4）关联方交易披露：关联方应收账款须单独说明，关注交易定价公允性及是否存在异常回款条款。

（5）期后事项披露：核查资产负债表日后大额应收账款变动，评估是否需调整或披露期后事项影响。

填制电子底稿

参照应收账款审计程序要求和示例，完成项目五"即测即评"中"审计实操测试"中的审计工作底稿（应收账款审计）。

学习活动三　课堂自查

（根据本任务学习情况和实操能力填写）

1. 难点：_____

_____

_____

2. 改进：_____

_____

_____

_____

任务三　存货审计的实质性程序

学习活动一　明确任务

任务描述

本任务旨在执行存货审计的实质性程序，与财务报表认定的存在，完整性，权利和义务，准确性、计价和分摊，列报对应。具体完成"即测即评"中"审计实操测试"中的审计工作底稿（存货审计）。本任务拟执行的审计程序如下。

一、存货审计目标与财务报表认定对应关系

存货审计目标与财务报表认定对应关系如表5-8所示。

表 5-8 应收账款审计目标与财务报表认定对应关系

财务报表认定	审计目标
存在	A. 资产负债表中存货实物真实存在且未被虚构或重复记录
完整性	B. 所有应记录的存货均已完整记录，无遗漏或隐匿
权利和义务	C. 记录的存货归被审计单位合法拥有或控制
准确性、计价和分摊	D. 存货成本计量准确，以恰当的金额列示于资产负债表，跌价准备计提合理，分摊方法符合企业会计准则，并恰当记录
列报	E. 存货在财务报表中恰当列报，披露完整清晰

二、拟执行的实质性审计程序（任务）

为实现存货审计目标和对应的财务报表认定，注册会计师需要执行系列实质性程序，可供选择的实质性程序如表 5-9 所示。

表 5-9 存货审计可供选择的实质性程序

审计目标	可供选择的审计程序
D	获取或编制存货明细表，复核加计是否正确，账账、账表数据是否相符
ADB	实施存货监盘程序
AB	实施实质性分析程序
D	实施存货计价方法的测试
	实施生产成本计算的测试
BA	实施存货的截止测试
ACD	检查材料采购或在途物资
	检查发出商品
	抽检委托加工物资
ABCD	检查周转材料
CE	检查用于债务担保的存货
D	检查存货是否存在减值，分析计提存货跌价准备的合理性
	检查存货可变现净值计算是否合理、计提的存货跌价准备是否适当
	针对评估的舞弊风险等因素增加的审计程序
E	检查存货是否按照企业会计准则的规定恰当列报

任务 识别

1. 识读上述拟执行审计程序（任务），识别关键词，并把关键词写在横线上：＿＿＿＿＿＿＿

2. 从关键词中选择词语用于描述存货审计实质性程序任务(反映程序内容和要求):

_____

_____

知识 准备

存货是企业在生产经营过程中为销售或耗用而储备的各种资产,包括库存商品、产成品、半成品、在产品以及各种材料、燃料、包装物、低值易耗品等。企业应建立存货管理制度以加强存货管理,保护存货安全,加快周转速度,减少积压和浪费损失,提高存货运营效率,并建立科学的存货计价原则和方法。

一、存货常见错弊及识别

(一)存货存在性及数量准确性

(1)存货监盘。除非存在不可行情况,应对企业主要存货实施现场监盘程序,包括:① 做好监盘准备(了解存货业务流程、存货种类及特点、仓库数量及分布、取得并评价企业盘点计划的合理性);② 制定监盘计划(监盘范围、时间、方法、步骤、关键环节、重点关注事项等);按计划实施现场监盘等。

(2)存货抽盘。针对企业存货盘点结果,应执行抽盘测试,以核实盘点结果的完整性、准确性。抽盘一般执行双向测试,如从存货盘点记录选取项目追查至实物,以及从实物选取项目追查至盘点记录。

(3)其他程序。核对盘点表、仓库台账、财务科(部)明细账、总账、财务报表;关注企业对盘点差异的分析、调查、处理情况。

(二)存货计价的合理性、准确性

(1)检查各类存货采用的计价方法是否与企业生产经营特点匹配,是否合理,有无任意改变计价方法的情况。

(2)对原材料等外购存货,在核实入账成本准确的基础上,应重点关注发出或领用环节成本分摊结转的合理性。

(3)对产成品和在产品,应获取最近期的成本计算单并检查其正确性,检查直接材料、直接人工、制造费用的归集、分配方法是否合理并前后一致,数量金额是否与支持性文件相符;生产成本在产成品和在产品之间的分配标准和方法是否合理并前后一致,分配金额是否正确。结合营业成本审计,编制生产成本倒轧表,将存货发生额与营业成本进行核对。

(4)在加权平均法下,应关注是否在同一品种、同一规格型号的存货范围内进行计价,有无不同种类存货混淆计价情况。

(5)采用标准成本计价的,应重点关注标准成本及其变动的合理性,成本差异率差异额的计算是否准确,是否存在不按期结转或随意多转、少转、不转成本差异的情况。

二、存货审计应关注事项或情形

(一)实质性分析程序

实质性分析程序是存货审计中非常重要的程序。注册会计师应在充分了解企业生产经

营流程、会计核算流程、存货种类及特点基础上,执行实质性分析程序。分析的要素主要包括:① 存货的种类及结构占比;② 原材料的种类、成本构成、采购数量、采购价格、平均价格;③ 产成品的种类、成本构成及结构占比,各类产成品的生产产能、实际产量;④ 各类产成品的销售数量、毛利率、周转率等。分析的内容主要包括:对比分析上述各要素的增减变化情况,结合行业数据、企业历年数据等,综合分析判断其合理性,关注异常情况并查明原因。

(二) 实施监盘程序

实施监盘程序时,注册会计师应注意以下事项:

(1) 存货监盘过程中,为恰当区分企业对存货盘点的责任和注册会计师对存货监盘的责任,不应协助企业执行存货盘点工作。监盘时保留存货监盘记录或监盘图片等。

(2) 存货存放在多个地点的,应获取仓库清单,并结合其他审计程序检查仓库清单的完整性,如果多个仓库不能全面监盘的,不应向企业过早告知拟监盘的仓库。

(3) 在企业盘点日,存货不能停止移动的,应关注企业对存货移动所采取的控制措施是否合理,并在监盘时关注企业是否有措施确保相关存货仅被盘点一次,不存在重盘或漏盘的情况。

(4) 针对无法用标签标识、数量难以估计或质量难以确定的特殊类型存货(如矿藏、贵金属、水产品),应充分了解企业拟采用的盘点方法,并评估其合理可靠性及其是否满足会计核算的需要。在必要情况下,注册会计师可能需要利用专家的工作协助进行监盘。

(5) 由第三方保管或控制的存货,应检查相关保管协议、文件记录(如仓储单),了解企业盘点计划安排,评估实施监盘抽盘程序的可行性,同时应向第三方函证存货的数量和状况。

(6) 代第三方持有或保管的存货,应检查与这些存货权属相关的证明文件,并与存货实物的规格、数量进行核对,同时应向第三方进行函证。

(7) 在存货监盘、抽盘过程中,应同时关注存货现状,包括毁损、陈旧、过时、残次、冷背情况,以及抵押查封等情况。

(8) 存货盘点日与资产负债表日不一致时,应对差异期间的存货收发情况分别实施双向检查,并进行前推/后推测试和截止测试。

(9) 关注企业对盘点差异的分析、调查、处理情况,针对盘点差异原因,应检查相关支持性文件,并分析判断是否需要实施进一步审计程序。

(三) 存货减值准备

应重点关注存货减值计提、转销金额的合理性,是否存在少提或多提情况,防止操纵利润;获取计提存货减值准备的相关依据,关注管理层作出是否减值的判断及支撑依据是否充分,判断决策程序是否符合被审计单位"三重一大"事项管理制度、公司章程、合资协议等相关规定。

(四) 房地产开发企业的开发成本、开发产品

应关注成本归集核算的真实、完整性和入账依据的充分性,是否存在虚增成本情况,关注成本余额与工程履约进度/完工进度的匹配性,是否存在按收付实现制核算成本、仅按取得的发票确认成本、因延迟结算决算而延迟确认成本的情况,对于暂估成本,需要获取业务部门关于暂估成本的相关依据,并检查是否合理。对重要的成本项目,应结合应付款项审计程序,向对方进行函证。关注成本分配、结转方法是否恰当,金额是否正确,是否存在随意分配结转的情况。

（五）建筑施工企业的合同履约成本（施工成本）

除关注成本归集核算的真实性、完整性、入账依据充分性以及是否存在虚增成本外，还应现场勘查工程实际履约进度/完工进度，抽查重大项目的合同进度台账，关注是否存在停工情况，是否存在减值迹象。

（六）合同履约成本

可参照生产成本审计程序进行审计，但应关注直接材料、直接人工和相关费用与履行合同之间的相关性，注意与合同取得成本（增量成本）的区分。具体注意事项包括：① 结合收入审计程序，关注合同履约成本的摊销结转方法是否恰当，金额是否合理；② 根据合同履行情况和预期成本可收回情况，如存在减值的应计提减值准备；合同履约成本的期末余额，其初始确认时摊销期限不超过 1 年或一个正常营业周期的，应在存货中列报，超过 1 年或一个正常营业周期的，应在"其他非流动资产"中列报。

学习活动二　审计程序实施

认知审计程序、示例

一、获取存货明细表

（1）获取或编制存货（包括构成存货报表项目的各类存货及对应的存货跌价准备）明细表，分别复核加计是否正确，并判断其与总账数、明细账合计数核对是否相符。最后，判断存货总计数与报表数是否相符。

（2）检查存货明细表中是否有异常或负余额（包括数量为负或金额为负）的项目。

（3）将本年年末存货余额与上年年末存货余额进行比较，总体分析变动原因。（见审计工作底稿实例 5-16）

二、实施存货监盘程序

（1）取得被审计单位存货盘点计划。了解盘点范围、方法、人员分工及时间安排等，在存货盘点计划问卷等工作底稿中记录和评价。

（2）在被审计单位盘点存货前，确定应纳入盘点范围的存货是否已经适当整理和排列，并且附有盘点标识。对未纳入盘点范围的存货，应当查明未纳入的原因。

（3）对所有权不属于被审计单位的存货，应当取得其规格、数量等有关资料，并确定这些存货是否已分别存放、标明，且未被纳入盘点范围。

（4）观察被审计单位盘点人员是否遵守盘点计划并准确地记录存货数量和状况。

（5）选取代表性样本，抽查存在实物形态的各类存货明细账的数量与盘点记录的数量是否一致，以确定账面存货地存在和完整性：① 从各类存货明细账中选取具有代表性的样本，与盘点报告（记录）核对。② 从盘点报告（记录）中抽取有代表性的样本，与各类存货明细账的数量核对。（见审计工作底稿实例 5-17 和审计工作底稿实例 5-18）

（6）复核监盘结果，编制存货监盘报告。（见审计工作底稿实例 5-19）

被审计单位：光明制造有限公司　　编制：张海　　日期：2025-03-09　　索引号：ZJ-003

报表截止日：2024 年 12 月 31 日　　复核：李莉　　日期：2025-03-11　　项目：存货——存货类别明细表

单位：元

存货类别明细表

上级科目名称	存货类别	借贷方向	标准附注分类	上市附注分类	国资附注分类	账面期初数	期初表账差异调整数	未审期初数	期初调整数	审定期初数	未审本期增加	未审本期减少	审定本期增加	审定本期减少	账面期末数	期末账表调整数	未审期末数	期末调整数	审定期末数	索引号	备注
	原材料	借				4 228 663.71	—	4 228 663.71	—	4 228 663.71	156 844 167.96	153 640 078.41	156 844 167.96	153 640 078.41	7 432 753.26	—	7 432 753.26	—	7 432 753.26	∧	
	库存商品	借				94 949 638.48	—	94 949 638.48	—	94 949 638.48	781 344 126.00	765 632 977.69	781 344 126.00	765 632 977.69	110 660 786.79	—	110 660 786.79	—	110 660 786.79		
	委托加工物资	借					—	—	—	—	35 879 239.43	35 879 239.43	35 879 239.43	35 879 239.43		—		—			
	周转材料	借				181 150.01	—	181 150.01	—	181 150.01	2 049 585.10	2 010 737.18	2 049 585.10	2 010 737.18	219 997.93	—	219 997.93	—	219 997.93		
	低值易耗品	借				3 345 483.31	—	3 345 483.31	—	3 345 483.31	29 799 633.45	26 496 731.17	29 799 633.45	26 496 731.17	6 648 385.59	—	6 648 385.59	—	6 648 385.59		
	生产成本	借				75 656.30	—	75 656.30	—	75 656.30	267 296 885.98	267 323 331.65	267 296 885.98	267 323 331.65	49 210.63	—	49 210.63	—	49 210.63		
	制造费用	借					—		—		111 298 258.55	111 298 258.55	111 298 258.55	111 298 258.55		—		—			
合计						102 780 591.81	—	102 780 591.81	—	102 780 591.81	1 384 511 896.47	1 362 281 354.08	1 384 511 896.47	1 362 281 354.08	125 011 134.20	—	125 011 134.20	—	125 011 134.20	∧	

审计说明：经核对，未见异常。

存货抽盘核对表

被审计单位：光明制造有限公司　编制：张海　日期：2025 – 03 – 09　索引号：ZJ – 011

报表截止日：2024 年 12 月 31 日　复核：李莉　日期：2025 – 03 – 11　项目：存货——存货抽盘核对表

一、从存货盘点记录中选取项目追查至存货实物，以测试盘点记录的准确性

序号	存货盘点表索引	存货编码	存货名称	被审计单位盘点数量	审计人员盘点数量	差异	差异原因
1						—	
2						—	
3						—	
4						—	
5						—	
6						—	
7						—	
8						—	
9						—	
10						—	
...						—	

二、从存货实物中选取项目追查至存货盘点记录，以测试存货盘点的完整性

序号	存货编码	存货名称	审计人员盘点数量	被审计单位盘点数量	存货盘点表索引	差异	差异原因
1						—	
2						—	
3						—	
4						—	
5						—	
6						—	
7						—	
8						—	
9						—	
10						—	
...						—	

审计说明：

存货明细账与盘点报告(记录)核对表

被审计单位：光明制造有限公司　编制：张海　日期：2025-03-09　索引号：ZJ-010

报表截止日：2024 年 12 月 31 日　复核：李莉　日期：2025-03-11

项目：存货——存货明细账与盘点报告(记录)核对表　　　　　　　金额单位：元

一、从明细账中选取具有代表性的样本,将明细账上的存货数量与经确认盘点报告的数量核对

序号	地点	样本描述		期末存货明细账记录			获取的存货清单 数量②	索引号	经确认的期末存货盘点表 数量③	数量差异 ④=①-② 或②-③	差异分析及处理
		存货类别	存货型号	单价	数量①	金额					
1						—					
2						—					
3						—					
4						—					
5						—					

二、从经确认的盘点报告中抽取有代表性的样本与存货明细账核对

序号	地点	样本描述		索引号	经确认的期末存货盘点表 数量①	期末存货明细账记录			获取的存货清单的数量③	数量差异 ④=①-② 或①-③	差异分析及处理
		存货类别	存货型号			单价	数量②	金额			
1								—			
2								—			
3								—			
4								—			
5								—			

审计说明：

三、实施实质性分析程序

(1) 基于对被审计单位及其环境的了解,通过比较,同时考虑有关数据间关系的影响,以建立用于分析程序的期望值：

① 按品种分析重要存货项目各月单位成本的变动趋势。

② 分析重要存货项目各月材料成本差异率的变动趋势。

存货监盘结果汇总表

被审计单位：光明制造有限公司　编制：张海　日期：2025－03－09　索引号：ZJ－009

报表截止日：2024 年 12 月 31 日　复核：李莉　日期：2025－03－11

项目：存货——存货监盘结果汇总表

存货类别	存货名称	单位	监盘数量	未经确认盘点报告数量	差异数量	差异原因	索引号	审计确认盘点报告数量
					—			
					—			
					—			

监盘人员签名：

审计说明：

③ 根据被审计单位现有生产能力，分析本期产量与生产能力的匹配关系。

④ 计算本期主要产品的直接材料、直接人工、制造费用占生产成本的比例，分析本期及较上年同期的变化趋势。

（2）确定可接受的差异额。

（3）将实际数与期望值相比较，识别需要进一步调查的差异。

（4）如果其差额超过可接受的差异额，调查并获取充分的解释和恰当的佐证审计证据（如通过检查相关的凭证）。

（5）评估分析程序的测试结果。

四、实施存货计价方法的测试

（1）检查被审计单位存货的计价方法是否符合企业会计准则的规定，前后期是否一致。

（2）检查存货的入账基础和计价方法是否正确，从存货明细表中选取适量样本（按品种）：

① 以实际成本计价时，将其单位成本与购货发票核对，并确认存货成本中不包含增值税。

② 以计划成本计价时，将其单位成本与材料成本差异明细账及购货发票核对，复核入库存货的材料成本差异金额是否正确。同时，关注被审计单位计划成本制定的合理性。

③ 检查进口存货的外币折算是否正确，检查相关的关税、增值税及消费税的会计处理是否正确。

（3）检查存货发出计价的方法：

① 以实际成本计价的，复核发出存货的金额计算是否正确；若以计划成本计价的，复核发出存货应负担的材料成本差异是否正确。

② 编制本期发出材料汇总表，与相关科目勾稽核对，并复核相关期间发出材料汇总表是否正确。

③ 结合存货的监盘，检查期末有无"货到单未到"情况。如有，应查明是否已暂估入账，其暂估价是否合理。（见审计工作底稿实例 5－20）

存货计价测试表——先进先出法

被审计单位：光明制造有限公司　　编制：张海　　日期：2025－03－09　　索引号：ZJ－015

报表截止日：2024 年 12 月 31 日　　复核：李莉　　日期：2025－03－11

项目：存货——存货计价测试表——先进先出法　　　　　　　　　　　　金额单位：元

选择要测试的科目：

时间			内容	数量	单价	金额	备注
期初结存				—		—	
其中：			第一部分				
			第二部分				
本期入库：				—		—	
其中：							
时间	凭证种类	凭证编号	内容	入库数量		入库金额	
本期发出：				—		—	
其中：							
时间	凭证种类	凭证编号	内容	出库数量		出库金额	
期末应结存				—		—	
其中：			第一部分				
			第二部分				
本期发出（审计）							
其中：			第一部分				
			第二部分				
期末应结存							
其中：			第一部分				
			第二部分				
差额				—		—	

审计说明：

五、实施生产成本计算的测试

（1）了解被审计单位的生产工艺流程和成本核算方法，检查成本核算方法与生产工艺流程是否匹配,前后期是否一致并作出记录。

（2）抽查成本计算单,检查直接材料、直接人工及制造费用的计算和分配是否正确,并与有关佐证文件（如领料记录、生产工时记录、材料费用分配汇总表、人工费用分配汇总表等）相核对,具体如下:

① 获取并复核生产成本明细汇总表的正确性,将直接材料与材料耗用汇总表、直接人工与职工薪酬分配表、制造费用总额与制造费用明细表及相关账项的明细表核对,并作交叉索引。

② 检查车间在产品盘存资料,与成本核算资料核对;检查车间月末余料是否办理假退料手续。

③ 获取直接材料、直接人工和制造费用的分配标准和计算方法,评价其是否合理和适当,以确认在产品中所含直接材料、直接人工和制造费用是合理的。

（3）获取完工产品与在产品的生产成本分配标准和计算方法,检查生产成本在完工产品与在产品之间以及完工产品之间的分配是否正确,分配标准和方法是否适当,与前期比较是否存在重大变化,该变化是否合理。

（4）关注废品损失和停工损失（包括季节性停工损失）的核算是否符合有关规定。

（5）关注是否存在符合借款费用资本化条件的存货项目,若有,结合对长短期借款、长期应付款的审计,检查借款费用资本化金额及会计处理是否正确。（见审计工作底稿实例 5 - 21）

 **审计工作底稿实例 5 - 21**

生产成本检查表

被审计单位:光明制造有限公司　编制:张海　日期:2025 - 03 - 09　索引号:ZJ - 025　金额单位:元
报表截止日:2024 年 12 月 31 日　复核:李莉　日期:2025 - 03 - 11　项目:存货——生产成本检查表

月份	投产数量（　）	成本项目					完工转出（成本结转方法:　）		
		直接材料	直接人工	制造费用	…	合计	数量	总成本	余额
选择科目:						——			
期初余额		—	—	—	—	—	—		
1		—	—	—	—	—			
2		—	—	—	—	—			
3		—	—	—	—	—			
4		—	—	—	—	—			
5		—	—	—	—	—			
6		—	—	—	—	—			
7		—	—	—	—	—			
8		—	—	—	—	—			
9		—	—	—	—	—			
10		—	—	—	—	—			

月份	投产数量 （　）	成本项目					完工转出（成本结转方法：　）		
		直接材料	直接人工	制造费用	…	合计	数量	总成本	余额
11		—	—	—	—	—			
12		—	—	—	—	—			
1—12 月合计	—	—	—	—	—	—			
期末余额		—	—	—	—	—			
上年发生额		—	—	—	—	—			
增减比例									
交叉索引号									
相应金额							—	—	—
核对差异		—	—	—	—	—	—	—	—

审计说明：① 对不符事项的处理
　　　　　② ……

六、实施存货的截止测试

（一）借方（入库）的截止测试

（1）在资产负债表日前后存货明细账借方发生额中各选取适量样本（如 20 张、金额在 5 万元以上的凭证）与存货明细账的借方发生额核对，以确定存货入库被记录在正确的会计期间。

（2）在资产负债表日前后的入库记录（如入库单、购货发票或运输单据）中选取适量样本（如 20 张、金额在 5 万元以上的凭证）与存货明细账的借方发生额核对，以确定存货入库被记录在正确的会计期间。

（3）存货成本的截止测试：在资产负债表日前后的制造费用明细账借方发生额中选取适量样本（如 20 张、金额在 5 万元以上凭证），确定有无跨期现象。（见审计工作底稿实例 5-22）

📍 审计工作底稿实例 5-22

存货入库截止测试

被审计单位：光明制造有限公司　　编制：张海　　日期：2025-03-09　　索引号：ZJ-005
报表截止日：2024 年 12 月 31 日　　复核：李莉　　日期：2025-03-11　　金额单位：元
项目：存货——存货入库截止测试
放入截止测试科目名称：

截止日前天数	10	截止日前测试开始日期	2024-12-21	截止日前测试金额 绝对值≥	50 000.00
截止日后天数	10	截止日后测试结束日期	2025-01-10	截止日后测试金额 绝对值≥	50 000.00

一、从存货明细账的借方发生额中抽取样本与入库记录核对，以确定存货入库被记录在正确的会计期间

序号	摘要	明细账凭证					入库单（注）				是否跨期
		凭证种类	编号	日期	对方科目	金额	种类	编号	日期	金额	

截止日期：2024 年 12 月 31 日

二、从存货入库记录抽取样本，与明细账的借方发生额核对，以确定存货入库被记录在正确的会计期间

序号	摘要	入库单（注）				明细账凭证					是否跨期
		种类	编号	日期	金额	凭证种类	编号	日期	对方科目	金额	
1											
2											

截止日期：2024 年 12 月 31 日

1											
2											

注：根据存货所有权转移的主要条款而定，可能是入库单、购货发票、运输单据或其他表明所有权转移的单据，应根据实际
　　情况修订。
审计说明：

2. 贷方（出库）的截止测试

（1）在资产负债表日前后存货明细账贷方发生额中选取适量样本（如 20 张、金额在 5 万元以上的凭证）与出库记录（如出库单、销货发票或运输单据）核对，以确定存货出库记录被记录在正确的会计期间。

（2）在资产负债表日前后的出库记录（如出库单、销货发票或运输单据）中各选取适量样本（如 20 张、金额在 5 万元以上的凭证）与存货明细账的贷方发生额进行核对，以确定存货出库被记录在正确的会计期间。（见审计工作底稿实例 5-23）

📍 审计工作底稿实例 5-23 -

存货出库截止测试

被审计单位：光明制造有限公司　编制：张海　日期：2025-03-09　索引号：ZJ-006
报表截止日：2024 年 12 月 31 日　复核：李莉　日期：2025-03-11
项目：存货——存货出库截止测试　　　　　　　　　　　　　　　　金额单位：元
放入截止测试科目名称：

截止日前天数	10	截止日前测试开始日期	2024-12-21	截止日前测试金额绝对值≥	50 000.00
截止日后天数	10	截止日后测试结束日期	2025-01-10	截止日后测试金额绝对值≥	50 000.00

一、从存货明细账的贷方发生额中抽取样本,与出库记录核对,以确定存货出库被记录在正确的会计期间

序号	摘要	明细账凭证					出库单(或销售发票)				是否跨期
		凭证种类	编号	日期	对方科目	金额	种类	编号	日期	金额	

截止日期:2024 年 12 月 31 日

二、从存货出库记录抽取样本,与明细账的贷方发生额核对,以确定存货出库被记录在正确的会计期间

序号	摘要	出库单(或销售发票)				明细账凭证					是否跨期
		种类	编号	日期	金额	凭证种类	编号	日期	对方科目	金额	
1											
2											
…											

截止日期:2024 年 12 月 31 日

1											
2											
…											

注:根据存货所有权转移的主要条款而定,可能是出库单、领料单、销货发票、运输单据或其他表明所有权转移的单据,应根据实际情况修订。

七、检查材料采购或在途物资

(1) 对大额材料采购或在途物资,追查至相关的购货合同及购货发票,复核采购成本的正确性,并抽查期后入库情况,必要时发函询证。

(2) 检查期末材料采购或在途物资,核对有关凭证,查看是否存在不属于材料采购(在途物资)核算的交易或事项。

(3) 检查月末转入原材料等科目的会计处理是否正确。

八、检查发出商品

(1) 检查发出商品有关的合同、协议和凭证,分析交易实质,检查其会计处理是否正确;必要时,向接受商品单位函证。(见审计工作底稿实例 5 - 24)

(2) 检查发出商品退回的会计处理是否正确。

九、检查委托加工物资

抽查委托加工合同(若有),检查有关发料凭证、加工费、运费结算凭证,关注所有权归属,核对成本计算是否正确,会计处理是否正确。必要时,向受托加工单位函证。(见审计工作底稿实例 5 - 25)

询证函

（适用于委托代管存货、发出商品）

××公司：

本公司聘请的光华会计师事务所（普通合伙）正在对本公司 2024 年度的财务报表进行审计。按照中国注册会计师审计准则的要求，应当询证截至 2024 年 12 月 31 日由贵公司持有，代本公司加工、销售或保管的存货的详细资料。下列数据出自本公司账簿记录，如与贵公司记录相符，请在本函下端"信息证明无误"处签章证明；如有不符，请在"信息不符，请列明不符项目及具体内容"处列明不符情况。回函请直接寄至光华会计师事务所（普通合伙）。

回函地址：　　　　　　　　邮编：

电话：　　　　　　传真：　　　　　联系人：

截至 2024 年 12 月 31 日由贵公司持有，代本公司加工、销售或保管的存货列示如下：

类别	品名	数量	是否有留置权	状况	备注

本函仅为复核账目之用，请及时函复为盼。

2025 年 3 月 9 日

·····················以下仅供被询证单位使用·····················

结论：

1. 信息证明无误。	2. 信息不符，请列明不符项目及具体内容。
（被询证单位盖章）	（被询证单位盖章）
年　月　日	年　月　日
经办人：	经办人：

委托加工物资检查表

被审计单位：光明制造有限公司　　编制：张海　　日期：2025－03－09　　索引号：ZJ－023　　金额单位：元

报表截止日：2024 年 12 月 31 日　　复核：李莉　　日期：2025－03－11

项目：存货——委托加工物资检查表

加工单位名称	合同或协议号	发出时间	发出材料成本	加工费	收回材料成本	未收回原因及是否需要函证	索引号

审计说明：

十、检查周转材料

（1）检查周转材料的转销或摊销方法是否符合企业会计准则的规定，前后期是否一致。

（2）检查周转材料（低值易耗品）与固定资产的划分是否符合规定。

（3）是否存在出租、出借包装物和收取包装物押金的情况，若有，检查相关的会计处理是否正确。

十一、检查债务担保情况

结合长短期借款等账户，了解是否存在用于债务担保的存货，如有，则应取证并作相应的记录，同时提请被审计单位作恰当披露。

（1）查阅长短期借款合同与担保协议，与财务、法务人员沟通，了解存货担保情况。

（2）发现存货担保后，获取担保合同、存货清单、评估报告等有效证据。

（3）详细记录担保起止时间、存货范围、金额等信息，妥善保管证据与记录。

（4）提醒被审计单位在财务报告中恰当披露存货担保，审核披露内容，不符要求时考虑在审计报告中处理。

十二、检查存货减值跌价计提条件

检查分析存货是否存在减值迹象以判断被审计单位计提存货跌价准备的合理性。

（1）将存货金额与现有的订单、资产负债表日后各期的销售额和下一年度的预测销售额进行比较，以评估存货滞销和跌价的可能性。

（2）比较当年及以前年度存货跌价准备占存货余额的比例，并查明异常情况的原因。

（3）结合存货监盘，观察存货的外观形态，以了解其物理形态是否正常；检查期末结存库存商品和在产品，对型号陈旧、产量下降、生产成本或售价波动、技术或市场需求的变化情形，结合期后销售情况考虑是否须进一步计提跌价准备。

十三、检查存货跌价准备的计提

检查存货可变现净值计算是否合理、计提的存货跌价准备是否适当。

（1）根据成本与可变现净值熟低的计价方法，评价存货跌价准备所依据的资料、假设及计提方法，考虑是否有确凿证据为基础计算确定存货的可变现净值，检查计提存货跌价准备的合理性，关注前后期计提方法是否一致。

（2）考虑不同存货可变现净值的确定原则（充足但不过度），复核其可变现净值计算的正确性。

① 对于用于生产而持有的原材料，检查是否以所生产的产成品的估计售价减去至完工时估计将要发生的成本、估计的销售费用和相关税费后的金额作为其可变现净值的确定基础。

② 对于库存商品和用于出售而持有的原材料等存货，检查是否以该存货的估计售价减去估计的销售费用和相关税费后的金额作为其可变现净值的确定基础。

③ 对于执行销售合同而持有的库存商品等存货，检查是否以合同价格作为可变现净值的确定基础；如果被审计单位持有库存商品的数量多于销售合同订购数量，超出部分的库存商品可变现净值是否以一般销售价格作为可变现净值的确定基础。

（3）抽查计提存货跌价准备的项目，判断其资产负债表日后售价是否低于账面价值。（见审计工作底稿实例5-26）

存货跌价准备测试表

被审计单位：光明制造有限公司　　编制：张海　　日期：2025-03-09　　索引号：ZJ-021　　金额单位：元

报表截止日：2024 年 12 月 31 日　　复核：李莉　　日期：2025-03-11

项目：存货——存货跌价准备测试表

序号	存货明细项目	期末余额	期末可变现净值	期末应提跌价准备	期末已计提跌价准备	本期应补提跌价准备
				—		—
				—		—

审计说明：

十四、针对评估的舞弊风险等因素实施的审计程序

在不预先通知被审计单位的情况下，突击监盘或抽查存货，按存货类别跨年数据分析程序等。必要时，利用专家的工作。

十五、检查存货是否按规定恰当列报

检查基准日资产负债表中存货项目期末余额，是否与各项存货科目余额汇总数相符。

存货检查情况表

被审计单位：光明制造有限公司　　编制：张海　　日期：2025-03-09　　索引号：ZJ-032　　金额单位：元

报表截止日：2024 年 12 月 31 日　　复核：李莉　　日期：2025-03-11　　项目：存货——检查情况表

日期	凭证种类	凭证编号	业务内容	明细科目	对方科目	金额 借方	金额 贷方	1	2	3	4	5	6	7	8	备注
2024-01-20	记	101	好富顿1月挂账		应付账款	18 311.98	—	√	√	√	√					
2024-01-20	记	112	都伦1月挂账		应付账款	253 646.11	—	√	√	√	√					
2024-01-20	记	261	润汇德1月挂账		应付账款；委托加工物资	1 127 948.86	—	√	√	√	√					
2024-01-20	记	264	委外加工发出		委托加工物资	—	2 320 325.44	√	√	√	√					
2024-01-20	记	327	产品入库		原材料；库存商品	—	340 359.69	√	√	√	√					
2024-02-20	记	293	伟祺2月挂账		委托加工物资；应付账款	362 118.36	—	√	√	√	√					
2024-02-20	记	344	改型出库		库存商品	428 764.98	—	√	√	√	√					

日期	凭证种类	凭证编号	业务内容	明细科目	对方科目	金额		核对内容								备注
						借方	贷方	1	2	3	4	5	6	7	8	
2024－03－20	记	13	禄裕3月挂账		应付账款	643 120.06	—	√	√	√	√					
2024－03－20	记	330	结转折旧费用		累计折旧	719 543.48	—	√	√	√	√					
2024－03－20	记	360	齿轮机加工低耗领用		原材料；低值易耗品	80 203.08	—	√	√	√	√					
2024－03－20	记	390	齿轮轴齿事业部折旧费转生产成本		生产成本	—	719 543.48	√	√	√	√					
2024－03－20	记	412	产品入库		原材料；库存商品	—	735 361.37	√	√	√	√					
2024－04－20	记	332	齿轮机加工折旧费转生产成本		制造费用	182 970.34	—		√	√	√	√				
2024－04－20	记	340	齿轮盘齿事业部刀具工装转生产成本		制造费用	135 307.72	—		√	√	√	√				
2024－04－20	记	342	齿轮盘齿事业部其他辅材转生产成本		生产成本	—	19 857.07	√	√	√	√					
2024－05－20	记	448	齿轮轴齿事业部其他费转生产成本		生产成本	—	20 892.24	√	√	√	√					
2024－06－20	记	358	锻造组工资转生产成本		制造费用	23 352.29	—		√	√	√	√				
2024－06－20	记	373	齿轮盘齿事业部折旧费转生产成本		制造费用	653 572.07	—		√	√	√	√				
2024－07－20	记	293	改型入库		库存商品；原材料	618 785.27	—		√	√	√	√				
2024－07－20	记	355	齿轮轴齿事业部其他辅材转生产成本		制造费用	313 301.90	—		√	√	√	√				
2024－08－20	记	344	产品入库		库存商品；原材料	—	2 984 552.15	√	√	√	√					
2024－12－20	记	265	润汇德委外加工发出		库存商品	666 252.95	—	√	√	√	√					

核对内容说明：
① 原始凭证是否齐全；② 记账凭证与原始凭证是否相符；③ 账务处理是否正确；④ 是否记录于恰当的会计期间；⑤ ……
抽样说明：
分层抽样：
金额为 10 000～100 000 元的，按随机抽样，抽取样本 5 笔；金额为 100 000～500 000 元的，按随机抽样，抽取样本 7 笔；金额为大于 500 000 元的，按随机抽样，抽取样本 10 笔；共抽取样本 22 笔。
手工抽取凭证 0 笔。
审计说明：经抽凭检查，未见异常。

◉ **填制电子底稿**

参照存货审计程序要求和示例,完成项目五"即测即评"中"审计实操测试"中的审计工作底稿(存货审计)。

━━━╲╲ 学习活动三　课堂自查 ╱╱━━━

(根据本任务学习情况和实操能力填写)
1. 难点:＿＿＿＿＿＿＿＿＿＿＿＿＿＿＿＿＿＿＿＿＿＿＿＿＿＿＿＿

＿＿＿＿＿＿＿＿＿＿＿＿＿＿＿＿＿＿＿＿＿＿＿＿＿＿＿＿＿＿＿＿＿＿＿＿＿＿

＿＿＿＿＿＿＿＿＿＿＿＿＿＿＿＿＿＿＿＿＿＿＿＿＿＿＿＿＿＿＿＿＿＿＿＿＿＿

2. 改进:＿＿＿＿＿＿＿＿＿＿＿＿＿＿＿＿＿＿＿＿＿＿＿＿＿＿＿＿

＿＿＿＿＿＿＿＿＿＿＿＿＿＿＿＿＿＿＿＿＿＿＿＿＿＿＿＿＿＿＿＿＿＿＿＿＿＿

＿＿＿＿＿＿＿＿＿＿＿＿＿＿＿＿＿＿＿＿＿＿＿＿＿＿＿＿＿＿＿＿＿＿＿＿＿＿

＿＿＿＿＿＿＿＿＿＿＿＿＿＿＿＿＿＿＿＿＿＿＿＿＿＿＿＿＿＿＿＿＿＿＿＿＿＿

任务四　固定资产审计的实质性程序

━━━╲╲ 学习活动一　明确任务 ╱╱━━━

📖 **任务 描述**

本任务旨在执行固定资产审计的实质性程序,与财务报表认定的存在,完整性,权利和义务,准确性、计价和分摊,列报对应,具体完成"即测即评"中"审计实操测试"中的审计工作底稿(固定资产审计)。

一、固定资产审计目标与财务报表认定对应关系

固定资产审计目标与财务报表认定对应关系见表5-10。

表5-10　应收账款审计目标与财务报表认定对应关系

财务报表认定	审计目标
存在	A. 资产负债表中固定资产真实存在且未被虚构
完整性	B. 所有应记录的固定资产均已入账,无遗漏
权利和义务	C. 记录的固定资产归被审计单位所拥有或控制

财务报表认定	审计目标
准确性、计价和分摊	D. 固定资产以恰当的金额列示于资产负债表中,计价和分摊符合企业会计准则规定
列报	E. 固定资产在财务报表中列报恰当,信息披露完整

二、拟执行的实质性审计程序(任务)

为实现固定资产审计目标和对应的财务报表认定,注册会计师须执行系列实质性程序,可供选择的实质性程序如表 5-11 所示。

表 5-11　固定资产审计可供选择的实质性程序

审计目标	可供选择的审计程序
D	获取或编制固定资产明细表,复核加计是否正确,账账、账表数据是否相符
ABD	实施固定资产监盘程序
C	检查固定资产的所有权或控制权
D	检查本期增加的固定资产的入账价值
ABD	检查本期减少的固定资产
ADC	检查租入的使用权资产
	检查出租的固定资产
ED	检查购置固定资产时是否存在与资本性支出有关的财务承诺
D	检查固定资产的折旧
	检查固定资产是否存在减值
	针对评估的舞弊风险等因素增加的审计程序
E	检查固定资产是否按照企业会计准则的规定恰当列报

任务 识别

1. 识读上述拟执行审计程序(任务),识别关键词,并将关键词写在横线上：＿＿＿＿＿

＿＿＿＿＿＿＿＿＿＿＿＿＿＿＿＿＿＿＿＿＿＿＿＿＿＿＿＿＿＿＿＿＿＿＿＿＿

2. 从关键词中选择词语用于描述固定资产审计实质性程序任务(反映程序内容和要求)：

＿＿＿＿＿＿＿＿＿＿＿＿＿＿＿＿＿＿＿＿＿＿＿＿＿＿＿＿＿＿＿＿＿＿＿＿＿

＿＿＿＿＿＿＿＿＿＿＿＿＿＿＿＿＿＿＿＿＿＿＿＿＿＿＿＿＿＿＿＿＿＿＿＿＿

固定资产为生产产品、提供服务、出租或经营管理而持有的、使用年限超过1年、单位价值较高的资产。企业应当根据固定资产定义，结合本企业的具体情况，制定适合于本企业的固定资产目录、分类方法、每类或每项固定资产的折旧年限、折旧方法和预计净残值，作为进行固定资产核算的依据。

一、固定资产常见错弊及识别

(一) 存在及状况

对于重要的固定资产应当进行现场抽盘和勘察，确定其是否存在，关注是否存在闲置弃用情况，做好抽盘记录和现场图片。

(二) 初始计量

对于重要的固定资产，应检查初始入账依据是否充分、计量是否准确：① 对于自行建造的固定资产，应检查在建工程转固定资产的时点是否准确，入账价值与在建工程相关记录、竣工决算、验收和移交报告等是否一致；② 对已经达到预定可使用状态，但尚未办理竣工决算手续的固定资产，检查其是否已按估计价值入账，并按规定计提折旧。

(三) 权属情况

对于重要的固定资产，应检查权属情况：① 对外购的机器设备，应检查采购合同、采购发票；② 对房地产，应检查产权证书；③ 对车辆，应检查登记证和有关运营证件；④ 对租入的使用权资产，应检查有关融资租赁合同；⑤ 对自行建造的固定资产应结合在建工程检查权属情况。

(四) 折旧计提情况

审计折旧计提情况需要关注：① 企业采用的折旧政策和方法是否与企业经营模式匹配，是否符合会计准则规定并前后一致，预计使用寿命和预计净残值是否合理；② 复核本期折旧费用的计提，特别关注已计提减值准备的固定资产的折旧计提是否准确，未使用的固定资产是否计提折旧；③ 检查折旧费用分配方法是否合理并保持前后一致，本期计提的折旧是否全部分配计入相关成本费用。

二、固定资产审计应关注事项或情形

(1) 对于通过某些特殊交易方式外购或取得的固定资产，必要时可向交易对方函证该项资产的交易情况和权属情况。

(2) 结合在建工程审计和现场勘查，关注是否存在已经完工或已经投入使用的工程未结转固定资产的情况，查明原因，并分析判断其是否已经达到预定可使用状态，关注其折旧计提情况。

(3) 对于车辆权属的核查，应获取最新的车辆行驶证。

(4) 检查固定资产权属情况时，应结合相关借款审计，关注固定资产的抵押情况。

(5) 针对固定资产的重大增减变动，应关注是否按规定履行必要审批程序。如公司为国有企业，涉及固定资产的购置、处置通常应履行"三重一大"制度要求的程序。

(6) 检查固定资产折旧时，应关注是否存在随意改变折旧政策和方法、随意少记、不计或多计折旧而调节利润的情况。

（7）现场盘点时，发现固定资产存在闲置弃用情况的，应关注减值准备计提情况。

学习活动二　审计程序实施

认知审计程序、示例

一、获取或编制固定资产明细表

（1）复核加计是否正确，并与总账数和明细账合计数核对是否相符。

（2）结合累计折旧和固定资产减值准备与报表数核对是否相符。（见审计工作底稿实例 5-28）

二、实施固定资产监盘程序

（1）在本期新增的固定资产中，选择适量的项目，实地观察和检查（如为首次接受委托，应针对期初固定资产实施相应程序），确定其是否存在，记录当前实际使用情况。

（2）观察是否存在已报废但仍未核销的固定资产。

（3）观察是否存在封存或闲置的固定资产。

（4）检查是否存在尚未记账的固定资产。实地检查重要固定资产，确定其是否存在，关注是否存在已报废但仍未核销的固定资产。（见审计工作底稿实例 5-29 和审计工作底稿实例 5-30）

三、检查固定资产的所有权或控制权

检查固定资产的所有权或控制权，是否存在"他项权利"，对各类固定资产获取不同的证据以确定其是否归被审计单位所有。

（1）对外购的机器设备等固定资产，审核采购发票、采购合同等。

（2）对房地产类固定资产，查阅权属证书、有关合同、财产税单、抵押借款的还款凭证、保险单等书面文件。

（3）对租入的使用权资产，检查有关融资租赁合同。

（4）对汽车运输设备，检查有关运营证件等。

（5）结合银行借款等有关负债项目的检查，了解固定资产是否存在重大抵押等担保情况。（见审计工作底稿实例 5-31 和审计工作底稿实例 5-32）

四、检查本期增加的固定资产的入账价值

（1）检查本期增加的固定资产的计价（初始计量）是否正确，手续是否齐备，会计处理是否正确。（审计工作底稿实例 5-33）

（2）检查固定资产购买价款是否存在超过正常信用条件延期支付（实质上具有融资性质），若存在，其成本是否以购买价款的现值为基础确定。

（3）检查固定资产是否存在弃置费用，如果存在弃置费用，检查弃置费用的估计方法和弃置费用限制是否合理，会计处理是否正确。

被审计单位：光明制造有限公司　　　　编制：张海　　　　日期：2025－03－09　　　　索引号：ZP－004

报表截止日：2024 年 12 月 31 日　　　复核：李莉　　　　日期：2025－03－11　　　项目：固定资产——明细表（固定资产卡片生成）

固定资产明细表

金额单位：元

固定资产类别	固定资产编码	固定资产名称	规格型号	数量	购入年月	使用状态	原值/元	残值率%	折旧方法	折旧年限(月)	折旧率	当年折旧期间	年初累计折旧	本期计提折旧	本年累计折旧	固定资产净值	固定资产减值	固定资产净额	清理日期	备注
机器设备	2.02.484	单联齿轮啮合综合测量仪	CSL200A	1.00	2024－03－20	正常使用	68 534.48	5.00%	平均年限法	10	—	10	—	4 885.11	4 885.11	63 649.37	—	63 649.37		
机器设备	2.02.544	插齿机	Y5132A	1.00	2018－07－20	正常使用	246 153.85	5.00%	平均年限法	10	—	12	—	13 643.28	13 643.28	232 510.57	—	232 510.57		
机器设备	1.02.136	高精度半自动外圆磨床	MGB1320E	1.00	2017－06－30	正常使用	87 230.87	5.00%	平均年限法	10	—	12	56 990.19	8 290.44	65 280.63	21 950.24	—	21 950.24		
机器设备	2.02.124	锯机	315SA	1.00	2017－03－30	正常使用	7 580.35	5.00%	平均年限法	10	—	12	6 735.60	465.73	7 201.33	379.02	—	379.02		
机器设备	2.02.135	电动单梁起重机	LD 10T－19.5M	1.00	2017－09－30	正常使用	57 386.53	5.00%	平均年限法	10	—	12	35 287.23	5 454.00	40 741.23	16 645.30	—	16 645.30		
机器设备	1.02.279	台式钻床	Z516B	1.00	2017－03－31	正常使用	253 209.65	5.00%	平均年限法	10	—	12	235 388.19	5 160.98	240 549.17	12 660.48	—	12 660.48		
机器设备	1.02.281	转台多工位抛丸强化机	ZJ044	1.00	2017－06－30	大修理停用	175 636.58	5.00%	平均年限法	10	—	12	120 234.25	13 007.64	133 241.89	42 394.69	—	42 394.69		
运输设备	1.03.018	GMC 商务车渝 BS611	发动机号 TB1149006	1.00	2017－01－12	正常使用	1 191 400.00	5.00%	平均年限法	4	—	12	1 131 830.00	—	1 131 830.00	59 570.00	—	59 570.00		
其他	2.05.004	UG 三维软件		1.00	2018－09－04	正常使用	106 837.60	5.00%	平均年限法	3	—	12	101 495.72	—	101 495.72	5 341.88	—	5 341.88		
其他	1.05.002	办公家具		1.00	2017－03－31	正常使用	77 634.71	5.00%	平均年限法	5	—	12	73 752.97	—	73 752.97	3 881.74	—	3 881.74		
机器设备	2.02.504	滚齿机	Y3116CNC	1.00	2015－01－20	正常使用	504 273.50	5.00%	平均年限法	10	—	12	—	24 015.46	24 015.46	480 258.04	—	480 258.04		
机器设备	2.02.545	单轴数控制齿机	YA4232CNC	1.00	2019－01－20	正常使用	254 700.86	5.00%	平均年限法	10	—	12	—	14 117.04	14 117.04	240 583.82	—	240 583.82		

固定资产类别	固定资产编码	固定资产名称	规格型号	数量	购入年月	使用状态	原值/元	残值率/%	折旧方法	折旧年限(月)	折旧率	当年折旧期间	年初累计折旧	本期已提折旧	本年累计折旧	固定资产净值	固定资产减值	固定资产净额	清理日期	备注
机器设备	2.02.554	箱式多用炉	VKES5/2-90/85/150CN	1.00	2020-11-20	正常使用	1 286 324.78	5.00%	平均年限法	10	—	12	—	71 282.75	71 282.75	1 215 042.03	—	1 215 042.03		
机器设备	2.02.592	数控齿轮倒角机	GYK9335	1.00	2024-07-20	正常使用	199 115.04	5.00%	平均年限法	10	—	6	—	7 884.95	7 884.95	191 230.09	—	191 230.09		
机器设备	2.02.470-拆2	数控插齿机YKS5132F	YKS5132F	1.00	2023-11-20	正常使用	413 793.10	5.00%	平均年限法	10	—	12	—	9 739.23	9 739.23	404 053.87	—	404 053.87		
机器设备	2.02.642	数控车磨中心	VL200GT	1.00	2024-10-20	正常使用	4 032 758.61	5.00%	平均年限法	10	—	3	—	63 878.90	63 878.90	3 968 879.71	—	3 968 879.71		
……	……	……	……	……	……	……	……	……	……	……	……	……	……	……	……	……	……	……	……	—
合　计							382 484 225.70	—	—	—	—	—	134 137 582.91	31 222 254.83	165 359 837.74	217 124 387.96	—	217 124 387.96	—	—

审计说明：经核对，未见异常。

固定资产监盘检查情况表

被审计单位：光明制造有限公司　　　　　索引号：4115 - 3

项目：固定资产　　　　　　　　　　　　截止日：2024 年 12 月 31 日

编制：张海　　　　　　　　　　　　　　复核：李莉

日期：2024 年 5 月 9 日　　　　　　　　日期：2024 年 5 月 11 日　　　　金额单位：元

资产编号	资产名称	规格型号	计量单位	单价	账面结存		被审计单位盘点			实际检查			备注
					数量	金额	数量	金额	盘亏（＋，－）	数量	金额	盘亏（＋，－）	
合计					—	—	—	—	—	—	—	—	—

检查时间：　　　　检查地点：　　　　检查人：　　　　盘点检查比例：

审计说明：

固定资产盘点报告

被审计单位：光明制造有限公司　编制：张海　日期：2025 - 03 - 09　索引号：ZP - 013

报表截止日：2024 年 12 月 31 日　复核：李莉　日期：2025 - 03 - 11　项目：固定资产——盘点报告

一、固定资产盘点情况说明	
固定资产负责人：	
固定资产记账员：	
固定资产保管员：	
固定资产概况及盘点情况说明	
盘点情况说明如下：	
（一）总体分布	
（二）具体盘点结果	
二、盘点参加人员	
监盘人员：	
盘点负责人：	
盘点人员：	

	上述人员在盘点过程中,始终未离开现场
	1. 盘点从__点开始,共分__个盘点小组,每个小组__人
	① 一人点数并报出型号、规格。
	② 一人记录盘点清单。
	2. 核对固定资产表账卡结存数量是否相符
	相符____;不相符____。(在相关内容后打√)
	3. 核对固定资产账卡与实物数结存数量是否相符
	相符____;不相符____。(在相关内容后打√)
	其中:固定资产盘盈金额__元。
	固定资产盘亏金额__元。
三、盘点进行中的工作	4. 确定相关比例
	① 确定抽查比例:
	抽查样本金额:_____。
	新增固定资产账面金额:_____;抽查比例:_____。
	② 确定实盘比例:
	实盘金额:_____。
	新增固定资产账面金额:_____;实盘比例:_____。
	③ 盘点正确率:_____。
	5. 盘点结束,索取盘点清单及固定资产盘盈、盘亏汇总表
四、盘点结束后的工作	请参加盘点人员在固定资产抽查情况表上签字
五、对盘点的评价	1. 固定资产管理人员对固定资产很熟悉
	2. 盘点工作及复盘工作很认真
	3. 对会计师需要的资料很配合
	监盘人员签名:
	复核人员签名:

审计说明:

- -

📍 **审计工作底稿实例 5-31** -

房屋建筑物权证查验记录

被审计单位:光明制造有限公司　　编制:张海　　日期:2025-03-09　　索引号:ZP-018
报表截止日:2024年12月31日　　复核:李莉　　日期:2025-03-11
项目:固定资产——房屋建筑物权证查验记录

二、产权证核对表

资产名称	产权证记载								财务账面记载		
	房屋位置	所有人名称	结构	建筑面积	产权证编号	填发日期	发证机关	他项权利	原值	建筑面积	单位成本
合计									—		

三、查验说明

1. 产权证记载的建筑面积与财务账面建筑的建筑面积核对一致(   );不一致(   );原因:_____
_____。

2. 土地使用权的取得方式:_____。

四、审计说明

1. 权证是否齐全;是否归属公司所有
2. 房屋抵押情况描述

抵押资产名称	抵押物地址	抵押面积	产权证编号	账面原值	账面净值	抵押性质
合计				—	—	

审计工作底稿实例 5 - 32

车辆权证查验记录

被审计单位:光明制造有限公司　　编制:张海　　日期:2025 - 03 - 09　　索引号:ZP - 019
报表截止日:2024 年 12 月 31 日　　复核:李莉　　日期:2025 - 03 - 11
项目:固定资产——车辆权证查验记录　　　　　　　　　　　　金额单位:元

一、获得公司相关权证,复印并加盖公司公章(已和原件核对一致)

二、产权证核对表

资产名称	车主名称	车辆识别代码	发动机号码	车牌号	账面原值	累计折旧	账面净值	年检截止日	权证复印件索引
庆铃厢式运输车	**公司	LW**	4R***	渝B6***	116 372.56	58 040.81	58 331.75		
小汽车	**公司	LA**	JT***	渝A7***	47 454.73	13 148.92	34 305.81		
							—		
合计					—	—	—		

三、查验说明

抽查部分车辆权证,属于被审计单位车辆

四、审计说明						
获取部分车辆行驶证,属于被审计单位所有						
1. 权证是否齐全;是否归属公司所有						
是						
2. 抵押情况描述						
抵押资产名称	抵押物存放地址	抵押数量	产权证书编号	账面原值	账面净值	抵押性质
无						
合计				—	—	

(4) 检查固定资产后续支出是否满足资产确认条件,如不满足,检查该支出是否在发生时计入当期损益。

(5) 结合短期借款等负债类项目的审计,检查计入固定资产的借款费用资本化金额。

五、检查本期减少的固定资产

(1) 结合"固定资产清理"科目,抽查固定资产账面转销额是否正确,原计提的减值准备是否同时结转,会计处理是否正确。

(2) 检查出售、盘亏、转让、报废或毁损的固定资产是否经授权批准,会计处理是否正确。

(3) 检查投资转出固定资产的会计处理是否正确。

(4) 检查债务重组或非货币性资产交换转出固定资产的会计处理是否正确。

(5) 检查其他减少固定资产的会计处理是否正确。(见审计工作底稿实例 5 - 34)

六、检查租入的固定资产

(1) 获取被审计单位融资租入固定资产的租赁合同、租约,检查租赁的条件,会计处理是否正确。(资产的入账价值、折旧、租赁负债等)

(2) 必要时,向出租人函证租赁合同及执行情况。

(3) 检查租入固定资产是否存在改良支出,其核算是否符合企业会计准则的规定。

七、检查出租的固定资产

(1) 获取出租固定资产的租赁合同、租约,检查出租的固定资产是否处于多余、闲置状态。

(2) 检查租金收取情况,有无多收、少收现象;是否存在变相馈赠、转让等情况。

(3) 必要时,向承租人函证租赁合同及执行情况。(见审计工作底稿实例 5 - 35)

八、检查购置固定资产时是否存在与资本性支出有关的财务承诺

(1) 查阅固定资产采购合同、意向书、租赁协议等文件,关注是否存在未记录的付款承诺、分期付款条款或售后回购安排。

(2) 检查董事会/管理层会议纪要,确认重大资本性支出决策是否附带财务承诺(如对供应商的保底采购协议)。

审计工作底稿实例 5－33

被审计单位：光明制造有限公司　　　　编制：张海　日期：2025－03－09　　　　索引号：ZP－015
报表截止日：2024 年 12 月 31 日　　　复核：李莉　日期：2025－03－11　　　项目：固定资产——增加检查表

固定资产增加检查表

金额单位：元

取得日期	取得方式	增加情况 数量	增加情况 原价	凭证种类	凭证编号	业务内容	明细科目	对方科目	金额 借方	金额 贷方	核对内容 1	2	3	4	5	6	7	8	备注
2024－01－20	购买	6		记	138	泰州四海线切割机床 6 台		应付账款	138 461.54	—	√		√	√	√	√	√		
2024－04－20	购买	1		记	130	马尔商贸光学轴类测量仪合同 MAHR－SH－2023＊＊		应付账款	508 620.69	—		√	√	√	√	√	√		
2024－04－20	购买	1		记	130	宝鸡晓虎西数控齿轮倒角机 1 合同 2023－007		应付账款	193 965.52	—	√		√	√	√	√	√		
2024－04－20	购买	6		记	130	山航数控车床 6 台合同 2024－005/A		应付账款	1 034 482.80	—		√	√	√	√	√	√		
2024－05－20	购买	1		记	401	马尔万能测长机一套，合同 20231202LP		应付账款	655 172.57	—	√		√	√	√	√	√		
2024－09－20	购买	2		记	70	易珀雾化涂油机 2 台		应付账款	111 504.42	—	√		√	√	√	√	√		
2024－09－20	购买	1		记	71	南京康尼砂轮磨齿机一台，合同号 2024－010		应付账款	946 902.65	—	√		√	√	√	√	√		
2024－10－20	建造	3		记	284	埃马克数控车磨中心 3 台，合同号 EMAG20231＊＊ 在建工程转固定资产		在建工程	12 098 275.85		√		√	√	√	√	√		

核对内容说明：
①与发票是否一致；②与付款单据是否一致；③与购买/建造合同是否一致；④与验收报告或评估报告等是否一致；⑤与在建工程转出数是否一致；⑥审批手续是否齐全；⑦合计计算是否正确（入账金额）。⑧……
抽样说明：
分层抽样：
金额在 100 000～500 000 元的，按随机抽样，抽取样本 3 笔；金额大于 500 000 元的，按随机抽样，抽取样本 5 笔；共抽取样本 8 笔。
手工抽取凭证 0 笔。
审计说明：经查阅，未见异常。

审计工作底稿实例 5-34

固定资产减少检查表

被审计单位：光明制造有限公司　　　　编制：张海　　　日期：2025-03-09　　　索引号：ZP-016
报表截止日：2024年12月31日　　　　复核：李莉　　　日期：2025-03-11　　　项目：固定资产——减少检查表

金额单位：元

日期	取得日期	处置方式	处置日期	凭证种类	凭证编号	业务内容	明细科目	对方科目	金额借方	金额贷方	核对内容1	2	3	4	5	6	7	8	备注
2024-08-06	—	出售	2024-08-06	记	203	售大仓南数控滚齿倒棱机2台，转入固定资产清理		固定资产清理；资产处置损益；应收账款	—	7 094 336.28	√	√		√					
2024-08-20	—	出售	2024-08-20	记	205	售大仓南雁设备一批，转入固定资产清理		固定资产清理；累计折旧；应收账款；资产处置损益	—	15 444 782.28	√		√	√					
2024-12-20	—	出售	2024-12-20	记	389	售大仓南雁设备一批，转入固定资产清理		资产处置损益；固定资产清理；累计折旧；应收账款	—	23 298 301.84	√	√		√					

核对内容
① 与收款单据是否一致；② 与合同是否一致；③ 审批手续是否完整；④ 会计处理是否正确；⑤ ……
抽样说明：
分层抽样：
金额大于 500 000 元的，按随机抽样，抽取样本 3 笔；共抽取样本 3 笔。
手工抽账凭证 0 笔。
审计说明：经查阅，未见异常。

任务四　固定资产审计的实质性程序　173

租赁询证函

（公司）：

本公司聘请的光华会计师事务所正在对本公司 2024 年度财务报表进行审计，按照中国注册会计师审计准则的要求，应当询证本公司与贵公司的固定资产租赁情况。请根据[　　]年[　　]月[　　]日签订的有关租入贵公司[租赁资产名称]租赁协议向光华会计师事务所确认以下事项，回函请直接寄至光华会计师事务所。

通信地址：

邮编：　　　　　电话：　　　　传真：　　　　联系人：

一、租赁合同（协议）信息

1. 租赁期开始日与到期日：从[　　　　　]到[　　　　　]

2. 月付租金额[　　　　　]

3. 租赁保证金数额[　　　　　]

4. 如有续租选择权，请列示

① 续租期间：从[　　　　　]到[　　　　　]

② 续租月付租金额：[　　　　　]

5. 如有购买租赁资产的选择权，请列示

（1）购买价：[　　　　　]

（2）行使该选择权的有效期间：从[　　　　　]到[　　　　　]

（3）月付租金额占购买价的百分比：[　　　　　]

二、与租赁有关的信息

请贵公司提供如下与租赁相关的信息：

（1）若上述租赁协议已修改部分条款或签订补充协议，请注明相应日期及条款：

（2）尚未支付金额：[　　　　　]

（3）尚未支付原因：[　　　　　]

（4）上述询证事项尚未涉及的直接或或有负债：[　　　　　]

（被审计单位盖章）

2025 年 3 月 9 日

结论：

1. 信息证明无误	2. 信息不符，请列明不符项目及具体内容
（被询证单位盖章）	（被询证单位盖章）
年　月　日	年　月　日
经办人：	经办人：

（3）结合"应付账款""其他应付款"等账户，核查是否存在长期挂账的未付设备款或与资本性支出相关的或有负债。

（4）关注未纳入财务报表的租赁承诺、维修保养服务协议等潜在资本性支出义务。

（5）确认财务报表附注是否披露了资本性支出承诺的性质、金额及时间安排，尤其注意分期支付计划对未来现金流的影响。

九、检查固定资产和使用权资产的折旧

（1）检查被审计单位的折旧政策和方法是否符合企业会计准则的规定，前后期是否一致，预计使用寿命和预计净残值的确定是否合理、本期是否变更，变更是否符合企业会计准则的规定。

（2）实施实质性分析程序：重新计算各类固定资产本期应计提的折旧额，将被审计单位账面计提折旧额与上年同期金额、测算折旧额进行比较，根据可接受的差异额分析评估测试结果。

（3）实施细节测试：检查本期折旧费用的计提是否正确，尤其关注已计提减值准备的固定资产的折旧。

（4）检查折旧费用分配方法是否合理，与上期是否一致，分配计入各项目的金额占本期全部折旧计提额的比例与上期比较是否有重大差异，将本期计提折旧额与成本费用中折旧费金额进行核对。

（5）关注固定资产增减变动时，相应的累计折旧账户的会计处理是否符合规定。（见审计工作底稿实例 5-36）

十、检查固定资产和使用权资产减值情况

检查固定资产和使用权资产是否存在减值迹象，若存在减值迹象，复核被审计单位估计的可收回金额，以确定固定资产是否已经发生减值。

（1）与被审计单位管理层就固定资产和使用权资产是否存在可能发生减值的迹象进行讨论。

（2）检查资产组的认定是否恰当，计提固定资产和使用权资产减值准备的依据是否充分，会计处理是否正确。

（3）检查是否存在转回以前年度固定资产和使用权资产减值准备的情况。（见审计工作底稿实例 5-37）

十一、针对评估的舞弊风险实施的审计程序

（1）重点检查固定资产采购合同、验收报告、审批文件的真实性与完整性，关注异常审批流程。

（2）对价值高、易转移的固定资产实施突击盘点，核查实物状态与存放地点，追踪异常资产流向。

（3）穿透检查关联方固定资产交易定价，对比市场公允价值，关注无偿转让、低价处置等高风险行为。

（4）与行业或历史数据对比固定资产周转率、折旧率，追查异常波动原因，重点关注大额新增或处置。

（5）向保险公司函证固定资产投保情况，向设备厂商确认采购真实性，核查维修记录与资产使用状态。

（6）设置举报机制，关注员工异常行为（如频繁操作资产系统、回避审计询问），结合舆情信息交叉验证。

被审计单位：光明制造有限公司　　编制：张海　　日期：2025－03－09　　索引号：ZP－007
报表截止日：2024年12月31日　　复核：李莉　　日期：2025－03－11　　项目：固定资产——SLN 直线法

固定资产折旧计算表（直线法）

金额单位：元

固定资产编码	固定资产名称	规格型号	购入年月	原值	残值率	折旧年限（月）	年初累计折旧	年初应提累计折旧期间（月）	年初应提累计折旧金额	差额	残值	本期折旧期间（单位：月）	本期应提折旧	本期已提折旧	差额	累计折旧	备注
1.02.001	数控倒角机	YH340B	2015－03－31	242 446.56	5.00%	10	161 766.33	10	230 324.23	−68 557.90	12 122.33	0	—	23 042.16	−23 042.16	184 808.49	
2.02.044	气动焊机	NB300－1S	2015－09－30	11 225.20	5.00%	10	8 737.35	10	10 663.94	−1 926.59	561.26	0	—	1 066.80	−1 066.80	9 804.15	
1.02.075	台式钻床	ZS4025	2015－06－30	5 296.90	5.00%	10	3 546.24	10	5 032.06	−1 485.82	264.85	0	—	503.40	−503.40	4 049.64	
1.02.021	数控车床	CK3050	2015－03－31	127 769.91	5.00%	10	84 222.73	10	121 381.41	−37 158.68	6 388.50	0	—	12 143.28	−12 143.28	96 366.01	
2.02.143	测量仪		2015－03－31	7 677.47	5.00%	10	5 122.80	10	7 293.60	−2 170.80	383.87	0	—	729.72	−729.72	5 852.52	
1.02.345	滚齿机	YB3120A	2015－06－30	115 933.12	5.00%	10	90 492.42	10	110 136.46	−19 644.04	5 796.66	0	—	11 018.28	−11 018.28	101 510.70	
1.02.386	自动校直机	FJEM2033	2017－02－20	465 811.96	5.00%	10	212 898.03	10	442 521.36	−229 623.33	23 290.60	0	—	44 417.28	−44 417.28	257 315.31	
2.02.362	滚齿机 GE15A	GE15A	2020－09－20	2 179 487.20	5.00%	10	1 156 111.52	10	2 070 512.84	−914 401.32	108 974.36	0	—	207 111.48	−207 111.48	1 363 223.00	
2.02.328	气动打标机	JF－139－4A	2020－08－20	5 811.97	5.00%	10	736.48	10	5 521.37	−4 784.89	290.60	0	—	552.36	−552.36	1 288.84	
2.02.400	单梁桥式起重机	IT＊4M	2019－12－20	30 461.54	5.00%	10	5 786.95	10	28 938.46	−23 151.51	1 523.08	0	—	2 893.20	−2 893.20	8 680.15	
2.02.486	数控车床	i5T5.2/500	2021－04－20	172 413.80	5.00%	10	—	0	—	—	8 620.69	8	131 034.48	10 924.16	120 160.32	10 924.16	

固定资产编码	固定资产名称	规格型号	购入年月	原值	残值率	折旧年限（月）	年初累计折旧	年初应提累计折旧期间（月）	年初应提累计折旧金额	差额	残值	本期折旧期间（单位：月）	本期应提折旧	本期已提折旧	差额	累计折旧	备注
2.02.504	滚齿机	Y3116CNC	2013-01-20	504 273.50	5.00%	10	—	10	479 059.83	−479 059.83	25 213.68	0	—	24 015.46	−24 015.46	24 015.46	
2.02.545	单轴数控剃齿机	YA4232CNC	2017-01-20	254 700.86	5.00%	10	—	10	241 965.82	−241 965.82	12 735.04	0	—	14 117.04	−14 117.04	14 117.04	
2.02.554	箱武多用炉	VKES5/2 - 90/85/150CN	2018-11-20	1 286 324.78	5.00%	10	—	10	1 222 008.54	−1 222 008.54	64 316.24	0	—	71 282.75	−71 282.75	71 282.75	
2.02.592	数控齿轮倒角机	GYK9335	2022-07-20	199 115.04	5.00%	10	—	0	—	—	9 955.75	5	94 579.65	7 884.95	86 694.70	7 884.95	
2.02.470-拆2	数控插齿机 YKS5132F	YKS5132F	2021-11-20	413 793.10	5.00%	10	—	1	39 310.34	−39 310.34	20 689.66	9	353 793.06	9 739.23	344 053.83	9 739.23	
2.02.642	数控车磨中心	VL200GT	2022-10-20	4 032 758.61	5.00%	10	—	0	—	—	201 637.93	2	766 224.14	63 878.90	702 345.24	63 878.90	
……	……	……	……	……	……	……	……	……	……	……	……	……	……	……	……	……	……
合计				382 484 225.70		—	134 137 582.91	—	315 071 978.96	−180 934 396.05	19 117 314.73	—	21 771 079.67	31 222 254.83	−9 451 175.16	165 359 837.74	—

审计说明：经查阅，未见异常。

固定资产减值准备测试表

被审计单位：光明制造有限公司　　　编制：张海　　日期：2025-03-09　　索引号：ZP-012
报表截止日：2024年12月31日　　　复核：李莉　　日期：2025-03-11
项目：固定资产——减值准备测试表　　　　　　　　　　　　　　　　金额单位：元

序号	明细项目	期末余额	减值或不存在减值理由	减值依据索引号	期末账面价值	可收回金额	期末应计提减值准备	期末已计提减值准备	本期应补提减值准备
合计	—					—	—	—	—

期末可收回金额测算及说明：
审计说明：

十二、检查固定资产和使用权资产是否已按照企业会计准则的规定在财务报表中作出恰当列报和披露

检查基准日资产负债表中固定资产和使用权资产项目期末余额，是否与固定资产和使用权资产总账金额相符；检查被审计单位的固定资产和使用权资产是否恰当披露。

填制电子底稿

参照固定资产审计程序要求和示例，完成项目五"即测即评"中"审计实操测试"中的审计工作底稿（固定资产审计）。

学习活动三　课堂自查

（根据本任务学习情况和实操能力填写）

1. 难点：＿＿＿＿＿＿＿＿＿＿＿＿＿＿＿＿＿＿＿＿＿＿＿＿＿＿＿＿＿＿＿＿＿

＿＿＿＿＿＿＿＿＿＿＿＿＿＿＿＿＿＿＿＿＿＿＿＿＿＿＿＿＿＿＿＿＿＿＿＿＿＿＿

＿＿＿＿＿＿＿＿＿＿＿＿＿＿＿＿＿＿＿＿＿＿＿＿＿＿＿＿＿＿＿＿＿＿＿＿＿＿＿

＿＿＿＿＿＿＿＿＿＿＿＿＿＿＿＿＿＿＿＿＿＿＿＿＿＿＿＿＿＿＿＿＿＿＿＿＿＿＿

2. 改进：＿＿＿＿＿＿＿＿＿＿＿＿＿＿＿＿＿＿＿＿＿＿＿＿＿＿＿＿＿＿＿＿＿

＿＿＿＿＿＿＿＿＿＿＿＿＿＿＿＿＿＿＿＿＿＿＿＿＿＿＿＿＿＿＿＿＿＿＿＿＿＿＿

＿＿＿＿＿＿＿＿＿＿＿＿＿＿＿＿＿＿＿＿＿＿＿＿＿＿＿＿＿＿＿＿＿＿＿＿＿＿＿

＿＿＿＿＿＿＿＿＿＿＿＿＿＿＿＿＿＿＿＿＿＿＿＿＿＿＿＿＿＿＿＿＿＿＿＿＿＿＿

项 目 拓 展

拓展阅读

知识视窗

认知风险导向审计

风险导向审计强调以审计风险模型为基础,以战略观和系统观思想指导风险评估和风险应对的整个审计过程。审计风险主要来源于企业财务报告的重大错报风险,而错报风险主要来源于整个企业的经营风险和舞弊风险。风险导向审计要求审计人员严格遵守职业道德规范,保持独立性、客观公正、专业胜任能力和勤勉尽责,摒弃"存在即合理"的逻辑思维,以审计风险为导向,以高度责任感和使命感履行执业监督职能。

审计失败案例

2020年,中国证券监督管理委员会公布对康美药业股份有限公司(以下简称"康美药业")违法违规案作出处罚及禁入决定。康美药业 2016 年至 2018 年度存在虚增货币资金、固定资产、在建工程、投资性房地产以及存货等资产的问题,对于涉及范围如此广的虚增项目,正中珠江会计师事务所却在审计后认定其业务是合理、完整且真实存在的。截至案情披露,该会计师事务所共为康美药业提供了长达 19 年的审计服务。注册会计师由于长时间的连续审计,对康美药业的审计谨慎性不足,审计独立性也大打折扣,过分相信康美药业所提供的类似于存货以及收入的财务数据,对于有重大风险的项目没有进一步实施更细致的审计。这些最终导致了审计失败。

固定资产审计中经常出现的失败原因,包括:① 固定资产总账与明细账差异,未按规定计提折旧;② 固定资产价值与预期差异,未询问管理层;③ 未盘点;④ 入账价值错误;⑤ 固定资产处置不合规;⑥ 信息披露不规范。

素养园地

2019年1月15日,康得新复合材料集团股份有限公司(以下简称"康得新")发布公告,由于公司流动资金紧张,已到期和即将到期的"18 康得新 SCP001"和"康得新 SCP002"债券兑付存在不确定性。作为当时市场公认的绩优股,康得新 2018 年第三季度财务报告显示其货币资金余额达 150 多亿元。公司持有巨额现金,却无法偿还 10 多亿元的公司债券本息,这引起资本市场投资者对其财务报表真实性的广泛怀疑。

康得新自 2013 年以来的财务报表均由瑞华会计师事务所进行审计,瑞华会计师事务所是当时国内排名前列的内资会计师事务所。货币资金审计通常也是会计师事务所审计的常规项目。并且从目前公开的资料来看,也没有发现会计师事务所和上市公司串通舞弊的情况。然而,康得新事件也说明货币资金审计需要关注上市公司控股股东可能非法违规占用上市公司资金,导致会计师事务所货币资金审计失败的情况。

康得新事件中,公司货币资金从 2010 年的 6.64 亿元人民币增长至 2017 年的最高 185 亿元人民币,营业收入也从 2010 年的 5.24 亿元人民币增长到 2017 年最高的 117.89 亿元人民币,公司货币资金的增长幅度明显快于营业收入的增长。这一异常情况意味着公司货币资金的大幅增长可能并不是由自身的经营活动产生的,而更可能与负债以及股权融资相关。

启示:审计工作责任重大,审计人员失职可能给投资者和债权人带来重大损失,同时自身和所在机构也可能受到严厉处罚,甚至面临承担刑事责任的风险。这就要求审计从业人员:

(1)保持应有的职业怀疑。高额货币资金和高额负债有违商业逻辑,应执行必要的审计程序,获取充分、适当的审计证据。

(2)不断更新审计程序和审计方法,以适应经济业态与业务模式的演进。传统的银行函证程序可能无法应对上市公司管理层的精心设计的舞弊。

(3)具备勤勉尽责、严谨审慎的工作作风,坚持客观公正、求真务实,推动审计工作稳步发展。

项目总结

⊙ 学生感知

根据项目五学习、认知和能力训练情况,填写学习感知(掌握技能描述、心得体会等):

_____

_____

⊙ 项目总结

知识内容重点与难点

重点:货币资金监盘(现金突击盘点、银行函证),应收账款账龄分析与函证,存货计价测试(先进先出法、加权平均法),固定资产权属审查(房产证、验资报告)及折旧测算。

难点:存货截止测试(资产负债表日前后 5 天出入库凭证抽查),固定资产资本化判断(改良支出与维修支出的区分)。

技能训练重点与难点

重点:编制银行存款余额调节表、存货抽盘表、固定资产明细表,执行应收账款替代程序(如检查销售合同、出库单)。

难点:识别货币资金异常(如大额现金交易、长期未达账项),存货减值迹象判断(如市场价格下跌、技术过时)及可变现净值计算。

即测即评

⊙ 审计实操测试

项目五介绍了资产类主要财务报表项目货币资金、应收账款、存货和固定资产的审计程序和工作底稿的编制。按教学技能目标的要求，学生应能够独立完成相关项目审计程序和工作底稿。（本测试相关的审计工作底稿详见二维码）

审计工作底稿：实质性程序——资产类项目

职业能力评价

职业能力	评价项目	学生自评
货币资金审计	1. 库存现金监盘	□A □B □C □D
	2. 编制银行存单检查表	□A □B □C □D
	3. 检查银行存款余额调节表	□A □B □C □D
	4. 货币资金函证	□A □B □C □D
	5. 货币资金收支截止测试	□A □B □C □D
	6. 抽查大额货币资金	□A □B □C □D
应收账款审计	1. 应收账款分析程序	□A □B □C □D
	2. 应收账款函证	□A □B □C □D
	3. 应收账款截止测试	□A □B □C □D
	4. 评价坏账准备计提	□A □B □C □D
	5. 应收关联方款项程序	□A □B □C □D
存货审计	1. 存货监盘程序	□A □B □C □D
	2. 存货分析程序	□A □B □C □D
	3. 存货计价方法测试	□A □B □C □D
	4. 生产成本计算测试	□A □B □C □D
	5. 存货截止测试	□A □B □C □D
	6. 检查发出商品	□A □B □C □D
	7. 抽检委托加工物资	□A □B □C □D
	8. 检查周转材料	□A □B □C □D
	9. 存货减值确定	□A □B □C □D
固定资产审计	1. 固定资产监盘	□A □B □C □D
	2. 固定资产所有权或控制权	□A □B □C □D
	3. 本期增加的固定资产	□A □B □C □D
	4. 本期减少的固定资产	□A □B □C □D
	5. 租入的使用权资产	□A □B □C □D
	6. 出租的固定资产	□A □B □C □D
	7. 固定资产折旧	□A □B □C □D
	8. 固定资产减值	□A □B □C □D

学生成绩：

注：(1) A 为掌握程度＞80%，B 为掌握程度＞70%，C 为掌握程度≥60%，D 为掌握程度＜60%。
    (2) 自评标准为学生对各项任务审计程序的执行力。
    (3) 教师对学生独立完成的审计工作底稿情况打分和评价，结果可作为平时成绩之一。

项目六　实质性程序——负债类项目

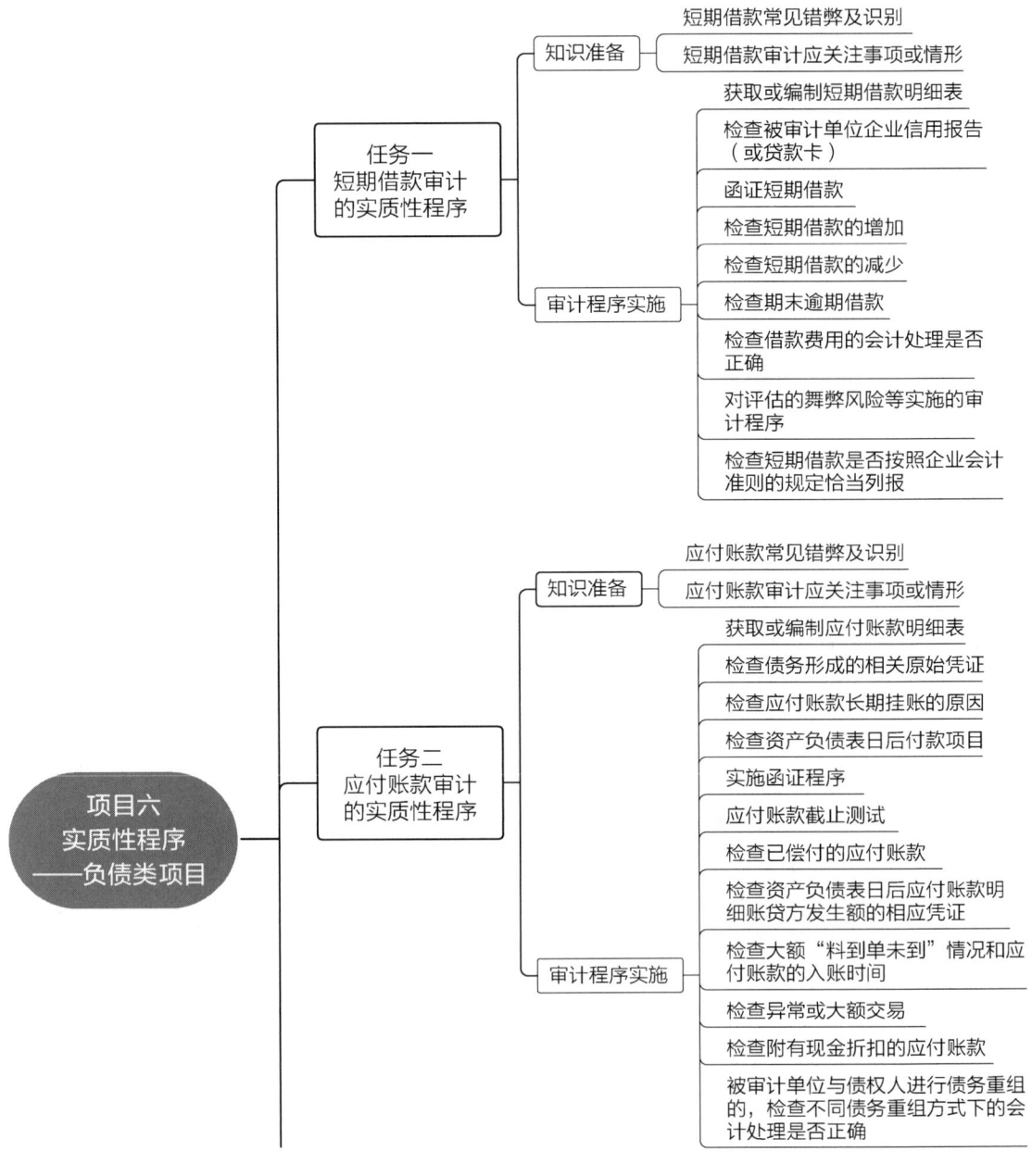

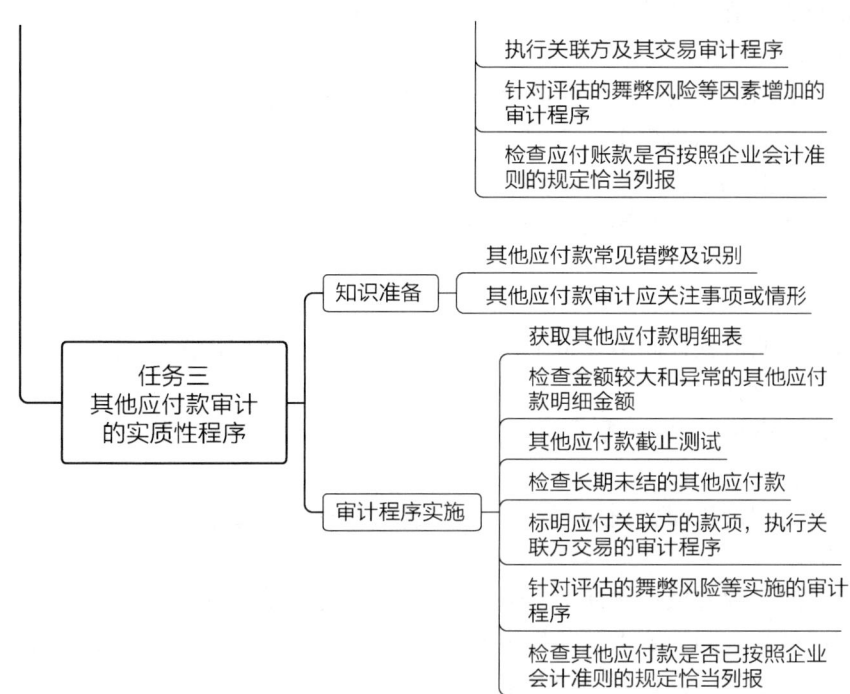

	执行关联方及其交易审计程序
	针对评估的舞弊风险等因素增加的审计程序
	检查应付账款是否按照企业会计准则的规定恰当列报
知识准备	其他应付款常见错弊及识别
	其他应付款审计应关注事项或情形
任务三 其他应付款审计的实质性程序	获取其他应付款明细表
	检查金额较大和异常的其他应付款明细金额
	其他应付款截止测试
审计程序实施	检查长期未结的其他应付款
	标明应付关联方的款项，执行关联方交易的审计程序
	针对评估的舞弊风险等实施的审计程序
	检查其他应付款是否已按照企业会计准则的规定恰当列报

学习目标

知识目标

1. 掌握短期借款审计实质性程序。

2. 掌握应付账款审计实质性程序。

3. 掌握其他应付款审计实质性程序。

4. 熟悉负债类项目审计工作底稿。

能力目标

1. 能执行短期借款审计实质性程序。

2. 能执行应付账款审计实质性程序。

3. 能执行其他应付款审计实质性程序。

4. 能独立完成"审计工作底稿——负债类项目"填写。

素质目标

1. 树立风险意识,从审计工作中发现、分析企业经营风险和财务风险。

2. 树立诚实守信、客观公正的职业道德观念。

3. 培养责任感和敬业精神,并增强保密意识。

项目引例

宏图制造有限公司(以下简称宏图公司)是一家中型制造企业,主要生产各类机械零部件。该公司在行业内具有一定的知名度,产品畅销国内外。2025 年 2 月,光华会计师事务所承接宏图公司 2024 年度财务报表审计业务。

项目组审计人员在审查宏图公司的负债类项目时,发现以下情况:

1. 应付账款

(1) 部分供应商的发票与入账时间存在较大的间隔。例如,从供应商 A 采购的一批原材料,发票日期为 2 月,但入账时间为 5 月。

(2) 与供应商 B 的对账记录显示,双方的应付账款余额存在差异,且差异金额较大。

(3) 几笔应付账款的账龄超过了合同约定的付款期限,但尚未支付,也未做任何说明。

2. 短期借款

(1) 公司的短期借款合同中规定了特定的用途,但资金使用情况的记录不清晰,无法确定是否按照约定用途使用。

(2) 利息计算有错误,少计提了部分利息费用。比如,某笔短期借款的利率为 4%,但实际按照 3% 计提利息。

(3) 有一笔短期借款即将到期,但公司似乎没有足够的资金来偿还。

3. 长期借款

(1) 部分长期借款的抵押物评估价值存在疑问,可能高估,影响借款的安全性。

(2) 未按照借款合同的要求及时提供财务报表等资料给债权人,存在违约风险。

(3) 对长期借款的还款计划和资金来源缺乏明确的规划。

4. 应交税费

(1) 增值税计算存在错误,进项税额和销项税额的核算不准确。

(2) 企业所得税预缴金额与实际应缴金额存在差异,且未作充分的解释和调整。

(3) 未及时申报和缴纳一些地方税费,如城市维护建设税和教育费附加。

针对上述问题,审计人员需要进一步调查和核实,并根据审计准则和相关法规,提出合理的审计意见和建议。

任务一 短期借款审计的实质性程序

学习活动一 明确任务

任务 描述

本任务旨在执行短期借款审计的实质性程序,与财务报表认定的存在,完整性,权利和义务,准确性、计价和分摊,列报对应,具体完成"即测即评"中"审计实操测试"中的审计工作底稿(短期借款审计)。

一、短期借款审计目标

短期借款审计目标与财务报表认定对应关系如表 6-1 所示。

财务报表认定	审计目标
存在	A. 资产负债表中记录的短期借款真实存在,无虚构或虚假列示情况
完整性	B. 所有应当记录的短期借款均已完整入账,不存在遗漏或隐瞒
权利和义务	C. 记录的短期借款确为被审计单位应当履行的现时义务,无不属于其义务的借款混入
准确性、计价和分摊	D. 短期借款以恰当金额计入财务报表,相关利息计算、折溢价摊销等计价调整均已正确记录
列报	E. 短期借款已按照企业会计准则的规定,在财务报表中进行清晰、恰当的分类、描述与披露

二、拟执行的实质性审计程序(任务)

为实现短期借款审计目标和对应的财务报表认定,注册会计师需要执行系列实质性程序,可供选择的实质性程序见表 6‑2。

表 6‑2　短期借款审计可供选择的实质性程序

审计目标	可供选择的实质性审计程序
D	获取或编制短期借款明细表: (1) 复核加计是否正确,并与报表数、总账数和明细账合计数核对是否相符; (2) 检查非记账本位币短期借款的折算汇率及折算金额是否正确,折算方法是否前后期一致
B	检查被审计单位企业信用报告,核实账面记录是否完整。对被审计单位企业信用报告上列示的信息与账面记录的差异进行分析,并关注企业信用报告中列示的被审计单位对外担保的信息
ACD	对借款实施函证程序
	对本期内增加的借款,检查借款合同,了解借款金额、借款用途、借款条件、借款日期、还款期限、借款利率,并与相关会计记录相核对
BDC	对本期内减少的借款,检查相关记录和原始凭证,核实还款数额,并与相关会计记录相核对
E	检查期末逾期借款,至外勤工作日是否归还或办理了展期手续。同时关注逾期借款对被审计单位的财务状况影响(如罚息、诉讼事项、查封资产)
D	检查借款费用的会计处理是否正确,是否正确计入财务费用、在建工程、研发支出、制造费用等相关账户,借款费用资本化的时点和期间、资产范围、目的和用途等是否符合资本化条件
	针对评估的舞弊风险等实施的审计程序
E	检查短期借款是否按照企业会计准则的规定恰当列报

📖 **任务** 识别

1. 识读上述拟执行审计程序(任务),识别关键词,并把关键词写在横线上:＿＿＿＿＿＿＿

2. 从关键词中选择词语用于描述短期借款审计实质性程序任务（反映程序内容和要求）：

![知识准备](知识 准备)

短期借款，是企业向银行或其他金融机构等借入的期限在1年以下（含1年）的各种借款，借款目的通常是为了满足日常生产经营的需要，主要包括生产周转借款、临时借款、结算借款、票据贴现借款等。短期借款可按借款种类、贷款人和币种设置明细账进行明细核算。

一、短期借款常见错弊及识别

（一）短期借款未完整记录

企业为了隐瞒负债情况，将部分或全部短期借款不入账。可能会出现企业的财务报表中没有反映实际发生的借款，或者借款金额与实际情况不符。这可能导致企业资产负债表不真实，误导投资者和债权人对企业财务状况的判断。同时，这也可能影响企业的税务申报，导致税务风险。

审计人员可通过检查企业信用报告和函证程序检查短期借款是否完整记录。借款询证函信息须与银行存款余额等其他与金融机构往来的重要信息一并填写在银行询证函中。

（二）利息计算错误或未计入正确的会计科目和会计期间

企业在计算短期借款利息时，可能出现计算方法错误、利率使用不当或计息期间不准确等问题，由此多计或少计利息费用，影响当期利润的准确性。例如，企业可能未按照借款合同约定的利率计算利息，或者在计息期间上出现错误，如将借款期限的起始日期或结束日期计算错误。利息费用未按照规定计入相应的会计科目，导致资产或费用计价错误。

审计人员应编制短期借款利息测算表和利息分配检查表，复核当期利息计算及在相关科目之间的记录是否正确，确定利息资本化或费用化的金额，检查会计处理是否正确。

（三）隐瞒借款相关信息（如抵押担保）

企业在财务报表附注中对短期借款的披露不完整，如未披露借款的担保情况、利率、还款期限等重要信息。不完整的借款披露会影响财务报表使用者对企业负债情况的了解，降低财务报表的透明度和可用性。

审计人员应关注借款合同关联的抵押保证事项，编制借款的银行授信情况统计表和抵押担保情况表；检查被审计单位用于借款的抵押资产的所有权是否属于被审计单位，其价值和实际状况是否与契约中的规定一致。

（四）借款用途不符

企业在取得短期借款后，可能不按照借款合同约定的用途使用借款资金，如将借款用于投资、购置固定资产等其他非指定用途。这种错弊可能违反借款合同的约定，导致银行等金融机构提前收回借款，给企业带来资金压力和信用风险。审计人员应关注借款合同、短缺借款使用、支付的相关批复、凭证等。

（五）账外还款

企业在归还短期借款时，可能存在账外还款的情况，即企业通过非正规渠道还款，未在财务账面上反映还款情况。在审计中，审计人员可能发现企业的银行对账单与财务账面记录不符。此外，账外还款可能导致企业的财务报表不真实，存在资金安全风险，如还款资金被挪用等问题。

（六）虚假借款

企业为了达到某种目的，可能虚构短期借款业务，如企业与关联方或其他企业串通，签订虚假的借款合同。虚假借款会严重影响企业财务报表的真实性，误导投资者和债权人，也可能涉及法律风险，如涉嫌欺诈等。因此，审计人员需要重点关注关联方交易和事项。

二、短期借款审计应关注事项或情形

（一）核实借款的真实性和完整性

审计人员应获取并核对借款合同、借款凭证等相关文件，确认借款真实存在以及借款金额、利率、期限等关键信息的准确性；还要确保所有短期借款都已纳入审计范围，并核对相关账户余额是否准确，防止漏报或错报。

函证程序的实施，可结合银行存款同时进行。在此过程中，审计人员应注意保留发函痕迹；对回函不符事项，应查明其原因并采取恰当措施；不实施发函程序的，应按准则要求说明理由并实施必要替代程序，如期后还款检查等。

（二）核对利息计算和处理的准确性

审计人员应核对企业的利息计算方法和结果是否准确，包括利率的确定、计息期间的选择以及利息的计算过程等；核实企业是否按照合同约定的时间和金额支付利息，以及利息支付是否及时、准确；关注利息的列报，计提的尚未到结息期的利息应在短期借款列示，到期后仍未支付的利息再转入应付利息科目。

（三）确认借款期限

审计人员应关注借款合同中的借款期限，超过 1 年的借款不应在"短期借款"科目列示。

学习活动二　审计程序实施

认知审计程序、示例

一、获取或编制短期借款明细表

（1）复核加计是否正确，并与报表数、总账数和明细账合计数核对是否相符。

（2）检查非记账本位币短期借款的折算汇率及折算金额是否正确，折算方法是否前后期一致。（见审计工作底稿实例 6-1）

二、检查被审计单位企业信用报告（或贷款卡）

（1）核实账面记录是否完整。

（2）对被审计单位企业信用报告上列示的信息与账面记录的差异进行分析，并关注企业信用报告中列示的被审计单位对外担保的信息。

审计工作底稿实例 6-1

短期借款项目明细表

被审计单位：光明制造有限公司　　　编制：张海　　日期：2025-03-09　　　索引号：FA-003
报表截止日：2024 年 12 月 31 日　　复核：李莉　　日期：2025-03-11　　　项目：短期借款项目明细表

金额单位：元

上级科目名称	项目	借贷方向	贷款类型	银行账号	未审期初数	期初调整数	审定期初数	审定借方发生额	审定贷方发生额	未审期末数	期末调整数	审定期末数	索引号
短期借款\银行借款	银行账户：＊＊公司	贷			31 550 222.30	—	31 550 222.30	86 370 097.40	86 908 176.10	32 088 301.00	—	32 088 301.00	
合计					31 550 222.30 G	—	31 550 222.30 G	86 370 097.40	86 908 176.10	32 088 301.00 G	—	32 088 301.00 G	
					∧		∧			∧		∧	

审计说明：
(1) 已现场检查短期借款合同等资料，未见异常，期末余额可确认。
(2) 已现场查看被审计单位提供的企业信用报告，未见异常。
(3) 短期借款主要系用于预付供应商货款。

三、函证短期借款

(1) 确定函证对象,根据企业的短期借款明细账,确定函证的对象。通常包括所有的银行和其他金融机构等借款提供方。对于存在多个借款账户的情况,应确保每个账户对应的借款机构都被纳入函证范围。

(2) 编制询证函。函证内容应包括但不限于以下信息:借款本金金额、借款利率、借款期限、还款方式、担保情况等。函证内容应准确、完整,能够涵盖所有重要的借款信息。审计人员还可以在函证中要求借款提供方确认是否存在与借款相关的其他事项,如未决诉讼、抵押品的状况等。

(3) 选择函证方式。函证方式有积极式函证和消极式函证。积极式函证要求借款提供方在收到函证后,无论是否与函证内容相符,都必须给予回复;消极式函证则仅在借款提供方认为函证内容有误时才予以回复。一般情况下,审计人员应根据具体情况,权衡成本与效益,选择合适的函证方式,如为了获取更可靠的审计证据,可采用积极式函证。

(4) 发出询证函。将编制好的询证函通过邮寄、传真或电子邮件等方式发送给借款提供方。在发送询证函时,要确保询证函的安全性和保密性,避免被篡改或泄露。同时,应保留询证函的发送记录,包括发送日期、方式、收件人等信息,以便日后查询和核对。

(5) 跟踪函证的回复情况。可以通过电话、电子邮件等方式与借款提供方进行沟通,催促其尽快回复询证函。对于未收到回复的询证函,应采取进一步的审计程序,如再次发送询证函、进行替代测试等。

(6) 评价函证结果。收到借款提供方的回复后,审计人员要对函证结果进行评价:① 核对回复内容与企业财务记录是否一致,如有差异,应进一步调查原因。② 如果函证结果表明存在重大差异或异常情况,应扩大审计范围,深入了解企业的借款情况,以降低检查风险。

(7) 记录函证过程。在整个函证过程中,要详细记录每一个环节的情况,包括询证函的编制、发送、跟踪和回复等。记录应包括相关的文件、凭证、沟通记录等,以便为审计工作提供充分的支持和依据。

对短期借款的函证详见审计工作底稿实例5-4中"银行借款"相关内容。

四、检查短期借款的增加

对年度内增加的短期借款,检查借款合同,了解借款金额、借款用途、借款条件、借款日期、还款期限、借款利率,并与相关会计记录相核对。(见审计工作底稿实例6-2)

五、检查短期借款的减少

对本期内减少的短期借款,检查相关记录和原始凭证,核实还款数额,并与相关会计记录相核对。(见审计工作底稿实例6-2)

六、检查期末逾期借款

(1) 至外勤工作日是否归还或办理了展期手续。

(2) 同时关注逾期借款对被审计单位财务状况的影响(如罚息、诉讼事项、查封资产)。

七、检查借款费用的会计处理是否正确

(1) 是否正确计入财务费用、在建工程、研发支出、制造费用等相关账户。(见审计工作底稿实例6-3)

短期借款检查情况表

被审计单位：光明制造有限公司　　　编制：张海　　　日期：2025－03－09　　　索引号：FA－011

报表截止日：2024 年 12 月 31 日　　　复核：李莉　　　日期：2025－03－11　　　项目：短期借款——检查情况表

金额单位：元

记账日期	凭证种类	凭证编号	业务内容	明细科目	对方科目	金额借方	金额贷方	核对内容 1	2	3	4	5	6	7	8	备注
2024－10－15	记	CQDB00000013	中国工商银行赎证款	银行借款	银行存款	514 798.00	—	√	√	√	√					
2024－10－16	记	CQDB00000082	中国工商银行赎证款	银行借款	银行存款	942 140.00	—	√	√	√	√					
2024－10－22	记	CQDB00000151	中国工商银行赎证款	银行借款	银行存款	443 166.80	—	√	√	√	√					
2024－10－30	记	CQDB00000515	中国工商银行赎证款	银行借款	银行存款	3 647 196.00	—	√	√	√	√					
2024－10－30	记	CQDB00000515	中国工商银行赎证款	银行借款	银行存款	303 366.00	—	√	√	√	√					
2024－10－31	记	CQDB00000350	10.25 预付＊＊车款	银行借款	预付账款	—	293 468.00	√	√	√	√					
2024－10－31	记	CQDB00000351	10.9 预付＊＊车款	银行借款	预付账款	—	1 347 012.00	√	√	√	√					
2024－10－31	记	CQDB00000351	10.14 预付＊＊车款	银行借款	预付账款	—	633 051.00	√	√	√	√					
2024－10－31	记	CQDB00000351	10.15－10.16 预付＊＊车款	银行借款	预付账款	—	4 519 743.00	√	√	√	√					
2024－10－31	记	CQDB00000585	中国工商银行赎证款	银行借款	银行存款	1 062 976.25	—	√	√	√	√					
2024－10－31	记	CQDB00000585	中国工商银行赎证款	银行借款	银行存款	870 453.00	—	√	√	√	√					
2024－11－12	记	CQDB00000059	中国工商银行赎证款	银行借款	银行存款	262 415.00	—	√	√	√	√					
2024－11－18	记	CQDB00000159	中国工商银行赎证款	银行借款	银行存款	928 558.50	—	√	√	√	√					

续　表

记账日期	凭证种类	凭证编号	业务内容	明细科目	对方科目	金额		核对内容								备注
						借方	贷方	1	2	3	4	5	6	7	8	
2024-11-18	记	CQDB00000159	中国工商银行赎证款	银行借款	银行存款	370 884.00	—		√	√	√					
2024-12-30	记	CQDB00000622	中国工商银行赎证款	银行借款	银行存款	1 550 187.00	—	√	√	√						
2024-12-31	记	CQDB00000809	预付**车款(**金融批售)	银行借款	预付账款	—	39 234 034.00	√	√							
⋮																

核对内容说明:① 原始凭证是否齐全;② 记账凭证与原始凭证是否相符;③ 账务处理是否正确;④ 是否记录于恰当的会计期间;⑤ ……

抽样说明:

分层抽样:

金额小于10 000元的,按系统抽样,抽取样本1笔;金额在10 000~100 000元的,按系统抽样,抽取样本1笔间隔为1;金额在100 000~500 000元的,按系统抽样,抽取样本14
笔间隔为4;大于500 000元的,按系统抽样,抽取样本14笔间隔为4;共抽取样本16笔。

手工抽取凭证0笔。

审计说明:经分层抽样,未见异常。

利息分配情况检查表

被审计单位：光明制造有限公司　　　索引号：4201－3

项目：短期借款　　　　　　　　　　截止日：2024 年 12 月 31 日

编制：张海　　　　　　　　　　　　复核：李莉

日期：2025 年 3 月 9 日　　　　　　日期：2025 年 3 月 11 日　　　　　　金额单位：元

项目名称	实际利息	利息（实际利息）分配数						核对是否正确	差异原因
		财务费用	在建工程	制造费用	研发支出	……	合计		
								—	
								—	
合计	—								

编制说明：项目名称按短期借款的明细科目列示

审计说明：

（2）借款费用资本化的时点和期间、资产范围、目的和用途等是否符合资本化条件。

八、对评估的舞弊风险等实施的审计程序

（一）了解企业的借款背景和借款动机

与企业管理层和财务人员进行沟通，了解企业借款的原因和背景。判断借款是否与企业的经营需求相符，是否存在不合理的借款动机。例如，如果企业在经营状况良好、资金充裕的情况下仍大量借款，可能存在舞弊风险。

调查企业所处的行业环境和经济形势，分析借款水平是否与行业趋势一致。如果行业整体借款水平较低，而企业的短期借款却异常高，需要进一步审查。

（二）审查借款合同和相关文件

仔细审查企业的借款合同，关注合同条款是否合理、完整；检查借款金额、利率、期限、还款方式等关键条款是否与企业财务记录一致；重点分析合同中的担保条款、违约条款等，判断企业是否存在潜在的风险；核对借款合同与银行对账单、利息支付凭证等相关文件，确保借款的真实性和准确性，如发现合同与实际支付情况不符，应进一步调查原因。

（三）分析财务指标和比率

计算和分析与短期借款相关的财务指标和比率，如短期借款占总负债的比例、流动比率、速动比率等，判断这些指标是否异常，是否与企业的经营状况和行业特点相符。例如，如果短期借款占总负债的比例过高，可能表明企业过度依赖借款融资，存在较高的财务风险。

对比不同期间的财务指标变化，观察短期借款的增减变动情况。如果短期借款在短期内大幅增加或减少，需要进一步审查其合理性。

（四）实施函证程序的强化措施

在函证过程中，增加对借款提供方的询问内容，如是否存在与企业的特殊约定、是否了解

企业的还款能力等;通过电话沟通或在函证中设置特定问题来获取更多信息;对于未回函的借款提供方,采取更积极的跟进措施,如亲自前往银行核实借款情况或委托第三方机构进行调查。

(五)关注关联方借款

审查企业与关联方之间的借款交易,判断是否存在关联方占用资金或虚构借款的情况;关注借款的利率、期限、担保等条件是否合理,是否与非关联方借款存在明显差异;检查关联方借款的披露是否充分、准确,是否符合会计准则和相关法律法规的要求。

(六)检查资金流向

跟踪企业短期借款资金的流向,审查借款资金是否用于约定的用途。通过银行对账单、资金收付凭证等文件,核实借款资金的使用情况,如果发现借款资金被挪用或用于不正当目的,可能存在舞弊风险;关注企业还款资金的来源,判断企业是否有足够的资金来源按时还款,是否存在通过不正当手段筹集还款资金的情况。

(七)评估内部控制的有效性

对企业与短期借款相关的内部控制进行评估,审查借款的审批流程、资金管理、财务核算等环节是否存在漏洞。判断内部控制是否能有效防范舞弊风险。如果发现内部控制存在缺陷,应提出改进建议,并进一步扩大审计范围,以降低审计风险。

九、检查短期借款是否按照企业会计准则的规定恰当列报

(1)检查被审计单位短期借款是否按信用借款、抵押借款、质押借款、保证借款分别披露。

(2)检查期末逾期借款是否按贷款单位、借款金额、逾期时间、年利率、逾期未偿还原因和预期还款期等进行披露。

⊙ 填制电子底稿

参照短期借款审计程序要求和示例,完成项目四"即测即评"中"审计实操测试"中的审计工作底稿(短期借款审计)。

学习活动三　课堂自查

(根据本任务学习情况和实操能力填写)

1. 难点:＿＿＿＿＿＿＿＿＿＿＿＿＿＿＿＿＿＿＿＿＿＿＿＿＿＿＿＿＿＿＿＿＿＿

＿＿

＿＿

＿＿

2. 改进:＿＿＿＿＿＿＿＿＿＿＿＿＿＿＿＿＿＿＿＿＿＿＿＿＿＿＿＿＿＿＿＿＿＿

＿＿

＿＿

＿＿

任务二　应付账款审计的实质性程序

学习活动一　明确任务

任务描述

本任务旨在执行应付账款审计的实质性程序,与财务报表认定的存在,完整性,权利和义务,准确性、计价和分摊,列报对应,具体完成"即测即评"中"审计实操测试"中的审计工作底稿(应付账款审计)。

一、应付账款审计目标

应付账款审计目标与财务报表认定对应关系如表6-3所示。

表6-3　应付账款审计目标与财务报表认定对应关系

财务报表认定	审计目标
存在	A. 资产负债表中记录的应付账款真实存在,无虚构或虚假列示的债务
完整性	B. 所有应记录的应付账款均已入账,不存在漏记或隐瞒的应付债务
权利和义务	C. 资产负债表中记录的应付账款属于被审计单位应当履行的现时义务
准确性、计价和分摊	D. 应付账款以恰当金额计入财务报表中,与之相关的计价调整已恰当记录
列报	E. 应付账款已按企业会计准则的规定在财务报表中恰当列报、披露

二、拟执行的实质性审计程序(任务)

为实现应付账款审计目标和对应的财务报表认定,注册会计师需要执行一系列实质性程序,可供选择的实质性程序如表6-4所示。

表6-4　应付账款审计可供选择的实质性程序

审计目标	可供选择的实质性程序
D	获取或编制应付账款明细表
	(1) 复核加计是否正确,并与报表数、总账数和明细账合计数核对是否相符
	(2) 检查非记账本位币应付账款的折算汇率及折算是否正确
	(3) 分析出现借方余额的项目,查明原因,必要时,提请被审计单位进行重分类调整
	(4) 结合预付账款等往来项目的明细余额,检查异常余额或与购货无关的其他款项

审计目标	可供选择的实质性程序
AD	检查债务形成的相关原始凭证,如供应商发票、验收报告或入库单等,确定应付账款金额是否正确。
AE	检查应付账款长期挂账的原因,关注其是否可能无须支付;对确实无须支付的应付账款的会计处理是否正确,依据是否充分;关注账龄超过 3 年的大额应付账款,是否已作披露,并检查在资产负债表日后是否偿还
AB	针对资产负债表日的付款项目,检查银行对账单及有关付款凭证(如银行划款通知、供应商收据),询问被审计单位内部或外部的知情人员,查找有无未及时入账的应付账款
B	复核截至审计日的全部未处理的供应商发票,并询问是否存在其他未处理的供应商发票,确认所有的负债都记录在正确的会计期间
ACD	选择应付账款的重要项目(包括零账户)函证其余额和交易条款,对未回函的再次发函或实施替代的检查程序(检查原始凭单,如合同、发票、验收单)
B	针对已偿付的应付账款,追查至银行对账单、银行付款单据和其他原始凭证,检查其是否在资产负债表日后偿付
	检查资产负债表日后应付账款明细账贷方发生额的相应凭证,关注其购货发票的日期,确认其入账时间是否合理
AB	结合存货监盘程序,检查被审计单位在资产负债表日前后的存货入库资料(验收报告或入库单),检查是否有大额"料到单未到"的情况,确认应付账款是否计入了正确的会计期间
	针对异常或大额交易及重大调整事项(如大额的购货折扣或退回、会计处理异常的交易、未经授权的交易、缺乏支持性凭证的交易),检查相关原始凭证和会计记录,以分析交易的真实性、合理性
D	检查带有现金折扣的应付账款是否按发票上记载的全部应付金额入账,在实际获得现金折扣时再冲减财务费用
	被审计单位与债权人进行债务重组的,检查不同债务重组方式下的会计处理是否正确
	标明应付关联方的款项,执行关联方交易的审计程序
	针对评估的舞弊风险等实施的审计程序
E	检查应付账款是否按照企业会计准则的规定恰当列报

任务 识别

1. 识读上述拟执行审计程序(任务),识别关键词,并把关键词写在横线上: _____

_____

2. 从关键词中选择词语用于描述应付账款审计实质性程序任务(反映程序内容和要求):

_____

_____

应付账款,是指企业因购买材料、商品或接受服务等发生的债务,是买卖双方在购销活动中由于取得物资与支付货款在时间上不一致而产生的负债。应付账款包括购买货物的价款、增值税进项税额、销售方代垫费用。

一、应付账款常见错弊及识别

(一)应付账款记录不完整,低估负债

企业可能故意隐瞒应付账款,以美化财务状况,如部分应付款项未被记录在账上,导致负债被低估。例如,企业收到货物或接受服务后,不及时入账,或者将应付款项记在其他科目中,从而通过漏记应付账款降低企业的资产负债率,误导投资者和债权人对企业财务风险的判断。在获取或编制应付账款明细表时,审计人员应关注应付账款的账龄及发生额较频繁但余额较小的明细账户。

(二)虚增应付账款,高估负债

企业可能通过虚构采购业务或夸大采购金额来虚增应付账款。例如,企业与关联方串通,制造虚假的采购交易,以增加负债规模,从而达到调节利润的目的。虚增应付账款会使企业的财务报表不真实,误导利益相关者对企业财务状况和经营成果的判断。审计人员应关注长期挂账无发生额的应付账款;检查借方发生额,对付款时收款单位不是挂账单位且没有委托付款证据的,分析虚挂负债并挪用款项的可能性。

(三)应付账款长期挂账

企业可能对一些应付款项长期不进行清理,使其一直挂账。例如,有些应付账款已经超过正常的付款期限,但企业却未对其进行任何处理,这可能是因为与供应商存在争议,或者企业故意拖延付款以占用供应商资金。长期挂账的应付账款可能掩盖企业的经营问题,如货物质量问题、采购价格不合理,也可能影响审计人员对企业与供应商的关系的判断。

(四)应付账款账龄划分不准确

企业在对应付账款进行账龄分析时,可能存在划分不准确的情况。一些应付款项的账龄被错误地归类,导致账龄分析结果不能真实反映企业的付款情况。例如,将长期未付的款项划分为短期账龄,或者将近期发生的款项划分为长期账龄。不准确的账龄划分会影响企业对应付账款的管理和风险评估,也可能影响审计人员对企业财务状况的判断。

(五)应付账款计价错误

企业在记录应付账款时,可能存在计价错误。例如,企业未将采购折扣及时冲减应付账款导致应付账款的金额与实际采购成本不符,或者将运费错误地计入应付账款金额中。应付账款计价错误会导致应付账款的余额不准确,影响财务报表的真实性和可靠性。

二、应付账款审计应关注事项或情形

(1)审计本报表项目应尽可能地结合业务循环,运用分析程序执行审计。

(2)凭证抽查不仅仅是大额、异常的明细账户,同时关注期后付款情况。

(3)注意结合主要供应商相关的其他应付款、在建工程实物盘点情况,根据实物资产的完工进度,判断是否存在未足额挂账应付账款(工程款)的情况。

（4）结合资产科目的检查,关注暂估入账的应付账款依据是否充分。

（5）注意检查购买商品或服务的成果资料,如购入资产是否有实物或入库资料,购买的服务是否有服务结果报告等资料。

（6）应付账款函证是一种可靠且高效的审计程序,在可行的情况下应考虑使用,同时应保持对函证的控制。

<h2 style="text-align:center">学习活动二 审计程序实施</h2>

● 认知审计程序、示例

一、获取或编制应付账款明细表

（1）复核加计是否正确,并与报表数、总账数和明细账合计数核对是否相符。

（2）检查非记账本位币应付账款的折算汇率及折算是否正确。

（3）分析出现借方余额的项目并查明原因,必要时提请被审计单位进行重分类调整。

（4）结合预付账款等往来项目的明细余额,检查异常余额或与购货无关的其他款项。（见审计工作底稿实例 6-4）

二、检查债务形成的相关原始凭证

应检查的相关凭证包括供应商发票、验收报告或入库单等,这些凭证可用于确定应付账款金额是否正确。

审计人员应仔细核对供应商发票上的金额、数量、单价等信息,将其与验收报告和入库单上的内容进行匹配,确保三者一致;对于发票上存在的折扣、税金等特殊项目,要按照企业的会计准则规定进行准确计算和处理;注意检查原始凭证的真实性和完整性,查看是否有涂改、伪造等迹象,如有异常情况,须进一步调查核实。

三、检查应付账款长期挂账的原因

（1）关注其是否可能无须支付,对确实无须支付的应付款项的会计处理是否正确,依据是否充分。

（2）关注账龄超过 3 年的大额应付账款,是否已作披露,并检查在资产负债表日后是否偿还。

四、检查资产负债表日后付款项目

检查银行对账单及有关付款凭证(如银行付款通知、供应商收据),询问被审计单位内部或外部的知情人员,查找有无未及时入账的应付账款。

在检查银行对账单和付款凭证时,要关注付款的日期、金额和交易对象,将其与应付账款明细账进行比对,查看是否存在对应的记录。对于资产负债表日后短期内的大额付款,要特别留意其是否属于前期未入账的应付账款。询问内部知情人员,包括采购部门、财务部门的相关人员,可了解业务背景和付款情况;询问外部知情人员,如供应商,可核实款项的性质和对应的业务。审计人员对于发现的可能未及时入账的应付账款,要查证详细记录。

审计工作底稿实例 6-4

应付账款明细表

被审计单位：光明制造有限公司　　　　编制：张海　　　　索引号：FE-003　　　　日期：2025-03-09　　　　金额单位：元
报表截止日：2024 年 12 月 31 日　　　　复核：李莉　　　　项目：应付账款——明细表　　　　日期：2025-03-11

项目名称	借贷方向	币种	未审期初数	期初调整数	审定期初数	审定借方发生额	审定贷方发生额	未审期末数 合计	未审账龄1年以内	未审账龄1~2年	未审账龄2~3年	未审账龄3~4年	未审账龄4~5年	未审账龄5年以上	未审账龄5年以上	校对差额	期末账项调整数 借方	贷方	期末重分类调整 借方	贷方	审定期末数 合计	审定账龄1年以内	审定账龄1~2年	审定账龄2~3年	审定账龄3~4年	审定账龄4~5年	审定账龄5年以上	审定账龄5年以上	校对差额	索引号
应付账款/配件供应商：**公司	贷		3 522 438.43	—	3 522 438.43	10 258 373.48	9 598 625.29	2 862 690.24	2 862 690.24	—	—	—	—	—	—		—	—	—	—	2 862 690.24	2 862 690.24	—	—	—	—	—	—		
应付账款/轮胎供应商：**公司	贷		43 191.00	—	43 191.00	14 797.40	−6 216.60	22 177.00	—	22 177.00	—	—	—	—	—		—	—	—	—	22 177.00	—	22 177.00	—	—	—	—	—		
应付账款/暂估应付款/供应商：**	贷		3 804 730.17	—	3 804 730.17	80 735 023.78	78 764 039.63	1 833 746.02	1 833 746.02	—	—	—	—	—	—		—	—	—	—	1 833 746.02	1 833 746.02	—	—	—	—	—	—		
应付账款/暂估应付款/供应商：**公司	贷		2 767 110.34	—	2 767 110.34	131 153 730.03	129 058 428.53	671 808.84	671 808.84	—	—	—	—	—	—		—	—	—	—	671 808.84	671 808.84	—	—	—	—	—	—		
应付账款/暂估应付款/供应商：重庆宝盛汽车销售服务有限公司	贷		4 992.02	—	4 992.02	116 038.75	170 206.18	59 159.45	59 159.45	—	—	—	—	—	—		—	—	—	—	59 159.45	59 159.45	—	—	—	—	—	—		
应付账款/暂估应付款/供应商：**	贷		—	—		1 632 991.15	1 632 991.15										—	—	—	—										
应付账款/暂估应付款/供应商：**公司	贷		—	—		496 660.20	966 297.05	469 636.85	469 636.85	—	—	—	—	—	—		—	—	—	—	469 636.85	469 636.85	—	—	—	—	—	—		
应付账款/暂估应付款/供应商：**公司 -配件	贷		—	—		672 310.56	1 314 642.72	642 332.16	642 332.16	—	—	—	—	—	—		—	—	—	—	642 332.16	642 332.16	—	—	—	—	—	—		
……																														
合计			14 831 221.40	—	14 831 221.40	226 158 222.19	217 883 227.32	6 566 225.53	6 544 049.53	22 177.00	—	—	—	—	—		—	—	—	—	6 566 225.53	6 544 049.53	22 177.00	—	—	—	—	—		

① 经核账、账表核对一致；
② 应付账款余额系配件货款、暂估应付款，已进行替代测试，未见异常；
③ 已进行期后测试，具体详见替代测试表期后测试试例。
④ 账龄均在 2 年以内，以 3 年为标准，无长期挂账；
⑤ 本期无未入账应付账款；
⑥ 已选取余额较大的两名单位进行函证，未回函，已进行替代测试，未见异常。

五、实施函证程序

（1）编制应付账款函证结果汇总表,检查回函。（审计工作底稿实例6-5）

（2）调查不符事项,确定是否存在错报。

（3）如果未回函,实施替代程序。（见审计工作底稿实例6-6）

（4）如果认为回函不可靠,评价对评估的重大错报风险以及其他审计程序的性质、时间安排和范围的影响。

（5）如果管理层不允许寄发询证函注册会计师应采取以下措施：① 询问管理层不允许寄发询证函的原因,并就其原因的正当性及合理性收集审计证据；② 评价管理层不允许寄发询证函对评估的相关重大错报风险(包括舞弊风险),以及其他审计程序的性质、时间安排和范围的影响；③ 实施替代审计程序,以获取相关、可靠的审计证据；④ 如果认为管理层不允许寄发询证函的原因不合理,或实施替代程序无法获取相关、可靠的审计证据,与治理层进行沟通,并确定其对审计工作和审计意见的影响。

六、应付账款截止测试

复核截至审计日的全部未处理的供应商发票。要仔细查看未处理发票的开票日期、业务内容等信息,判断其所属的会计期间；询问是否存在其他未处理的供应商。询问时要与采购部门、财务部门等相关人员进行沟通,确保信息全面；对于接近资产负债表日的发票,更要重点关注其入账情况,确认所有的负债都记录在正确的会计期间内,防止出现跨期记录负债的问题。

七、检查已偿付的应付账款

针对已偿付的应付账款,追查至银行对账单、银行付款单据和其他原始凭证,检查其是否在资产负债表日后偿付。（审计工作底稿实例6-7）

在追查时,要核对银行对账单、付款单据和原始凭证中的金额、交易对方等信息相符；检查付款日期,严格按照资产负债表日判断是否为日后偿付,具体可参考审计工作底稿实例6-7的方法和思路,确保审计程序的准确性和规范性。

八、检查资产负债表日后应付账款明细账贷方发生额的相应凭证

审计人员应关注其购货发票的日期,确认其入账时间是否合理。查看凭证时,要详细核对购货发票日期与入账日期的间隔。若间隔过长,须进一步调查原因,判断是否存在故意延迟或提前入账的情况。对于入账时间异常的业务,要结合企业的采购流程和付款政策进行综合分析。

九、检查大额"料到单未到"情况和应付账款的入账时间

审计人员应结合其他应付款监盘程序,检查被审计单位在资产负债表日前后的其他应付款入库资料(验收报告或入库单),检查是否有大额"料到单未到"的情况,确认应付账款是否计入了正确的会计期间。

在监盘过程中,审计人员应认真检查入库资料的完整性和真实性；对于大额"料到单未到"的情况,要及时与供应商和企业相关人员核实,确定是否已满足负债确认条件；根据核实结果,判断应付账款的入账时间是否符合会计期间的要求。

审计工作底稿实例 6 – 5

应付账款函证结果汇总表

被审计单位: 光明制造有限公司　编制: 张海　日期: 2025-03-09　索引号: FE-004
报表截止日: 2024年12月31日　复核: 李莉　日期: 2025-03-11　项目: 应付账款——函证结果汇总表　金额单位: 元

一、应付账款函证情况列表

询证函编号	单位名称	单位地址	函证方式	样本特征	币种	函证日期	回函日期	账面金额	回函直接确认	回函可以确认（调节后可以确认）	回函可以确认（调节表索引号）	争议未决金额	通过替代审计可确认金额	替代测试索引号	备注
	**公司			余额较大		2025-03-09		2 862 690.24					2 862 690.24		
	**公司			余额较大		2025-03-09		1 833 746.02					1 833 746.02		
共 2 行								4 696 436.26	—	—		—	4 696 436.26	—	

样本特征	样本户数	样本金额	样本特征	样本户数	样本金额
余额较大	2	4 696 436.26	异常交易	0	—
账龄较长	0	—	重大交易	0	—
交易频繁	0	—	其他	0	—
关联方	0	—	随机	0	—
样本合计	2	4 696 436.26	企业期末户数及金额	2	6 566 226.53
抽取样本占报表本占比例	71.52%				

回函确认金额	
替代确认金额	4 696 436.26
合计	4 696 436.26
占发函样本的比例	100.00%
争议未决金额	—
占发函样本的比例	0.00%

二、对差异的分析

项目	金额
1. 已识别的误差	
2. 推断出的总体误差（扣除已识别的误差）	

审计说明: 已选取余额较大的两家单位进行函证,均未回函,已进行替代测试,未见异常。

应付账款替代测试表

被审计单位：光明制造有限公司　　　编制：张海　　　日期：2025－03－09　索引号：FE－005

报表截止日：2024 年 12 月 31 日　　复核：李莉　　　日期：2025－03－11

项目：应付账款——＊＊公司——替代测试　　　　　　　　　　　　　金额单位：元

选择需要测试的账户：						应付账款\配件款：＊＊公司				
一、期初余额						3 522 438.43				
二、借方发生额						10 258 373.48				
入账金额						检查内容				
序号	日期	凭证种类	凭证号	业务内容	对方科目	金额	①	②	③	④	⑤
1	2024－10－25	记	CQDB00000285	＊＊配件款（03003078/03008454）	银行存款	706 492.03	√	√	√	√	
2	2024－10－25	记	CQDB00000288	＊＊配件款（03007838/03001176）	银行存款	1 185 769.14	√	√	√	√	
3	2024－11－21	记	CQDB00000291	支付＊＊配件款 11.06	银行存款	1 183 985.53	√	√	√	√	
4	2024－11－22	记	CQDB00000324	支付＊＊配件款	银行存款	1 025 644.20	√	√	√	√	
5	2024－11－30	记	CQDB00000672	支付＊＊配件款 02986529/02995187	银行存款；预付账款	1 137 402.36	√	√	√	√	
……			……							
小计						10 258 373.48				
全年借方发生额合计						10 258 373.48				
测试金额占全年借方发生额的比例						100.00%				
三、贷方发生额						9 598 625.29				
入账金额						检查内容				
序号	日期	凭证种类	凭证号	业务内容	对方科目	金额	①	②	③	④	⑤
1	2024－10－24	记	CQDB00000184	＊＊发票入账	库存商品；其他应收款	1 183 985.53	√	√	√	√	
2	2024－10－24	记	CQDB00000185	＊＊发票入账	库存商品；其他应收款	706 492.03	√	√	√	√	

序号	日期	凭证种类	凭证号	业务内容	对方科目	金额	①	②	③	④	⑤
					入账金额				检查内容		
3	2024 - 10 - 24	记	CQDB00000186	＊＊发票入账	其他应收款;库存商品	174 780.60	√	√	√	√	
4	2024 - 10 - 24	记	CQDB00000187	＊＊发票入账	库存商品;其他应收款	361 662.87	√	√	√	√	
5	2024 - 12 - 30	记	CQDB00000595	＊＊配件发票录入	其他应收款;库存商品	2 005 886.90	√	√	√	√	
	……			……		……					

小计	9 598 625.29
全年贷方发生额合计	9 598 625.29
测试金额占全年贷方发生额的比例	100.00%
四、期末余额	2 862 690.24

五、本期付款检查

序号	日期	凭证种类	凭证号	业务内容	对方科目	金额	①	②	③	④	⑤
1	2025 - 01 - 13	记	CQDB00000409	付:＊＊配件款1.9	银行存款	840 185.25	√	√	√	√	
2	2025 - 01 - 19	记	CQDB00000428	付:＊＊配件款1.10	银行存款	2 005 886.90	√	√	√	√	
3	2025 - 01 - 22	记	CQDB00000458	付:＊＊配件款1.13	银行存款	221 107.07	√	√	√	√	
4	2025 - 01 - 22	记	CQDB00000458	付:＊＊配件款1.13	银行存款	593 733.70	√	√	√	√	
5	2025 - 02 - 28	记	CQDB00000080	付:＊＊配件款2.20	银行存款	997 147.47	√	√	√	√	
6	2025 - 02 - 28	记	CQDB00000080	付:＊＊配件款2.27	银行存款	1 209 992.22	√	√	√	√	
7	2025 - 02 - 28	记	CQDB00000080	付:＊＊配件款2.03	银行存款	1 018 277.87	√	√	√	√	

检查内容说明:①原始凭证是否齐全;②记账凭证与原始凭证是否相符;③账务处理是否正确;④是否记录于恰当的会计期间;⑤……

审计说明:经替代测试,未见异常。

应付账款检查情况表

被审计单位：光明制造有限公司　　编制：张海　　日期：2025-03-09　　索引号：FE-015
报表截止日：2024年12月31日　　复核：李莉　　日期：2025-03-11　　项目：应付账款——检查情况表
金额单位：元

日期	凭证种类	凭证编号	业务内容	明细科目	对方科目	金额 借方	金额 贷方	1	2	3	4	5	6	7	8	备注
2024-08-30	记	CQDB00000001	2024年1-8月数据录入	配件款	其他应收款;销售费用;主营业务成本;营业外支出;应收账款;库存商品;其他业务支出;其他货币资金;银行存款;长期待摊费用;财务费用;税金及附加;资产减值损失;应交税费;固定资产;预付账款;库存现金	—	1 757 644.80	√	√	√	√					
2024-09-30	记	CQDB00000003	调整应付账款暂估核算项目	暂估应付款	应付账款	3 022 276.11	1 847 986.50	√	√	√	√					
2024-10-01	记	CQDB00000058	收到**发票**	暂估应付款	预付账款	—	—	√	√	√	√					
2024-10-16	记	CQDB00000167	购入车辆**	暂估应付款	库存商品	—	452 572.57	√	√	√	√					
2024-10-16	记	CQDB00000167	购入车辆**	暂估应付款	库存商品	—	420 475.22	√	√	√	√					
2024-10-17	记	CQDB00000171	收到**发票**	暂估应付款	预付账款	1 494 926.54	—	√	√	√	√					
2024-10-18	记	CQDB00000168	购入车辆**	暂估应付款	库存商品	—	869 522.12	√	√	√	√					
2024-10-28	记	CQDB00000513	购入车辆**	暂估应付款	库存商品	—	320 808.85	√	√	√	√					

日期	凭证种类	凭证编号	业务内容	明细科目	对方科目	金额 借方	金额 贷方	核对内容 1	2	3	4	5	6	7	8	备注
2024-12-09	记	CQDB00000058	购入车辆**	暂估应付款	库存商品	—	529 441.59	√	√	√	√					
2024-12-23	记	CQDB00000777	12.23**发票入账**	暂估应付款	预付账款	4 737 514.17	—	√	√	√	√					
2024-12-27	记	CQDB00000585	付王旦维、车慧 12.26	配件款	银行存款	22 148.00	—	√	√	√	√					
2024-12-31	记	CQDB00000750	12月配件入库	暂估应付款	库存商品	—	4 942 048.76	√	√	√	√					
……		……					……									

核对内容说明：
① 原始凭证是否齐全；② 记账凭证与原始凭证是否相符；③ 账务处理是否正确；④ 是否记录于恰当的会计期间；⑤ ……

抽样说明：

分层抽样。

金额小于10 000元的，按系统抽样，抽取样本5笔；金额在10 000~100 000元的，按系统抽样，抽取样本10笔，间隔为41；大于500 000元的，按系统抽样，抽取样本5笔，间隔为6；金额在100 000~500 000元的，按系统抽样，抽取样本10笔，间隔为16；共抽取样本30笔。

手工抽样，抽取凭证0笔。

审计说明：经分层抽样，未见异常。

十、检查异常或大额交易

针对异常或大额交易及重大调整事项(如大额的购货折扣或退回,会计处理异常的交易,未经授权的交易,或缺乏支持性凭证的交易),审计人员要全面收集相关原始凭证,如合同、发票、运输单,以分析交易的真实性、合理性;仔细分析会计记录,看其是否符合会计准则和企业的会计政策;对于缺乏支持性凭证的交易,要进一步调查其发生的背景和原因,必要时可向相关人员进行函证。

十一、检查附有现金折扣的应付账款

检查带有现金折扣的应付账款是否按发票上记载的全部应付金额入账,在实际获得现金折扣时再冲减财务费用;查看会计凭证,确认应付账款入账金额是否为发票全额;关注企业是否有完善的现金折扣管理流程,在实际获得折扣时,检查财务费用的冲减是否正确;对于频繁发生现金折扣的业务重点检查。

十二、被审计单位与债权人进行债务重组的,检查不同债务重组方式下的会计处理是否正确

审计人员应了解债务重组的具体方式,如以资产清偿债务、债务转为资本等;根据企业会计准则的要求,检查相应的会计处理是否符合规定;查看相关的协议和文件,确保债务重组的交易真实、合法,会计记录准确无误。

十三、执行关联方及其交易审计程序

审计人员应准确识别关联方,将应付关联方的款项进行清晰标注。在执行关联方交易审计程序时,重点关注交易的价格是否公允、交易是否具有商业实质,在检查相关的审批手续和披露情况时,要确保关联方交易的合规性和透明度。

十四、针对评估的舞弊风险等因素增加的审计程序

审计人员应根据舞弊风险评估结果,有针对性地实施审计程序。例如,扩大样本量、进行更深入的调查、加强对关键岗位人员的询问等。同时,审计人员应密切关注企业的内部控制漏洞和异常情况,及时发现可能存在的舞弊行为。

十五、检查应付账款是否按照企业会计准则的规定恰当列报

审计人员应核对资产负债表中应付账款的金额与总账、明细账是否一致;检查附注中对应付账款的披露是否完整,包括账龄分析、重要供应商信息等;确保应付账款的列报符合企业会计准则的要求,为财务报表使用者提供准确的信息。

填制电子底稿

参照应付账款审计程序要求和示例,完成项目四"即测即评"中"审计实操测试"中的审计工作底稿(应付账款审计)。

（根据本任务学习情况和实操能力填写）

1. 难点：_____

_____

_____

_____

2. 改进：_____

_____

_____

_____

任务三　其他应付款审计的实质性程序

学习活动一　明确任务

任务描述

本任务旨在执行其他应付款审计的实质性程序，与财务报表认定的存在，完整性，权利和义务，准确性、计价和分摊，列报对应，具体完成"即测即评"中"审计实操测试"中的审计工作底稿（其他应付款审计）。

一、其他应付款审计目标

其他应付款审计目标与财务报表认定的对应关系如表 6 - 5 所示。

表 6 - 5　其他应付款审计目标与财务报表认定的对应关系

财务报表认定	审计目标
存在	A. 资产负债表中记录的其他应付款真实存在，无虚构或虚假列示的债务
完整性	B. 所有应记录的其他应付款均已完整入账，不存在漏记或隐瞒的债务
权利和义务	C. 资产负债表中记录的其他应付款属于被审计单位应当履行的现时义务
准确性、计价和分摊	D. 其他应付款以恰当金额计入财务报表中，与之相关的计价调整已恰当记录
列报	E. 其他应付款已按企业会计准则的规定，在财务报表中恰当列报、披露

二、拟执行的实质性审计程序（任务）

为实现其他应付款审计目标和对应的财务报表认定，注册会计师须执行一系列实质性程序，可供选择的实质性程序如表 6-6 所示。

表 6-6　其他应付款审计可供选择的实质性程序

审计目标	可供选择的实质性程序
D	获取或编制其他应付款明细表 (1) 复核加计是否正确，并与报表数、总账数和明细账合计数核对是否相符； (2) 检查非记账本位币其他应付款的折算汇率及折算是否正确； (3) 分析有借方余额的项目，查明原因，必要时，提请被审计单位进行重分类调整； (4) 结合应付账款、其他应收款等往来项目的明细余额，调查异常余额或与本项目核算无关的其他款项； (5) 标识重要明细项目
ACD	判断选择金额较大和异常的明细余额，检查其原始凭证，并考虑向债权人函证。对未回函的重要债权人，编制应付该债权人的增减变动表；必要时，收集该债权人资料分析其变动的合理性
BA	请被审计单位协助，在其他应付款明细表上标出截止审计日已支付的金额较大的其他应付款项，确定有无未及时入账的其他应付款。提查付款凭证、银行对账单等，并注意入账日期的合理性
AC	检查长期未结的其他应付款，提请被审计单位妥善处理 标明应付关联方的款项，执行关联方及其交易审计程序 针对评估的舞弊风险等因素增加的审计程序
E	检查其他应付款是否已按照企业会计准则的规定恰当列报

任务 识别

1. 识读上述拟执行的审计程序（任务），识别关键词，并把关键词写在横线上：_____

_____

2. 从关键词中选择词语用于描述其他应付款审计实质性程序任务（反映程序内容和要求）：_____

_____

知识 准备

其他应付款，是与企业的主营业务没有直接关系的应付、暂收其他单位或个人的款项。其核算范围包括企业应付、暂收其他单位或个人的款项，如应付租入固定资产和包装物的租金，存入保证金，应付、暂收所属单位、个人的款项，管辖区内业主和物业管户装修存入保证金，应付职工统筹退休金，以及应收暂付上级单位、所属单位的款项。

一、其他应付款常见错弊及识别

（一）不具有商业实质

检查其他应付款形成过程及交易实质,判断是否是企业生产经营形成,是否具有商业实质,在该项目列示是否恰当。

（二）存在潜盈挂账

了解其他应付款的性质和长期挂账的原因,关注明细账户中性质特殊、名称异常、对象不明确的余额,有针对性地进行审计,检查是否为收入挂账形成,借方发生额是否用于费用开支。

（三）长期挂账的支付可能

了解长期挂账的其他应付款时,应重点关注长期挂账的原因是否合理,检查其形成的相关要素如账龄、款项性质,是否仍有业务往来,对方单位是否已破产注销,款项是否不再需要支付。

（四）关联方款项

审计人员应充分关注关联方交易,检查借款合同,关注是否计息,利率是否合理;检查、询问异常的其他应付款往来单位是否为关联方,必要时获取对方企业注册信息、交易背景等。审计范围内的关联方之间的内部往来时可以执行往来对账,大额内部员工挂账应检查其合理性。此外,检查关联方交易披露是否充分。

二、其他应付款审计应关注事项或情形

（1）所有往来明细表均应当包括期初数,本期发生额和期末余额、账龄分析等栏目。

（2）其他应付款函证是一种可靠且高效的审计程序,在可行的情况下应考虑优先使用,同时保持函证控制。

（3）对未回函的其他应付款实施替代程序,包括检查期后付款,检查期末余额的支持证据。在做替代测试时应选用适当的方法进行抽查,确保能够证明余额的正确性;进行替代测试时,其附件应当包括记账凭证、收款手续、合同等。

（4）对于同一单位在其他应收、应付款同时双边挂账的,应当进行调整。

（5）检查账龄分析正确性时,一般可以按应付款项的末笔发生额时间来划分账龄,若应付余额较大,账龄分析一般可以采用先进先出来划分。

学习活动二　审计程序实施

⊙ 认知审计程序、示例

一、获取其他应付款明细表

（1）复核加计是否正确,并与报表数、总账数和明细账合计数核对是否相符。

（2）检查非记账本位币其他应付款的折算汇率及折算是否正确。

（3）分析有借方余额的项目,查明原因,必要时,提请被审计单位进行重分类调整。

（4）结合应付账款、其他应收款等往来项目的明细余额,调查异常余额或与本项目核算无关的其他款项。（见审计工作底稿实例6－8）

审计工作底稿实例 6−8

被审计单位：光明制造有限公司　　　　编制：张海　　日期：2025−03−09　　　索引号：FK−003

报表截止日：2024 年 12 月 31 日　　复核：李莉　　日期：2025−03−11　　　项目：其他应付款——明细表

金额单位：元

其他应付款明细表

项目名称	期末借贷方向	账面期初数	未审期初数	审定期初数	未审借方发生额	未审贷方发生额	审定借方发生额	审定贷方发生额	账面期末数	未审期末合计	未审账龄1年以内	未审账龄1~2年	审定期末合计	审定账龄1年以内	审定账龄1~2年
客户：**	贷	2 400.00	2 400.00	2 400.00	—	—	—	—	2 400.00	2 400.00	—	2 400.00	2 400.00	—	2 400.00
客户：**	贷	9 800.00	9 800.00	9 800.00	—	−9 800.00	—	−9 800.00	—	—	—	—	—	—	—
客户：**	贷	1 000.00	1 000.00	1 000.00	—	—	—	—	1 000.00	1 000.00	—	1 000.00	1 000.00	—	1 000.00
客户：**	贷	294.00	294.00	294.00	—	—	—	—	294.00	294.00	—	294.00	294.00	—	294.00
客户：**	贷	74.00	74.00	74.00	—	—	—	—	74.00	74.00	—	74.00	74.00	—	74.00
客户：**	贷	2 700.00	2 700.00	2 700.00	—	—	—	—	2 700.00	2 700.00	—	2 700.00	2 700.00	—	2 700.00
客户：**	贷	265.00	265.00	265.00	—	—	—	—	265.00	265.00	—	265.00	265.00	—	265.00
客户：**	贷	20 326.27	20 326.27	20 326.27	57 989.60	170 798.65	57 989.60	170 798.65	133 135.32	133 135.32	133 135.32	—	133 135.32	133 135.32	—
客户：**	贷	15 000.00	15 000.00	15 000.00	—	—	—	—	15 000.00	15 000.00	—	15 000.00	15 000.00	—	15 000.00
客户：**	贷	357 287.10	357 287.10	357 287.10	—	65 100.00	—	65 100.00	422 387.10	422 387.10	65 100.00	357 287.10	422 387.10	65 100.00	357 287.10
客户：**	贷	20 000.00	20 000.00	20 000.00	—	—	—	—	20 000.00	20 000.00	—	20 000.00	20 000.00	—	20 000.00
客户：**	贷	127 780.22	127 780.22	127 780.22	—	—	—	—	127 780.22	127 780.22	—	127 780.22	127 780.22	—	127 780.22
客户：**	贷	41 500.00	41 500.00	41 500.00	—	−40 000.00	—	−40 000.00	1 500.00	1 500.00	—	1 500.00	1 500.00	—	1 500.00
客户：**	贷	3 331.00	3 331.00	3 331.00	—	—	—	—	3 331.00	3 331.00	—	3 331.00	3 331.00	—	3 331.00
……		……	……	……	……	……	……	……	……	……	……	……	……	……	……
合　计		12 206 792.42	12 206 792.42	12 206 792.42	3 688 347.60	18 890 497.80	3 688 347.60	18 890 497.80	27 398 942.62	27 398 942.62	18 890 497.80	6 683 705.38	27 398 942.62	18 890 497.80	6 683 705.38

审计说明：
① 复核加计正确，并与总账数和明细账合计数核对相符；
② 其他应付款余额较大的主要系公司往来、预提费用及退保证金；
③ 已抽取余额较大的四家单位进行函证，均已回函，回函确认金额一致；
④ 账龄均在 2 年以内，以 3 年以上为标准，无长期挂账；
⑤ 已检查于资产负债表日至审计现场工作日已支付的其他应付款项，无未入账款项，详见其他应付款较大的金额代测试期后测试列。

（5）标识重要明细项目。

二、检查金额较大和异常的其他应付款明细余额

检查其原始凭证，并考虑向债权人函证。对未回函的重要债权人，编制应付该债权人的增减变动表；必要时，收集该债权人资料，分析其变动的合理性。（见审计工作底稿实例6-9、审计工作底稿实例6-10）

📍 **审计工作底稿实例 6-9** --------------------------------

其他应付款函证结果调节表

被审计单位：光明制造有限公司　　编制：张海　　日期：2025-03-09　　索引号：FK-005
报表截止日：2024年12月31日　　复核：李莉　　日期：2025-03-11　　金额单位：元
项目：其他应付款——函证结果调节表

被询证单位：					
回函日期：					
1. 被询证单位回函余额					
2. 减：被询证单位已记录项目					

序号	日期	摘要（运输途中、存在争议的项目等）	凭证号	金额
1				
2				
3				
合计				—

3. 加：被审计单位已记录项目

序号	日期	摘要（运输途中、存在争议的项目等）	凭证号	金额
1				
2				
3				
合计				—

4. 调节后金额	
5. 被审计单位账面余额	
6. 调节后是否存在差异，差异金额为	

审计说明：不存在差异

其他应付款函证结果汇总表

被审计单位：光明制造有限公司　　　　编制：张海　　日期：2025－03－09　　索引号：FK－004
报表截止日：2024 年 12 月 31 日　　复核：李莉　　日期：2025－03－11　　项目：其他应付款——函证结果汇总表

一、其他应付款函证情况列表

询证函编号	单位名称	单位地址	函证方式	币种	样本特征	函证日期	回函日期	账面金额	回函直接确认	回函可以确认金额		争议未决金额	通过替代审计可确认金额	替代测试索引号	备注
										调节后可以确认	调节表索引号				
	**公司				余额较大			700 000.00	700 000.00						
	***公司				余额较大			14 600 000.00	14 600 000.00						
	…							…	…						
共 4 行 合计								16 500 000.00	16 500 000.00		—	—	16 500 000.00	—	

样本特征	样本户数	样本金额		样本特征	样本户数	样本金额
余额较大	4	16 500 000.00		异常交易	0	—
账龄较长	0	—		重大交易	0	—
交易频繁	0	—		其他	0	—
关联方	0	—		随机	0	—
样本合计	4	16 500 000.00		企业期末户数及金额		27 398 942.62
所取样本占报表的比例		60.22%				

项目	回函确认金额	替代确认金额	合计	争议未决金额	通过替代审计可确认金额
回函确认金额			16 500 000.00		16 500 000.00
替代确认金额			—		—
合计			16 500 000.00		16 500 000.00
占发函样本的比例					100.00%
争议未决金额			—		
占发函样本的比例					0.00%

二、对误差的分析

1. 已识别的误差

2. 推断出的总体误差（扣除已识别的误差）

审计说明：已抽取余额较大的四家单位进行函证，均已回函，回函确认金额与账面金额一致。

优先选取余额占比前 10% 或单笔超 50 万元(或根据重要性水平确定的其他金额)的明细,结合账龄(如超 1 年)、交易性质(如非经营性往来)筛选异常项。

核查原始凭证时须关注合同条款与资金流向的匹配性(如押金对应租赁协议编号),对未回函的重要债权人(余额≥100 万元或根据重要性水平确定的其他金额),需要通过银行流水交叉验证发生额真实性。参考审计工作底稿实例 6-9 和审计工作底稿实例 6-10 的函证模板与异常分析逻辑,重点追踪关联方或新增供应商的大额挂账。

三、其他应付款截止测试

请被审计单位协助,在其他应付款明细表上标出截止审计日已支付的金额较大的其他应付款项,确定有无未及时入账的其他应付款。抽查付款凭证、银行对账单等,并注意入账日期的合理性。(见审计工作底稿实例 6-11 和审计工作底稿实例 6-12)

具体步骤包括:要求企业标注审计日前已支付但未入账的款项(如单笔金额大于 100 万元),核对付款凭证日期与银行回单的一致性;检查付款审批单与入账日期间隔,超过 15 天须企业书面说明原因,防止通过延迟入账调节负债;按金额降序抽取前 20 笔付款,验证附件完整性(如供应商收据、审批签字)。

四、检查长期未结的其他应付款

对超过 2 年未结的款项,要求企业书面说明原因(如争议押金、无法支付的款项),关注是否存在潜在税务风险(如长期挂账需计缴企业所得税);对确实无须支付的款项,检查是否履行核销审批流程并计入营业外收入;对长期争议项,建议获取法律意见书支持;若长期挂账款项占比超其他应付款总额 20%,须评估负债完整性及管理层意图。

五、标明应付关联方的款项,执行关联方交易的审计程序

通过股权结构、高级管理人员兼职信息识别关联方,在明细表中显著标注关联方款项;对比关联方与非关联方交易价格,如偏离度超 15% 须补充说明合理性(如服务类关联交易),关注无息借款等利益输送;确保附注披露关联方名称、交易内容、金额及未结算原因,重点核查交易是否具备商业实质。

六、针对评估的舞弊风险等实施的审计程序

筛选交易金额为整数、交易频率异常波动的明细(如咨询费激增),核查其背后的商业逻辑及审批痕迹;对大额其他应付款的借方发生额,追查至银行流水,确认资金最终流向是否与合同约定一致;针对异常科目(如"其他"类明细),访谈财务人员了解款项性质,对比业务部门解释确认是否存在矛盾。

七、检查其他应付款是否已按照企业会计准则的规定恰当列报

核对应付股利、应付利息是否误列入本科目,关注一年内到期的长期应付款重分类是否正确;确保附注披露前五大债权人名称、金额及占比,说明重要款项性质(如质量保证金、限制性资金);结合诉讼事项,核查是否存在未披露的或有负债通过其他应付款隐藏的情况。

其他应付款检查情况表

被审计单位：光明制造有限公司　　　编制：张海　　日期：2025－03－09　　　索引号：FK－012
报表截止日：2024 年 12 月 31 日　　复核：李莉　　日期：2025－03－11　　　项目：其他应付款——检查情况表

金额单位：元

日期	凭证种类	凭证编号	业务内容	明细科目	对方科目	金额 借方	金额 贷方	核对内容 1	2	3	4	5	6	备注
2024－10－18	记	CQDB00000092	代付购置税（＊＊）	一般	银行存款	424 246.19	－	√	√	√	√			
2024－10－18	记	CQDB00000109	退＊＊抵押保证金 MS03541	一般	银行存款	10 000.00	－	√	√	√	√			
2024－10－23	记	CQDB00000160	10.11 代付＊＊购置税	一般	银行存款	505 560.91	－	√	√	√	√			
2024－10－23	记	CQDB00000161	10.18 代付＊＊购置税	一般	银行存款	174 192.22	－	√	√	√	√			
2024－10－24	记	CQDB00000194	收＊＊保证金	其他	银行存款	－	700 000.00	√	√	√	√			
2024－10－31	记	CQDB00000527	预提集团借款利息	预提费用	财务费用	－	192 681.04	√	√	√	√			
2024－11－26	记	CQDB00000423	往来调整	公司往来	其他应收款	－	1 747 099.87	√	√	√	√			
2024－11－26	记	CQDB00000423	往来调整	公司往来	其他应收款	－	5 500 000.00	√	√	√	√			
2024－12－11	记	CQDB00000027	退＊＊保证金	其他	银行存款	150 000.00	－	√	√	√	√			
2024－12－17	记	CQDB00000188	12.5＊＊往来款	公司往来	银行存款	－	9 090 000.00	√	√	√	√			
2024－12－26	记	CQDB00000580	收＊＊保证金 12.20	其他	银行存款	－	700 000.00	√	√	√	√			
……			……		……	……	……							

核对内容说明：
①原始凭证是否齐全；
②记账凭证与原始凭证是否相符；
③账务处理是否正确；
④是否记录于恰当的会计期间；
⑤……

抽样说明：
1. 分层抽样
金额小于 10 000 元的，按随机抽样，抽取样本 5 笔；金额在 10 000～100 000 元的，按随机抽样，抽取样本 8 笔；金额在 100 000～500 000 元的，按随机抽样，抽取样本 8 笔；金额大于
500 000 元的，按随机抽样，抽取样本 10 笔；抽取样本 8 笔；金额在 100 000～500 000 元的，按随机抽样，抽取样本 8 笔；共抽取样本 31 笔。
2. 手工抽样凭证 0 笔。
审计说明：共抽取 31 笔，10 万元以上 18 笔，经分层抽样抽样，未见异常。

其他应付款替代测试表

被审计单位：光明制造有限公司　　索引号：4210 - 3
项目：其他应付款　　　　　　　　截止日：2024 年 12 月 31 日
编制：张海　　　　　　　　　　　复核：李莉
日期：2025 年 3 月 9 日　　　　　　日期：2025 年 3 月 11 日　　　　　金额单位：元

一、资产负债表日前贷方金额检查

单位名称	期末余额	测试内容				占余额比例[1]	检查内容[2]			
		日期	凭证号	摘要	金额		①	②	③	④

检查内容说明：① 原始凭证是否齐全；② 记账凭证与原始凭证是否相符；③ 账务处理是否正确；④ 是否记录于恰当的会计期间

二、资产负债表日后的付款检查

单位名称	期末余额	测试内容				占余额比例%	检查内容[3]			
		日期	凭证号	摘要	金额		①	②	③	④

检查内容说明：① 原始凭证是否齐全；② 记账凭证与原始凭证是否相符；③ 账务处理是否正确；④ 是否记录于恰当的会计期间

审计说明：
① 原始凭证齐全；② 记账凭证与原始凭证相符；③ 账务处理正确；④ 记录于恰当的会计期间
[1] 根据替代测试的审计目标，替代测试金额应能够涵盖该单位期末余额，即占余额比例不低于 100%；一般不需要对借方发生额进行替代测试。
[2] 根据审计目标，检查内容主要包括支持被审计单位向被询证单位支付款项义务的审计证据。
[3] 根据审计目标，检查内容主要包括支持已在期后向被询证单位支付询证款项的审计证据。

填制电子底稿

参照其他应付款审计程序要求和示例，完成项目四"即测即评"中"审计实操测试"中的审计工作底稿（其他应付款审计）。

学习活动三　课堂自查

（根据本任务学习情况和实操能力填写）
1. 难点：_____
_____
_____
_____

2. 改进：_____

_____

_____

_____

项 目 拓 展

拓展阅读

◉ 知识视窗

认知小型企业财报审计特点

一、小型企业财报审计特点

（一）内部控制相对薄弱

小型企业通常规模较小，人员有限，可能无法建立完善的内部控制体系。这将使财务报表的可靠性和准确性受到一定影响。企业可能存在职责不清、审批流程不规范等问题，导致财务数据容易出现错误或舞弊风险。审计人员在审计小型企业财务报表时，需要更加关注内部控制的缺陷，评估其对财务报表的影响程度，并采取相应的审计程序来弥补内部控制的不足。

（二）会计核算不规范

小型企业的会计人员可能专业素质相对较低，会计核算方法和程序不够规范。例如，可能存在记账凭证填制不完整、会计科目使用不当、财务报表编制不规范等问题。审计人员需要仔细审查会计核算的各个环节，核实财务数据的真实性、准确性和完整性，对于发现的不规范问题，要与企业沟通并提出整改建议。

二、小型企业审计资源与成本的考量

（一）审计资源有限

由于小型企业的业务规模和财务状况相对简单，审计机构通常不会投入过多的审计资源。这可能导致审计时间较短、审计人员配备不足等情况。审计人员需要在有限的时间和资源条件下，高效地完成审计工作。这就要求审计人员具备较高的专业素养和丰富的审计经验，能够迅速识别风险点并采取有效的审计程序。

（二）审计成本较低

小型企业通常对审计费用较为敏感，能够承受的审计成本相对较低。这可能影响审计机构的服务质量和审计范围。审计机构在承接小型企业审计业务时，需要在保证审计质量的前提下，合理控制审计成本。审计机构可以通过优化审计流程、采用适当的审计方法等方式，提高审计效率，降低审计成本。

三、小型企业财务报表审计的风险特征

（一）经营风险较高

小型企业一般抗风险能力较弱，市场竞争压力大，经营稳定性较差。这可能导致企业的盈利能力和偿债能力存在较大不确定性，从而增加了财务报表的审计风险。审计人员需要充分

了解企业的经营环境、行业特点和市场竞争状况，评估企业的经营风险，并考虑其对财务报表的影响。

（二）财务舞弊风险不容忽视

虽然小型企业的财务舞弊动机可能相对较小，但由于内部控制薄弱和管理不规范，仍存在一定的财务舞弊风险。例如，企业可能存在虚增收入、隐瞒费用、挪用资金等行为。审计人员在审计过程中，要保持高度的职业怀疑态度，运用分析性程序、函证等审计方法，识别和发现潜在的财务舞弊行为。

四、小型企业审计报告的使用与影响

（一）报告使用者相对单一

小型企业财务报表审计报告的使用者通常主要是企业所有者、管理层、银行等少数机构和个人。与大型企业相比，报告使用者的范围相对较窄。审计人员在编制审计报告时，可以根据报告使用者的需求，有针对性地提供审计意见和建议，提高审计报告的实用性。

（二）对企业的影响较大

对于小型企业来说，审计报告可能对其融资、税务申报、业务合作等产生重要影响。一份良好的审计报告可以增强企业的信誉度；而一份负面的审计报告可能会给企业带来较大的困扰。审计人员在审计过程中，要充分考虑审计报告对小型企业的影响，客观、公正地发表审计意见，为企业提供有价值的建议和帮助。

➡ 审计失败案例

某小型制造企业兰西公司，主要生产和销售某特定类型的机械零部件。公司规模较小，员工 50 人，年销售额在 1 000 万元左右。C 会计师事务所承接兰西公司 2024 年度财务报表审计业务。

C 会计师事务所审计项目组在对兰西公司进行财务报表审计时，在对负债类项目的审计中遇到了以下问题：

（1）其他应付款审计失败。审计人员在审查"其他应付款"项目时，未对大额的其他应付款项进行充分的函证和核实。其中一笔 50 万元的款项，对方单位实际上是兰西公司股东的关联企业。这笔款项是股东通过关联企业向兰西公司提供的无息借款，该股东拟在后期将其变更为追加投资。但在审计过程中，审计人员未深入了解该款项的性质和背景。

由于未进行充分的审计程序，审计人员未能发现这笔借款实际上是股东为了弥补公司资金缺口而提供的，且未按照规定进行披露。这导致财务报表中的其他应付款项目余额被高估，同时也影响了公司的负债和所有者权益的真实性。

（2）应付账款审计失败。在对应付账款进行审计时，审计人员仅核对了部分供应商的对账单，而未对所有重大供应商的应付账款进行全面核实。其中一家重要供应商 B 公司的应付账款余额为 180 万元，但审计人员在未进行充分函证的情况下，仅依据企业提供的采购合同和入库单就确认了该笔应付账款的真实性。经调查，兰西公司与 B 公司之间前期存在一笔争议款项：由于产品质量问题，兰西公司实际应支付的款项比账面余额少 60 万元。但由于审计人员的疏忽，未能发现这一问题，最终财务报表中的应付账款项目余额被高估。

兰西公司在后续的融资过程中遇到了困难。银行和其他金融机构在审查公司的财务报表时，发现了负债类项目的审计问题，对公司的财务状况产生了质疑，拒绝为其提供贷款。公司的信誉也受到了严重影响：供应商对其付款能力产生怀疑，可能会采取更严格的信用政策，甚

至停止供货;客户对公司的产品质量和经营稳定性产生担忧,从而减少订单或寻找其他供应商。

兰西公司投资者和其他利益相关者可能会对C会计师事务所提起诉讼,要求其承担赔偿责任。同时,审计机构的声誉受到了严重损害,可能会失去其他客户的信任,影响其未来的业务发展。

素养园地

近年来,国内外资本市场上企业涉嫌虚假陈述的事件不断出现。审计机构方面的原因包括审计人员专业能力缺失、审计跟踪申报准则不妥、审计流程落实不力等。外部市场因素则主要包括政治、经济以及金融环境发生重大变化,导致企业业务运营、交易结构、市场需求、风险增加等。针对审计失败的问题,需要在企业、审计机构和监管方面采取一系列的预防和审核措施。

企业层面,应深入践行社会主义核心价值观,将"诚信为本"理念融入经营血脉,建立全员参与的廉洁文化体系;严格落实《企业内部控制基本规范》,完善重大事项集体决策机制,通过"三重一大"制度防止"一言堂"现象,运用数字技术赋能会计信息真实性提升,以科技创新助力企业高质量发展。

审计机构层面,应强化审计人员"四个意识"教育,将职业道德准则与专业能力培养有机结合;推行审计项目质量终身负责制,建立"谁审计、谁签字、谁负责"的责任追溯机制;针对跨境审计等复杂业务,积极参与"一带一路"审计准则国际协调,提升中国审计标准的国际话语权,服务构建新发展格局。

监管层面,要坚持全面依法治国,加快修订《中华人民共和国注册会计师法》等配套法规,构建"全链条、穿透式、系统化"责任机制和治理体系;建立审计机构信用档案,实施"红黑名单"动态管理,对违法违规行为依法依规顶格处罚;完善投资者保护制度,探索建立证券集体诉讼示范判决机制,让失信者付出沉重代价,切实维护资本市场"公开、公平、公正"原则。

项目总结

⮞ 学生感知

根据项目六学习、认知和能力训练情况,填写学习感知(掌握技能描述、心得体会等):

_____

_____

⮞ 项目总结

知识内容重点与难点

重点:短期借款利息测算(合同利率与财务费用匹配),应付账款完整性审计(期后付款检查、未入账发票追踪),其他应付款关联方交易审查(资金往来性质、长期挂账原因)。

难点:应付账款低估风险识别(如验收单未入账),关联方交易价格公允性判断(如对比市场价格、检查审批流程)。

技能训练重点与难点

重点:填写短期借款利息测算表、应付账款函证结果汇总表,执行其他应付款截止测试(如资产负债表日后15天付款凭证审查)。

难点:处理多借多贷应付账款分录(如合并报表内部往来抵消);长期挂账应付款项的税务影响判断(如是否须转营业外收入)。

即测即评

审计工作底稿:实质性程序——负债类项目

审计实操测试

项目六介绍了负债类主要财务报表项目短期借款、应付账款和其他应付款的审计程序和工作底稿的编制。按教学技能目标的要求,学生应能独立完成相关项目审计程序和工作底稿。(本测试相关的审计工作底稿详见二维码)

职业能力评价

职业能力	评价项目	学生自评
短期借款审计	1. 执行短期借款实质性程序	□A □B □C □D
	2. 编制短期借款明细表	□A □B □C □D
	3. 执行短期借款函证程序	□A □B □C □D
	4. 编制利息分配情况检查表	□A □B □C □D
应付账款审计	1. 执行应付账款实质性程序	□A □B □C □D
	2. 编制应付账款明细表	□A □B □C □D
	3. 编制应付账款替代测试表	□A □B □C □D
其他应付款审计	1. 执行其他应付款实质性程序	□A □B □C □D
	2. 编制其他应付款明细表	□A □B □C □D
	3. 编制其他应付款替代测试表	□A □B □C □D

学生成绩:

注:(1) A为掌握程度>80%,B为掌握程度>70%,C为掌握程度≥60%,D为掌握程度<60%。
(2) 自评标准为各项任务审计程序的执行力。
(3) 教师根据学生独立完成的审计工作底稿情况进行打分和评价,结果可作为平时成绩之一。

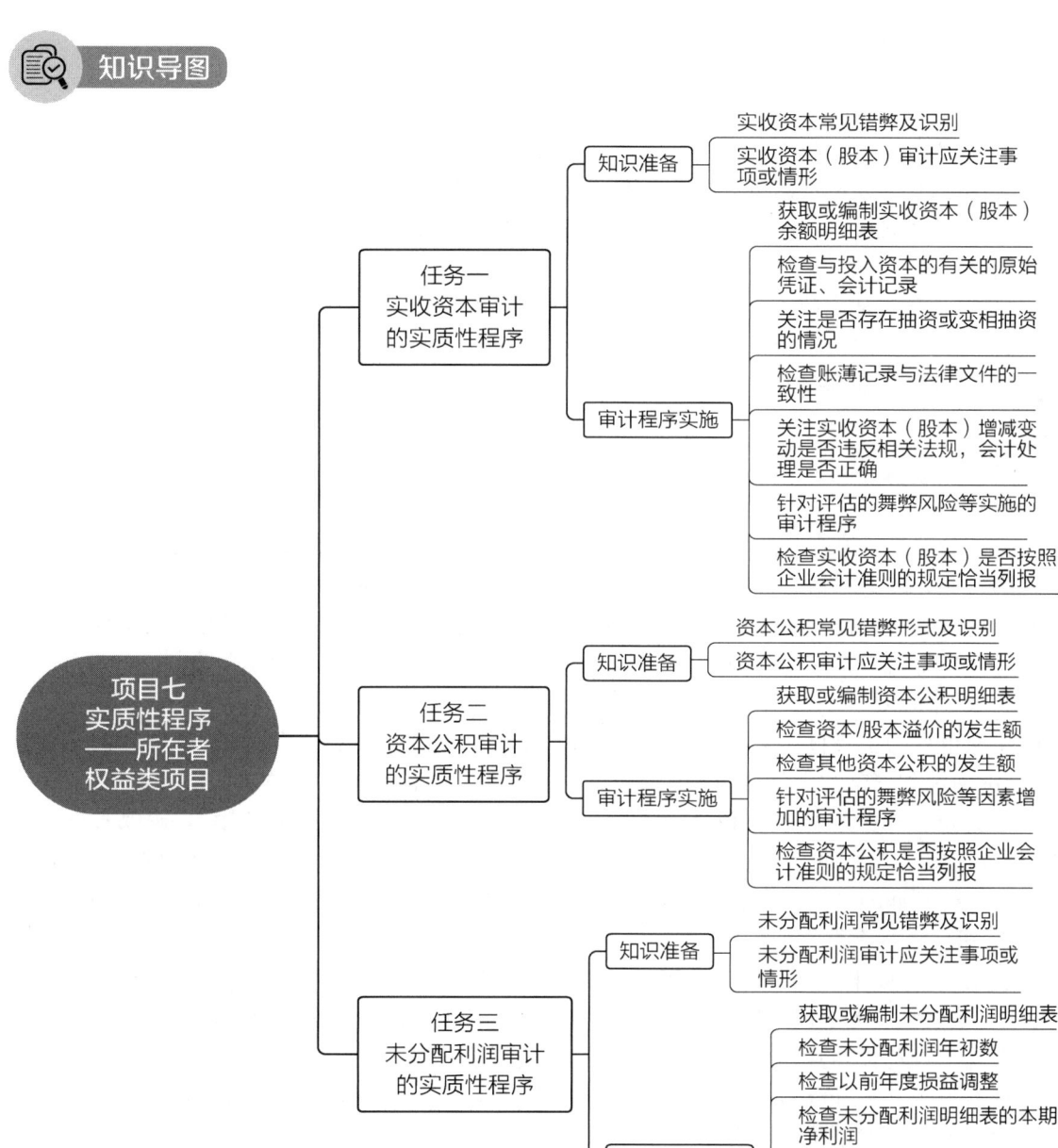

知识目标

1. 掌握实收资本审计实质性程序。

2. 掌握资本公积审计实质性程序。

3. 掌握未分配利润审计实质性程序。

4. 熟悉所有者权益类项目审计工作底稿。

能力目标

1. 能执行实收资本审计实质性程序。

2. 能执行资本公积审计实质性程序。

3. 能执行未分配利润审计实质性程序。

4. 能独立完成"审计工作底稿——所有者权益类项目"填写。

素质目标

1. 树立严谨负责的工作态度,强化职业道德意识。

2. 增强学习能力和创新意识,培养职业判断能力。

3. 培养团队合作精神。

🔍 项目引例

长江公司是一家在行业内具有较高知名度的中型制造企业,主要生产和销售高端机械设备。随着业务的不断拓展,公司规模逐渐扩大,吸引了众多投资者的关注。为了向股东、潜在投资者以及其他利益相关者提供准确、可靠的财务信息,长江公司决定聘请专业的审计机构光华会计师事务所对其财务报表进行审计。

1. 审计目标

本次审计的主要目标是对长江公司财务报表中的所有者权益类项目进行审查,确保其真实性、准确性和完整性。具体包括:核实股本的真实性和合法性,确认实收资本(股本)的增减变动是否符合相关法律法规和公司章程的规定;审查资本公积的来源和用途,确保其核算准确,不存在虚增或隐瞒的情况;检查盈余公积的提取和使用是否符合规定,是否存在违规操作;评估未分配利润的真实性和合理性,确认其分配方案是否符合公司的发展战略和股东利益。

2. 审计过程中发现的问题

实收资本(股本)方面,在审查实收资本(股本)变动情况时,发现部分股东的股权转让手续不完备,缺乏必要的法律文件和审批程序。此外,审计人员还发现公司存在以非货币资产出资的情况,但对该资产的评估价值存在争议,需要进一步核实。

资本公积方面,审计人员发现公司在某一重大资产重组过程中,将部分应计入损益的项目错误地计入了资本公积,导致资本公积虚增。同时,公司对资本公积的使用也不规范,部分资金被用于未经批准的项目投资。

盈余公积方面,公司在提取盈余公积时,未严格按照法定比例进行,存在少提或多提的情况。而且,公司在使用盈余公积弥补亏损时,未履行相应的审批程序。

未分配利润方面,审计人员注意到公司的未分配利润金额较大,但对其具体构成和来源的审查发现,部分利润来源于关联交易且交易价格的公允性存在疑问。此外,公司的利润分配方案缺乏明确的决策依据和透明度,可能会影响股东的利益。

3. 审计建议

实收资本(股本)方面,要求公司尽快完善股东股权转让手续,补充缺失的法律文件和审批程序;对于以非货币资产出资的情况,聘请专业的评估机构重新进行评估,确保资产价值的真实性和准确性。

资本公积方面,对错误计入资本公积的项目进行调整;加强对资本公积使用的管理,严格按照规定的用途和审批程序进行资金的使用。

盈余公积方面,督促公司按照法定比例正确提取盈余公积,对以往少提或多提的情况进行调整;规范盈余公积弥补亏损的审批程序,确保决策的合理性和合法性。

未分配利润方面,对关联交易进行深入审查,核实交易价格的公允性,确保未分配利润的真实性;要求公司制定明确的利润分配方案决策机制,提高决策的透明度和科学性,保护股东利益。

通过对长江公司所有者权益类项目的审计,审计人员发现了一系列问题,这些问题不仅影响了财务报表的真实性和准确性,也可能对公司的发展和股东利益造成潜在风险。审计项目组提出的审计建议旨在帮助公司完善财务管理,规范会计核算,提高财务信息的质量,为公司的可持续发展提供有力保障。同时,本次审计也为其他企业在所有者权益类项目审计方面提供了有益的参考和借鉴。

任务一　实收资本审计的实质性程序

学习活动一　明确任务

任务 描述

本任务旨在执行实收资本(股本)审计的实质性程序,与财务报表认定的存在,完整性,权利和义务,准确性、计价和分摊,列报对应,具体完成"即测即评"中"审计实操测试"中的审计工作底稿(实收资本审计)。

一、实收资本审计目标

实收资本审计目标与财务报表认定的对应关系如表7-1所示。

表7-1　实收资本审计目标与财务报表认定对应关系

财务报表认定	审计目标
存在	A. 资产负债表中记录的实收资本(股本)真实存在,无虚构或虚假列示的股东出资
完整性	B. 所有应记录的实收资本(股本)均已记录,不存在漏记或隐瞒的股东投入

财务报表认定	审计目标
准确性、计价和分摊	D. 实收资本(股本)的金额及增减变动已按企业会计准则正确计量,实收资本(股本)或资本公积的计价与分摊准确无误
列报	E. 实收资本已按企业会计准则的规定,在财务报表中恰当分类、描述及披露

二、拟执行的实质性审计程序(任务)

实收资本审计中可供选择的实质性审计程序如表 7-2 所示。

表 7-2　实收资本审计可供选择的实质性程序

审计目标	可供选择的实质性程序
D	获取或编制实收资本(股本)明细表
	(1) 复核加计是否正确,并与报表数、总账数和明细账合计数核对是否相符
	(2) 以非记账本位币出资的,检查其折算汇率是否符合规定
AD	检查与投入资本的有关的原始凭证、会计记录,查明投资者是否按合同、协议、章程约定的时间和方式缴付出资额,是否已经注册会计师验证。若已验资,应检查验资报告。必要时向投资者函证实缴资本额,以确定投入资本的真实性
A	结合其他应收款等科目的审计,关注是否存在抽资或变相抽资的情况,如有,应取证核实,作恰当处理
BA	检查被审计单位设立批文、章程、营业执照、董事会决议、股东会(股东大会)决议等法律性文件,确定账簿记录是否与法律性文件一致
ABD	1. 关注实收资本(股本)增减变动是否违反相关法规,会计处理是否正确
	(1) 以盈余公积和未分配利润转增资本的,检查是否符合《中华人民共和国公司法》(以下简称《公司法》)的规定、相关增资手续是否办理及会计处理是否正确
	(2) 以资本公积转增资本的,检查是否符合《公司法》的规定、相关增资手续是否办理及会计处理是否正确
	(3) 中外合作经营企业在合作期间归还投资的,审核相关法律法规的规定,并对已归还投资的发生额逐项核查至原始凭证,检查应用的折算汇率和会计处理是否符合相关规定
	2. 针对评估的舞弊风险等因素增加的审计程序
E	检查实收资本(股本)是否按照企业会计准则的规定恰当列报

任务 识别

1. 识读上述拟执行审计程序(任务),识别关键词,并把关键词写在横线上:＿＿＿＿＿＿

2. 从关键词中选择词语用于描述实收资本审计实质性程序任务(反映程序内容和要求):

实收资本(股本)主要是企业各投资者实际投入的资本(或股本)总额,包括货币、实物、无形资产等各种形式的投入。它是企业注册登记的法定资本总额的来源,它表明所有者对企业的基本产权关系。

一、实收资本常见错弊及识别

(一) 出资不实

以虚假的资产出资,例如,用根本不存在的知识产权、土地使用权等无形资产出资,或者用已经报废、无法使用的固定资产出资;以被高估价值的资产出资,故意抬高实物资产或无形资产的评估价值,使得实际出资额低于账面记录的实收资本金额。

(二) 出资手续不规范

没有按照法定程序进行出资,如未经过验资机构验资就确认实收资本(股本),或者验资报告存在瑕疵但仍被认可。股东以货币出资时,未将资金存入公司指定的银行账户,或者资金来源不合法,无法证明出资的真实性。

(三) 抽逃出资

在公司成立后,股东可能通过虚构交易、借款等方式将出资款项转出,使公司的实收资本(股本)减少;利用关联企业之间的往来转移资金,即抽逃出资。

(四) 实收资本(股本)核算错误

会计核算错误,将不属于实收资本(股本)的款项计入实收资本,或者错计实收资本(股本)的金额。未及时更新实收资本(股本)的明细账,导致股东变更、增资、减资等情况未能准确反映在财务报表中。

(五) 股权结构不清晰

存在隐名股东,实际出资人与注册登记的股东不一致,导致实收资本(股本)的归属不明确。股权转让未办理合法手续,或者转让价格不合理,影响实收资本(股本)的真实性和准确性。

二、实收资本(股本)审计应关注事项或情形

(1) 对于非货币资产增加的实收资本(股本)要关注非货币资产的价值是否公允合理。

(2) 首次审计必须获取公司章程、出资协议等法律文件,有验资报告的,可获取验资报告。

(3) 连续审计重点关注实收资本(股本)的增减变动情况,关注是否有相应的文件依据,相关的账务处理是否正确。

(4) 关注注册资金与实收资本(股本)是否存在重大差异的情况,需要结合分期出资的相关资料分析原因。

(5) 在国家企业信用信息公示系统查询被审计单位相关信息是否与提供给注册会计师的一致。

认知审计程序、示例

一、获取或编制实收资本(股本)余额明细表

(1) 复核加计是否正确,并与报表数、总账数和明细账合计数核对是否相符。(见审计工作底稿实例 7 - 1)

(2) 以非记账本位币出资的,检查其折算汇率是否符合规定。

二、检查与投入资本的有关的原始凭证、会计记录

查明投资者是否按合同、协议、公司章程约定的时间和方式缴付出资额,出资额是否已经注册会计师验证;若已验资,应检查验资报告,必要时向投资者函证实缴资本额,以确定投入资本的真实性。

三、关注是否存在抽资或变相抽资的情况

结合其他项目的审计,关注是否存在出资不实或抽逃出资的情况。例如,其他应收款等账户中存在"股东借款"时应保持高度警惕。借款的债务人不是股东时,注册会计师应检查该债务人与被审计单位及其股东有无关联关系。

取得借款合同及单据检查借款用途、借款期限、借款金额,特别注意该项借款是否按公司规定履行了审批手续,审计人员应关注未经审批的借款并向被审计单位管理层询问原因。

注意借款是否逾期,已逾期的长期挂账的股东借款增加了公司股东抽逃出资的可能,应高度关注。同时还应注意敏感金额的股东借款,如该股东的借款金额与其出资额恰好相等。

四、检查账簿记录与法律文件的一致性

检查被审计单位设立批文、公司章程、营业执照、董事会决议、股东会(股东大会)决议等法律文件,确定账簿记录是否与法律文件一致。

获取公司章程、营业执照、验资报告等,核对股东名称、出资比例、方式与实收资本(股本)明细账是否一致。对于外币出资,确认汇率折算正确性(按出资日即期汇率),关注外汇管理局备案。法律文件与账簿不一致时,要求企业书面说明并调整。

五、关注实收资本(股本)增减变动是否违反相关法规,会计处理是否正确

(1) 以盈余公积和未分配利润转增资本的,检查是否符合公司法的规定、相关增资手续是否办理及会计处理是否正确;

(2) 以资本公积转增资本的,检查是否符合公司法的规定、相关增资手续是否办理及会计处理是否正确;

(3) 中外合作经营企业在合作期间归还投资的,审核相关法规的规定,并对已归还投资的发生额逐项核查至原始凭证,检查应用的折算汇率和会计处理是否符合相关规定。

审计工作底稿实例 7-1

实收资本（股本）余额明细表

被审计单位：光明制造有限公司　　　　编制：张海　　　日期：2025-03-09　　　索引号：QA-003
报表截止日：2024年12月31日　　　　　复核：李莉　　　日期：2025-03-11　　　项目：实收资本（股本）——余额明细表

金额单位：元

股东名称	借贷方向	账面期初数	期初账表差异调整数	未审期初数	期初调整数	审定期初数	未审本期增加	未审本期减少	审定本期增加	审定本期减少	账面期末数	期末账表调整数	未审期末数	期末调整数	审定期末数	索引号	备注
**公司	贷	15 000 000.00	—	15 000 000.00	—	15 000 000.00	—	—	—	—	15 000 000.00	—	15 000 000.00	—	15 000 000.00		
合计		15 000 000.00	—	15 000 000.00	—	15 000 000.00	—	—	—	—	15 000 000.00	—	15 000 000.00	—	15 000 000.00		
		∧		∧		∧					∧		∧		∧		

审计说明：① 经核对，未见异常；② 由于本期无发生额，无须抽凭检查。

六、针对评估的舞弊风险等实施的审计程序

（一）对实收资本（股本）的增加和减少进行详细审查

对于增资，检查增资协议、股东会（股东大会）决议、验资报告等文件，确认增资的合法性和真实性；对于减资，审查减资公告、债务清偿证明等文件，确保减资程序符合法律规定。

（二）函证股东的出资情况

向股东发出询证函，确认其出资的金额、时间和方式，以及是否存在质押、冻结等限制情况；对函证过程进行严格控制，确保函证的真实性和可靠性。

（三）检查实收资本（股本）的会计处理是否正确

审查记账凭证、账簿记录和财务报表，确认实收资本（股本）的核算方法是否符合企业会计准则的要求，关注实收资本（股本）与资本公积、盈余公积等项目的区分和核算是否准确。

（四）与治理层和管理层沟通

及时与治理层沟通审计过程中发现的重大问题和风险。向治理层通报实收资本（股本）项目的审计进展和发现的问题，提醒其关注可能存在的舞弊风险。听取治理层的意见和建议，共同探讨解决方案和改进措施。

与管理层进行沟通，了解其对实收资本（股本）评估的看法和解释；要求管理层提供有关实收资本（股本）变动的详细说明和支持性文件，解答审计人员的疑问；对于存在争议或不确定性的问题，与管理层进行充分的沟通和协商，以达成共识。

七、检查实收资本（股本）是否按照企业会计准则的规定恰当列报

检查基准日资产负债表中实收资本（股本）项目期末余额，是否与实收资本（股本）账户余额相符。

⊙ 填制电子底稿

参照实收资本审计程序要求和示例，完成项目七"即测即评"中"审计实操测试"中的审计工作底稿（实收资本审计）。

学习活动三　课堂自查

（根据本任务学习情况和实操能力填写）

1. 难点：_____

_____

_____

_____

2. 改进：_____

_____

_____

_____

任务二　资本公积审计的实质性程序

学习活动一　明确任务

任务描述

本任务旨在执行资本公积审计的实质性程序,与财务报表认定的存在、完整性、准确性、计价和分摊,列报对应,具体完成"即测即评"中"审计实操测试"中的审计工作底稿(资本公积审计)。

一、资本公积审计目标

资本公积审计目标与财务报表认定对应关系,如表7-3所示。

表7-3　资本公积审计目标与财务报表认定的对应关系

财务报表认定	审计目标
存在	A. 资产负债表中记录的资本公积真实存在,无虚构或虚假列示的所有者权益
完整性	B. 所有应记录的资本公积均已完整记录,不存在漏记或隐瞒的所有者权益
准确性、计价和分摊	D. 资本公积的金额及增减变动已按会计准则恰当计量,相关调整等无误
列报	E. 资本公积已按企业会计准则的规定,在财务报表中恰当分类列报、披露

二、拟执行的实质性审计程序(任务)

为实现资本公积审计目标和对应的财务报表认定,注册会计师需要执行实质性程序,可供选择的实质性程序见表7-4。

表7-4　实收资本审计可供选择的实质性程序

审计目标	可供选择的审计程序
D	获取或编制资本公积明细表,复核加计是否正确,并与报表数、总账数和明细账合计数核对是否相符
ADB	(1) 根据资本公积明细账,对资本/股本溢价的发生额逐项审查至原始凭证;若首次接受委托,还应对该明细项目的期初余额进行追溯查验
	① 对资本/股本溢价,应取得董事会会议纪要、股东会(股东大会)决议、有关合同、政府批文,追查至银行回单等原始凭证,结合相关科目的审计,检查会计处理是否正确
	② 对资本公积转增资本的,应取得股东会(股东大会)决议、董事会会议纪要、有关批文等,检查资本公积转增资本是否符合有关规定,会计处理是否正确

审计目标	可供选择的审计程序
ADB	③ 若有同一控制下企业合并,应结合长期股权投资科目,检查被审计单位(合并方)取得的被合并方所有者权益账面价值的份额与支付的合并对价账面价值的差额计算是否正确,是否依次调整本科目和留存收益
	(2) 根据资本公积明细账,对其他资本公积的发生额逐项审查至原始凭证;若首次接受委托,还应对该明细项目的期初余额进行追溯查验
	① 检查以权益法核算的被投资单位除净损益、其他综合收益以外所有者权益的变动,被审计单位是否已按其享有的份额入账,会计处理是否正确;处置该项投资时,应注意是否已转销与其相关的资本公积
	② 以自用房地产或存货转换为采用公允价值模式计量的投资性房地产,转换日的公允价值大于原账面价值的,检查其差额是否计入资本公积。处置该项投资性房地产时,原计入资本公积的部分是否已转销
	③ 以权益结算的股权支付,取得相关资料,检查在权益工具授予日和行权日的会计处理是否正确
	(3) 针对评估的舞弊风险等因素增加的审计程序
E	检查资本公积是否按照企业会计准则的规定恰当列报

任务 识别

1. 识读上述拟执行审计程序(任务),识别关键词,并把关键词写在横线上: _____

_____

2. 从关键词中选择词语用于描述资本公积审计实质性程序任务(反映程序内容和要求):

_____

_____

知识 准备

资本公积,是企业收到的投资者出资额超过其在注册资本或股本中所占份额的部分所有者权益。用资本公积转增资本(股本),应当冲减资本公积,资本公积不得用于弥补亏损。

一、资本公积常见错弊形式及识别

(一) 资本溢价虚增

(1) 虚假出资形成资本溢价:股东以虚假的资产或高估的资产价值出资,虚增实收资本,同时形成不合理的资本溢价。例如,以不存在的无形资产出资,或者故意抬高实物资产的评估价值。出资后通过各种手段抽回出资,虚高了资本溢价。

(2) 混淆资本溢价与其他项目:将应计入其他项目的款项错误地计入资本溢价。例如,本应将股东的捐赠款计入营业外收入,却错误地计入"资本公积——资本溢价";或者将本应计入其他收益的债务重组利得,错误地计入资本公积。

(二) 其他资本公积

(1) 权益法核算长期股权投资时的错弊：① 在对被投资单位采用权益法核算时，未正确确认投资单位应享有的被投资单位除净损益、其他综合收益和利润分配以外的所有者权益变动份额，导致其他资本公积计算错误；② 故意高估或低估被投资单位的可辨认净资产公允价值，从而影响投资单位在权益法下对其他资本公积的确认。

(2) 发行可转换债券的错弊：在发行可转换债券时，未准确分离负债成分和权益成分，错误计算应计入"资本公积——其他资本公积"的权益成分金额。例如，对债券未来现金流量折现计算负债成分公允价值时，选用不恰当的折现率，导致权益成分金额计算失真；或者在后续可转换债券转股时，未按照正确的转股比例和程序调整资本公积，造成资本公积核算混乱。

(3) 股份支付形成的错弊：① 公司在进行股份支付时，对权益工具公允价值的确定不合理，导致确认的"资本公积——其他资本公积"金额错误；② 未按照股份支付计划的规定确认服务期限和可行权条件，提前或延迟确认资本公积。

(三) 资本公积转增资本

(1) 未经法定程序转增资本。公司在将资本公积转增资本时，未履行必要的股东会(股东大会)决议程序，或者未经过验资等法定程序，导致转增资本不合法。

(2) 超限额转增资本。违反《公司法》等相关法规对资本公积转增资本比例的限制，转增资本比例超过规定限额，损害公司和其他股东的利益。

二、资本公积审计应关注事项或情形

(1) 重点关注资本公积的增减变动情况，关注是否有相应的文件依据，相关的账务处理是否正确。

(2) 对于可转换债券，关注发行时负债成分和权益成分的分拆计算过程及折现率是否合理；关注可转换债券转股时，资本公积的调整是否准确，是否与转股数量、转股价格等要素匹配，是否有完整的转股记录和审批手续。

(3) 区别资本公积中不能转增资本的项目。

学习活动二　审计程序实施

认知审计程序、示例

一、获取或编制资本公积明细表

(1) 获取或编制资本公积明细表，复核加计是否正确。

(2) 核对报表数、总账数和明细账合计数是否相符。(见审计工作底稿实例7-2)

二、检查资本/股本溢价的发生额

根据资本公积明细账，对资本/股本溢价的发生额逐项审查至原始凭证；若首次接受委托，还应对该明细项目的期初余额进行追溯查验。(见审计工作底稿实例7-3)

审计工作底稿实例 7－2

资本公积明细表

被审计单位：光明制造有限公司　　　　　　　　　编制：张海　　　　　日期：2025－03－09　　　　索引号：QC－003

报表截止日：2024 年 12 月 31 日　　　　　　　　　复核：李莉　　　　　日期：2025－03－11　　　　项目：资本公积——明细表

金额单位：元

项目名称	借贷方向	附注分类	账面期初数	期初账表差异调整数	未审期初数	期初调整数	审定期初数	未审本期增加	未审本期减少	审定本期增加	审定本期减少	账面期末数	期末账表调整数	未审期末数	期末调整数	审定期末数	备注
其他资本公积	贷		40 362 701.41	—	40 362 701.41	—	40 362 701.41	—	—	—	—	40 362 701.41	—	40 362 701.41	—	40 362 701.41	
合　计			40 362 701.41	—	40 362 701.41	—	40 362 701.41	—	—	—	—	40 362 701.41	—	40 362 701.41	—	40 362 701.41	
			∧		∧		∧					∧		∧		∧	

审计说明：① 经核对，未见异常；② 由于本期无发生额，无须抽凭检查。

（1）对资本/股本溢价，应取得董事会会议纪要、股东会（股东大会）决议、有关合同、政府批文，追查至银行收款等原始凭证，结合相关科目的审计，检查会计处理是否正确。

（2）对资本公积转增资本的，应取得股东会（股东大会）决议、董事会会议纪要、有关批文等，检查资本公积转增资本是否符合有关规定，会计处理是否正确。

（3）若有同一控制下企业合并，应结合长期股权投资科目，检查被审计单位（合并方）取得的被合并方所有者权益账面价值的份额与支付的合并对价账面价值的差额计算是否正确，是否依次调整本科目和留存收益。

三、检查其他资本公积的发生额

根据资本公积明细账，对其他资本公积的发生额逐项审查至原始凭证；若首次接受委托，还应对该明细项目的期初余额进行追溯查验。（见审计工作底稿实例 7-3）

审计工作底稿实例 7-3

其他资本公积检查表

被审计单位：光明制造有限公司　　　索引号：4302-3　　　　　　　　　金额单位：元
项目：其他资本公积　　　　　　　　截止日：2024 年 12 月 31 日
编制：张海　　　　　　　　　　　　复核：李莉
日期：2025 年 03 月 09 日　　　　　日期：2025 年 03 月 11 日

记账日期			凭证编号	业务内容	对应科目	金额/元	核对内容（用"√""×"表示）					备注
年	月	日					1	2	3	4	5	

核对内容说明：① 原始凭证是否齐全；② 记账凭证与原始凭证是否相符；③ 是否经授权批准；④ 账务处理是否正确；⑤ ……

审计说明：① 原始凭证齐全；② 记账凭证与原始凭证相符；③ 经授权批准；④ 账务处理正确。

（1）检查以权益法核算的被投资单位除净损益、其他综合收益以外所有者权益的变动，被审计单位是否已按其享有的份额入账，会计处理是否正确；处置该项投资时，应注意是否已转销与其相关的资本公积。

（2）以自用房地产或存货转换为采用公允价值模式计量的投资性房地产，转换日的公允价值大于原账面价值的，检查其差额是否计入资本公积；处置该项投资性房地产时，原计入资本公积的部分是否已转销。

（3）获取可转换债券募集说明书、发行合同等资料，复核负债成分和权益成分的分拆计算过程；检查企业是否采用恰当的折现率对未来现金流量进行折现以确定负债成分的公允价值；审查后续每个资产负债表日，企业是否按实际利率法对负债成分的摊余成本进行正确核算，利息费用的确认和支付是否准确；在可转换债券持有人行使转换权利时，检查企业是否按照转股数量和约定的转股价格，准确计算转换的股份数量，是否正确将原计入"资本公积——其他资本公积"的权益成分金额转销，转入"资本公积——股本溢价"账户，以及相关的股本和股本溢价的会计处理是否符合规定,是否有完整的转股审批手续和会计记录;关注可转换债券赎回、回售条款涉及的会计处理是否正确,是否对资本公积产生了不当影响。

（4）以权益结算的股权支付,应取得企业的股权激励计划文件、授予协议、行权通知书、股东名册变动记录等相关资料,在权益工具授予日和行权日,检查行权过程中的审批流程是否完备,相关的会计处理是否及时、准确,是否在财务报表附注中对股权支付的相关信息进行了充分披露。

四、针对评估的舞弊风险等因素增加的审计程序

通过关注关联交易、关注期后事项、加强审计人员的专业判断和职业怀疑、利用专家意见等方式和相应审计程序,应对风险评估确定的或可能存在的资本公积项目舞弊风险。

五、检查资本公积是否按照企业会计准则的规定恰当列报

（1）检查资本公积是否已按照企业会计准则的规定在财务报表中作出恰当列报,包括在财务报表的附注中是否充分披露了资本公积的各项目构成、期初余额、本期增加额、本期减少额和期末余额等信息。例如,查看财务报表附注中关于资本公积的披露内容,是否详细说明了资本（股本）溢价、其他资本公积等各项目的具体情况;核实披露的金额是否与财务报表中的数据一致。

（2）关注资本公积披露的准确性:确保披露的信息能够使财务报表使用者理解资本公积的性质、来源和变动情况,以及对企业财务状况和经营成果的影响。例如,如果企业存在特殊的资本公积项目或复杂的资本公积变动情况,检查披露是否提供了足够的解释和说明。

⊙ 填制电子底稿

参照资本公积审计程序要求和示例,完成项目七"即测即评"中"审计实操测试"中的审计工作底稿（资本公积审计）。

────────〉〉 **学习活动三 课堂自查** 〈〈────────

（根据本任务学习情况和实操能力填写）

1. 难点：＿＿＿＿＿＿＿＿＿＿＿＿＿＿＿＿＿＿＿＿＿＿＿＿＿＿＿＿＿

＿＿＿＿＿＿＿＿＿＿＿＿＿＿＿＿＿＿＿＿＿＿＿＿＿＿＿＿＿＿＿＿＿＿＿

＿＿＿＿＿＿＿＿＿＿＿＿＿＿＿＿＿＿＿＿＿＿＿＿＿＿＿＿＿＿＿＿＿＿＿

2. 改进：＿＿＿＿＿＿＿＿＿＿＿＿＿＿＿＿＿＿＿＿＿＿＿＿＿＿＿＿＿

＿＿＿＿＿＿＿＿＿＿＿＿＿＿＿＿＿＿＿＿＿＿＿＿＿＿＿＿＿＿＿＿＿＿＿

＿＿＿＿＿＿＿＿＿＿＿＿＿＿＿＿＿＿＿＿＿＿＿＿＿＿＿＿＿＿＿＿＿＿＿

＿＿＿＿＿＿＿＿＿＿＿＿＿＿＿＿＿＿＿＿＿＿＿＿＿＿＿＿＿＿＿＿＿＿＿

任务三　未分配利润审计的实质性程序

任务描述

本任务旨在执行未分配利润审计的实质性程序,与财务报表认定的存在,完整性,准确性、计价和分摊,列报对应,具体完成"即测即评"中"审计实操测试"中的审计工作底稿(未分配利润审计)。

一、未分配利润审计目标与财务报表认定对应关系

未分配利润审计目标与财务报表认定对应关系如表7-5所示。

表 7-5　未分配利润审计目标与财务报表认定对应关系

财务报表认定	审计目标
存在	A. 资产负债表中记录的未分配利润真实存在,无虚构或虚假
完整性	B. 所有应归属本会计期间的净利润及利润分配事项均已记录,不存在漏记或隐瞒的未分配利润
准确性、计价和分摊	D. 未分配利润的金额计算准确,相关调整事项已按会计准则恰当处理
列报	E. 未分配利润已按企业会计准则的规定,在财务报表中恰当列报、披露

二、拟执行的实质性审计程序(任务)

为实现未分配利润审计目标和对应的财务报表认定,注册会计师需要执行实质性程序,可供选择的实质性程序如表7-6所示。

表 7-6　未分配利润审计可供选择的实质性程序

审计目标	可供选择的实质性程序
D	获取或编制未分配利润明细表,复核加计是否正确,与报表数、总账数及明细账合计数核对是否相符
DAB	将未分配利润明细表的年初数与上年审定数核对是否相符,检查涉及会计政策变更、前期差错更正的董事会会议纪要、股东会(股东大会)及相关文件资料,查明调整后的年初未分配利润是否正确
	检查以前年度损益调整的内容是否真实、合理,注意对以前年度所得税的影响。对重大调整事项应逐项核实其发生原因、依据和有关资料,复核数据的正确性

审计目标	可供选择的实质性程序
ABD	将未分配利润明细表的本期净利润与审定后的利润表核对,获取与利润分配有关的董事会会议纪要、股东会(股东大会)决议,对照有关规定确认利润利润分配的合法性,并根据审定的净利润等项目重新计算
D	了解本年利润弥补以前年度亏损的情况,确定本期末弥补亏损金额。如果已超过弥补期限,且已因为可抵扣亏损而确认递延所得税资产的,应当进行调整
	针对评估的舞弊风险等因素增加的审计程序
E	检查未分配利润是否按照企业会计准则的规定恰当列报

任务 识别

1. 识读上述拟执行审计程序(任务),识别关键词,并把关键词写在横线上:＿＿＿＿＿＿

＿＿＿＿＿＿＿＿＿＿＿＿＿＿＿＿＿＿＿＿＿＿＿＿＿＿＿＿＿＿＿＿＿＿＿＿＿＿

2. 从关键词中选择词语用于描述未分配利润审计实质性程序任务(反映程序内容和要求):＿＿＿＿＿＿＿＿＿＿＿＿＿＿＿＿＿＿＿＿＿＿＿＿＿＿＿＿＿＿＿＿＿＿＿＿＿＿

知识 准备

未分配利润包括留待以后年度分配的利润或未指定特定用途的未分配利润。未分配利润属于所有者权益的组成部分,是企业实现的净利润经过弥补亏损、提取盈余公积和向投资者分配利润后,留存在企业的历年结存的利润。

一、未分配利润常见错弊及识别

(一)利润分配不规范

(1)违规分配利润:未按照公司章程规定的程序和比例进行利润分配。例如,未经股东会(股东大会)批准擅自分配利润,或者分配比例与章程不符。这可能导致股东权益受损,也可能违反法律法规。

(2)隐瞒利润不分配:企业为了特定目的,如避免股东分红带来的税收负担、留存资金用于不当用途等,故意隐瞒利润不进行分配。这会影响财务报表的真实性,也可能损害股东利益。

(3)利润分配时间不合理:未在规定的时间内进行利润分配,或者提前分配利润。例如,在财务年度结束后未及时分配利润,或者在未完成审计等必要程序前分配利润。

(二)会计核算错误

(1)收入和费用确认不准确:企业在确认收入和费用时出现错误,导致利润计算不准确,进而影响未分配利润。例如,提前确认收入、延迟确认费用,或者相反情况,会使未分配利润的金额与实际经营成果不符,误导投资者和其他财务报表使用者。

(2)资产计价错误:对资产的计价不准确,如存货计价方法不合理、固定资产折旧计提不当、无形资产摊销错误等,也会影响利润和未分配利润。这可能导致财务报表中的资产和利润数据不实。

(3) 会计政策和会计估计变更不当:企业随意变更会计政策和会计估计,且未在财务报表中进行充分披露。例如,为了调整利润而改变存货计价方法、固定资产折旧年限等。这会使不同期间的财务报表缺乏可比性,掩盖企业的真实经营状况。

(三) 关联交易舞弊

(1) 关联方交易价格不公允:企业与关联方之间进行交易时,交易价格明显偏离市场价格,通过高价买入、低价卖出等方式,将利润在关联企业之间进行转移,从而影响未分配利润。这可能导致财务报表中的利润数据不真实,损害非关联股东的利益。

(2) 关联方资金占用:关联方长期占用企业资金,不支付利息或支付的利息过低,导致企业资金成本增加,利润减少,未分配利润受到影响。同时,资金占用可能影响企业的正常经营和资金周转。

(3) 隐瞒关联交易:企业未按照规定披露与关联方的交易,或者故意隐瞒重大关联交易,使财务报表使用者无法了解企业的真实经营情况和财务状况。这会误导投资者的决策,也可能违反法律法规的要求。

(四) 税务风险

(1) 所得税计算错误:企业在计算所得税时,未正确计算应纳税所得额,导致所得税费用计算错误,进而影响净利润和未分配利润。这可能使企业面临税务风险,同时也会影响财务报表的准确性。

(2) 税务筹划不当:企业进行税务筹划时,如果采取的方法不合法或不合理,可能会面临税务风险,同时也可能影响未分配利润。例如,通过虚假的税收优惠申请、不合理的费用分摊等方式减少纳税,一旦被税务机关查处,不仅要补缴税款和滞纳金,还可能面临罚款等处罚。

(五) 其他错弊形式

结合利润表的审计,关注未分配利润期初、期末的勾稽关系的情况。

(1) 财务报表造假:企业为了达到特定目的,如获取融资、提高股价,故意伪造财务报表,虚增未分配利润。这是严重的违法违规行为,会给投资者和其他利益相关者带来巨大损失,也会对企业自身造成严重后果。

(2) 内部管理混乱:企业内部财务管理混乱,会计核算不规范,财务记录不完整,导致未分配利润的计算和核算出现错误。例如,财务人员素质不高和内部控制制度不完善可能导致未分配利润的错弊。

二、未分配利润审计应关注事项或情形

(1) 合规性:确保未分配利润的变动符合适用的财务报告准则和公司制度。

(2) 会计政策一致性:检查公司是否一贯地应用会计政策,未分配利润的计算方法是否前后一致。

(3) 期初余额的确认:关注上期末未分配利润是否与本期期初未分配利润相符,对期初未分配利润进行调整的事项应逐一进行检查,验证上期未分配利润的结转是否正确无误。

(4) 收入和费用的准确性:检查当期收入和费用的确认是否准确,是否符合权责发生制原则。

(5) 利润分配的合法性:审查公司利润分配的决策过程,确保其合法性、合规性及是否得

到恰当授权。

（6）利润分配的披露：确保利润分配相关的信息在财务报表中披露充分、恰当。

（7）税务影响：评估未分配利润对税务的影响，包括递延税项的计算和披露。

（8）内部控制的有效性：评估和测试与未分配利润相关的内部控制系统是否有效。

（9）或有事项和承诺：检查可能影响未分配利润的或有事项、承诺及披露是否完整。

（10）以前年度调整：检查是否有需要调整以前年度未分配利润的事项，如会计差错更正、审计调整。

（11）现金流量的影响：分析利润分配对现金流量的影响，确保现金流量表的准确性。

（12）盈利能力的分析：通过分析未分配利润的变动，评估公司的盈利能力和财务健康状况。

（13）比较信息的一致性：如果适用，比较未分配利润与同行业其他公司的财务指标，分析其合理性。

（14）未来盈利预测：评估管理层对未分配利润未来变动的预测是否合理。

（15）审计证据的充分性：确保获取充分、适当的审计证据以支持未分配利润的审计结论。

在审计过程中，注册会计师应保持职业怀疑态度，对可能影响未分配利润的所有重大事项保持警觉，并在审计报告中适当反映。

学习活动二　实施审计程序

▶ 认知审计程序、示例

一、获取或编制未分配利润明细表

获取或编制未分配利润明细表，复核加计是否正确，与报表数、总账数及明细账合计数核对是否相符。（见审计工作底稿实例 7-4 和审计工作底稿实例 7-5）

二、检查未分配利润年初数

将未分配利润明细表的年初数与上年审定数核对是否相符，检查涉及会计政策变更、前期差错更正的董事会会议纪要、股东会（股东大会）及相关文件资料，查明调整后的年初未分配利润是否正确。（见审计工作底稿实例 7-6）

逐项核对未分配利润明细表年初数与上年"未分配利润"项目金额，差异须编制调节表并说明原因。重点核查因会计政策变更（如收入确认时点调整）或前期差错（如折旧计算错误）导致的年初数调整，检查董事会决议日期、调整分录及影响金额。参考审计工作底稿实例 7-6 的核对模板，确保调整依据充分（如追溯调整说明、税务局备案文件）。

三、检查以前年度损益调整

检查以前年度损益调整的内容是否真实、合理，注意对以前年度所得税的影响。对重大调整事项应逐项核实其发生原因、依据和有关资料，复核数据的正确性。

抽取金额处于前五大的调整事项，核查原始凭证（如税务稽查决定书、法院判决书）与调整

未分配利润账项明细表

被审计单位：光明制造有限公司　　　　编制：张海　　日期：2025-03-09　　索引号：QE-003
报表截止日：2024年12月31日　　　　复核：李莉　　日期：2025-03-11　　项目：未分配利润——账项明细表
　　　　　　　　　　　　　　　　　　　　　　　　　　　　　　　　　　　金额单位：元

项目名称	借贷方向	未审期初数	期初调整数	审定期初数	未审借方发生额	未审贷方发生额	审定借方发生额	审定贷方发生额	未审期末数	期末调整数	审定期末数	索引号	备注
本年利润	贷	—	—	—	364 346 018.86	387 054 827.40	364 346 018.86	387 054 827.40	22 708 808.54	—	22 708 808.54		
提取法定盈余公积	贷	9 602 276.90	—	9 602 276.90	—	—	—	—	9 602 276.90	—	9 602 276.90		
未分配利润	贷	171 177 101.99	33 789 347.42	204 966 449.41	—	22 708 808.54	—	22 708 808.54	193 885 910.53	33 789 347.42	227 675 257.95		
合　计	贷	180 779 378.89	33 789 347.42	214 568 726.31	364 346 018.86	409 763 635.94	364 346 018.86	409 763 635.94	226 196 995.97	33 789 347.42	259 986 343.39		

审计说明：经核对，未见异常。

未分配利润明细表

被审计单位：光明制造有限公司　　编制：张海　　日期：2025－03－09　　索引号：QE－004

报表截止日：2024 年 12 月 31 日　　复核：李莉　　日期：2025－03－11

项目：未分配利润——明细表　　　　　　　　　　　　　　　　　　　金额单位：元

明细内容	本期数	上期数	备注
一、上年年末余额	171 177 101.99	155 664 875.99	
加：会计政策变更	33 789 347.42		
前期差错更正			
二、本年年初余额	204 966 449.41	155 664 875.99	
三、本期净利润	22 708 808.54	15 979 347.45	
四、利润分配	—	1 320 781.61	
1. 提取盈余公积			
2. 对所有者（股东）的分配			
3. 其他		1 320 781.61	
五、所有者权益内部结转	—	—	
1. 盈余公积弥补亏损			
2. 其他			
六、本年年末余额	227 675 257.95	170 323 441.83	

审计说明：经查阅，未见异常。

分录的匹配性。计算所得税调整是否正确（如补提或冲减以前年度所得税费用），关注是否已取得税务机关认可。对跨期超过 3 年的重大调整（如超过净利润 10％），需要补充说明合理性及对当期损益的影响。

四、检查未分配利润明细表的本期净利润

将未分配利润明细表的本期净利润与审定后的利润表核对，获取与利润分配有关的董事会会议纪要、股东会（股东大会）决议，对照有关规定确认利润分配的合法性，并根据审定的净利润等项目重新计算。

核对"未分配利润——本年净利润"与利润表"净利润"金额是否一致，差异须追溯至审计调整分录。检查利润分配顺序是否符合《公司法》（如先弥补亏损再提取盈余公积），分配比例是否与公司章程一致。

重新计算法定盈余公积提取金额（净利润×10％），验证股东会（股东大会）决议批准的分配方案与账面记录是否一致。

未分配利润检查情况表

被审计单位：光明制造有限公司　编制：张海　日期：2025－03－09　索引号：QE－006

报表截止日：2024 年 12 月 31 日　复核：李莉　日期：2025－03－11　金额单位：元

项目：未分配利润——检查情况表

日期	凭证种类	凭证编号	业务内容	明细科目	对方科目	金额 借方	金额 贷方	核对内容 1	2	3	4	5	6	备注
2024－01－20	记	272	结转本期损益		管理费用;财务费用;其他业务成本;销售费用;主营业务成本;本年利润;税金及附加	20 255 444.84	—	√	√	√	√			
2024－09－20	记	348	结转本期损益		管理费用;其他业务成本;销售费用;财务费用;主营业务成本;本年利润;税金及附加	40 980 128.42	—	√	√	√	√			
2024－10－20	记	332	结转本期损益		管理费用;销售费用;财务费用;本年利润;主营业务成本;其他业务成本	26 994 176.01	—	√	√	√	√			
2024－11－20	记	415	结转本期损益		主营业务收入;本年利润;其他业务收入;投资收益;资产处置损益	—	23 058 381.41	√	√	√	√			
2024－12－20	记	499	结转本期损益		主营业务收入;本年利润;其他业务收入;营业外收入;投资收益;资产处置损益	—	55 058 778.83	√	√	√	√			

核对内容说明：
① 原始凭证是否齐全。
② 记账凭证与原始凭证是否相符。
③ 账务处理是否正确。
④ 是否记录于恰当的会计期间。
⑤ ……

抽样说明：
分层抽样。
金额大于 500 000 元的,按随机抽样,抽取样本 5 笔;共抽取样本 5 笔。
手工抽取凭证 0 笔。
审计说明：经抽凭检查,未见异常。

五、确定本期期末弥补亏损金额

了解本年利润弥补以前年度亏损的情况,确定本期末弥补亏损金额。如果已超过弥补期限,且已因为可抵扣亏损而确认递延所得税资产的,应当进行调整。

查阅税务备案的亏损弥补台账,确认可弥补亏损年度及剩余期限(通常 5 年);计算本年实际弥补亏损额,核对企业所得税汇算清缴申报表与账面记录的一致性;对超过弥补期限的亏损,检查是否已冲回对应的递延所得税资产,并调整当期所得税费用。

六、针对评估的舞弊风险等因素增加的审计程序

在财务报表审计中,针对未分配利润项目的舞弊风险,注册会计师通常会设计和实施一系列额外的审计程序来降低审计风险。以下是一些可能增加的审计程序:

(1)分析程序:对未分配利润的变动实施分析程序,比较本期与上期的变动,分析其合理性。

(2)审查会计政策和会计估计:评估与未分配利润相关的会计政策和会计估计的一致性和适当性。

(3)审查利润分配决议:检查有关利润分配的董事会决议和股东会(股东大会)记录,确保决策过程的合法性和合规性。

(4)检查前期调整:审查前期损益调整对未分配利润的影响,确保所有调整均已适当记录。

(5)验证收入和费用的完整性:通过实施实质性测试,验证收入和费用的完整性,确保所有影响未分配利润的项目均已记录。

(6)审查现金流量:分析现金流量表,验证与未分配利润变动相关的现金流量的准确性。

(7)审查关联方交易:检查与关联方之间的交易,确保交易的公允性,防止通过关联方交易操纵未分配利润。

(8)审查或有事项和承诺:评估可能影响未分配利润的或有事项和承诺,并确保这些事项在财务报表中得到恰当披露。

(9)审查税务处理:检查与未分配利润相关的税务处理,包括递延所得税资产和递延所得税负债的计算。

(10)审查披露的充分性:确保财务报表中对未分配利润的披露是充分和适当的,符合财务报告准则。

(11)实施函证程序:对重要的客户和供应商进行函证,以验证收入和费用的真实性。

(12)利用专家的工作:在必要时,利用税务、估值等领域的专家,以增强对未分配利润相关项目的审计。

(13)对异常波动进行调查:对未分配利润的异常波动进行深入调查,寻找可能的舞弊迹象。

(14)增加审计抽样量:增加样本量,以提高审计证据的可靠性。

(15)实施截止测试:进行截止测试,确保所有影响未分配利润的交易均已在正确的会计期间内记录。

(16)审查期后事项:检查审计报告日至财务报表公布日之间发生的可能影响未分配利润的期后事项。

通过实施以上审计程序,注册会计师可以更有效地评估和应对未分配利润项目的舞弊风险。

七、检查未分配利润是否按照企业会计准则的规定恰当列报

检查基准日资产负债表中未分配利润项目期末余额,是否与未分配利润账户余额相符。

▶ 填制电子底稿

参照未分配利润审计程序要求和示例,完成项目七"即测即评"中"审计实操测试"中的审计工作底稿(未分配利润审计)。

学习活动三　课堂自查

(根据本任务学习情况和实操能力填写)
1. 难点:_____

_____

_____

2. 改进:_____

_____

_____

_____

项 目 拓 展

拓展阅读

▶ 知识视窗

认知合规审计与绩效审计

合规审计与绩效审计是两种不同但又相互关联的审计类型。其中:

1. 合规审计

合规审计是对组织的经营活动是否符合法律法规、行业规范、内部政策等要求进行审查和评价的一种审计方式。其审计目标是确保组织的经营活动在合法合规的框架内进行,降低法律风险;验证组织对内部规章制度的遵守情况,维护组织的正常秩序和稳定。其主要审计内容是审查组织的财务报表、会计记录等,确保财务数据的真实性、准确性和完整性,符合会计准则和相关法律法规;检查组织的业务流程和操作规范是否符合行业标准和内部政策;评估组织在环境保护、安全生产、劳动法规等方面的合规情况。合规审计采用的审计方法有:(1)文件审

查,查阅组织的政策文件、合同、报告等,以确定是否存在违规行为;(2) 访谈,访谈组织内部的管理人员、员工,了解他们对合规要求的认识和执行情况;(3) 实地观察,实地查看组织的生产经营场所,检查是否存在违规操作或安全隐患。

2. 绩效审计

绩效审计是对组织的经济活动的效率、效果和效益进行审查和评价的一种审计方式。其审计目标是评估组织资源的利用效率,提高资源的配置和使用效益;衡量组织经济活动的效果,确定是否实现了预期的目标和成果;促进组织改进管理,提高运营绩效和竞争力。其主要审计内容为审查组织的经济活动的投入和产出情况,计算投入产出比,评估资源利用效率;分析组织经济活动的效果,如组织在产品质量、客户满意度、市场份额方面的表现;评价组织的管理绩效,包括决策的科学性、执行的有效性、内部控制的健全性等。采用的主要审计方法有:① 比率分析,通过计算各种财务比率和绩效指标,如资产回报率、销售利润率、人均产值等,评估组织的绩效水平;② 成本效益分析,比较组织经济活动的成本和效益,确定是否具有经济效益;③ 标杆对比,将组织的绩效与同行业的先进水平进行对比,找出差距和改进方向。

3. 合规审计与绩效审计对比

合规审计与绩效审计区别,主要体现在审计目标不同、审计内容不同、审计方法不同。两者的联系是:① 合规审计是绩效审计的基础,只有在合法合规的前提下,组织的经济活动才能实现可持续发展,绩效审计才有意义。如果组织存在违规行为,可能会面临法律风险和经济损失,从而影响绩效水平;② 绩效审计可以促进合规审计的完善,绩效审计可以发现组织管理中的薄弱环节和潜在风险,为合规审计提供参考和依据。同时,绩效审计也可以推动组织不断完善内部管理制度和流程,提高合规管理水平;③ 两者共同服务于组织的发展目标,合规审计和绩效审计都是为了促进组织的健康发展,提高组织的竞争力和可持续发展能力。合规审计确保组织的合法合规运营,绩效审计提高组织的经济活动效率和效果,两者相互配合,共同为组织的发展目标服务。

总之,合规审计和绩效审计既存在一定的区别,又相互联系、相互促进。在实际审计工作中,应根据具体情况,合理安排合规审计和绩效审计的占比,以充分发挥两者的作用,为组织的发展提供有力保障。

⊙ 审计失败案例

2024 年 9 月,财政部对立信会计师事务所(特殊普通合伙)(以下简称"立信所")及相关注册会计师作出行政处罚(财监法〔2024〕319 号)。检查发现,立信所在对国投电力控股股份有限公司(以下简称"国投电力")2020 年度财务报表审计中,未保持应有的职业怀疑,认可了国投电力将应计入负债的可续期公司债错误计入"其他权益工具"(所有者权益类科目)的会计处理,导致所有者权益虚增。审计失败关键点如下:

(1) 会计处理错误未识别,可续期公司债本质上属于负债(须偿还本金及利息),但国投电力将其计入"其他权益工具",虚增所有者权益。立信所未对该会计处理的合规性进行充分验证,未发现其与企业会计准则的冲突,对所有者权益类项目(其他权益工具)的分类错误未关注。

(2) 职业怀疑缺失,审计中未对可续期公司债的条款(如续期选择权、利率跳升机制)进行深入分析,未关注其是否符合其他权益工具的定义,导致错误支持企业的会计处理。

(3) 审计程序执行不到位,未针对负债与所有者权益的分类设计针对性审计程序,未获取充分证据证明可续期公司债的会计处理符合企业会计准则要求。

素养园地

2024 年 9 月,财政部对立信会计师事务所(特殊普通合伙)(以下简称"立信所")及注册会计师作出行政处罚(财监法〔2024〕317 号)。检查发现,立信所在对保利联合化工控股集团股份有限公司子公司保利新联爆破工程集团有限公司(以下简称"保利新联")2020—2021 年度财务报表审计中,未保持职业怀疑,未发现企业通过违规划分应收账款账龄少计提坏账准备,导致虚增利润约 3.9 亿元,进而虚增所有者权益(留存收益)。审计失败关键点如下。

(1)系统性账龄划分错误,保利新联将逾期超 3 年的应收账款,如将贵州新蒲经济开发投资有限责任公司 2.75 亿元账款错误归类为"1 年以内",导致坏账准备在 2020 年、2021 年分别少计提 1.04 亿元和 2.87 亿元。立信所未实施重新计算程序,未对比企业内部台账与财务系统数据,未发现账龄划分异常。

(2)职业怀疑缺失,保利新联 2020 年应收账款余额同比增长 85%,立信所未关注增长合理性,未分析客户信用变化、还款能力等关键风险。对政府背景客户的"低风险"认定未审慎验证,未发现其债务违约记录。

(3)审计程序流于形式,未对大额异常回款实施细节测试,未向法律顾问咨询应收账款诉讼情况,未发现部分债权已被法院判决败诉但未计提减值。

启示:

(1)审计行业和人员应维护公众利益。虚增利润导致投资者误判企业价值,可能引发市场波动。审计人员须以"国之大者"为念,拒绝为企业"美化报表"开绿灯,守护资本市场公平。

(2)强化法治思维,筑牢廉洁防线。立信所因审计失败被处罚,反映出"法律红线不可逾越"的监管要求。审计人员须将《中华人民共和国注册会计师法》作为执业生命线,坚决抵制"人情审计""利益输送"。

(3)践行工匠精神,锤炼专业能力。账龄划分等基础程序的失守,暴露审计人员"基本功不扎实"的问题。审计人员须以"绣花功夫"钻研准则,提升识别舞弊的"火眼金睛"。

项目总结

⊙ 学生感知

根据项目七学习、认知和能力训练情况,填写学习感知(掌握技能描述、心得体会等):

_____

⊙ 项目总结

知识内容重点与难点

重点:实收资本出资方式验证(如货币资金流水、非货币资产评估报告)、资本公积来源审查(如股本溢价、其他资本公积)、未分配利润分配合规性(如公积金提取比例、利润分配决议)。

难点:非货币资产出资的评估价值合理性(如专利技术有效期与估值匹配);抽逃出资迹象识别(如股东借款长期挂账、验资后资金转出)。

技能训练重点与难点

重点:编制实收资本变动表、资本公积明细表;审查利润分配决议文件(分配比例、时间节点)。

难点:了解股权变动的合法程序(如增资须股东会或股东大会决议、工商变更);关联方交易形成的资本公积。

即测即评

审计工作
底稿:实
质性程
序——所
有者权益
类项目

⟩ 审计实操测试

项目七介绍了所有者权益类主要财务报表项目实收资本、资本公积和未分配利润的审计程序和工作底稿的编制。按教学技能目标的要求,学生应能够独立完成所有者权益类相关项目审计程序和工作底稿。(本测试相关的审计工作底稿详见测试二维码)

职业能力评价

职业能力	评价项目	学生自评
实收资本 (股本)审计	1. 了解实收资本(股本)实质性程序	□A □B □C □D
	2. 获取或编制实收资本(股本)明细表	□A □B □C □D
资本公积审计	1. 了解资本公积实质性程序	□A □B □C □D
	2. 获取或编制资本公积明细表	□A □B □C □D
未分配利润审计	1. 了解未分配利润实质性程序	□A □B □C □D
	2. 获取或编制未分配利润明细表	□A □B □C □D

学生成绩:

注:(1) A 为掌握程度>80%,B 为掌握程度>70%,C 为掌握程度≥60%,D 为掌握程度<60%。
    (2) 自评标准为学生对各项任务审计程序的执行力。
    (3) 教师根据学生独立完成的审计工作底稿情况进行打分和评价,结果可作为平时成绩之一。

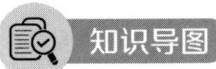

项目八 实质性程序——损益类项目

知识导图

- 项目八 实质性程序——损益类项目
  - 任务一 营业收入审计的实质性程序
    - 知识准备
      - 营业收入常见错弊及识别
      - 营业收入审计应关注事项或情形
    - 审计程序实施
      - 获取或编制主营业务收入明细表
      - 执行主营业务收入实质性分析程序
      - 检查主营业务收入的确认条件、方法
      - 获取产品价格目录
      - 抽取发货单核对至记账凭证
      - 抽取记账凭证核对至发货单
      - 结合对应收账款的审计，选择主要客户函证本期销售额
      - 检查出口销售情况
      - 收入的截止测试
      - 检查销售退回情况
      - 销售折扣与折让
      - 检查有无特殊销售行为
      - 调查向关联方销售的情况
      - 调查集团内部销售的情况
      - 根据评估的舞弊风险等因素增加的审计程序
      - 获取或编制其他业务收入明细表
      - 检查其他业务收入的原始凭证等相关资料
      - 用材料进行非货币性资产交换
      - 根据评估的舞弊风险等因素增加的审计程序
      - 检查营业收入是否按照企业会计准则的规定恰当列报
    - 知识准备
      - 营业成本常见错弊及识别
      - 营业成本审计应关注事项或情形

```
                                        ┌─── 获取或编制主营业务成本明细表
                                        ├─── 实施实质性分析程序
                                        ├─── 分析主营业务成本
                                        ├─── 抽查月主营业务成本结转明细清单
                    ┌─ 任务二           ├─── 抽取本期发生的主营业务成本并检查
                    │  营业成本审计      │    其支持性文件
                    │  的实质性程序      ├─── 编制生产成本与主营业务成本倒轧表
                    │                   ├─── 检查主营业务成本中重大调整事项
                    │                   ├─── 检查产品成本差异或商品进销差价的
                    │        ┌─审计程序实施│    计算、分配和会计处理
                    │        │          ├─── 根据评估的舞弊风险等因素增加的审
                    │        │          │    计程序
                    │        │          ├─── 获取或编制其他业务成本明细表
                    │        │          ├─── 与上期其他业务收入和其他业务成本
                    │        │          │    比较
                    │        │          ├─── 对本期发生的其他业务成本，选取样
                    │        │          │    本，检查其支持性文件
                    │        │          ├─── 根据评估的舞弊风险等因素增加的审
                    │        │          │    计程序
                    │        │          └─── 检查营业成本是否已按照企业会计准
                    │                        则的规定在财务报表中作出恰当列报
                    │                        和披露
                    │
                    │        ┌─知识准备── 管理费用常见错弊及识别
                    │        │         └─ 管理费用审计应关注事项或情形
                    │                   ┌─── 获取或编制管理费用明细表
                    │                   ├─── 实施实质性分析程序
                    │                   ├─── 检查管理费用明细项目的设置
                    │                   ├─── 检查公司经费
                    └─ 任务三           ├─── 核对管理费用中的项目与各有关账户
                       管理费用审计      ├─── 检查董事会费
                       的实质性程序      ├─── 检查聘请中介机构费、咨询费（含顾
                                        │    问费）
                                        ├─── 检查诉讼费用并结合或有事项审计
                              ┌─审计程序实施─ 检查业务招待费
                              │         ├─── 核对筹建期间发生的开办费是否直接
                              │         │    计入管理费用
                              │         ├─── 按重要性原则及是否异常选取样本，
                              │         │    检查本期发生的管理费用支持性文件
                              │         ├─── 实施截止测试
                              │         ├─── 根据评估的舞弊风险等因素增加的审
                              │         │    计程序
                              │         └─── 检查管理费用是否已按照企业会计准
                                             则的规定作出恰当列报和披露
```

知识目标

1. 掌握营业收入审计实质性程序。
2. 掌握营业成本审计实质性程序。
3. 掌握管理费用实质性程序。
4. 熟悉损益类项目审计工作底稿。

能力目标

1. 能执行营业收入审计实质性程序。
2. 能执行营业成本审计实质性程序。
3. 能执行管理费用审计实质性程序。
4. 能独立完成"审计工作底稿——损益类项目"填写。

素质目标

1. 树立高度的责任心,确保审计工作的质量和准确性。
2. 养成独立、客观、公正、审慎的职业素养和严谨的职业态度。
3. 遵守职业道德规范和审计准则,保守被审计单位的商业秘密。

项目引例

阳光制造有限公司是一家以生产和销售电子产品为主的企业,在行业内具有一定的知名度。随着市场竞争的加剧,公司管理层对财务报表的准确性和可靠性越来越重视。为了确保公司财务状况真实反映在财务报表中,公司决定聘请专业的审计团队对其财务报表进行审计,尤其重点关注损益类项目。

审计目标:确定阳光制造有限公司损益类项目的真实性、准确性和完整性;检查损益类项目是否按照企业会计准则进行核算和披露;评估公司的经营业绩和盈利能力,为管理层提供决策依据。

审计范围:本次审计涵盖阳光制造有限公司2024年度的损益类项目,包括营业收入、营业成本、销售费用、管理费用、财务费用、投资收益、公允价值变动损益、营业外收入和营业外支出等。

审计方法:① 分析性程序,对营业收入、营业成本、销售费用、管理费用等主要损益类项目进行比率分析,如毛利率、费用率,与同行业平均水平进行比较,分析差异原因;对损益类项目进行趋势分析,观察其在不同会计期间的变动情况,判断是否存在异常波动。② 细节测试,抽取一定比例的销售发票、发货单、收款凭证等,检查营业收入的真实性和准确性;审查采购发票、入库单、付款凭证等,核实营业成本的真实性和准确性;检查销售费用、管理费用等明细项目的发票、报销凭证等,确认费用的合理性和真实性。③ 截止测试,检查损益类项目在会计期末的截止情况,确保收入和费用记录在正确的会计期间。④ 函证,对重要客户和供应商进行函证,确认应收账款和应付账款的真实性和准确性,进而核实营业收入和营业成本。⑤ 询问和观察,与公司管理层、财务人员和相关部门进行沟通,了解公司的业务流程和内部控制制度,评估其对损益类项目的影响;观察公司的生产经营活动,了解公司的实际运营情况,判断财务报表反映的经营业绩是否合理。

审计过程：

（1）计算阳光制造有限公司的毛利率，并与同行业平均水平进行比较，发现公司的毛利率略低于行业平均水平，进一步分析发现公司的营业成本占营业收入的比例较高，可能存在成本核算不准确或成本控制不力的问题。审计人员由此对公司的营业收入、营业成本、销售费用、管理费用等项目进行了趋势分析，发现营业收入在过去几年中呈现稳步增长的趋势，但营业成本和销售费用的增长速度更快，这可能会影响公司的盈利能力。审计人员决定进一步审查收入、成本和费用的核算情况。

（2）审计人员抽取了一定比例的销售发票、发货单和收款凭证，对营业收入进行了细节测试。发现部分销售发票的金额与发货单不符，经过进一步调查，原因是销售人员在填写发票时出现了错误。审计人员要求公司加强对销售发票的管理，确保发票的准确性。审计人员审查了采购发票、入库单和付款凭证，对营业成本进行了核实后发现有一批原材料的采购价格明显高于市场价格。经过与供应商沟通，审计人员了解到是市场波动导致价格上涨，但公司没有及时调整采购策略。审计人员建议公司加强对原材料价格的监控，及时调整采购策略，降低营业成本。

（3）检查了销售费用和管理费用的明细项目，对费用的真实性和合理性进行了确认。发现有一些费用报销没有相应的审批手续，还有一些费用的列支科目不正确。审计人员要求公司加强对费用报销的管理，严格审批手续，规范费用列支科目。

（4）检查了损益类项目在会计期末的截止情况，发现有一笔以客户收货确认收入的销售业务在 2024 年 12 月 30 日发货，但货物验收确认、发票开具在 2025 年 1 月，而按照会计准则，这笔收入应该记录在 2025 年。审计人员要求公司调整财务报表，确保收入和费用记入正确的会计期间。

审计人员观察了公司的生产经营活动，了解公司的实际运营情况，发现公司的生产车间存在浪费现象，如原材料的浪费和能源的浪费。审计人员建议公司加强对生产车间的管理，提高原材料的利用率，降低能源消耗，降低生产成本。

通过本次审计，审计人员发现阳光制造有限公司在损益类项目的核算和披露方面存在一些问题，如销售收入跨期确认、成本核算不准确、费用报销管理不严格。审计人员提出了相应的审计建议，要求公司加强财务管理，完善内部控制制度，提高财务报表的准确性和可靠性。公司管理层对审计发现高度重视，表示将认真整改，加强内部控制，提高财务管理水平，保障公司的持续健康发展。

任务一　营业收入审计的实质性程序

学习活动一　明确任务

任务 描述

本任务旨在执行营业收入审计的实质性程序，与财务报表认定的发生、完整性、准确性、截止、分类、列报对应,具体完成"即测即评"中"审计实操测试"中的审计工作底稿(营业收入审计)。

一、营业收入审计目标

营业收入审计目标与财务报表认定对应关系如表 8-1 所示。

表 8-1　营业收入审计目标与财务报表认定对应关系

财务报表认定	审计目标
存在	A. 利润表中记录的营业收入已发生,且与被审计单位相关
完整性	B. 所有应当记录的营业收入均已记录,无遗漏或隐瞒
准确性	C. 营业收入的金额及相关数据已准确计量并记录
截止	D. 营业收入已记录于正确的会计期间
分类	E. 营业收入已按业务性质和企业会计准则要求分类列示
列报	F. 营业收入在财务报表中的列报及披露符合企业会计准则,包括收入确认政策等关键信息

二、拟执行的实质性审计程序(任务)

为实现营业收入审计目标和对应的财务报表认定,注册会计师需要执行一系列实质性程序,可供选择的实质性程序见表 8-2。

表 8-2　营业收入审计可供选择的实质性程序

审计目标	可供选择的实质性程序
(一)主营业务收入	
C	获取或编制主营业务收入明细表
ABC	实质性分析程序
ABCD	检查主营业务收入的确认条件、方法
C	获取产品价格目录,抽查售价是否符合价格政策
ABCD	抽取发货单,审查出库日期、品名、数量等是否与发票、销售合同、记账凭证等一致
ACD	抽取记账凭证,审查入账日期、品名、数量、单价、金额等是否与发票、发货单、销售合同等一致
AC	结合对应收账款的审计,选择主要客户函证本期销售额
A	检查出口销售情况
D	收入的截止测试
A	检查销货退回情况
C	检查销售折扣与折让
ABCDE	检查有无特殊销售行为

审计目标	可供选择的实质性程序
AC	调查向关联方销售的情况
	调查集团内部销售的情况
	根据评估的舞弊风险等因素增加的审计程序
（二）其他业务收入	
C	获取或编制其他业务收入明细表
ABCDE	检查其他业务收入原始凭证等相关资料
AC	调查用材料进行非货币性资产交换的情况
	根据评估的舞弊风险等因素增加的审计程序
（三）列报	
F	检查营业收入是否按照企业会计准则的规定恰当列报

任务 识别

1. 识读上述拟执行审计程序（任务），识别关键词，并把关键词写在横线上：_____

_____

2. 从关键词中选择词语用于描述营业收入审计实质性程序任务（反映程序内容和要求）：

_____

_____

知识 准备

营业收入主要包括主营业务收入和其他业务收入。主营业务收入核算企业确认的销售商品、提供服务等主营业务的收入，可按主营业务类型进行明细核算；其他业务收入核算企业确认的除主营业务活动以外的其他经营活动实现的收入，包括出租固定资产、出租无形资产、出租包装物和商品、销售材料、用材料进行非货币性资产交换（非货币性资产交换具有商业实质且公允价值能够可靠计量）等实现的收入，可按其他业务的种类进行明细核算。

营业收入是企业的主要经营成果，是企业利润的重要保障，是企业现金流入的重要组成部分，它的实现关系到企业再生产活动的正常进行。

一、营业收入常见错弊及识别

按照收入准则，企业应当在客户取得商品控制权时确认收入。客户可能在企业提供商品的过程中控制商品，也可能在企业完成合同规定义务、交付商品时才控制商品。前者属于在某一时段内履行履约义务，按进度确认收入，后者属于某一时点履行的履约义务，在企业交付商品、客户签收时确认收入。不同行业收入确认有关风险及应对措施举例如下。

（一）按履约进度确认收入的主要风险及应对——建造合同

根据《企业会计准则第 14 号——收入》的规定，对于建造合同收入，通常满足某一时段履行履约义务的条件，按完工进度确认收入，具体应对措施为：

（1）复核完工进度的确认方法是否合理，是否保持一贯性，结合完工进度测算项目收入确认金额是否正确。

（2）实务中，通常按照累计实际发生的成本占预计总成本的比例（即成本法）确定完工进度，该方法下，通常需要关注项目预计总成本的合理性，以及已发生成本归集的完整性（可能需要对已发生的成本进行适当调整，如没对履约进度作出贡献的非正常消耗），同时通过工程形象进度或者监理报告中注明的完工进度加以印证，存在较大差异的，应分析原因，必要时对计算的履约进度进行修正。

（3）获取项目毛利率，纵向横向对比分析，关注是否存在异常；存在异常的，应进一步查找原因并进行恰当处理。

（4）关注从企业内部不同部门（如工程部）获取资料中相关信息是否一致，如完工进度、合同金额、项目累计成本等。

（5）获取客户对完工进度的确认资料、监理报告、客户结算单据，供应商结算单据等外部资料对完工进度进行佐证。

（二）按时点确认收入的主要风险及应对——房地产

按照目前房地产行业的通用方法，房地产销售一般可被识别为按在某一时点履行的履约义务，在房产交付时确认收入。房地产收入审计主要应对措施如下。

（1）分析结转收入项目的毛利率，存在异常的应关注成本变化；若存在毛利率偏低的项目，应考虑结存存货的减值风险。

（2）通过网络查询项目销售均价，与通过企业业务系统台账计算的销售均价对比，分析销售价格的合理性。

（3）检查房产销售的网签备案情况，关注已确认收入的合同是否均已进行网签备案，以及已经备案的合同是否确认收入。

（4）核对账面收入与销售台账，关注是否存在差异。

（5）抽取部分销售合同，核对销售面积、销售价格等信息至业务台账。

（6）关注竣工备案日期是否晚于收入确认日期。

（7）检查交付通知书以及寄发回单等。

（三）主要责任人、代理人身份的判断及审计应对

当企业向客户销售商品涉及其他方参与其中时，企业应当确定其自身在该交易中的身份是主要责任人还是代理人。主要责任人应当按总额法确认收入，即按照向客户收取的全部价款即包含代第三方收取的款项作为收入金额，并将支付给第三方的款项作为成本或费用处理；代理人应当按净额法确认收入，即仅按照自身实际赚取的差额，即向客户收取的价款扣除需支付给第三方的款项后的余额作为收入金额。审计时结合主要合同条款分析企业对自身在合同关系中关于主要责任人还是代理人身份的判断是否正确，采用的收入确认方法是否恰当，可以从包括但不限于以下方面进行分析判断：

（1）根据合同条款，分析企业自行向客户提供商品，还是安排他人向客户提供商品；企业自行提供商品的为主要责任人，按总额法确认（如生产企业销售自产产品）；安排他人提供的，企业仅协助提供，属于次要责任人，按净额法确认收入，如旅行社代销机票、电商平台销售代销餐券等、百货公司代销产品。

（2）企业在向客户转让商品前是否能控制该商品，如果能控制，则按总额法确认收入，如果不能控制，则按净额法确认收入。如旅行社特价从航空公司购买机票，再自行定价对外销售，未售出的为旅行社损失，则旅行社能控制这批特价机票（具有这批特价机票的定价权，承担了机票无法出售的存货损失风险），这部分特价机票的销售应采用总额法确认收入。

（3）实务中，需要考虑的相关事实和情况：① 企业承担向客户转让商品的主要责任；② 企业在转让商品之前或之后（附销售退回条款的销售）承担了该商品的存货风险；③ 企业有权自主决定所交易商品的价格。这些条款表明企业是主要责任人，应按总额法确认收入。

本任务从贸易业务、委托加工、运输业务这三个情形对避免收入确认方法判断不恰当的风险进行举例说明。

1. 贸易业务

（1）了解贸易业务的主要业务模式以及不同模式下的实物流与票据流，贸易业务模式主要可分为自营贸易和代理采购。

① 自营贸易：企业属于主要责任人，应在商品控制权转移时确认收入。② 代理采购模式：企业属于代理人，核心风险点为向上游购买商品出现价格大幅下跌，并超出所收取保证金的幅度，下游需方不再履约而舍弃保证金；第三方仓储企业发生舞弊，盗货、串通重复开具、质押仓单等，货权不能收回等。

（2）贸易业务收入主要应对。

① 关注交易的真实性，关注客户所购货物是否有合理用途、客户的付款能力和货款回收的及时性，以及供应商的真实性和供货来源。② 检查销售合同（代理采购合同）签署情况、货权转移单据、销售发票（或代理费发票），如属进出口业务须检查商检、海关单据及货场堆存凭据等，以获取收入确认的相应证据。③ 根据合同主要条款及实际情形判断企业是否为主要责任人：企业是否按照合同承担了向客户提供商品的主要责任，如企业能自主选择供应商，供应商为发货企业承担违约风险，则表明企业为主要责任人；企业在转让商品之前和之后是否承担了存货的风险，如果承担了存货风险，表明企业属于主要责任人；企业是否有自主定价权，如果企业有自主定价权，属于主要责任人。④ 通过对客户应收账款及交易额实施函证程序，对收回的函证进行分析，以发现客户及交易是否存在异常情况。⑤ 选择部分客户进行现场访谈，了解客户购货的目的、用途、财务能力等，如有转销则了解转销的最终客户是否为公司所属集团内的企业。对于新增大额客户及一次性大额交易的客户，尤其应关注其交易的合理性、合同的严谨性以及资金流向的合规性等。

2. 委托加工业务

企业应根据合同条款和业务实质判断加工方是否已经取得待加工原材料的控制权，即加工方是否有权主导该原材料的使用并获得几乎全部经济利益，审计时应从以下几个方面进行应对：

（1）原材料的性质是否为委托方（企业）的产品所特有。

（2）加工方是否有权按照自身意愿使用或处置该原材料。

（3）加工方是否承担除因其保管不善之外的原因导致的该原材料毁损灭失的风险、价格变动的风险。

（4）加工方是否能够取得与该原材料所有权有关的报酬等。

如果加工方并未取得待加工原材料的控制权，该原材料仍然属于委托方的存货，委托方不应确认销售原材料的收入,而应将整个业务作为购买委托加工服务进行处理;相应地,加工方实质是为委托方提供受托加工服务,应当按照净额确认受托加工服务费收入。

3. 运输业务

对于运输服务的转包应按总额法还是净额法确认应考虑以下因素:

(1)物流公司对于转包部分的运输是否承担了主要责任。主要关注以下几点:① 物流公司经营过程中,是否可以根据自身需要以及市场情况自主选择承运人和客户;② 根据物流公司与客户的约定,是否由物流公司负责保证客户的全部货物安全、准时、顺利到达目的地。如果物流公司可以自主选择承运人和客户,且根据约定物流公司对客户货物安全到达目的地负责,则物流公司为物流服务的主要责任人。

(2)物流公司在交易过程中是否承担了与服务相关的主要风险。主要关注在交易过程中由于物流公司的原因造成存货毁损、压车损失、运输时间延迟,是否由物流公司承担责任。

(3)物流公司是否有自主定价权。即物流公司是否分别与客户商定服务价格、与承运人商定运输服务价格,从中赚取差价。

如果物流公司没有实际承担转包部分的运输服务,但物流公司与供应商之间的交易独立于物流公司与客户之间的交易,物流公司能够主导承运人等其他方代表为其客户提供服务。物流公司是主要责任人,应按总额法确认收入。

(四)虚增或隐瞒营业收入风险及识别

审计人员对收入波动大的被审计单位应保持职业怀疑态度。

(1)实施分析性程序:① 将本期营业收入和上期营业收入进行比较,分析产品销售结构和价格的变动并对异常波动进行分析;② 计算本期重要产品的毛利率,与上期比较,检查是否存在异常,各期之间是否存在重大波动,查明原因;③ 比较本期各月各类主营业务收入的波动情况,分析其变动趋势是否正常,是否符合被审计单位季节性、周期性的经营规律,查明异常现象和重大波动的原因;④ 将"月度生产部门统计报表及年度生产部门统计表"反映的完工产品名称、规格型号和数量与财务部门反映的完工产品品种名称、规格型号及数量核对;⑤ 将销售部门的销售数据(包括但不限于销售报表、销售合同台账、与客户对账资料)与财务确认收入的数量比对,对确认收入的销售数量进行合理性分析;⑥ 将本期重要产品的毛利率与同行业企业进行对比分析,检查是否存在异常。

(2)检查纳税申报表,包括增值税纳税申报表、所得税年度汇算表,关注收入申报纳税金额与账面记录是否一致。

(3)结合应收账款函证程序,必要时实地调查企业的生产经营能力。

(五)营业收入跨期风险应对

选取资产负债表日前后几日且金额大于一定数额的发货单据、客户签收单等能表明控制权转移的关键单据与营业收入明细账进行核对;同时从营业收入明细账里选取资产负债表前后几日和金额大于一定数额的业务凭证与发货单、客户签收单等进行核对;复核资产负债表日前后的销售水平,分析异常波动;检查是否存在期后销售退回情况;必要时对资产负债表日形成的应收账款实施函证程序,检查是否存在没有回函的销售。

二、营业收入审计应关注事项或情形

(1)充分了解客户的行业、业务特点。不同行业的收入确认政策和具体流程可能差别较大,审计人员必须深入了解其特点,这是实施审计程序的前提。

(2) 重视使用分析程序。在实施营业收入的审计程序时,不能仅抽查凭证和复印销售合同与发票,因为通过凭证抽查和合同、发票检查的金额有限。审计人员应主要实施分析性复核程序:获取生产部门月度及年度统计表、销售部门的销售数据,与财务确认销售收入数量、金额等对比,分析收入确认数量的合理性;从月度、季度、年度、产品、客户、同行业等多维度进行收入毛利率的分析。在实施分析性程序时还要对异常情况、异常波动的形成原因进行分析,根据实际情况分析异常情况、异常波动形成原因是否合理,相关证据是否真实可靠。

(3) 结合收入确认具体方法进行凭证抽查。抽查凭证(包括截止性测试凭证检查)时,应结合收入确认的具体方法,检查收入确认金额及时点的支撑证据,包括但不限于检查销售订单、出库单、运输单、客户签收单、发票等;注意出库时间、运输时间、签收时间等是否存在矛盾,并关注是否跨期。在记录时,应将凭证附件的内容、发票号、出库单等相应的附件等进行详细注明。

(4) 充分记录截止测试过程。进行截止测试时,在将出库单、客户签收单、发票等支撑收入确认的关键证据和明细账进行核对时,应在底稿中保留核对痕迹,并将发货单的日期与号码、客户签收日期、相应的销售发票的号码、客户名称、销售金额以及记账凭证的日期、号码、对应科目等进行详细记录。

(5) 存货抵债不适用新收入准则,不能确认销售收入。因债务重组不属于企业的日常活动,对于以存货清偿债务方式进行债务重组的,不适用收入准则,不应确认销售收入,而应将所清偿债务账面价值与存货账面价值之间的差额计入其他收益。

(6) 履约进度不能合理确定但已发生成本预计能够得到补偿,以已经发生成本的金额确认收入。对于在某一时段内履行的履约义务,只有履约进度能够合理确定时,才能按照履约进度确认收入。当履约进度不能合理确定时,企业已经发生的成本预计能够得到补偿的,应当按照已经发生的成本金额确认收入,直到履约进度能够合理确定为止。投入法下,若后续投入成本(如原材料价格波动较大)具有重大不确定性,其履约进度应视为不能合理确定。

(7) 可变对价、现金折扣、价格折让、应付客户对价、附有退回条款的销售应合理估计销售价格,后续变动应冲减收入。企业在确认收入金额时应充分考虑价格折让和现金折扣。企业给予客户的价格折让和现金折扣,应当抵减收入。对于附有销售退回条款的销售,交易价格(确认收入的价格)不应包含预期将会被退回的商品的对价金额。分摊给预期退回商品的价格冲减收入,同时确认为"预计负债——应付退货款"。预计应退回的商品的成本,减少企业主营业务成本,同时确认一项应收退回成本。

(8) 返利应冲减收入或者确认为一项负债,不应计入销售费用。企业应将其给予客户的返利作为可变对价或附有额外购买选择权(如实物返利)的销售进行会计处理,充分考虑相应义务、交易价格最佳估计数以及交易价格分摊等因素后,恰当确认销售收入及相应负债,而不是计入销售费用。

(9) 支付给代理人的款项不应计入营业成本,应计入销售费用。支付给代理人的款项并未增加企业未来用于履行合同义务的资源,系企业为取得合同发生的增量成本。预期能够收回的,应当确认为合同取得成本,后续摊销计入销售费用;预计不能收回的,一次性计入销售费用。

（10）销售过程中运输费的处理：对于与履行合同相关的运输活动,发生在商品的控制转移之前的,不构成单项履约义务,相关支出应作为商品销售成本披露;发生在商品的控制转移之后的,构成单项履约义务,企业应当在确认运输服务收入的同时,将相关支出作为运输服务成本披露。

（11）其他业务收入与营业收入的审计方式基本相同。

（12）投资性房地产租赁收入、处置收入计入其他业务收入,处置以公允价值计量的投资性房地产,应将累计确认的公允价值变动损益结转至其他业务收入。

学习活动二　审计程序实施

认知审计程序、示例

一、获取或编制主营业务收入明细表

（1）获取或编制主营业务收入明细表,复核加计是否正确,并与总账数和明细账合计数核对是否相符,结合其他业务收入科目与报表数核对是否相符。

（2）检查以非记账本位币结算的主营业务收入的折算汇率及折算结果是否正确。（审计工作底稿实例 8－1）

二、执行主营业务收入实质性分析程序

（1）针对已识别需要运用分析程序的有关项目,并基于对被审计单位及其环境的了解,通过进行以下比较,同时考虑有关数据间关系的影响,建立相关数据的期望值：① 将本期的主营业务收入与上期的主营业务收入进行比较,分析产品销售的结构和价格变动是否异常,并分析异常变动的原因;② 计算本期重要产品的毛利率,与上期比较,检查是否异常,各期之间是否存在重大波动,查明原因;③ 比较本期各月各类主营业务收入的波动情况,分析其变动趋势是否正常,是否符合被审计单位季节性、周期性的经营规律,查明异常现象和重大波动的原因;④ 将本期重要产品的毛利率与同行业企业相关产品数据进行对比分析,检查是否存在异常。

（2）确定可接受的差异额。

（3）将实际值与期望值相比较,识别需要进一步调查的差异。

（4）如果其差额超过可接受的差异额,调查并获取充分的解释和恰当的佐证审计证据（如通过检查相关的凭证等）。

（5）评估分析程序的测试结果。

三、检查主营业务收入的确认条件、方法

检查主营业务收入的确认条件、方法是否符合企业会计准则,前后期是否一致;关注周期性、偶然性的收入是否符合既定的收入确认原则、方法。（见审计工作底稿实例 8－2）

收入准则关于收入定义与确认方法的相关规定及审计应对如下：

（1）根据收入准则,企业应当在履行了合同中的履约义务,即在客户取得相关商品控制权时确认收入。企业将商品的控制权转移给客户,该转移可能在某一时段内（即履行履约义务的

审计工作底稿实例 8-1

营业收入明细表

被审计单位：光明制造有限公司　　　编制：张海　　　索引号：SA-003
报表截止日：2024 年 12 月 31 日　　复核：李莉　　　项目：营业收入——明细表

日期：2025-03-09
日期：2025-03-11

金额单位：元

上级科目名称	项目	借贷方向	1月	2月	3月	……	12月	本期数 账面数	本期数 账表差异调整数	本期数 未审数	本期数 结构比	本期数 调整数	本期数 审定数	上期数 账面数	上期数 账表差异调整数	上期数 未审数	上期数 结构比	上期数 调整数	上期数 审定数	索引号	备注
	主营业务收入	贷	16 742 439.46	2 516 632.81	34 931 369.85	……	33 662 492.75	270 181 918.66	—	270 181 918.66	100%	—	270 181 918.66	268 211 017.68	—	268 211 017.68	100.00%	—	268 211 017.68		
主营业务收入合计			16 742 439.46	2 516 632.81	34 931 369.85	……	33 662 492.75	270 181 918.66	—	270 181 918.66	100%	—	270 181 918.66	268 211 017.68	—	268 211 017.68	100.00%	—	268 211 017.68	∧	
各月比率			6.20%	0.93%	12.93%		12.46%				100%		∧				100.00%		∧		
	其他业务收入	贷	4 103 722.17	4 200 327.26	4 703 125.13	……	6 083 790.80	52 431 792.04	—	52 431 792.04	100%	—	52 431 792.04	52 179 036.71	—	52 179 036.71	100.00%	—	52 179 036.71	∧	
其他业务收入合计			4 103 722.17	4 200 327.26	4 703 125.13	……	6 083 790.80	52 431 792.04	—	52 431 792.04	100%	—	52 431 792.04	52 179 036.71	—	52 179 036.71	100.00%	—	52 179 036.71	∧	
各月比率			7.83%	8.01%	8.97%		11.60%				100%		∧				100.00%		∧		
营业收入合计			20 846 161.63	6 716 960.07	39 634 494.98	……	39 746 283.55	322 613 710.70	—	322 613 710.70	100%	—	322 613 710.70	320 390 054.39	—	320 390 054.39		—	320 390 054.39	∧	
各月比率			6.46%	2.08%	12.29%		12.32%				100%										

审计说明：经核对，未见异常。

过程中)发生,也可能在某一时点(即履约义务完成时)发生。企业首先需要识别合同所包含的各单项履约义务,并确定各单项履约义务是在某一时段内履行,还是在某一时点履行。

(2)审计时,需要复核企业对合同履约义务的识别以及各项履约义务属于某一时段还是某一时点履行的判断是否正确。属于在某一时段内履行履约义务,需要满足下面三个条件之一:① 客户在企业履约的同时即取得并消耗企业履约所带来的经济利益;② 客户能够控制企业履约过程中在建的商品;③ 企业履约过程中所产出的商品具有不可替代用途,且该企业在整个合同期间内有权就累计至今已完成的履约部分收取款项。不满足按某一时段履行履约义务确认收入(按履约进度确认)的,均按某一时点履行履约义务(履约义务完成时)确认收入。

(3)按在某一时段内履行的履约义务确认收入,需要重点关注履约进度的确认方法是否合理。履约进度的确定主要包括产出法(通常可采用实际测量的完工进度、评估已实现的结果、已达到的里程碑或时间进度、已完工或交付的产品等产出指标确定履约进度)、投入法(通常可采用投入的材料数量、花费的人工工时或机器工时、发生的成本和时间进度等投入指标确定履约进度)。实务中,通常按照累计实际发生的成本占预计总成本的比例(即成本法)确定履约进度。该方法下,通常需要关注合同预计总成本的合理性,以及已发生成本归集的完整性(可能需要对已发生的成本进行适当的调整,如未对履约进度作出贡献的非正常消耗),同时通过工程形象进度或者监理报告中注明的完工进度加以印证,存在较大差异的,应分析原因,必要时对计算的履约进度进行修正。

(4)按在某一时点履行履约义务确认收入,需要结合销售合同中关于商品转移、验收等合同条款,这些证据资料在进行凭证抽查或者截止性测试时重点关注客户取得相关商品控制权的具体时点以及关键的证据资料。对于无须安装的标准产品,通常以客户签收时点确认收入;需要安装的产品,在经客户安装调试验收完成时点确认收入(设备销售涉及初验、终验的,需要结合合同款项的收款安排,后续义务、该类销售的历史经验、行业惯例等判断在初验还是终验确认收入);对于定制的非标准产品,需要结合合同条款,在质量异议期结束时点确认收入。

(5)一般情况下,按在某一时段内履行的履约义务确认收入的行业包括建筑业、家政服务业、酒店业、药品试验行业等;属于按在某一时点履行履约义务确认收入的行业,主要包括一般的标准产品制造业,如汽车零配件、药品等标准产品的销售。针对特定情况需要结合合同的具体条款具体分析。

四、获取产品价格目录

获取产品价格目录,抽查售价是否符合价格政策,并注意销售给关联方或关系密切的重要客户的产品价格是否合理,有无以低价或高价结算的方法互相转移利润的迹象。(审计工作底稿实例8-2)

对关联方和重要客户,需要结合应收账款、长期股权投资、实收资本(股本)等项目的审计进行确定,抽取向关联方和关系密切的重要客户的售价与向一般客户出售商品的售价进行横向比较,检查在大致相同条件(质量、数量、交货时间、交货地点、付款方式等)下,售价是否相同,如存在较大差异,进一步了解原因,进而判断有无以低价或高价结算的方法互相转移利润的现象。

五、抽取发货单核对至记账凭证

针对存在商品销售收入的企业,抽取发货单,审查出库日期、品名、数量等是否与发票、销售合同、记账凭证等一致;对于销售服务、提供劳务的企业,主要抽取成果文件、派遣单据、验收单据等能够说明履约义务已完成的单据。为便于叙述,以下均统称发货单。(审计工作底稿实例8-2)

审计工作底稿实例 8-2

主营业务收入检查情况表

被审计单位:光明制造有限公司 编制:张海 日期:2025-03-09 索引号:SA-016
报表期间:2024年01月—2024年12月 复核:李莉 日期:2025-03-11 金额单位:元
项目:营业收入——主营业务收入检查情况表

日期	凭证种类	凭证编号	业务内容	明细科目	对方科目	金额 借方	金额 贷方	核对内容 1	2	3	4	5	备注
2024-01-20	记	168	**销售收入		应收账款	—	4 303 499.27	√	√	√	√		
2024-01-20	记	202	**销售收入		应收账款	—	295 262.08	√	√	√	√		
2024-02-20	记	375	**销售收入		应收账款	—	675 717.59	√	√	√	√		
2024-03-20	记	5	**销售收入		应收账款	—	456 032.25	√	√	√	√		
2024-04-20	记	11	**销售收入		应收账款	—	1 550 107.59	√	√	√	√		
2024-04-20	记	2	**销售收入		应收账款	—	433 545.72	√	√	√	√		
2024-04-20	记	95	**销售收入		应收账款	—	1 884 201.78	√	√	√	√		
2024-06-20	记	42	**销售收入		应收账款	—	343 823.24	√	√	√	√		
2024-06-20	记	43	**销售收入		应收账款	—	472 822.79	√	√	√	√		
2024-06-20	记	52	**销售收入		应收账款	—	405 061.17	√	√	√	√		
2024-06-20	记	62	**销售收入		应收账款	—	2 123 325.73	√	√	√	√		
2024-07-20	记	247	**销售收入		应收账款	—	196 506.16	√	√	√	√		
2024-08-16	记	233	应收模具费		应收账款	—	1 041 000.00	√	√	√	√		
2024-09-20	记	185	本月销售收入		应收账款	—	995 892.51	√	√	√	√		
2024-12-20	记	273	本月销售收入		应收账款	—	707 067.78	√	√	√	√		

核对内容说明:
① 原始凭证是否齐全;② 记账凭证与原始凭证是否相符;③ 账务处理是否正确;④ 是否记录于恰当的会计期间;⑤ ……
抽样说明:
分层抽样。
金额为100 000~500 000元的,按随机抽样,抽取样本7笔;金额大于500 000元的,按随机抽样,抽取样本8笔;共抽取样本15笔。
手工抽取凭证0笔。
审计说明:经抽凭检查,未见异常。

检查从发货单到记账凭证的路径,主要判断所有的发货单是否都有与之相应的收入与之准确对应,是审计营业收入的完整性、准确性、截止认定较为核心的程序。抽取的样本量一般根据前期评估的风险水平确定,可以采用随机抽样、系统抽样、分层抽样等多种方式,并根据实质性分析的结果对抽取的类型、期间予以侧重。审计人员应尤其关注不符事项,询问原因,并可进一步扩大样本量,根据样本估计总体错报。对于少记、误记、跨期的收入,应提请企业予以调整。

六、抽取记账凭证核对至发货单

抽取营业收入记账凭证,审查入账日期、品名、数量、单价、金额等是否与发票、发货单、销售合同等一致。从记账凭证到发货单的路径,主要判断所有的收入是否都有切实可信的原始证据与之准确对应,是审计营业收入的发生、准确性、截止认定较为核心的程序。抽取的样本量一般根据前期评估的风险水平确定,可以采用随机抽样、系统抽样、分层抽样等多种方式,并根据实质性分析的结果对抽取的类型、期间予以侧重。审计人员应尤其关注不符事项,询问原因,并可进一步扩大样本量,根据样本估计总体错报。对于多记、误记、跨期的收入,应提请企业予以调整。(见审计工作底稿实例 8-2)

七、结合对应收账款的审计,选择主要客户函证本期销售额

结合对应收账款的审计,选择主要客户函证本期销售额,即在函证应收账款余额的同时,一并函证本期发生额;对于本期发生额较大,但应收账款余额较小或零余额的主要客户亦可单独函证。函证的具体事项见应收账款部分。

八、检查出口销售情况

检查出口销售情况主要针对的是存在出口销售业务的企业。对于出口销售,应当将销售记录与出口报关单、货代提单、销售发票等出口销售单据进行核对,必要时向海关函证。

九、收入的截止测试

(1)通过测试资产负债表日前后一段时间内的金额大于一定数额的发货单,将应收账款和收入明细账进行核对;同时,从应收账款和收入明细账选取在资产负债表日一段时间内的金额大于一定数额的记账凭证,与发货单核对,以确定销售是否存在跨期现象;对发货单和记账凭证的选取主要根据企业的记账习惯、评估的风险大小确定资产负债表日前后的时间范围,主要根据确定的重要性水平确定金额范围。(见审计工作底稿实例 8-3)

(2)复核资产负债表日前后销售和发货水平,确定业务活动水平是否异常,并考虑是否有必要追加截止测试,即结合实质性分析程序,在考虑季节波动等销售周期影响的基础上,确定业务活动水平与其他期间的业务活动水平是否异常。

(3)取得资产负债表日后所有的销售退回记录,检查是否存在提前确认收入的情况。

(4)结合对资产负债表日应收账款的函证程序,检查有无未取得对方认可的大额销售。

(5)调整重大跨期销售。

十、检查销售退回情况

存在销售退回的,检查手续是否符合规定,结合原始销售凭证检查其会计处理是否正确,

主营业务收入截止测试

被审计单位：光明制造有限公司　　　编制：张海　　　日期：2025－03－09　　　索引号：SA－015

报表期间：2024 年 01 月—2024 年 12 月　　复核：李莉　　　日期：2025－03－11　　金额单位：元

项目：营业收入——主营业务收入截止测试（从明细账到出库单）

放入截止测试科目名称：　　　　　　　　　6001 主营业务收入

截止日前天数	10	截止日前测试开始日期	2024－12－21	截止日前测试金额绝对值≥	50 000.00
截止日后天数	10	截止日后测试结束日期	2025－01－10	截止日后测试金额绝对值≥	50 000.00

从明细账到出库单

截止日前

序号	记账凭证						出库单				发票					所载信息是否一致
	日期	凭证种类	凭证编号	内容	对方科目	数量	金额	日期	号码	品名	数量	日期	品名	客户	数量	金额	

截止日期：2025 年 12 月 31 日

截止日后

序号	记账凭证						出库单				发票					所载信息是否一致
	日期	凭证种类	凭证编号	内容	对方科目	数量	金额	日期	号码	品名	数量	日期	品名	客户	数量	金额	

审计说明：经测试，截止日前后 10 日内未发生主营业务收入金额超过 50 000 元的业务。

结合存货项目审计关注其真实性。

十一、销售折扣与折让

（1）获取或编制折扣与折让明细表，复核加计正确，并与明细账合计数核对相符。

（2）取得被审计单位有关折扣与折让的具体规定和其他资料，并抽查较大的折扣与折让发生额的授权批准情况，与实际执行情况进行核对，检查其是否经授权批准，是否合法、真实。

（3）销售折让与折扣是否及时足额提交对方，有无虚设中介、转移收入、私设账外"小金库"等情况。

（4）检查折扣与折让的会计处理是否正确。

十二、检查有无特殊销售行为

检查有无特殊的销售行为，如委托代销、分期收款销售、商品需要安装和检验的销售、附有退回条件的销售、售后回租、售后回购、以旧换新、出口销售等，选择恰当的审计程序进行审核。

针对特殊的销售行为，应当通过检查发票、发货单、合同等确认其实质是否属于商品，如果确为商品销售，进一步检查合同条款根据收入确认的条件、方法判断特殊销售行为为收入确认的时点、金额是否准确。

十三、调查向关联方销售的情况

调查向关联方销售的情况，记录其交易品种、价格、数量、金额和比例，并记录其占总销售收入的比例。对于合并范围内的销售活动，记录应予合并抵销的金额。

十四、调查集团内部销售的情况

调查集团内部销售的情况，记录其交易价格、数量和金额，并核查在编制合并财务报表时是否已予以抵销。

十五、根据评估的舞弊风险等因素增加的审计程序

对于营业收入审计，审计人员应当首先假定收入确认存在舞弊风险，在此基础上评价哪些收入类型、收入交易或认定导致舞弊风险。如果根据业务的具体情况，审计人员认为收入确认存在舞弊风险的假定并不适用，从而决定不将收入确认作为舞弊导致的重大错报风险领域，应当记录得出该项结论的理由。（详见风险评估及应对部分）

根据评估的舞弊风险等因素增加的审计程序，包括更加广泛具体的实地观察检查，扩大样本规模，使用更加详细的数据实施分析程序，延长截止测试时间，对以前由于低于设定的重要性水平未曾函证过的客户函证其发生额等。

十六、获取或编制其他业务收入明细表

获取或编制其他业务收入明细表，复核加计是否正确，并与总账数和明细账合计数核对是否相符，结合主营业务收入科目与营业收入报表数核对是否相符。（见审计工作底稿实例8-1）

十七、检查其他业务收入的原始凭证等相关资料

检查原始凭证等相关资料，分析交易的实质，确定其是否符合收入确认的条件，并检查其会计处理是否正确。（见审计工作底稿实例8-4）

其他业务收入同为企业日常经营活动产生的收入，对其他业务收入原始凭证等相关资料的检查可以比照对主营业务收入的审计程序进行。

其他业务收入检查情况表

被审计单位：光明制造有限公司　　　　编制：张海　　　日期：2025－03－09　　　索引号：SA－018

报表期间：2024 年 1 月—2024 年 12 月　　复核：李莉　　　日期：2025－03－11

项目：营业收入——其他业务收入检查情况表　　　　　　　　　　　　金额单位：元

| 日期 | 凭证种类 | 凭证编号 | 业务内容 | 明细科目 | 对方科目 | 金额 | | 核对内容 | | | | | 备注 |
						借方	贷方	1	2	3	4	5	
2024－01－20	记	165	＊＊销售收入		应收账款	—	731 468.96	√	√	√	√		
2024－03－20	记	157	＊＊销售收入		应收账款	—	642 160.03	√	√	√	√		
2024－04－20	记	186	＊＊销售收入		应收账款	—	1 565 818.77	√	√	√	√		
2024－06－20	记	418	＊＊销售收入		应收账款	—	1 104 676.05	√	√	√	√		
2024－06－20	记	419	＊＊销售收入		应收账款	—	1 155 870.15	√	√	√	√		
2024－06－20	记	420	＊＊销售收入		应收账款	—	559 288.26	√	√	√	√		
2024－06－20	记	422	＊＊销售收入		应收账款	—	388 938.58	√	√	√	√		
2024－07－20	记	90	＊＊销售收入		应收账款	—	365 912.92	√	√	√	√		
2024－08－20	记	97	＊＊销售收入		应收账款	—	198 811.54	√	√	√	√		
2024－09－20	记	259	＊＊销售收入		应收账款	—	435 086.23	√	√	√	√		
2024－09－20	记	263	＊＊销售收入		应收账款	—	533 278.61	√	√	√	√		
2024－11－20	记	185	＊＊销售收入		应收账款	—	327 023.36	√	√	√	√		
2024－11－20	记	187	＊＊销售收入		应收账款	—	131 038.94	√	√	√	√		
2024－12－20	记	274	钢材本月销售收入		应收账款	—	5 380 471.47	√	√	√	√		

核对内容说明：

① 原始凭证是否齐全；② 记账凭证与原始凭证是否相符；③ 账务处理是否正确；④ 是否记录于恰当的会计期间；⑤ ……

抽样说明：

分层抽样。

金额为 100 000～500 000 元的，按随机抽样，抽取样本 6 笔；金额大于 500 000 元的，按随机抽样，抽取样本 8 笔；共抽取样本 14 笔。

手工抽取凭证 0 笔。

审计说明：经抽凭检查，未见异常。

十八、用材料进行非货币性资产交换

用材料进行非货币性资产交换的，应确定其是否具有商业实质且公允价值能够可靠计量。

具备商业实质，是指换入资产的未来现金流量在风险、时间和金额方面与换出资产显著不同，或者换入资产与换出资产的预计未来现金流量现值不同,且其差额与换入资产和换出资产的公允价值相比是重大的。

公允价值能够可靠计量的情形包括:换入资产或换出资产存在活跃市场;不存在活跃市场、但同类或类似资产存在活跃市场;不存在同类或类似资产的可比市场交易,应当采用估值技术确定其公允价值,该公允价值估计数的变动区间很小,或者在公允价值估计数变动区间内,各种用于确定公允价值估计数的概率能够合理确定的,视为公允价值能够可靠计量。

满足具有商业实质且公允价值能够可靠计量的条件,用材料进行非货币性资产交换,换出材料公允价值与账面价值的差额才能计入其他业务收入,否则不应确认为收入。

十九、根据评估的舞弊风险等因素增加的审计程序

其他业务收入根据评估的舞弊风险等因素增加的审计程序与主营业务收入根据评估的,舞弊风险等因素增加的审计程序相似。(见"认知审计程序、示例"第十五条)

二十、检查营业收入是否按照企业会计准则的规定恰当列报

检查利润表中营业收入列报的本期发生额,是否与各项营业收入科目本期发生额汇总数相符,上期发生额是否与上期财务报表一致。检查应当披露的营业收入相关的会计政策、重大会计估计等是否已经恰当披露。

◉ 填制电子底稿

参照营业收入审计程序要求和示例,完成项目八"即测即评"中"审计实操测试"中的审计工作底稿(营业收入审计)。

学习活动三　课堂自查

(根据本任务学习情况和实操能力填写)

1. 难点:＿＿＿＿＿＿＿＿＿＿＿＿＿＿＿＿＿＿＿＿＿＿＿＿＿＿＿

＿＿＿＿＿＿＿＿＿＿＿＿＿＿＿＿＿＿＿＿＿＿＿＿＿＿＿＿＿＿＿＿

＿＿＿＿＿＿＿＿＿＿＿＿＿＿＿＿＿＿＿＿＿＿＿＿＿＿＿＿＿＿＿＿

2. 改进:＿＿＿＿＿＿＿＿＿＿＿＿＿＿＿＿＿＿＿＿＿＿＿＿＿＿＿

＿＿＿＿＿＿＿＿＿＿＿＿＿＿＿＿＿＿＿＿＿＿＿＿＿＿＿＿＿＿＿＿

＿＿＿＿＿＿＿＿＿＿＿＿＿＿＿＿＿＿＿＿＿＿＿＿＿＿＿＿＿＿＿＿

任务二　营业成本审计的实质性程序

── 学习活动一　明确任务 ──

📖 **任务** 描述

本任务旨在执行营业成本审计的实质性程序,与财务报表认定的发生、完整性、准确性、截止、分类、列报对应,完成"即测即评"中"审计实操测试"中的审计工作底稿(营业成本审计)。

一、营业成本审计目标

营业成本审计目标与财务报表认定对应关系见表8-3。

表8-3　营业成本审计目标与财务报表认定对应关系

财务报表认定	审计目标
存在	A. 利润表中记录的营业成本已真实发生,且与被审计单位的生产经营活动直接相关
完整性	B. 所有符合配比原则的成本费用均已完整记录
准确性	C. 营业成本的金额计量准确,各项成本、耗费已按企业会计准则正确核算
截止	D. 营业成本已按权责发生制原则记录于恰当的会计期间
分类	E. 营业成本已按成本性质和业务类型分类列示(如主营业务成本、其他业务成本)
列报	F. 营业成本在财务报表中的列报及披露符合企业会计准则

二、拟执行的实质性审计程序(任务)

为实现营业成本审计目标和对应的财务报表认定,注册会计师需要执行系列实质性程序,可供选择的实质性程序如表8-4所示。

表8-4　营业成本审计可供选择的实质性程序

审计目标	可供选择的审计程序
(一)主营业务成本	
C	获取或编制主营业务成本明细表,复核加计是否正确,并与总账数和明细账合计数核对是否相符,结合其他业务成本科目与报表数核对是否相符
AB	比较本期比上期各月主营业务成本的波动,并查明异常情况的原因
CE	检查主营业务成本的内容和计算方法是否符合企业会计准则规定,前后期是否一致
C	编制生产成本与主营业务成本倒轧表,并与相关科目交叉索引

审计目标	可供选择的审计程序
AB	抽查某月主营业务成本结转明细清单,比较计入主营业务成本的品种、规格、数量和主营业务收入的口径是否一致
ABC	针对主营业务成本中的重大调整事项(如销售退回)、非常规项目,检查相关原始凭证以及会计处理是否正确
E	结合期间费用的审计,检查被审计单位是否通过将应计入生产成本的支出计入期间费用,或将应计入期间费用的支出计入生产成本等手段调节生产成本,从而调节主营业务成本
D	结合对主营业务收入和存货项目实施的截止测试,检查是否存在已发货并确认收入、但未结转主营业务成本,或未发货亦未确认收入但已结转主营业务成本的情况
	针对评估的舞弊风险等因素增加的审计程序

（二）其他业务成本

C	获取或编制其他业务成本明细表,复核加计正确,并与总账数和明细账合计数核对相符,结合主营业务成本科目与报表数核对相符
AB	与上期其他业务成本比较,检查是否有重大波动,如有,应查明原因
ACE	检查其他业务成本的原始凭证,检查其会计处理是否正确。关注与其他业务收入的相关税费是否计入该科目
D	结合对其他业务收入的截止测试,检查其他业务成本是否存在跨期
	针对评估的舞弊风险等增加的审计程序

（三）列报

F	检查营业成本是否按照企业会计准则的规定恰当列报

任务 识别

1. 识读拟执行审计程序(任务),识别关键词,并把关键词写在横线上: _____

2. 从关键词中选择词语用于描述营业成本审计实质性程序任务(反映程序内容和要求):

_____

_____

知识 准备

营业成本与营业收入直接相关,已经确定了归属期和归属对象的各种直接费用,分为主营业务成本和其他业务成本,与主营业务收入和其他业务收入相对应。主营业务成本核算企业确认销售商品、提供服务等主营业务收入时应结转的成本,可按主营业务的种类进行明细核算;其他业务成本核算企业确认的除主营业务活动以外的其他经营活动所发生的支出,包括销售材料的成本、出租固定资产的折旧额、出租无形资产的摊销额、出租包装物的成本或摊销额等。

一、营业成本常见错弊及识别

（一）营业成本与营业收入是否符合配比原则

（1）实施分析性复核程序，结合营业收入进行，将价格和毛利率波动大的产品作为关注的重点，并取得审计证据。

（2）结合存货审计，了解被审计单位的成本核算方法，评价成本核算方法是否适合被审计单位的实际情况，并编制生产成本和营业成本倒轧表。

（3）获取或编制被审计单位每个月主要产品的生产成本报表，对主要产品的单位成本波动及其原因进行分析；如被审计单位为非生产型企业，应获取或编制单位产品的成本，并对单位产品成本的波动进行分析。

（4）结合营业收入选取一定期间销售出库资料或销售明细清单，确认计入主营业务成本的品种、规格、数量和主营业务收入的口径一致。

（二）是否少计或多计营业成本

（1）实施分析程序，分析公司产品毛利率变动趋势，同时结合同行业的产品毛利率情况进行综合分析，对近几年的毛利率异常变动情况应分析其原因；对与同行业的毛利率存在较大差异情况，应对其差异和原因进行分析，确认是否符合实际。

（2）选取毛利率波动大的主要产品或月份，结合存货科目，测试成本计算是否正确。

（三）房地产行业营业成本审计的风险

房地产行业营业成本审计主要应对措施如下。

（1）了解成本构成。房地产开发项目成本主要包括土地出让金、土地征收及拆迁安置补偿费、前期工程费、建筑安装工程费、基础设施费、公共配套设施费、开发间接费七大类别。

（2）对单方成本及其构成进行分析。重点分析前期工程费、建筑安装工程费、基础设施费、公共配套设施费的单方成本是否与项目所在地域、开发业态、开发产品的市场定位、其他房地产开发企业同类房地产项目匹配。

（3）结合开发成本审计，关注开发产品成本归集核算的真实性、完整性及入账依据的充分性，交叉检查核对主要成本构成项目的合同、结算报告、发票、付款实施。

（4）结合销售台账、竣工测绘报告及营业收入审计情况，核对成本结转涉及的业态、房号、面积是否与收入确认涉及业态、房号、面积对应。

（5）对成本结转金额实施计价测试。

（6）对毛利率进行分析，若存在毛利率偏低的项目，应考虑结存存货的减值风险。

（四）施工企业营业成本审计的风险

施工企业营业成本审计主要应对措施如下。

（1）实施分析性复核，按单个项目分析毛利率及变动趋势，与项目预算毛利率、以前期间确认的毛利率、本企业其他同类项目毛利率、同行业毛利率进行综合比较，对异常差异进行原因分析，确认是否符合实际。

（2）关注从企业内部不同部门获取资料中的相关信息是否一致，如完工进度、累计已发生成本；是否与外部资料（如结算单据、监理报告、结算报告）及现场勘查情况相互印证。

（3）获取业务部门提供的合同台账（如材料采购台账、分包台账），结合合同履约成本（施工成本)的审计情况,关注施工成本归集是否真实、完整,入账依据是否充分。审计人员尤其应关注未及时取得发票或结算资料时的成本是否预估入账,预估金额的支撑依据是否充分。

(4)结合收入科目审计中单项履约义务是在某一时段或某一时点履行的判断结果,按投入法或产出法确定履约进度,与营业收入配比确认营业成本。

二、营业成本审计应关注事项或情形

(1)营业成本科目与存货紧密相关,一般应安排同一小组实施审计。审计人员应在了解企业业务模式、技术工艺、生产流程、成本料工费构成及比例的基础上,结合存货科目审计,了解企业存货及成本结转核算政策,分析其合理性及执行政策的一贯性。

(2)在对营业成本与上年度对比分析时,应分析比较销售总量、单位销售成本和总成本,并针对本期较上期变动幅度较大或者金额较大的项目实施进一步审计程序,并在底稿中记录执行的审计程序和对变动原因进行说明。

(3)在分析营业成本与收入匹配性时,应选取多个月的销售发出商品与结转成本商品的品种、规格、型号和数量进行核对。

(4)在对营业成本进行分析时,应按主要产品按月份分析单位产品成本,对单位产品成本变动幅度较大的月份和品种实施进一步审计程序,并在底稿中记录执行的审计程序和对变动原因进行说明。

(5)其他业务成本与营业成本的审计方式基本相同;投资性房地产租赁收入等非主营业务收入对应的折旧等费用计入"其他业务支出"科目。

学习活动二　审计程序实施

认知审计程序、示例

一、获取或编制主营业务成本明细表

复核加计是否正确,并与总账数和明细账合计数核对是否相符,结合其他业务成本科目与营业成本报表数核对是否相符。(见审计工作底稿实例8-5)

二、实施实质性分析程序

(1)考虑可获取信息的来源、可比性、性质和相关性以及与信息编制相关的控制,评价在对记录的金额或比率作出预期时使用数据的可靠性。

(2)对已记录的金额作出预期,评价预期值是否足够精确以识别重大错报。

(3)确定已记录金额与预期值之间可接受的、无须作进一步调查的可接受的差异额。

(4)将已记录金额与期望值进行比较,识别需要进一步调查的差异。

(5)调查差异:① 询问管理层,针对管理层的答复获取适当的审计证据;② 必要时实施其他审计程序。

三、分析主营业务成本

(1)将本期和上期主营业务成本按月度进行比较分析。

审计工作底稿实例 8－5

营业成本明细表

被审计单位：光明制造有限公司　　　　　　编制：张海　　　日期：2025－03－09　　　索引号：SB－003　　金额单位：元

报表期间：2024 年 01 月—2024 年 12 月　　　复核：李莉　　　日期：2025－03－11　　　项目：营业成本——明细表

上级科目名称	项目	借贷方向	1 月	2 月	3 月	……	12 月	本期数 未审数	本期数 结构比	本期数 调整数	本期数 审定数	上期数 未审数	上期数 结构比	上期数 调整数	上期数 审定数	索引号	备注
	主营业务成本	借	14 857 628.03	3 572 316.75	30 498 444.45	……	26 039 285.73	232 168 543.85	100.00%	—	232 168 543.85	241 618 489.54	100.00%	—	241 618 489.54		
主营业务成本合计			14 857 628.03	3 572 316.75	30 498 444.45	……	26 039 285.73	232 168 543.85	100.00%	—	232 168 543.85	241 618 489.54	100.00%	—	241 618 489.54		
各月比率			6.40%	1.54%	13.14%		11.22%	∧	100.00%		∧	∧	100.00%		∧		
	其他业务成本	借	3 937 445.58	4 130 124.73	4 094 872.70	……	5 474 771.75	50 416 005.93	100.00%	—	50 416 005.93	44 509 738.15	100.00%	—	44 509 738.15		
其他业务成本合计			3 937 445.58	4 130 124.73	4 094 872.70	……	5 474 771.75	50 416 005.93	100.00%	—	50 416 005.93	44 509 738.15	100.00%	—	44 509 738.15		
各月比率			7.81%	8.19%	8.12%		10.86%	∧	100.00%		∧	∧	100.00%		∧		
营业成本合计			18 795 073.61	7 702 441.48	34 593 317.15	……	31 514 057.48	282 584 549.78		—	282 584 549.78	286 128 227.69		—	286 128 227.69		
各月比率			6.65%	2.73%	12.24%		11.15%	∧	100.00%		∧	∧	100.00%		∧		

审计说明：经查阅，未见异常。

（2）将本期和上期的主要产品单位成本进行比较分析，对存在异常情况的项目作进一步调查。（见审计工作底稿实例 8-5）

四、抽查月主营业务成本结转明细清单

比较计入主营业务成本的品种、规格、数量和计入主营业务收入的口径是否一致，是否符合配比原则。（见审计工作底稿实例 8-6）

审计工作底稿实例 8-6

主营业务成本检查情况表

被审计单位：光明制造有限公司　　　　编制：张海　　　日期：2025-03-09　　索引号：SB-010
报表期间：2024 年 01 月—2024 年 12 月　　复核：李莉　　　日期：2025-03-11
项目：营业成本——主营业务成本检查情况表　　　　　　　　　　　　　金额单位：元

日期	凭证种类	凭证编号	业务内容	明细科目	对方科目	金额 借方	金额 贷方	1	2	3	4	5	备注
2024-01-20	记	329	结转销售成本		库存商品；原材料	14 857 628.03	—	√	√	√	√		
2024-02-20	记	444	结转销售成本		库存商品；原材料	3 572 316.75	—	√	√	√	√		
2024-03-20	记	415	销售出库		原材料；库存商品	125 101.86	—	√	√	√	√		
2024-05-20	记	475	销售出库		低值易耗品；库存商品；原材料	5 154 551.28	—	√	√	√	√		
2024-06-20	记	280	产品磨齿加工费		应付账款	530 782.00	—	√	√	√	√		
2024-07-20	记	372	销售出库		原材料；库存商品	14 817 105.87	—	√	√	√	√		
2024-09-20	记	347	销售出库		库存商品；原材料	32 527 243.77	—	√	√	√	√		
2024-10-20	记	330	销售出库		原材料；库存商品	1 907 168.43	—	√	√	√	√		
2024-11-20	记	414	销售出库		库存商品；原材料	698 252.24	—	√	√	√	√		
2024-12-20	记	490	销售出库		库存商品	381 683.50	—	√	√	√	√		

核对内容说明：
① 原始凭证是否齐全；② 记账凭证与原始凭证是否相符；③ 账务处理是否正确；④ 是否记录于恰当的会计期间；⑤ ……
抽样说明：
分层抽样。
金额为 100 000～500 000 元的，按随机抽样，抽取样本 2 笔；金额大于 500 000 元的，按随机抽样，抽取样本 8 笔；共抽取样本 10 笔。
手工抽取凭证 0 笔。
审计说明：经抽凭检查，未见异常。

五、抽取本期发生的主营业务成本并检查其支持性文件

确定原始凭证是否齐全、记账凭证与原始凭证是否相符以及账务处理是否正确。（见审计工作底稿实例 8 - 6）

六、编制生产成本与主营业务成本倒轧表

编制生产成本与主营业务成本倒轧表，并与相关科目交叉索引。（见审计工作底稿实例 8 - 7）

 审计工作底稿实例 8 - 7

主营业务成本倒轧表

被审计单位：光明制造有限公司　　　　　　　索引号：4402 - 4

项目：营业成本　　　　　　　　　　　　　　期间：2024 年度

编制：张海　　　日期：2025 年 3 月 9 日　　　复核：李莉　　　日期：2025 年 3 月 11 日

存货种类	未审数/元	审定数/元	索引号
期初原材料余额			
加：本期购货净额			
减：期末原材料余额			
减：其他原材料发出额			
直接材料成本			
加：直接人工成本			
加：制造费用			
产品生产成本			
加：在产品期初余额			
减：在产品期末余额			
减：其他在产品发出额			
库存商品成本			
加：库存商品期初余额			
减：库存商品期末余额			
减：其他库存商品发出额			
主营业务成本			

审计说明：

七、检查主营业务成本中重大调整事项

针对主营业务成本中重大调整事项(如销售退回),检查相关原始凭证,评价真实性和合理性,检查其会计处理是否正确。(见审计工作底稿实例 8－6)

八、检查产品成本差异或商品进销差价的计算、分配和会计处理

在采用计划成本、定额成本、标准成本或售价核算存货的条件下,应检查产品成本差异或商品进销差价的计算、分配和会计处理是否正确。

九、根据评估的舞弊风险等因素增加的审计程序

如果根据风险评估的结果,认定营业成本存在较大的舞弊风险,则应根据评估的舞弊风险等因素增加审计程序,包括更全面细致的分析程序、延长截止测试时间、扩大样本规模等。

十、获取或编制其他业务成本明细表

获取或编制其他业务成本明细表,复核加计正确,并与总账数和明细账合计数核对相符,结合其他业务成本科目与营业成本报表数核对相符。(见审计工作底稿实例 8－5)

十一、与上期其他业务收入和其他业务成本比较

检查是否有重大波动,如有,应查明原因。(见审计工作底稿实例 8－5)

十二、对本期发生的其他业务成本,选取样本,检查其支持性文件

确定原始凭证是否齐全、记账凭证与原始凭证是否相符以及账务处理是否正确。(见审计工作底稿实例 8－8)

十三、根据评估的舞弊风险等因素增加的审计程序

如果根据风险评估的结果,认定营业成本存在较大的舞弊风险等,则应根据评估的舞弊风险等因素增加审计程序,包括更全面细致的分析程序、延长截止测试时间、扩大样本规模等。

十四、检查营业成本是否已按照企业会计准则的规定在财务报表中作出恰当列报和披露

检查利润表中营业成本列报的本期发生额,是否与各项营业成本明细科目本期发生额汇总数相符,上期发生额是否与上期财务报表一致。财务报表附注中应当披露的营业成本相关的会计政策、重大会计估计等是否已经恰当披露。

填制电子底稿

参照营业成本审计程序要求和示例,完成项目八"即测即评"中"审计实操测试"中的审计工作底稿(营业成本审计)。

其他业务成本检查情况表

被审计单位：光明制造有限公司　　　编制：张海　　　日期：2025－03－09　　　索引号：SB－012

报表期间：2024 年 01 月—2024 年 12 月　　　复核：李莉　　　日期：2025－03－11　　　金额单位：元

项目：营业成本——其他业务成本检查情况表

日期	凭证种类	凭证编号	业务内容	明细科目	对方科目	金额		核对内容					备注
						借方	贷方	1	2	3	4	5	
2024－01－20	记	329	结转销售成本		库存商品；原材料	3 895 591.64	—	√	√	√	√		
2024－02－20	记	444	结转销售成本		库存商品；原材料	4 106 066.37	—	√	√	√	√		
2024－03－20	记	415	销售出库		原材料；库存商品	4 094 872.70	—	√	√	√	√		
2024－04－20	记	375	销售出库		原材料；库存商品	3 785 934.57	—	√	√	√	√		
2024－08－20	记	346	销售出库		原材料；库存商品	2 890 288.41	—	√	√	√	√		
2024－11－20	记	414	销售出库		库存商品；原材料	5 187 464.01	—	√	√	√	√		
2024－12－20	记	329	＊＊料报废		应交税费；其他业务收入	12 029.57	—	√	√	√	√		
2024－12－20	记	491	销售出库		库存商品；原材料	5 434 000.35	—	√	√	√	√		

核对内容说明：

① 原始凭证是否齐全；② 记账凭证与原始凭证是否相符；③ 账务处理是否正确；④ 是否记录于恰当的会计期间；⑤ ……

抽样说明：

分层抽样。

金额为 10 000～100 000 元的，按随机抽样，抽取样本 1 笔；金额大于 500 000 元的，按随机抽样，抽取样本 7 笔；共抽取样本 8 笔。

手工抽取凭证 0 笔。

审计说明：经抽凭检查，未见异常。

学习活动三　课堂自查

（根据本任务学习情况和实操能力填写）

1. 难点：_____

_____

_____

_____

2. 改进：_____

_____

_____

任务三　管理费用审计的实质性程序

学习活动一　明确任务

本任务旨在执行管理费用审计的实质性程序，与财务报表认定的存在、完整性、准确性、截止、分类、列报对应，具体完成"即测即评"中"审计实操测试"中的审计工作底稿（存货审计）。

一、管理费用审计目标

管理费用审计目标与财务报表认定对应关系如表 8-5 所示。

表 8-5　管理费用审计目标与财务报表认定对应关系

财务报表认定	审计目标
存在	A. 利润表中记录的管理费用已真实发生，且与被审计单位的日常经营活动直接相关
完整性	B. 所有应记录的管理费用均已完整入账，无漏记或隐瞒的费用支出
准确性	C. 管理费用的金额计量准确，相关的分摊及调整事项已按企业会计准则正确核算
截止	D. 管理费用已按权责发生制原则记录于恰当的会计期间，无跨期确认或截止错误
分类	E. 管理费用已按费用性质和企业会计准则要求分类列示（如研发费用、行政开支）
列报	F. 管理费用在财务报表中是否恰当列报和披露

二、拟执行的实质性审计程序（任务）

为实现管理费用审计目标和对应的财务报表认定，注册会计师需要执行一系列实质性程序，可供选择的实质性程序如表 8-6 所示。

表 8-6 管理费用审计可供选择的实质性程序

审计目标	可供选择的实质性程序
C	获取或编制管理费用明细表
ABC	实施实质性分析程序
E	检查管理费用的明细项目的设置
ABC	检查公司经费
	将管理费用中的项目与各有关账户进行核对
	检查董事会费
	检查聘请中介机构费、咨询费(含顾问费)
	检查诉讼费用并结合或有事项审计
C	检查业务招待费
ABC	结合相关资产的检查,核对筹建期间发生的开办费是否直接计入管理费用
	对本期发生的管理费用,按重要性原则及是否异常选取样本,检查其支持性文件
D	实施截止性测试
	根据评估的舞弊风险等因素增加的审计程序
F	检查管理费用是否已按照企业会计准则的规定在财务报表中作出恰当列报和披露

任务 识别

1. 识读上述拟执行审计程序(任务),识别关键词,并把关键词写在横线上:_____

_____

2. 从关键词中选择词语用于描述管理费用审计实质性程序任务(反映程序内容和要求):

_____

_____

知识 准备

管理费用,是企业为组织和管理企业生产经营所发生的费用,包括企业在筹建期间内发生的开办费、董事会和行政管理部门在企业的经营管理中发生的或者应由企业统一负担的公司经费(包括行政管理部门职工工资及福利费、物料消耗、低值易耗品摊销、办公费和差旅费等)、工会经费、董事会费(包括董事会成员津贴、会议费和差旅费等)、聘请中介机构费、咨询费(含顾问费)、诉讼费、业务招待费、技术转让费、研究费用等。管理费用属于期间费用,在发生的当期就计入损益。

一、管理费用常见错弊及识别

企业可能少计或多计管理费用。审计人员应对管理费用波动较大的情况保持谨慎。

（1）实施分析性复核程序,计算分析管理费用中各项目发生额及占费用总额的比率,将本期、上期管理费用各主要明细项目进行比较分析,判断其变动的合理性。

（2）比较本期各月管理费用,对有重大波动和异常情况的项目应查明原因,必要时作适当处理。

（3）对异常项目或大额发生的管理费用应对其发生的合理性、相关原始凭证、相关报销程序等进行分析。

二、管理费用审计应关注事项或情形

（1）对管理费用进行分析性复核时,应分项目、分月份进行分析管理费用的变动和结构比变动,对波动幅度较大的项目应分析其原因,并实施进一步审计程序,对原因的合理性进行分析,并在底稿注明;波动幅度的大小应根据重要性水平确定。

（2）管理费用中的职工薪酬、固定资产折旧、无形资产摊销等需要和相应的科目进行勾稽,并做好底稿的交叉索引。

（3）管理费用中相关费用应结合相关的法律法规进行复核,并做好底稿记录。

（4）在审计工作底稿中应详细说明执行的程序并通过索引进行勾稽。

学习活动二　审计程序实施

● 认知审计程序、示例

一、获取或编制管理费用明细表

获取或编制管理费用明细表,复核加计是否正确,并与总账数和明细账合计数核对是否相符。（审计工作底稿实例8-9）

二、实施实质性分析程序

（1）计算分析管理费用中各项目发生额及占费用总额的比率,将本期、上期管理费用各主要明细项目作比较分析,判断其变动的合理性。

（2）将管理费用实际金额与预算金额进行比较。

（3）比较本期各月管理费用,对有重大波动和异常情况的项目应查明原因,必要时作适当处理。

（4）必要时实施其他审计程序。

三、检查管理费用明细项目的设置

检查管理费用的明细项目的设置是否符合规定的核算内容与范围,结合成本费用的审计,检查是否存在费用分类错误,若有,应提请被审计单位调整。（见审计工作底稿实例8-10）

四、检查公司经费

检查公司经费（包括行政管理部门职工薪酬、物料消耗、低值易耗品摊销、办公费和差旅

审计工作底稿实例 8-9

管理费用明细表

被审计单位：光明制造有限公司　　编制：张海　　日期：2025-03-09　　索引号：SE-003　　金额单位：元
报表截止日：2024年12月31日　　复核：李莉　　日期：2025-03-11　　项目：管理费用——明细表　　预警比率：10%

上级科目名称	借贷方向	1月	2月	3月	……	12月	本期数 账面数	本期数 账表差异调整数	本期数 未审数	本期数 结构比	本期数 调整数	本期数 审定数	上期数 账面数	上期数 账表差异调整数	上期数 未审数	上期数 结构比	上期数 调整数	上期数 审定数	变动额	变动率	索引号	备注
\管理费用	借	310 026.83	852 051.10	667 391.99	……	1 055 088.04	8 550 203.75	—	8 550 203.75	54.46%	—	8 550 203.75	3 581 348.62	—	3 581 348.62	39.24%	—	3 581 348.62	4 968 855.13	138.74%		
\管理费用	借	105 083.78	105 083.78	105 083.78	……	104 424.94	1 261 293.48	—	1 261 293.48	8.03%	—	1 261 293.48	864 882.70	—	864 882.70	9.48%	—	864 882.70	396 410.78	45.83%		
\管理费用	借	15 216.52	16 194.88	19 271.22	……	21 577.19	223 556.78	—	223 556.78	1.42%	—	223 556.78	212 105.27	—	212 105.27	2.32%	—	212 105.27	11 451.51	5.40%		
\管理费用	借	1 833.00	1 216.14	817.27	……	2 459.32	18 737.78	—	18 737.78	0.12%	—	18 737.78	19 188.86	—	19 188.86	0.21%	—	19 188.86	−451.08	−2.35%		
\管理费用	借	2 928.03	2 205.93	2 326.80	……	1 816.51	17 886.20	—	17 886.20	0.11%	—	17 886.20	24 023.18	—	24 023.18	0.26%	—	24 023.18	−6 136.98	−25.55%		
\管理费用	借	1 051.72	970.87	240.00	……	—	8 281.10	—	8 281.10	0.05%	—	8 281.10	7 432.22	—	7 432.22	0.08%	—	7 432.22	848.88	11.42%		
\管理费用	借	21 839.00	7 876.00	7 722.20	……	4 111.60	145 659.07	—	145 659.07	0.93%	—	145 659.07	258 368.63	—	258 368.63	2.83%	—	258 368.63	−112 709.56	−43.62%		
\管理费用	借	6 075.00	31 736.23	60 419.99	……	31 783.86	327 741.51	—	327 741.51	2.09%	—	327 741.51	301 322.87	—	301 322.87	3.30%	—	301 322.87	26 418.84	8.77%		
\管理费用	借	1 617.69	1 128.98	2 204.68	……	2 149.12	21 393.06	—	21 393.06	0.14%	—	21 393.06	20 759.90	—	20 759.90	0.23%	—	20 759.90	633.16	3.05%		
\管理费用	借	1 833.00	1 572.50	—	……	13 368.60	188 976.90	—	188 976.90	1.20%	—	188 976.90	98 008.20	—	98 008.20	1.07%	—	98 008.20	90 968.70	92.82%		
\管理费用	借	17 755.50	17 755.50	53 886.74	……	81 248.40	710 070.47	—	710 070.47	4.52%	—	710 070.47	152 791.53	—	152 791.53	1.67%	—	152 791.53	557 278.94	364.73%		
\管理费用	借	2 928.03	4 567.13	1 178.80	……	15 612.43	52 603.41	—	52 603.41	0.34%	—	52 603.41	62 289.90	—	62 289.90	0.68%	—	62 289.90	−9 686.49	−15.55%		
\管理费用	借	1 051.72	1 465.52	1 250.00	……	22.00	23 694.98	—	23 694.98	0.15%	—	23 694.98	24 916.37	—	24 916.37	0.27%	—	24 916.37	−1 221.39	−4.90%		
\管理费用	借	1 456.10	2 713.80	4 862.75	……	4 866.31	33 999.44	—	33 999.44	0.22%	—	33 999.44	49 135.56	—	49 135.56	0.54%	—	49 135.56	−15 136.12	−30.80%		
\管理费用	借	—	—	—	……	—	28 000.00	—	28 000.00	0.18%	—	28 000.00	—	—	—	0.00%	—	—	28 000.00	—		
\管理费用	借	—	—	—	……	—	—	—	—	0.00%	—	—	19 417.48	—	19 417.48	0.21%	—	19 417.48	−19 417.48	−100.00%		
\管理费用	借	—	—	—	……	2 169.81	2 169.81	—	2 169.81	0.01%	—	2 169.81	—	—	—	0.00%	—	—	2 169.81	—		
\管理费用	借	2 062.07	33 300.00	283.02	……	—	48 705.66	—	48 705.66	0.31%	—	48 705.66	322 491.38	—	322 491.38	3.53%	—	322 491.38	−273 785.72	−84.90%		
\管理费用	借	—	5 290.00	2 100.00	……	1 280.00	35 760.58	—	35 760.58	0.23%	—	35 760.58	16 400.88	—	16 400.88	0.18%	—	16 400.88	19 359.70	118.04%		
……	借	……	……	……	……	……	……	……	……	……	……	……	……	……	……	……	……	……	……	……		
合 计	借	562 734.07	1 261 465.34	1 823 453.29	……	1 565 832.68	15 699 048.91	—	15 699 048.91	100.00%	—	15 699 048.91	9 125 866.00	—	9 125 866.00	100.00%	—	9 125 866.00	6 573 182.91	72.03%	∧	
各月比率		3.58%	8.04%	11.62%	……	9.97%				100.00%						100.00%						

审计说明：经核对，未见异常。

费)是否系经营管理中发生或应由公司统一负担,检查相关费用报销内部管理办法,是否有合法原始凭证支持。(审计工作底稿实例8-10)

五、核对管理费用中的项目与各有关账户

将管理费用中的职工薪酬、无形资产摊销、长期待摊费用摊销额等项目与各有关账户进行核对,分析其勾稽关系的合理性,并作出相应记录。(审计工作底稿实例8-10)

六、检查董事会费

检查董事会费(包括董事会成员津贴、会议费和差旅费等),检查相关董事会及股东会(股东大会)决议,是否在合规范围内开支费用。

七、检查聘请中介机构费、咨询费(含顾问费)

检查聘请中介机构费、咨询费(含顾问费),检查是否按合同规定支付费用,有无涉及诉讼及赔偿款项支出。

八、检查诉讼费用并结合或有事项审计

结合或有事项审计检查诉讼费用,检查涉及的相关重大诉讼事项是否已在附注中进行披露,还需要进一步关注诉讼状态,判断有无或有负债,或是否存在损失已发生而未入账的事项。

九、检查业务招待费

检查业务招待费的支出是否合理,如超过规定限额,是否在计算应纳税所得额时调整。

十、核对筹建期间发生的开办费是否直接计入管理费用

结合相关资产的检查,核对筹建期间发生的开办费(包括人员工资、办公费、培训费、差旅费、印刷费、注册登记费以及不计入固定资产成本的借款费用等)是否直接计入管理费用。

十一、按重要性原则及是否异常选取样本,检查本期发生的管理费用支持性文件

对本期发生的管理费用,按重要性原则及是否异常选取样本,检查其支持性文件,确定原始凭证是否齐全、记账凭证与原始凭证是否相符以及账务处理是否正确。(见审计工作底稿实例8-10)

十二、实施截止测试

抽取资产负债表日前后一段时间的凭证,实施截止测试,若存在异常迹象,并考虑是否有必要追加审计程序,对于重大跨期项目,应作必要调整。(见审计工作底稿实例8-11)

抽取凭证的时间范围根据企业记账习惯、评估的风险等因素确定。

十三、根据评估的舞弊风险等因素增加的审计程序

如果根据风险评估的结果,认定管理费用存在较大的舞弊风险等,则根据评估的舞弊风险等因素增加审计程序,包括更全面细致的分析程序、延长截止测试时间、扩大样本规模等。

管理费用检查情况表

被审计单位：光明制造有限公司　　　编制：张海　　日期：2025－03－09　　索引号：SE－007
报表截止日：2024 年 12 月 31 日　　复核：李莉　　日期：2025－03－11　　金额单位：元
项目：管理费用——检查情况表

| 日期 | 凭证种类 | 凭证编号 | 业务内容 | 明细科目 | 对方科目 | 金额 | | 核对内容 | | | | | 备注 |
						借方	贷方	1	2	3	4	5	
2024－02－20	记	356	计提 2023 年年终奖		应付职工薪酬	123 300.46	—	√	√	√	√		
2024－02－20	记	356	计提 2023 年年终奖		应付职工薪酬	123 100.00	—	√	√	√	√		
2024－02－20	记	363	计提 2 月工资		应付职工薪酬	110 841.15	—	√	√	√	√		
2024－04－20	记	325	计提 4 月工资		应付职工薪酬	135 709.77	—	√	√	√	√		
2024－06－20	记	198	皇源 9 月挂账		应付账款	96 662.45	—	√	√	√	√		
2024－07－20	记	308	计提 7 月工资		应付职工薪酬	144 315.70	—	√	√	√	√		
2024－07－20	记	308	计提 7 月工资		应付职工薪酬	19 641.26	—	√	√	√	√		
2024－08－20	记	207	结转折旧费用		累计折旧	64 575.67	—	√	√	√	√		
2024－08－20	记	285	计提 8 月工资		应付职工薪酬	128 276.50	—	√	√	√	√		
2024－08－20	记	285	计提 8 月工资		应付职工薪酬	14 515.00	—	√	√	√	√		
2024－09－20	记	299	计提 9 月工资		应付职工薪酬	143 647.34	—	√	√	√	√		
2024－09－20	记	299	计提 9 月社会保险费等（公司应交部分）		应付职工薪酬	43 653.98	—	√	√	√	√		
2024－11－20	记	300	计提 11 月工资		应付职工薪酬	508 777.69	—	√	√	√	√		
2024－12－20	记	363	计提 12 月工资		应付职工薪酬	541 045.04	—	√	√	√	√		

核对内容说明：
① 原始凭证是否齐全；
② 记账凭证与原始凭证是否相符；
③ 账务处理是否正确；
④ 是否记录于恰当的会计期间；
⑤ ……
抽样说明：
分层抽样。
金额在 10 000～100 000 元的，按随机抽样，抽取样本 5 笔；金额在 100 000～500 000 元的，按随机抽样，抽取样本 7 笔；金额大于 500 000 元的，按随机抽样，抽取样本 4 笔；共抽取样本 14 笔。
手工抽取凭证 0 笔。
审计说明：经抽凭检查，未见异常。

管理费用截止测试

被审计单位：光明制造有限公司　　　　编制：张海　　日期：2025－03－09　　索引号：SE－006
报表截止日：2024 年 12 月 31 日　　　　复核：李莉　　日期：2025－03－11　　金额单位：元
项目：管理费用——截止测试
放入截止测试科目名称：　　　　　　　　6602 管理费用

截止日前天数	10	截止日前测试开始日期	2024－12－21	截止日前测试金额绝对值≥	50 000.00
截止日后天数	10	截止日后测试结束日期	2025－01－10	截止日后测试金额绝对值≥	50 000.00

截止日前

日期	凭证种类	凭证号	内容	对方科目	金额		是否跨期
					借方	贷方	

截止日期：2024 年 12 月 31 日

截止日后

记账时间	凭证种类	凭证编号	业务说明	对方科目名称	借方发生额	贷方发生额	

审计说明：经测试，截止日前后 10 日内未发生管理费用超过 50 000 元的业务。

十四、检查管理费用是否已按照企业会计准则的规定作出恰当列报和披露

检查利润表中管理费用列报的本期发生额，是否与各项管理费用明细科目本期发生额汇总数相符，上期发生额是否与上期财务报表一致；检查应当披露的管理费用相关的会计政策、重大会计估计等事项是否已经恰当披露。

填制电子底稿

参照管理费用审计程序要求和示例，完成项目八"即测即评"中"审计实操测试"中的审计工作底稿（管理费用审计）。

学习活动三　课堂自查

（根据本任务学习情况和实操能力填写）

1. 难点：_____

2. 改进：_____

项 目 拓 展

拓展阅读

知识视窗

认知政府审计、独立审计和内部审计

1. 政府审计

政府审计是由国家审计机关所实施的审计。国家审计机关依法对国务院各部门和地方各级政府及其各部门的财政收支，国有金融机构和企事业组织的财务收支，以及其他依法应当接受审计的财政财务收支的真实、合法和效益进行审计监督。① 主体：国家审计机关，如审计署及各级审计机关。② 目标：监督财政财务收支的真实性、合法性，确保公共资金的安全和合理使用；促进政府部门和公共机构提高管理水平和绩效，保障国家经济社会健康运行；发现和查处违法违规问题，维护国家财经纪律和法律尊严。③ 范围：政府部门和公共机构的财政财务收支、政府投资项目、社会保障资金等公共资源的管理和使用；④ 特点：独立性强，依法独立行使审计监督权，不受其他行政机关、社会团体和个人的干涉；权威性高，代表国家对被审计单位进行监督，审计结果具有法律效力；宏观性突出，关注国家重大政策措施的落实和经济社会发展中的热点、难点问题。

2. 独立审计

独立审计又称注册会计师审计，是由注册会计师及其所在的会计师事务所依法对被审计单位的财务报表及相关资料进行独立审查和鉴证的一种审计活动。① 主体：注册会计师及其所在的会计师事务所。② 目标：对被审计单位的财务报表是否按照适用的会计准则和相关会计制度编制发表审计意见；为财务报表使用者提供合理保证，增强其对财务报表的信赖程度。③ 范围：企业、事业单位等各类经济组织的财务报表审计；验资、审计业务等其他鉴证业务。④ 特点：独立性，注册会计师在形式上和实质上都应独立于被审计单位和其他利益相关者；专业性，注册会计师具备专业的会计、审计知识和技能，能够对复杂的财务信息进行准确分析和判断；有偿性，注册会计师接受委托提供审计服务，向委托方收取费用。

3. 内部审计

内部审计是由组织内部设立的审计机构或人员对本单位及所属单位的财政财务收支、经济活动、内部控制、风险管理等进行独立客观的监督和评价活动。① 主体：组织内部的审计机构或人员。② 目标：促进组织完善内部控制,防范风险,提高管理水平和运营效率;确保组织的经济活动符合法律法规和内部规章制度;为组织的管理层提供客观、可靠的决策依据。③ 范围：本单位及所属单位的各项经济活动、内部控制制度的建立和执行情况、风险管理过程的有效性。④ 特点：服务内向性,主要为组织内部管理服务;相对独立性,虽然在组织内部设立,但在审计工作中应保持相对独立的地位;及时性,能够及时发现和解决组织内部存在的问题。

4. 三者的联系与区别

总之,三者的联系在于都是审计监督体系的重要组成部分,共同为维护国家财经秩序、促进经济健康发展发挥作用。在审计方法和技术上有一定的相似性,如都可能采用抽样审计、风险评估等方法。政府审计和内部审计可以为独立审计提供一定的支持和参考,独立审计的结果也可以为政府审计和内部审计所利用。

三者的区别：① 主体不同,政府审计由国家审计机关实施,独立审计由注册会计师及其事务所实施,内部审计由组织内部的审计机构或人员实施;② 目标不同,政府审计主要关注公共资金的使用和管理,独立审计主要为财务报表使用者提供鉴证服务,内部审计主要为组织内部管理服务;③ 范围不同,政府审计范围广泛,包括政府部门和公共机构等;独立审计主要针对各类经济组织的财务报表;内部审计则涵盖组织内部的各项经济活动;④ 独立性程度不同,政府审计独立性最强,独立审计次之,内部审计的独立性相对较弱,但仍应保持相对独立;⑤ 法律地位不同,政府审计具有法律赋予的强制力和权威性,独立审计的结果具有鉴证作用,内部审计的结果主要为组织内部管理决策提供参考。

▶ 审计失败案例

金通灵科技集团股份有限公司(以下简称"金通灵")是一家从事高端装备制造的上市公司。2024 年 5 月,证券监管部门披露其 2017—2022 年连续六年的财务造假,虚增营业收入超 12 亿元,虚增利润总额超 4.5 亿元,部分年度虚增利润占披露利润比例高达 5 774%。负责审计的大华会计师事务所(以下简称"大华所")因未勤勉尽责被重罚,其执行的审计程序存在严重缺陷。

金通灵财务舞弊手段如下。

(1) 虚构交易链条。通过空壳公司伪造购销合同,在无真实业务背景下开具发票确认收入,累计虚增营业收入 12.3 亿元。

(2) 收入跨期调节。将未完成的建造合同提前确认收入,或将当期收入延迟至下年,导致各年度利润大幅波动。

(3) 成本核算造假。少计原材料采购成本,延迟结转存货成本,累计虚减营业成本 2.8 亿元。

大华所的审计失败关键点如下。

(1) 函证程序失效,对大额应收账款、应付账款未实施有效函证,对回函异常(如同一地址多个公司回函)未追查。

(2) 收入核查流于形式,未核查建造合同验收单据真实性,直接采信企业提供的完工进度表,未发现收入确认时点错误。

(3) 风险评估缺失,未识别收入确认相关的重大错报风险,未测试销售与收款循环内部控制有效性。

（4）底稿编制违规，审计工作底稿直接套用模板，未针对企业实际情况调整，关键数据未交叉验证。

监管处罚结果为：① 大华所被没收业务收入 688.68 万元，罚款 3 443.4 万元，暂停证券服务业务 6 个月；② 金通灵被责令改正，罚款 150 万元；实控人及财务总监合计被罚 570 万元；③ 行业影响方面，大华所被 10 余家上市公司解聘，业务声誉严重受损。

案例启示

（1）审计独立性挑战：上市公司通过复杂交易掩盖舞弊，审计机构须强化职业怀疑，对异常利润波动保持警觉。

（2）程序执行刚性不足：函证、穿行测试等基础程序流于形式，导致系统性审计失败。

（3）监管处罚趋严：监管部门对审计机构的"看门人"责任提出更高要求，违规成本显著增加。

该案例反映了审计机构在面对复杂收入确认（如建造合同）、关联交易等高风险领域时，若未能严格执行审计程序、保持职业怀疑，可能导致审计失败。监管部门对审计机构的处罚力度加大，凸显了"勤勉尽责"在维护资本市场信息质量中的重要性。

素养园地

2022 年 2 月 25 日，中国证券监督管理委员会作出行政处罚决定书（〔2022〕6 号），对深圳堂堂会计师事务所（以下简称"堂堂所"）采取责令改正，没收业务收入 1 970 297.01 元，处以 11 821 782.06 元的罚款，并暂停从事证券服务业务 1 年，对 3 名责任人给予警告，并分别处以 100 万元、50 万元、30 万元的罚款。

堂堂所对＊ST 新亿审计执业中的违法事实如下：

（1）堂堂所出具的文件存在虚假记载和重大遗漏。

（2）审计独立性缺失：承诺对＊ST 新亿 2019 年度财务报表不出具否定或无法表示意见的审计报告并约定或有费用；承诺对因签字导致的行政处罚给予赔偿；承诺支付居间费；违规修改审计报告内容导致出具的审计报告存在虚假记载和重大遗漏。

（3）收入审计存在严重缺陷：协助修改租金抵账协议，审计程序存在严重缺陷；未实施充分审计程序核实贸易收入真实性；未实施必要审计程序核实物业费收入真实性；未实施充分审计程序核实保理业务收入；修改、删除审计工作底稿。

（4）函证程序存在缺陷：未对应收账款、应付账款函证保持控制；其他应收款函证程序执行不恰当；营业外收入函证程序执行不恰当。

（5）投资性房地产审计存在缺陷。

（6）未能准确获取与识别＊ST 新亿关联方关系。

（7）质量控制存在缺陷。

简言之，堂堂所在审计过程中，审计独立性严重缺失，审计程序存在多项缺陷，审计报告存在虚假记载和重大遗漏，缺乏应有的职业操守和底线。

启示：

会计师事务所是资本市场重要的"看门人"，其守法意识、执业能力及勤勉尽责程度事关广大投资者切身利益。审计从业人员要保持审计独立性。审计的独立性是开展审计工作的前提，审计作为一种经济监督活动,如果不能与被监督的对象保持独立,站在客观公正的立场,就失去了存在的意义。此外,审计人员也要勤勉尽责,严谨审慎执行各项实质性审计程序,获取充分、适当的审计证据,对风险较高的事项、明显异常的现象应高度关注,获取更多外部证据支撑。

项目总结

● 学生感知

根据项目八学习、认知和能力训练情况,填写学习感知(掌握技能描述、心得体会等):

_____

_____

● 项目总结

知识内容重点与难点

重点:营业收入确认时点(权责发生制、验收确认法)、营业成本配比原则(成本与收入期间匹配)、期间费用截止测试(资产负债表日前后 10 天凭证抽查)。

难点:复杂交易收入确认(如附有退货条款的销售);成本核算中共同费用分摊(如多产品制造费用分配)。

技能训练重点与难点

重点:编制收入截止测试表、成本倒轧表;执行费用分析程序(毛利率对比、异常费用抽查)。

难点:识别收入舞弊信号(如收入与现金流背离);跨期费用调整(如待摊费用受益期间判断)。

即测即评

● 审计实操测试

项目八介绍了损益类主要财务报表项目,如营业收入、营业成本和管理费用的审计程序和审计工作底稿的编制。按教学技能目标的要求,学生应能够独立完成损益类相关项目审计程序和工作底稿。(本测试相关的审计工作底稿详见二维码)

审计工作底稿:实质性程序——损益类项目

职业能力评价

职业能力	评价项目	学生自评			
营业收入审计	1. 营业成本分析程序	□A	□B	□C	□D
	2. 收入确认条件、方法	□A	□B	□C	□D
	3. 从出库单到记账凭证的检查	□A	□B	□C	□D

职业能力	评价项目	学生自评			
营业收入审计	4. 从记账凭证到出库单的检查	□A	□B	□C	□D
	5. 截止测试	□A	□B	□C	□D
	6. 检查销售折扣与折让	□A	□B	□C	□D
	7. 特殊销售行为检查	□A	□B	□C	□D
	8. 检查关联方交易	□A	□B	□C	□D
营业成本审计	1. 营业成本分析程序	□A	□B	□C	□D
	2. 检查月主营业务成本结转	□A	□B	□C	□D
	3. 生产成本与主营业务成本倒轧,交叉索引	□A	□B	□C	□D
	4. 检查支持性文件	□A	□B	□C	□D
	5. 检查重大调整事项	□A	□B	□C	□D
	6. 检查产品成本差异或商品进销差价	□A	□B	□C	□D
管理费用审计	1. 管理费用分析程序	□A	□B	□C	□D
	2. 检查管理费用各类明细	□A	□B	□C	□D
	3. 检查支持性文件	□A	□B	□C	□D
	4. 截止测试	□A	□B	□C	□D

学生成绩:

注:(1) A 为掌握程度>80%,B 为掌握程度>70%,C 为掌握程度≥60%,D 为掌握程度<60%。
　　(2) 自评标准为学生对各项任务审计程序的执行力。
　　(3) 教师根据学生独立完成的审计工作底稿情况进行打分和评价,结果可作为平时成绩之一。

项目九 审计报告

知识导图

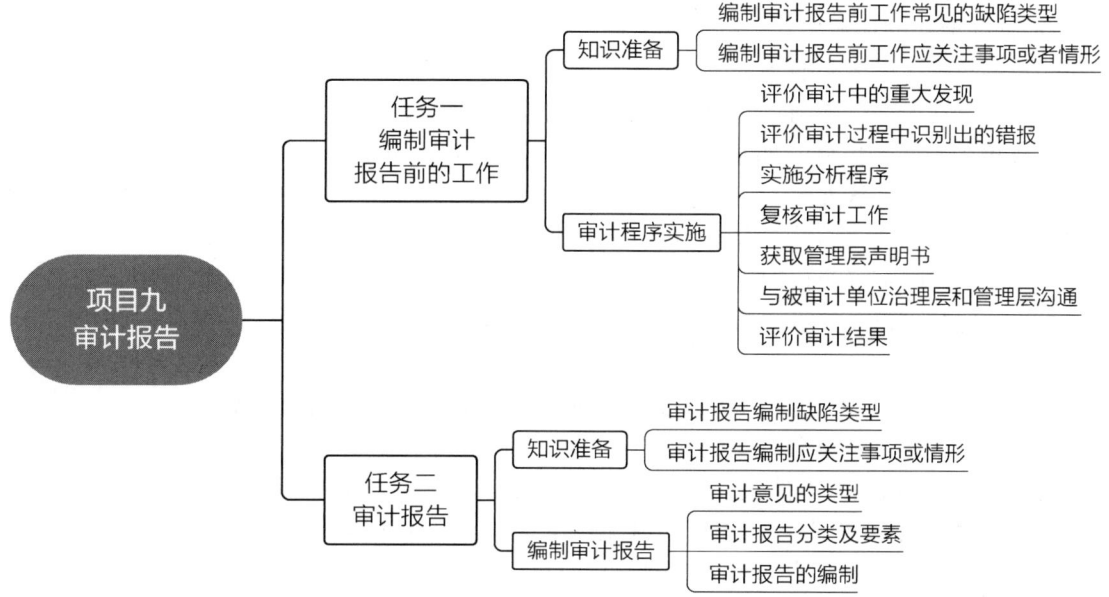

学习目标

知识目标

1. 掌握审计报告的基本结构。

2. 熟悉不同类型的审计意见。

3. 掌握非标准审计报告的要求。

4. 熟悉强调事项段的使用情形。

能力目标

1. 能完成编制审计报告前工作中的部分底稿。

2. 能独立判断审计意见类型,协助撰写审计报告。

3. 能够确定非标准审计意见的类型,保留意见、否定意见和无法表示意见的报告。

4. 能够有效地在审计报告中沟通关键审计事项和强调事项,确保报告使用者理解重要信息。

素质目标

1. 培养高度的职业道德和责任感,确保审计报告的客观、公正和准确。

2. 培养细致和严谨的工作态度,确保审计报告的每个细节都符合专业要求。

3. 提升书面和口头沟通能力，能够清晰、准确地传达审计发现和意见。

4. 培养批判性思维能力，能够在审计过程中识别和评估风险，作出合理判断。

5. 严格遵循相关法律法规和审计准则，确保审计报告的合法性和专业性；树立终身学习的观念，持续关注审计准则和法规的更新，不断提升专业素质和能力。

项目引例

星辰贸易有限公司是一家从事服装进出口业务的企业，主要面向欧美市场。光华会计师事务所在对其审计过程中发现以下重要事项：

（1）应收账款方面，存在部分客户的欠款逾期时间较长，且公司对坏账准备的计提比例较低，可能存在潜在的坏账风险。如公司与某客户的应收账款已逾期 180 天，金额为 50 万元，但公司仅按照 5% 计提坏账准备。

（2）存货管理存在漏洞，部分存货积压时间较长，且存货计价方法在年度内发生了变更，未在财务报表中充分披露。如某类服装存货积压超过 1 年，价值 30 万元。

（3）销售收入确认方面，有几笔跨境销售业务的收入确认时点存在争议，可能影响收入的准确性。如一笔与美国客户的销售业务，货物在运输途中但公司已确认收入。

（4）公司的固定资产折旧计算存在错误，导致折旧费用少计，影响了成本和利润的核算。

（5）发现公司存在一笔关联交易，交易价格明显高于市场公允价格，但在财务报表附注中未充分披露相关信息。

基于上述审计发现，审计团队经过讨论和分析，形成的初步审计意见如下：

由于应收账款坏账准备计提不足和存货计价及管理问题，对财务报表的准确性产生一定影响，拟出具保留意见的审计报告。对于销售收入确认的争议和固定资产折旧的错误，若公司能够提供合理的解释和调整，可考虑出具无保留意见的审计报告。鉴于关联交易披露不充分，要求公司补充披露相关信息，否则将影响审计意见的类型。

在得到公司的合理解释和调整后，审计项目组根据审计准则和职业判断，开始编制审计报告：① 在审计报告的引言段，说明审计的范围和被审计单位的基本情况；② 在管理层责任段，明确管理层对财务报表的责任；③ 在注册会计师责任段，阐述审计师按照审计准则执行审计工作的责任；④ 在审计意见段，清晰表达最终确定的审计意见类型及理由等。

最终，审计项目组完成了审计报告的编制，并提交给公司管理层和治理层，同时向公众发布，为财务报表使用者提供了独立、客观、公正的审计意见。

任务一　编制审计报告前的工作

学习活动一　明确任务

本任务旨在介绍执行实质性程序后、实施审计报告撰写前的相关审计工作。

一、审计工作目标

（一）为编制审计报告作准备
（1）汇总审计差异，整体把握审计结果情况。

（2）通过重大发现、错报的评价和定性，形成初步审计结论。

（二）确保审计证据的充分性和适当性
（1）通过分析、复核等程序，形成可靠的审计证据。

（2）与管理层沟通就审计证据形成确认或支持。

二、审计程序或事项

（一）评价审计中的重大发现
（1）重大发现和事项的示例。

（2）审计程序结果评价，可能揭示的事项。

（二）评价审计过程中识别出的错报
（1）累积识别出的错报。

（2）随着审计的推进考虑识别出的错报。

（3）沟通和更正错报。

（4）评价未更正错报的影响。

（5）编制审计差异调整表。

（6）编制试算平衡表。

（三）实施分析程序
（1）比较分析。

（2）比率分析。

（3）趋势分析。

（4）结构分析。

（5）合理性分析。

（四）复核审计工作
（1）项目组内部复核。

（2）项目质量复核。

（五）获取管理层声明书

（六）与被审计单位治理层沟通
（1）沟通的目的与形式。

（2）沟通的内容。

（七）评价审计结果
（1）按会计报表项目确定可能的审计差异。

（2）分析各会计报表项目审计差异汇总数的影响。

（3）评价根据审计证据得出的审计结论。

（4）评价财务报表的合法性。

（5）评价财务报表的公允性。

（6）评价审计风险。

任务 识别

1. 识读上述拟执行审计工作任务,识别关键词,并把关键词写在横线上:＿＿＿＿＿＿＿＿

＿＿＿＿＿＿＿＿＿＿＿＿＿＿＿＿＿＿＿＿＿＿＿＿＿＿＿＿＿＿＿＿＿＿＿＿＿

2. 从关键词中选择词语连成一句话,描述货币资金审计实质性程序任务(反映程序内容和要求):＿＿＿＿＿＿＿＿＿＿＿＿＿＿＿＿＿＿＿＿＿＿＿＿＿＿＿＿＿＿＿＿

＿＿＿＿＿＿＿＿＿＿＿＿＿＿＿＿＿＿＿＿＿＿＿＿＿＿＿＿＿＿＿＿＿＿＿＿＿

知识 准备

审计报告,是指注册会计师根据审计准则的规定,在执行审计工作的基础上,对财务报表发表审计意见的书面文件,是注册会计师在完成审计工作后向委托人提交的最终产品。注册会计师应当按照审计准则的规定执行审计工作;在实施审计工作的基础上才能出具审计报告;通过对财务报表发表意见而履行业务约定书约定的责任;应当以书面形式出具审计报告。

注册会计师应当根据由审计证据得出的结论,清楚表达对财务报表的审计意见。注册会计师一旦在审计报告上签名并盖章,就表明对其出具的审计报告负责。

审计报告需要注册会计师对财务报表是否在所有重大方面按照财务报告编制基础编制并实现合法、公允反映发表审计意见,因此,注册会计师应当将已审计的财务报表附于审计报告之后,以便财务报表使用者正确理解和使用审计报告,并防止被审计单位替换、更改已审计的财务报表。

在编制和签署审计报告之前,注册会计师需要进行一系列关键工作,以确保审计报告的准确性和完整性,这些关键工作包括:复核审计工作底稿、编制试算平衡表、执行分析程序、获取管理层声明书、评价审计结果、与治理层和管理层沟通等。这些工作可为审计人员确定审计意见类型和撰写审计报告做准备。

一、编制审计报告前工作常见的缺陷类型

(一) 审计证据方面

1. 证据不充分

审计人员在收集审计证据时,可能没有获取足够数量的证据来支持审计结论。例如,对于重大的交易或事项,仅依赖少量的凭证或文件作为证据,缺乏充分的佐证材料。这可能导致审计结论不准确,无法全面反映被审计单位的实际情况。

2. 证据不可靠

审计证据的来源不可靠,可能影响其可信度。例如,从被审计单位内部人员获取的口头证据,没有经过进一步核实;将未经独立第三方验证的文件作为证据。不可靠的证据可能使审计报告存在错误,降低审计质量。

3. 证据不相关

收集的审计证据与审计目标和审计范围不相关。例如,在审查财务报表真实性时,收集了大量与企业经营管理流程相关的证据,这些证据对财务报表的审计并无直接帮助。不相关的证据浪费审计资源,同时也可能干扰审计人员对关键问题的判断。

(二）审计程序执行方面

1. 程序未执行或执行不到位

审计人员可能没有按照审计计划执行全部的审计程序，或者在执行过程中敷衍了事，未能深入挖掘问题。例如，对于重要的账户余额没有进行充分的函证或实地盘点，这可能会遗漏重大的错报或舞弊行为。

2. 程序顺序错误

审计程序的执行顺序不合理，可能影响审计效果。例如，在未对内部控制进行评估的情况下，就进行实质性测试，这样可能无法确定内部控制的有效性，从而无法合理确定实质性测试的范围和重点。总之，错误的程序顺序可能导致审计效率低下，甚至得出错误的审计结论。

(三）职业判断方面

1. 主观偏见

审计人员在进行职业判断时，可能受到个人主观偏见的影响。例如，过于信任熟悉的被审计单位，放松了审计标准；对某些行业或企业存在刻板的负面看法，导致在审计过程中过于挑剔。主观偏见会影响审计的客观性和公正性，使审计报告失去可信度。

2. 缺乏专业胜任能力

审计人员的专业知识和技能不足，无法正确进行职业判断。例如，对于复杂的金融工具或新兴的业务模式，不了解相关的会计准则和审计准则，无法准确评估其风险和财务影响。缺乏专业胜任能力会导致审计质量下降，可能无法发现重大的错报风险。

(四）沟通协调方面

1. 内部沟通不畅

审计项目组成员之间沟通不及时、不充分，可能导致信息不对称，影响审计工作的协同性。例如，不同的审计人员对同一问题的理解和判断不一致，却没有进行有效的沟通和协调。内部沟通不畅会降低审计效率，增加审计风险。

2. 与被审计单位沟通不当

审计人员在与被审计单位沟通时，可能因态度强硬或不恰当，引起被审计单位的反感和抵触，从而影响审计工作的顺利进行。如果审计人员在沟通中没有充分听取被审计单位的解释和意见，这可能导致审计结论片面。与被审计单位的不良沟通可能导致审计关系紧张，影响审计报告的客观性和可接受性。

二、编制审计报告前工作应关注事项或情形

(一）审计证据的充分性和适当性

1. 审查证据的来源

确保审计证据来自可靠的渠道，如独立的第三方、经核实的文件和记录。对于内部生成的证据，要进行严格的审查和验证。例如，对于重大销售合同的真实性，可以通过与客户进行函证或查询公开的交易信息来确认。

2. 评估证据的相关性

分析所收集的证据与审计目标和审计范围的关联性。只有与审计事项直接相关的证据才能为审计结论提供有力支持。比如，在审查财务报表中应收账款的可收回性时，应重点关注客户的信用状况、还款记录等相关证据。

3. 核实证据的充分性

确定所收集的证据数量是否足以支持审计结论。对于重大风险领域和关键审计事项,应获取更多的证据。例如,在审计企业的重大投资项目时,不仅要审查投资决策文件,还应获取项目可行性研究报告、市场调研报告等多方面的证据。

(二) 审计程序的完整性和有效性

1. 回顾审计计划

对照审计计划,检查是否所有的审计程序都已执行完毕,确保没有遗漏重要的审计领域和事项。例如,对于存货、固定资产等高风险的资产负债表项目,应进行实地盘点和检查。

2. 评估程序的执行效果

分析已执行的审计程序是否达到了预期目的,是否发现了潜在的问题和风险。如果程序执行效果不佳,应考虑采取补充措施。比如,在进行内部控制测试时,如果发现控制存在缺陷,应进一步扩大实质性测试的范围。

3. 关注特殊审计程序

对于特殊的审计事项,如关联方交易、或有事项,要确保执行专门的审计程序。这些事项往往具有较高的风险,所以需要特别关注。例如,对于关联方交易,要审查交易的价格是否公允、交易的必要性和合理性等。

(三) 职业判断的合理性和客观性

1. 避免主观偏见

审计人员应保持客观、公正的态度,避免受到个人情感、利益或先入为主的观念影响。在进行职业判断时,要依据事实和专业标准。比如,在评价被审计单位的财务状况时,不能因为对企业管理层的个人喜好而做出不恰当的判断。

2. 运用专业知识和经验

审计人员要充分发挥专业知识和经验,对复杂的审计事项进行合理的分析和判断,同时不断学习和更新专业知识,提高职业判断能力。例如,在判断企业的会计估计是否合理时,需要了解相关的会计准则和行业惯例,并结合企业的具体情况进行分析。

3. 寻求外部意见

对于重大的、不确定的审计事项,审计人员可以寻求外部专家的意见。外部专家的独立观点可以为审计人员的职业判断提供参考。比如,在审计企业的复杂金融工具时,可以咨询金融领域的专家,以确保对其风险和价值的评估准确无误。

(四) 沟通与协调

1. 内部沟通

加强审计项目组成员之间的沟通与协作,及时分享审计发现和问题,确保所有成员对审计工作的进展和结果有清晰的了解。例如,定期召开审计小组会议,讨论审计中遇到的难题和解决方案。

2. 与被审计单位沟通

保持与被审计单位的良好沟通,及时反馈审计中发现的问题,并听取被审计单位的解释和意见。在沟通中要注意方式方法,避免引起冲突。例如,在提出审计调整建议时,要向被审计单位详细说明调整的原因和依据,争取被审计单位的理解和配合。

3. 与上级领导和其他部门沟通

及时向审计部门的上级领导汇报审计工作的进展和重大问题,获取领导的支持和指导。同时，与其他相关部门如法律部门、风险管理部门等进行沟通，共同解决审计中发现的问题。例如，在发现被审计单位存在重大违法违规行为时，应及时向法律部门通报，共同研究处理方案。

（五）其他事项

1. 关注期后事项

审查财务报表日至审计报告日之间发生的重大事项，如重大的资产损失、诉讼事项。这些期后事项可能对财务报表产生重大影响。例如，在审计报告日前，被审计单位被起诉要求赔偿巨额损失，审计人员应评估该事项对财务报表的影响。

2. 检查审计工作底稿

认真复核审计工作底稿，确保底稿的完整性、准确性和规范性。审计工作底稿是编制审计报告的重要依据，必须严格管理。比如，检查底稿中的审计证据是否充分、审计程序是否完整记录、审计结论是否明确等。

3. 考虑审计报告的使用者需求

了解审计报告的使用者，如股东、管理层、监管机构等的需求和期望。在编制审计报告时，要突出重点，满足不同使用者的信息需求。例如，股东可能更关注企业的盈利能力和财务状况；而监管机构更关注企业的合规性和风险控制情况。

学习活动二　审计程序实施

认知审计程序、示例

审计人员（注册会计师）在按审计程序完成各会计报表项目的审计测试后，应对审计实施阶段收集到的相应审计证据，进行汇总、分析、复核和评价并与被审计单位沟通审计结果的情况，为编写审计报告做准备。

一、评价审计中的重大发现

项目合伙人和审计项目组在完成审计工作阶段考虑的重大发现和事项包括：

（1）期中复核中的重大发现及其对审计方法的影响。

（2）涉及会计政策的选择、运用和一贯性的重大事项，包括相关披露。

（3）就识别出的特别风险，对总体审计策略和具体审计计划所作的重大修改。

（4）在与管理层和其他人员讨论重大发现和事项时得到的信息。

（5）与注册会计师的最终审计结论矛盾或不一致的信息。

对实施的审计程序的结果进行评价，可能全部或部分地揭示以下事项：

（1）为了实现计划的审计目标，是否有必要对重要性进行修订。

（2）对总体审计策略和具体审计计划的重大修改，包括对重大错报风险评估结果作出重要修改。

（3）对审计方法有重要影响的值得关注的内部控制缺陷和其他缺陷。

（4）财务报表中存在的重大错报。

（5）项目组内部或项目组与项目质量复核人员或提供咨询的其他人员之间，就重大会计和审计事项达成最终结论所存在的意见分歧。

（6）审计工作中遇到的重大困难。

（7）向会计师事务所内部有经验的专业人士或外部专业顾问咨询的事项。

（8）与管理层或其他人员就重大发现以及与注册会计师的最终审计结论相矛盾或不一致的信息进行的讨论。

二、评价审计过程中识别出的错报

在评价审计过程中识别出的错报时，注册会计师的目标是：① 评价识别出的错报对审计的影响；② 评价未更正错报对财务报表的影响。未更正错报，是指注册会计师在审计过程中累积的且被审计单位未予更正的错报。

（一）累积识别出的错报

注册会计师应当累积审计过程中识别出的错报，除非错报明显微小。

（二）随着审计的推进考虑识别出的错报

如果出现下列情形之一，注册会计师应当确定是否需要修改总体审计策略和具体审计计划：

（1）识别出的错报的性质以及错报发生的环境表明可能存在其他错报，并且可能存在的其他错报与审计过程中累积的错报合计起来可能是重大的；

（2）审计过程中累积的错报合计数接近按照《中国注册会计师审计准则第 1221 号——计划和执行审计工作时的重要性》的规定确定的重要性。

如果管理层应注册会计师的要求，检查了某类交易、账户余额以及披露并更正了已发现的错报，注册会计师应当实施追加的审计程序，以确定错报是否仍然存在。

（三）沟通和更正错报

除非法律法规禁止，注册会计师应当及时将审计过程中累积的所有错报（即超过明显微小错报临界值的所有错报）与适当层级的管理层进行沟通。注册会计师还应当要求管理层更正这些错报。

注册会计师应及时与适当层级的管理层沟通错报事项，因为这能使管理层评价各类交易、账户余额以及披露是否存在错报，如有异议则告知注册会计师，并采取必要行动。适当层级的管理层通常是指有责任和权限对错报进行评价并采取必要行动的人员。法律法规可能限制注册会计师就某些错报与管理层或被审计单位的其他人员沟通。例如，如果与管理层沟通可能不利于适当机构对被审计单位发生的或怀疑存在的违反法律法规行为进行调查，法律法规可能明确禁止进行沟通。有时注册会计师的保密义务与通报义务之间存在的潜在冲突可能很复杂，此时，注册会计师可以考虑征询法律意见。

管理层更正所有错报（包括注册会计师通报的错报），能够保持会计账簿和记录的准确性，降低由于与本期相关的、非重大的且尚未更正的错报的累积影响而出现的未来期间财务报表重大错报的风险。

如果管理层拒绝更正沟通的部分或全部错报，注册会计师应当了解管理层不更正错报的理由，并在评价财务报表整体是否不存在重大错报时考虑该理由。《中国注册会计师审计准则第 1501 号——对财务报表形成审计意见和出具审计报告》要求注册会计师评价财务报表是否在所有重大方面按照适用的财务报告编制基础编制。这项评价包括考虑被审计单位会计实务的质量（包括表明管理层的判断可能出现偏向的迹象）。注册会计师对管理层不更正错报的理由的理解，可能影响其对被审计单位会计实务质量的考虑。

(四）评价未更正错报的影响

1. 重新评估重要性

在评价未更正错报的影响之前，注册会计师应当重新评估按照《中国注册会计师审计准则第 1221 号——计划和执行审计工作时的重要性》确定的重要性，根据被审计单位的实际财务结果确认其是否适当。这是因为注册会计师在确定重要性时，通常依据对被审计单位财务结果的估计，此时可能尚不知道实际的财务结果。因此，在评价未更正错报的影响之前，注册会计师可能有必要依据实际的财务结果对重要性作出修改。如果注册会计师对重要性或重要性水平（如适用）进行的重新评估导致需要确定较低的金额，则应重新考虑实际执行的重要性和进一步审计程序的性质、时间安排和范围的适当性，以获取充分、适当的审计证据，作为发表审计意见的基础。

例如，注册会计师在计划审计工作时确定的财务报表整体的重要性为 100 万元（经常性业务的税前利润为 2 000 万元，2 000×5％），实际执行的重要性为 50 万元。在审计过程中注册会计师识别了若干项重大错报，管理层已同意调整，合计调减税前利润 800 万元。在评价未更正错报之前，注册会计师根据调整后的税前利润 1 200 万元，重新计算财务报表整体的重要性为 60 万元，实际执行的重要性为 30 万元。在这种情况下，注册会计师需要考虑以下几个方面的问题：① 识别出的重大错报远远超出计划阶段确定的财务报表整体的重要性，表明存在比可接受的低风险水平更大的风险，注册会计师需要重新考虑对重大错报风险的评估结果及其应对措施；② 基于调整后的财务报表整体的重要性和实际执行的重要性，已经实施的审计程序是否充分，如，实际执行的重要性降低是否意味着在采用审计抽样实施细节测试时需要增加样本量；③ 注册会计师应当用调整后的财务报表整体的重要性评价未更正错报是否重大。

2. 确定未更正错报单独或汇总起来是否重大

注册会计师应当确定未更正错报单独或汇总起来是否重大。在确定时，注册会计师应当考虑：

（1）相对特定的交易类别、账户余额或披露以及财务报表整体而言，错报的金额和性质以及错报发生的特定环境。

① 注册会计师需要考虑每一项与金额相关的错报，以评价其对有关的交易类别、账户余额或披露的影响，包括评价该项错报是否超过特定的交易类别、账户余额或披露的重要性水平（如适用）。如果注册会计师认为某一单项错报是重大的，则该项错报不太可能被其他错报抵销。例如，如果收入存在重大高估，即使这项错报对收益的影响完全可被相同金额的费用高估所抵销，注册会计师仍认为财务报表整体存在重大错报。对于同一账户余额或同一交易类别内部的错报，这种抵销可能是适当的。然而，在得出抵销非重大错报是适当的这一结论之前，需要考虑可能存在其他未被发现的错报的风险。

② 确定一项分类错报是否重大，需要进行定性评估。例如，分类错报对负债或其他合同条款的影响，对单个财务报表项目或小计数的影响，以及对关键比率的影响。即使分类错报超过了在评价其他错报时运用的重要性水平，注册会计师可能仍然认为该分类错报对财务报表整体不产生重大影响。例如，如果资产负债表项目之间的分类错报金额相对于所影响的资产负债表项目金额较小，并且对利润表或所有关键比率以及披露不产生影响，注册会计师可能认为这种分类错报对财务报表整体不产生重大影响。

③ 在某些情况下，即使某些错报的金额低于财务报表整体的重要性，但因与这些错报相关的某些情况，在将其单独或连同在审计过程中累积的其他错报一并考虑时，注册会计师也可

能将这些错报评价为重大错报。例如,某项错报的金额虽然低于财务报表整体的重要性,但对被审计单位的盈亏状况有决定性的影响,注册会计师可能认为该项错报是重大错报。

下列情况也可能影响注册会计师对错报的评价:① 错报对遵守监管要求的影响程度;② 错报对遵守债务合同或其他合同条款的影响程度;③ 错报与会计政策的不正确选择或运用相关,这些会计政策的不正确选择或运用对当期财务报表不产生重大影响,但可能对未来期间财务报表产生重大影响;④ 错报掩盖收益的变化或其他趋势的程度(尤其是在结合宏观经济背景和行业状况进行考虑时),或对用于评价被审计单位财务状况、经营成果或现金流量的有关比率的影响程度;⑤ 错报对财务报表中列报的分部信息的影响程度;⑥ 错报对增加管理层薪酬的影响程度;⑦ 相对于注册会计师所了解的以前向财务报表使用者传达的信息(如盈利预测),错报是重大的;⑧ 错报对涉及特定机构或人员的项目的相关程度;⑨ 错报涉及对某些信息的遗漏,尽管适用的财务报告编制基础未对这些信息作出明确规定,但是注册会计师根据职业判断认为这些信息对财务报表使用者了解被审计单位的财务状况、经营成果或现金流量是重要的;错报对其他信息(如包含在"管理层讨论与分析"或"经营与财务回顾"中的信息)的影响程度,这些信息与已审计财务报表一同披露,并被合理预期可能影响财务报表使用者作出的经济决策。注册会计师还需要考虑定性披露中的单项错报(如涉及国际贸易活动的被审计单位对汇率变化的敏感性的描述不充分),以评价其对相关披露的影响以及对财务报表整体的综合影响。

(2)与以前期间相关的未更正错报对有关的交易类别、账户余额或披露以及财务报表整体的影响。

与以前期间相关的非重大未更正错报的累积影响,可能对本期财务报表产生重大影响。有多种可接受的方法供注册会计师评价这些未更正错报对本期财务报表的影响。在不同期间使用相同的评价方法可以保持一致性。除非法律法规禁止,注册会计师应当与治理层沟通未更正错报,以及这些错报单独或汇总起来可能对审计意见产生的影响。在沟通时,注册会计师应当逐项指明重大的未更正错报。注册会计师应当要求被审计单位更正未更正错报。如果存在大量单项不重大的未更正错报,注册会计师可能就未更正错报的笔数和总金额的影响进行沟通,而不是逐笔沟通单项未更正错报的细节。

注册会计师还应当与治理层沟通与以前期间相关的未更正错报对有关的交易类别、账户余额或披露以及财务报表整体的影响。

(五)编制审计差异调整表

审计差异,是指注册会计师发现的被审计单位财务报表在余额、分类、列报、披露等方面与适用的财务报告编制基础存在的不一致。根据是否需要调整账户记录,审计差异可以分为核算错误和重分类错误。核算错误是由于企业对经济业务进行不正确的会计核算而产生的错误,具体又分为建议调整的不符事项和不建议调整的不符事项(即未调整不符事项);重分类错误则是因为企业未按企业会计准则列报财务报表而产生的错误。例如,在应付账款项目中反映的预付款项或在应收账款项目中反映的预收款项。

无论是建议调整的不符事项、重分类错误,还是未调整不符事项,在审计工作底稿中通常以会计分录的形式反映。对于审计中发现的错误,为了便于各级审计项目负责人综合判断、分析和决策,以及有效编制试算平衡表和代编经审计的财务报表,通常需要将这些建议调整的不符事项、重分类错误以及未调整不符事项分别汇总到"调整分录汇总表"与"未更正错报汇总表"中。(见审计工作底稿实例9-1至审计工作底稿实例9-4)

重分类调整分录汇总表

被审计单位：瑞亚房地产开发有限公司　　　　索引号：EB-4　　　　金额单位：元

项目：重分类调整分录汇总表　　　　　　　　截止日：2024-12-31

编制：方芳　　　　　　　　　　　　　　　复核：杨迪

日期：2025-03-28　　　　　　　　　　　　日期：2025-03-28

序号	内容及说明	索引号	调整项目和金额			
			借方项目	借方金额	贷方项目	贷方金额

与被审计单位的沟通

参加人员：

被审计单位：＿＿＿＿＿＿＿＿＿＿＿＿＿＿＿＿＿＿＿＿＿＿＿＿＿

审计项目组：＿＿＿＿＿＿＿＿＿＿＿＿＿＿＿＿＿＿＿＿＿＿＿＿＿

被审计单位意见：

同意调整。

结论：

是否同意上述审计调整：＿＿＿＿＿是＿＿＿＿＿

被审计单位授权代表签字：＿＿＿＿＿＿＿＿　　　日期：2025 年 3 月 10 日

账项调整分录汇总表

被审计单位：瑞亚房地产开发有限公司　　　　索引号：EA-1-001　　　　金额单位：元

项目：账项调整分录汇总表——调整分录汇总表　　　截止日：2024-12-31

编制　方芳　　　　　　　　　　　　　　　　复核：杨迪

日期：2025-03-28　　　　　　　　　　　　　日期：2025-03-28

序号	组号	索引号	调整原因	科目名称	资产负债表（金额）		利润表（金额）		被审计单位调整情况	错报性质	备注
					借方金额	贷方金额	借方金额	贷方金额			
1	1	005	少计提折旧	固定资产		20 000			已更正	非重大	计算错误
2	1	007	管理费少计	管理费用	20 000				已更正	非重大	计算错误
3	6	007	管理费转出					20 000			

序号	组号	索引号	调整原因	科目名称	资产负债表(金额)		利润表(金额)		被审计单位调整情况	错报性质	备注
					借方金额	贷方金额	借方金额	贷方金额			
4	6	0019	虚增利润				20 000		已更正	非重大	计算错误

与被审计单位的沟通：

参加人员：

被审计单位：　　蓝信、喻世兰

审计项目组：　　方芳　杨迪

被审计单位的意见：　　同意调整

结论：

是否同意上述审计调整：　　同意

被审计单位授权代表签字：　　蓝信　喻世兰

日期：2025 年 3 月 10 日

在确定哪些审计差异应当调整时,注册会计师应当考虑以下因素:① 审计差异金额是否超过重要性标准;② 审计差异是否影响财务报表的公允表达与披露;③ 审计差异的性质是否涉及非法业务及舞弊行为,并注意其对审计意见的潜在影响;④ 其他可能影响审计结论的重要因素。例如,审计差异产生的原因可能是一时疏忽,也可能是内部控制本身的固有限制。对于后一种情况,审计人员应考虑是否有必要采用追加审计程序,以保证审计结果的可靠性,或者向被审计单位管理当局提交管理建议书。

注册会计师确定了建议调整的不符事项和重分类错误后,应以书面方式征求被审计单位的意见。若被审计单位予以采纳,应取得被审计单位同意调整的书面确认;若被审计单位不予采纳,应分析原因,并根据未调整不符事项的性质和重要程度,确定是否在审计报告中予以反映以及如何反映。

(六) 编制试算平衡表(审计工作底稿实例 9－5 和审计工作底稿实例 9－6)

试算平衡表,是注册会计师在被审计单位提供未审财务报表的基础上,考虑调整分录、重分类分录等内容以确定已审数与报表披露数的表格,如表 9－1、表 9－2 所示。编制试算平衡表时,需要注意以下三点。

(1) 试算平衡表中的"未审数",应根据被审计单位提供的未审财务报表填列。

(2) 试算平衡表中的"调整数"列,应根据经被审计单位同意的"账项调整分录汇总表"填列。

(3) 试算平衡表中的"重分类数"列,应根据经被审计单位同意的"重分类调整分录汇总表"填列。

在编制试算平衡表后,应注意核对相应的勾稽关系,确保各财务报表期末未审数平衡,左边的"账项调整"列、"重分类调整"列各自的借方和贷方合计之差额应分别与右边贷方合计与借方合计之差相等,从而获得正确的代编且经审计的财务报表,为撰写审计报告作准备。

三、实施分析程序

分析程序不仅被广泛应用于计划审计阶段和财务报表项目的实质性程序阶段,也被应用于审计报告阶段对财务报表进行总体复核,以帮助注册会计师评价审计过程中形成的审计结

被审计单位：瑞亚房地产开发有限公司　　　　　　　　　　　索引号：EA－1－001　　　　金额单位：元
项目：账项调整分录汇总表——调整分录汇总表　　　　　　　截止日：2024－12－31
编制　方芳　　　　　　　　　　　　　　　　　　　　　　　复核：杨迪
日期：2025－03－28　　　　　　　　　　　　　　　　　　　日期：2025－03－28

未更正错报核算项目汇总表（不含列报和披露）

组号	索引号	调整原因	科目代码	科目名称	核算项目类型编号	核算项目类型名称	核算项目编号	核算项目名称	影响资产负债表 借方金额 资产_借方	影响资产负债表 贷方金额 资产_贷方	影响利润表 借方金额 损益_借方	影响利润表 贷方金额 损益_贷方	被审计单位调整情况	错报性质	管理层不予更正的原因	备注
以前期间识别出的影响本期财务报表的前期未更正错报																
													客户调整情况			
本期识别出的影响本期财务报表的前期未更正错报																
													客户调整情况			
本期识别出的影响本期财务报表的未更正错报																
													客户调整情况			

项目	金额	百分比	计划百分比
1. 总资产			
2. 净资产			
3. 销售收入			
4. 费用总额			
5. 毛利润			
6. 净利润			
结论			

被审计单位授权代表签字：

日期：

列报和披露错报汇总表

财务报表附注	列报和披露错报描述	金额/元（如适用）
【附注编号及标题】		

表 9 - 1　资产负债表的试算平衡表填写格式示例　　　　　金额单位：元

项目	行次	期末余额					
		未审数	重分类数	调整数	已审数	未更正数	未更正原因
流动资产：	1						
货币资金	2						
交易性金融资产	3						
衍生金融资产	4						
应收票据	5						
应收账款	6						
应收款项融资	7						
预付款项	8						
其他应收款	9						
其中：其他应收款	10						
应收利息	11						
应收股利	12						
存货	13						
合同资产	14						
持有待售资产	15						
一年内到期的非流动资产	16						
其他流动资产	17						
流动资产合计	18						

项目	行次	期末余额					
		未审数	重分类数	调整数	已审数	未更正数	未更正原因
非流动资产：	19						
债权投资	20						
其他债权投资	21						
长期应收款	22						
长期股权投资	23						
其他权益工具投资	24						
其他非流动金融资产	25						
投资性房地产	26						
固定资产	27						
其中：固定资产	28						
固定资产清理	29						
在建工程	30						
其中：在建工程	31						
工程物资	32						
生产性生物资产	33						
油气资产	34						
使用权资产	35						
无形资产	36						
开发支出	37						
商誉	38						
长期待摊费用	39						
递延所得税资产	40						
其他非流动资产	41						
非流动资产合计	42						
资产总计	43						
流动负债：	44						
短期借款	45						
交易性金融负债	46						
衍生金融负债	47						
应付票据	48						
应付账款	49						

项目	行次	期末余额					
		未审数	重分类数	调整数	已审数	未更正数	未更正原因
预收款项	50						
合同负债	51						
应付职工薪酬	52						
应交税费	53						
其他应付款	54						
其中：其他应付款	55						
应付利息	56						
应付股利	57						
持有待售负债	58						
一年内到期的非流动负债	59						
其他流动负债	60						
流动负债合计	61						
非流动负债：	62						
长期借款	63						
应付债券	64						
其中：优先股	65						
永续债	66						
租赁负债	67						
长期应付款	68						
其中：长期应付款	69						
专项应付款	70						
长期应付职工薪酬	71						
预计负债	72						
递延收益	73						
递延所得税负债	74						
其他非流动负债	75						
非流动负债合计	76						
负债合计	77						
所有者权益（或股东权益）：	78						
实收资本（或股本）	79						
其他权益工具	80						

项目	行次	期末余额					
		未审数	重分类数	调整数	已审数	未更正数	未更正原因
其中：优先股	81						
永续债	82						
资本公积	83						
减：库存股	84						
其他综合收益	85						
专项储备	86						
盈余公积	87						
未分配利润	88						
归属于母公司所有者权益合计	89						
＊少数股东权益	90						
所有者权益(或股东权益)合计	91						
负债和所有者权益(或股东权益)总计	92						

表 9－2　利润表的试算平衡表填写格式示例　　　　　　　　　金额单位：元

项目	本期金额					
	未审数	调整数	审定数	未更正数	科目重要性水平	未更正原因
一、营业收入						
减：营业成本						
税金及附加						
销售费用						
管理费用						
研发费用						
财务费用						
其中：利息费用						
利息收入						
加：其他收益						
投资收益(损失以"－"号填列)						
其中：对联营企业和合营企业的投资收益						
以摊余成本计量的金融资产终止确认收益(损失以"－"号填列)						

项目	本期金额					
	未审数	调整数	审定数	未更正数	科目重要性水平	未更正原因
净敞口套期收益(损失以"－"号填列)						
公允价值变动收益(损失以"－"号填列)						
信用减值损失(损失以"－"号填列)						
资产减值损失(损失以"－"号填列)						
资产处置收益(损失以"－"号填列)						
二、营业利润(亏损以"－"号填列)						
加：营业外收入						
减：营业外支出						
三、利润总额(亏损总额以"－"号填列)						
减：所得税费用						
四、净利润(净亏损以"－"号填列)						
(一) 按经营持续性分类						
1. 持续经营净利润(净亏损以"－"号填列)						
2. 终止经营净利润(净亏损以"－"号填列)						
(二) 按所有权归属分类						
1. 少数股东损益(净亏损以"－"号填列)						
2. 归属于母公司所有者的净利润(净亏损以"－"号填列)						
加：年初未分配利润						
其他转入						
减：提取法定盈余公积						
提取法定公益金						
提取职工奖励及福利基金						
提取储备基金						
提取企业发展基金						
利润归还投资						
应付优先股股利						
提取任意盈余公积						
应付普通股股利						
转作资本(或股本)的普通股股利						

项目	本期金额					
	未审数	调整数	审定数	未更正数	科目重要性水平	未更正原因
未分配利润						
五、其他综合收益的税后净额						
归属于母公司所有者的其他综合收益的税后净额						
（一）不能重分类进损益的其他综合收益						
1. 重新计量设定受益计划变动额						
2. 权益法下不能转损益的其他综合收益						
3. 其他权益工具投资公允价值变动						
4. 企业自身信用风险公允价值变动						
……						
（二）将重分类进损益的其他综合收益						
1. 权益法下可转损益的其他综合收益						
2. 其他债权投资公允价值变动						
3. 金融资产重分类计入其他综合收益的金额						
4. 其他债权投资信用减值准备						
5. 现金流量套期储备						
6. 外币财务报表折算差额						
＊归属于少数股东的其他综合收益的税后净额						
六、综合收益总额						
归属于母公司所有者的综合收益总额						
＊归属于少数股东的综合收益总额						
七、每股收益：						
（一）基本每股收益						
（二）稀释每股收益						

论恰当性。在临近审计结束时，注册会计师应当运用分析程序，以确定财务报表是否与其对被审计单位的了解一致。实施分析程序的结果可能有助于注册会计师识别以前未识别的重大错报风险，注册会计师可能需要修改重大错报风险的评估结果，并相应修改原计划实施的进一步审计程序。

在对财务报表进行总体性复核时，注册会计师首先应当全面审阅财务报表及其附注，考虑针对实质性程序中发现的异常差异或未预期差异所获取的证据是否充分、恰当，以及这些异常差异或未预期差异与计划审计阶段的预计之间的关系。然后，审计人员应将分析程序应用于

被审计单位：瑞亚房地产开发有限公司
项目：资产负债表核对及试算平衡表
编制：方芳
日期：2025 - 03 - 28

资产负债表核对及试算平衡表

索引号：EB - 1
截止日：2024 - 12 - 31
复核：杨迪
日期：2025 - 03 - 28

金额单位：元

项目	行次	期初余额核对		本年审定期初数	本年末审数	期末余额审计			备注
		上期报表数	期初差异数	本年审定期初数	本年末审数	审计调整借方	审计调整贷方	期末审定数	
货币资金	1	260 411.49		260 411.49	232 361.27			232 361.27	
交易性金融资产	2								
应收票据	3								
应收账款	4								
预付款项	5	25 836.68		25 836.68	25 854.00			25 854.00	
应收利息	6								
应收股利	7								
其他应收款	8	138 915.22		138 915.22	9 966.97			9 966.97	
存货	9								
一年内到期的非流动资产	10								
其他流动资产	11								
长期应收款	12								
长期股权投资	13								

项目	行次	期初余额核对			本年末审数	期末余额审计			备注
		上期报表数	期初差异数	本年审定期初数		审计调整借方	审计调整贷方	期末审定数	
投资性房地产	14								
固定资产	15	108 637.90		108 637.90	103 635.60		20 000.00	83 635.60	
在建工程	16								
工程物资	17								
固定资产清理	18								
无形资产	19								
商誉	20								
长期待摊费用	21	63 945.00		63 945.00	200 359.17			200 359.17	
递延所得税资产	22								
其他非流动资产	23								
资产总计	24	597 746.29		597 746.29	572 177.01		20 000.00	552 177.01	
短期借款	25							—	
交易性金融负债	26							—	
应付票据	27							—	
应付账款	28							—	
预收账款	29	31 451.00		31 451.00	462 183.00			462 183.00	
应付职工薪酬	30	32 399.63		32 399.63	29 731.83			29 731.83	
应交税费	31	18 713.50		18 713.50	155.75			155.75	
应付利息	32								

续　表

项目	行次	期初余额核对			本年末审数	期末余额审计			备注
		上期报表数	期初差异数	本年审定期初数		审计调整借方	审计调整贷方	期末审定数	
应付股利	33								
其他应付款	34	243 036.00		243 036.00	201 611.18			201 611.18	
一年内到期的非流动负债	35								
其他流动负债	36								
长期借款	37								
应付债券	38								
长期应付款	39								
专项应付款	40								
预计负债	41								
递延所得税负债	42								
其他非流动负债	43								
实收资本(股本)	44	350 000.00		350 000.00	350 000.00			350 000.00	
资本公积	45								
盈余公积	46	26 656.35		26 656.35	26 656.35			26 656.35	
未分配利润	47	−104 510.19		−104 510.19	−498 161.10		20 000.00	−518 161.10	
负债和所有者权益(或股东权益)总计	48	597 746.29		597 746.29	572 177.01		20 000.00	552 177.01	

被审计单位：瑞亚房地产开发有限公司
项目：利润表核对及试算平衡表
编制：方芳
日期：2025－03－28

利润表核对及试算平衡表

索引号：EB－2
截止日：2024－12－31
复核：杨迪
日期：2025－03－28

项目	行次	上期数核对			本期末审数	本期审计			备注
		上期报表数	差异	上期审定数		调整借方数	调整贷方数	期末审定数	
一、营业收入	1	1 504 695.22		1 504 695.22	1 122 767.67			1 123 767.67	
减：营业成本	2	773 107.85		773 107.85	616 048.58			616 048.58	
税金及附加	3	6 087.25		6 087.25	478.21			478.21	
销售费用	4	840 627.74		840 627.74	700 998.36			700 998.36	
管理费用	5	3 000.00		3 000.00	198 753.80	20 000.00		218 753.80	
研发费用									
财务费用	6	5 831.96		5 831.96	5 705.58			5 705.58	
加：投资收益	16	107.83		107.83	87.24			87.24	
公允价值变动收益	18								
资产减值损失	15								
二、营业利润	19	-123 851.75		-123 851.75	-399 129.62		20 000.00	-418 129.62	
加：营业外收入	22	20 635.53		20 635.53	5 478.88			5 478.88	

项目	行次	上期数核对			本期末审数	本期数审计			备注
		上期报表数	差异	上期审定数		调整借方数	调整贷方数	期末审定数	
减：营业外支出	23	0.17		0.17	0.17			0.17	
三、利润总额	25	−103 216.39		−103 216.39	−393 650.91		20 000.00	−412 650.91	
减：所得税费用	27	1 293.80		1 293.80					
四、净利润	28	−104 510.19		−104 510.19	−393 650.91		20 000.00	−412 650.91	
五、未分配利润	30								

财务报表上,以确定是否还可能存在其他的异常或未预期关系。如果识别出以前未识别的重大错报风险,注册会计师应当重新考虑对于全部或部分各类交易、账户余额、披露评估的风险,并且在此基础上重新评价之前计划的审计程序。

审计人员在对财务报表实施整体分析程序时,可以运用比率分析、趋势分析等。由于这一审计程序的实施需要比较丰富的审计经验,因此一般由全面了解被审计单位及其环境的审计项目经理、部门经理甚至主任会计师进行。而且,这种分析程序的对象应集中在注册会计师认定的重大错报风险审计领域和考虑了所有建议调整的不符事项和重分类误差后的财务报表方面。

（一）比较分析

1. 本期与上期财务报表比较

对比不同期间的财务数据,观察重要项目的增减变动情况。如果发现某一项目的变动幅度异常,进一步分析原因,以确定是否存在错报风险。

分析财务比率的变化,如流动比率、资产负债率、毛利率,可以发现企业的财务状况和经营成果的变化趋势。

2. 与同行业数据比较

将企业的财务数据与同行业平均水平或标杆企业进行对比,评估企业在行业中的地位和经营绩效。例如,对比同行业企业的毛利率,如果本企业的毛利率明显低于行业平均水平,可能表明企业在成本控制或产品定价方面存在问题,需要进一步审查。

了解行业的整体发展态势,如市场需求的变化、技术进步等因素,判断这些因素对企业财务状况的影响是否合理反映在财务报表中。

（二）比率分析

1. 盈利能力分析

计算毛利率、净利率、总资产收益率等比率,评估企业的盈利能力。通过分析这些比率的变化,可以了解企业盈利能力的稳定性和可持续性。

分析利润表中各项收入和费用的占比,确定企业盈利的主要来源和影响因素。审查销售费用的合理性和有效性。

2. 偿债能力分析

计算流动比率、速动比率、资产负债率等比率,评估企业的偿债能力。了解企业的财务风险和偿债压力。

分析企业的债务结构和还款期限,评估企业的债务偿还能力。例如,若企业的短期债务占比较高,且近期有大量债务到期,可能需要关注企业的资金流动性和偿债安排。

3. 营运能力分析

计算应收账款周转率、存货周转率、总资产周转率等比率,评估企业的营运能力,了解企业的经营管理水平和资产运营效率。

分析企业的存货管理、应收账款管理等方面的情况,确定是否存在积压存货、坏账风险等问题。

（三）趋势分析

1. 绘制财务指标趋势图

选取重要的财务指标,如营业收入、净利润、资产总额,绘制多年度的趋势图。通过观察趋势图,可以直观地了解企业的财务状况和经营成果的发展趋势。

分析趋势图中的异常波动点,确定是否存在重大错报风险。例如,某一年度的净利润突然大幅下降,可能是由于市场环境变化、经营策略调整或会计差错等原因引起的,需要进一步调查核实。

2. 预测未来财务状况

根据历史财务数据和趋势分析结果,运用适当的预测方法,对企业未来的财务状况进行预测。将预测结果与企业的战略规划和经营目标进行对比,评估企业的发展前景和实现目标的可能性。如果预测结果与企业的预期存在较大差异,可能需要调整审计策略,重点关注可能影响企业未来发展的风险因素。

(四)结构分析

1. 资产结构分析

分析企业资产的组成结构,包括流动资产、非流动资产的比例以及各项资产的占比情况。

分析资产结构的变化趋势,判断企业的经营策略和投资方向是否发生变化。例如,若企业的固定资产占比逐渐增加,可能表明企业正在加大对生产设施的投资,以扩大生产规模。

2. 负债结构分析

分析企业负债的组成结构,包括流动负债、非流动负债的比例以及各项负债的占比情况。例如,了解短期借款、应付账款、长期借款等负债在总负债中的占比,评估企业的负债结构是否合理。

分析负债结构的变化趋势,判断企业的融资策略和偿债压力是否发生变化。

3. 收入结构分析

分析企业收入的来源结构,包括主营业务收入、其他业务收入的比例以及各业务板块的收入占比情况,评估企业的业务多元化程度和核心业务的竞争力。

分析收入结构的变化趋势,判断企业的业务发展方向和市场需求变化是否对收入产生影响。

(五)合理性分析

1. 财务数据与非财务数据的关联分析

将财务报表中的数据与企业的非财务信息进行关联分析,以验证财务数据的合理性,判断营业收入的真实性和准确性。

分析企业的经营活动、投资活动和筹资活动与财务报表数据的逻辑关系。

2. 会计政策和会计估计的合理性分析

审查企业所采用的会计政策和会计估计是否符合企业会计准则的要求,是否在不同期间保持一致。例如,分析企业的存货计价方法、固定资产折旧方法、坏账准备计提政策等是否合理。

评估会计政策和会计估计的变更对财务报表的影响。如果企业在审计期间发生了会计政策或会计估计的变更,需要审查变更的合理性和对财务报表的影响程度。

通过实施上述整体分析程序,审计人员可以从多个角度对财务报表进行全面审查,识别潜在的重大错报风险,为编制审计报告提供充分的依据。

四、复核审计工作

(一)项目组内部复核

会计师事务所应当制定与内部复核相关的制度和程序,如建立和实行审计工作底稿三级复核制度。第一级复核是由审计项目负责人在审计过程中对助理人员编写的审计工作底稿进行即时详细复核，主要是评价已完成的审计工作、所收集的证据及初步形成的结论；第二级复核是在外勤工作结束时，由审计部门经理对审计工作底稿进行的重点复核；第三级复核是在完成审计工作、签发审计报告前，由会计师事务所的主任会计师（质量复核人员）对整套审计工作底稿进行的最终复核。审计工作底稿复核的最终目的是为发表恰当的审计意见提供一个合理的基础。

对审计工作的复核包括项目组内部复核和作为会计师事务所业务质量管理措施而执行的项目质量复核。

1. 复核人员

《会计师事务所质量管理准则第 5101 号——业务质量管理》规定，会计师事务所针对业务执行的质量目标应当包括由经验较为丰富的项目组成员对经验较为缺乏的项目组成员的工作进行指导、监督和复核。会计师事务所应当基于这一质量目标，确定有关复核的政策和程序。

对一些较为复杂、审计风险较高的领域，例如，舞弊风险的评估与应对、重大会计估计及其他复杂的会计问题、审核会议记录和重大合同、关联方关系和交易、持续经营存在的问题，需要指派经验丰富的项目组成员执行复核，必要时可以由项目合伙人执行复核。

2. 复核范围

执行复核时，复核人员需要考虑的事项包括但不限于：① 审计工作是否已按照适用的法律法规和职业准则的规定执行；② 重大事项是否已提请被审计单位进一步考虑；③ 相关事项是否已进行适当咨询，由此形成的结论是否已得到记录和执行；④ 是否需要修改已执行审计工作的性质、时间安排和范围；⑤ 已执行的审计工作是否支持形成的结论，并已得到适当记录；⑥ 已获取的审计证据是否充分、适当；⑦ 审计程序的目标是否已实现。

3. 复核时间

审计项目复核贯穿审计全过程，随着审计工作的开展，复核人员在审计计划阶段、执行阶段和完成阶段及时复核相应的审计工作底稿。（见审计工作底稿实例 9-7）

4. 项目合伙人复核

项目合伙人应当对审计项目承担总体责任。项目合伙人应当在审计过程中的适当时点复核审计工作底稿，包括与下列方面相关的审计工作底稿：① 重大事项；② 重大判断，包括与在审计中遇到的困难或有争议事项相关的判断，以及得出的结论；③ 根据项目合伙人的职业判断，与项目合伙人的职责有关的其他事项。

在审计报告日或审计报告日之前，项目合伙人应当通过复核审计工作底稿与项目组讨论，确信已获取充分、适当的审计证据，支持得出的结论和拟出具的审计报告。此外，项目合伙人应当在签署审计报告前复核财务报表、审计报告以及相关的审计工作底稿，包括对关键审计事项的描述（如适用）。项目合伙人还应当在与管理层、治理层或相关监管机构签署正式书面沟通文件之前对其进行复核。此外，《中国注册会计师审计准则第 1131 号——审计工作底稿》要求项目合伙人记录复核的范围和时间。

审计工作复核表(项目组负责人复核)

被审计单位：瑞亚房地产开发有限公司　　　　　　索引号：6700
项目：2024 年度审计　　　　　　　　　　　　　截止日：2024-12-31
编制：方芳　　　　　　　　　　　　　　　　　复核：杨迪
日期：2025-03-25　　　　　　　　　　　　　日期：2025-03-28

审计工作	是	否	不适用	备注
1. 是否执行业务承接或保持的相关程序	√			
2. 是否签订审计业务约定书	√			
3. 是否制定总体审计策略	√			
4. 审计计划制定过程中,是否了解被审计单位及其环境并评估重大错报风险,包括舞弊风险	√			
5. 计划的审计程序是否得到较好执行,对计划的修改是否得到记录	√			
6. 是否已获取所有必要的来自律师、债权人、债务人、持有存货的第三方等外部机构的询证回函或确认函	√			
7. 所有重要实物资产是否均已实施盘点	√			
8. 计划执行的各项审计程序是否全部执行完毕,未能执行的审计程序是否实施了替代审计程序	√			
9. 审计范围是否受到限制		√		
10. 计划确定的重大错报风险包括舞弊导致的重大错报风险是否仍旧恰当,是否需要追加审计程序			√	
11. 是否恰当应对在审计过程中识别的舞弊导致的重大错报风险	√			
12. 是否审查期后事项,并考虑对财务报表的影响	√			
13. 是否审计或有事项,并考虑对财务报表的影响	√			
14. 是否审查关联方交易并考虑对财务报表的影响	√			
15. 是否审查对被审计单位持续经营能力具有重大影响的事项	√			
16. 是否及时查阅了与已审财务报表相关的其他信息,并充分考虑了其他信息对已审计财务报表的影响	√			
17. 是否已就审计中发现的重大错报及其他对财务报表产生重大影响的重大事项与适当层次的管理层或治理层沟通	√			
18. 是否在审计结束时或临近结束时对财务报表进行总体复核	√			
19. 是否编制重大事项概要,是否所有重大事项均已得到满意解决	√			
20. 是否获取被审计单位对所有调整事项的确认	√			
21. 是否累计所有未更正错报,包括错误和推断差异,并评估未更正错报对财务报表的影响	√			

审计工作	是	否	不适用	备注
22. 未更正错报汇总表是否经被审计单位确认	√			
23. 董事会或管理层是否接受已审计财务报表	√			
24. 标准部经理是否已复核工作底稿	√			
25. 副主任会计师或主任会计师是否已复核工作底稿	√			
26. 是否已取得经签署的管理层声明书原件,并确定其签署日期与审计报告日期一致	√			
27. 是否完成审计总结	√			

(二) 项目质量复核

根据《会计师事务所质量管理准则第 5101 号——业务质量管理》的规定,会计师事务所应当就项目质量复核制定政策和程序,并对上市实体财务报表审计业务、法律法规要求实施项目质量复核的审计业务或其他业务,以及会计师事务所认为,为应对一项或多项质量风险,有必要实施项目质量复核的审计业务或其他业务实施项目质量复核。(见审计工作底稿实例 9-8)

 审计工作底稿实例 9-8

业务复核核对表(质量复核部)

被审计单位：瑞亚房地产开发有限公司　　　　索引号：6800
项目：2024 年度审计　　　　　　　　　　　　截止日：2024 - 12 - 31
编制：方芳　　　　　　　　　　　　　　　　复核：杨迪
日期：2025 - 03 - 29　　　　　　　　　　　　日期：2025 - 03 - 29

复核事项	是	否	不适用	备注
1. 是否已复核已完成的审计计划,以及导致对审计计划作出重大修改的事项	√			
2. 是否已复核重要的财务报表项目	√			
3. 是否已复核特殊交易或事项,包括债务重组、关联方交易、非货币性交易、或有事项、期后事项、持续经营能力等	√			
4. 是否已复核重要会计政策、会计估计的变更			√	
5. 是否已复核重大事项概要	√			
6. 是否已复核建议调整事项	√			
7. 是否已复核管理层声明书、相关会议纪要、律师询证函复函	√			
8. 是否已复核审计小结	√			
9. 是否已复核已审计财务报表和拟出具的审计报告	√			
10. 实施上述复核后,是否可以确定下列事项				

复核事项	是	否	不适用	备注
（1）审计工作底稿提供了充分、适当的记录，作为审计报告的基础	√			
（2）已按照中国注册会计师审计准则的规定执行了审计工作	√			
（3）对重大错报风险的评估及采取的应对措施是恰当的，针对存在特别风险的审计领域设计并实施了针对性的审计程序，且得出了恰当的审计结论	√			
（4）作出的重大判断恰当合理	√			
（5）提出的建议调整事项恰当，相关调整分录正确	√			
（6）未更正错报无论是单独还是汇总起来对财务报表整体均不具有重大影响	√			
（7）已审计财务报表的编制符合企业会计准则的规定，在所有重大方面公允反映了被审计单位的财务状况、经营成果和现金流量	√			
（8）拟出具的审计报告措辞恰当，已按照中国注册会计师审计准则的规定发表了恰当的审计意见	√			

五、获取管理层声明书

注册会计师在出具审计报告前，应当向被审计单位管理层获取声明书。管理层声明，是指被审计单位管理层向注册会计师提供的关于财务报表的各项陈述。这些陈述是在审计过程中，注册会计师与被审计单位管理层就财务报表审计相关的重大事项不断进行沟通而形成的。注册会计师在出具审计报告前应向被审计单位索取管理层声明。（见审计底稿实例9-9）

（一）管理层声明书的作用

1. 明确管理层的责任

被审计单位管理层在声明书中对提供给注册会计师的有关资料的真实性、合法性和完整性做出正面陈述，并明确承认对财务报表负责。

2. 保护审计人员

管理层声明书将管理层对注册会计师的询问所作答复以书面方式记录，可作为书面证据。管理层声明作为审计证据，不能替代其他审计证据。

（二）管理层声明书的形式

管理层声明应该为书面声明。其具体形式包括：（1）管理层声明书，列示管理层所作声明的书面文件；（2）注册会计师提供的函，列示注册会计师对管理层声明的理解并经管理层确认的函；（3）董事会及类似机构的会议纪要或已签署的财务报表副本。

（三）管理层声明书的基本内容

1. 标题

即"管理层声明书"。

2. 收件人

即接受委托的会计师事务所及签署审计报告的注册会计师。

3. 声明内容

管理层声明一般包括以下三个方面的内容：

（1）关于财务报表：管理层认可其对财务报表的责任；管理层认可其设计、实施和维护内部控制以防止或发现并纠正错报的责任；管理层认为注册会计师在审计过程中发现的未更正错报，无论是单独还是汇总起来考虑，对财务报表整体均不具有重大影响。

（2）关于信息的完整性：所有财务信息和其他数据的可获得性；所有股东会（股东大会）和董事会会议记录的完整性和可获得性；就违规行为这一事项，被审计单位与监管机构沟通的书面文件的可获得性；与未记录交易相关的资料的可获得性；涉及管理层、对内部控制产生重大影响的雇员、对财务报表的编制具有重大影响的其他人员的舞弊行为或舞弊嫌疑的信息的可获得性。

（3）关于确认、计量和列报：对资产或负债的确认或列报具有重大影响的计划或意图；关联方交易以及涉及关联方的应收或应付款项；需要在财务报表中披露的违规行为；需要确认或披露的或有事项，对财务报表具有重大影响的承诺事项和需要偿付的担保等；对财务报表具有重大影响的合同的履行情况；对财务报表具有重大影响的重大不确定事项；被审计单位对资产的拥有或控制情况以及抵押、质押或留置资产；持续经营假设的合理性；需要调整或披露的期后事项。

由于编制财务报表要求管理层和治理层（如适用）调整财务报表以更正重大错报，注册会计师应当要求其提供有关未更正错报的书面声明。在某些情况下，管理层和治理层（如适用）可能并不认为注册会计师提出的某些未更正的错报是错报。基于这一原因，他们可能在书面声明中增加以下表述："因为「描述理由」，我们不同意……事项和……事项构成错报。"然而，即使获取了这一声明，注册会计师仍需要对未更正错报的影响形成结论。

4．签署人

通常由被审计单位负责人及其财务机构主要责任人员签署。

5．签署日期

实务中管理层声明书标明的日期通常与审计报告日一致，以避免日期不一致可能引发的误解。但某些交易或事项单独的声明书日期，可以是注册会计师获取该声明书的日期。

（四）管理层声明对审计意见的影响

如果管理层拒绝提供注册会计师认为必要的声明，注册会计师应当将其视为审计范围受到限制，考虑无法获取该声明对审计意见的影响，出具保留意见或无法表示意见的审计报告。

审计工作底稿实例 9－9

管理层声明书

致光华会计师事务所方芳注册会计师：

本声明书是针对你们审计 ABC 公司截至 2024 年 12 月 31 日的年度财务报表而提供的。审计的目的是对财务报表发表意见，以确定财务报表是否在所有重大方面已按照企业会计准则的规定编制，并实现公允反映。

尽我们所知，并在作出了必要的查询和了解后，我们确认：

一、财务报表

1．我们已履行 2024 年 11 月 20 日签署的审计业务约定书中提及的责任，即按照企业会计准则的规定编制财务报表，并对财务报表进行后公允反映。

2．根据企业会计准则有关确认、计量或披露的规定，作业会计估计和相关披露时使用的方法,重大假设和数据是适当的。

3. 已按照企业会计准则的规定对关联方关系及其交易作出了恰当的会计处理和披露。

4. 根据企业会计准则的规定,所有需要调整或披露的资产负债表日后事项都已得到调整或披露。

5. 未更正错报,无论是单独还是汇总起来,对财务报表整体的影响均不重大。未更正错报汇总表附在本声明书后。

6. [插入注册会计师可能认为适当的其他任何事项]。

二、提供的信息

7. 我们已向你们提供下列工作条件:

(1) 允许接触我们注意到的、与财务报表编制相关的所有信息(如记录、文件和其他事项)。

(2) 提供你们基于审计目的要求我们提供的其他信息。

(3) 允许在获取审计证据时不受限制地接触你们认为必要的本公司内部人员和其他相关人员。

8. 所有交易均已记录并反映在财务报表中。

9. 我们已向你们披露了舞弊可能导致的财务报表重大错报风险的评估结果。

10. 我们已向你们披露了我们注意到的、可能影响本公司的与舞弊或舞弊嫌疑相关的所有信息,这些信息涉及本公司的:

(1) 管理层。

(2) 在内部控制中承担重要职责的员工。

(3) 其他人员(在舞弊行为导致财务报表重大错报的情况下)。

11. 我们已向你们披露了从现任和前任员工、分析师、监管机构等方面获知的、影响财务报表的舞弊指控或舞弊嫌疑的所有信息。

12. 我们已向你们披露了所有已知的、在编制财务报表时应当考虑其影响的违法或涉嫌违反法律法规的行为。

13. 我们已向你们披露了我们注意到的关联方的名称和特征、所有关联方关系及其交易。

14. [插入注册会计师可能认为必要的其他任何事项]。

附件1:未更正错报汇总表(不包括列报和披露错报)

附件2:列报和披露错报汇总表

瑞亚房地产开发有限公司　　　　　　瑞亚房地产开发有限公司管理层

(盖章)　　　　　　　　　　　　　　(签名并盖章)

中国××市　　　　　　　　　　　　2025年3月28日

六、与被审计单位治理层和管理层沟通

在财务报表审计中,注册会计师应重视与治理层和管理层的沟通,特别是在审计结束阶段。治理层包括董事会、监事会和股东会(股东大会),履行监督财务报告过程的职责。管理层则是对被审计单位经营活动的执行负有经营管理责任的人员,如高级管理人员组成,负责编制财务报表并接受治理层的监督。注册会计师应就财务报表审计中相关且根据职业判断与治理

层、管理层责任相关的重大事项,进行适时的沟通。

（一）沟通的目的与形式

1. 沟通的目的

（1）明确责任。通过与管理层的沟通,注册会计师可以明确双方的责任和义务,确保各方认真履行职责,保护合法权益,避免注册会计师受到不公正的指责或控诉。

（2）建立有效的双向沟通关系。在独立、客观、公正原则的前提下,注册会计师与治理层和管理层进行必要的沟通,有助于建立良好的工作关系,增强协作与配合,促进审计程序的顺利实施,最终实现审计目标。注册会计师也应建议治理层以同样的方式与其沟通,建立有效的双向沟通关系。

（3）保证执业质量,提升审计效果和效率。与管理层的沟通,可以使注册会计师获取更多相关信息,了解各种复杂和疑难问题的具体情况,从而节省审计时间,提高审计工作效率,作出准确判断,降低审计风险,保证审计工作的质量。

（4）为客户提供更好的服务。在审计过程中,注册会计师可能发现客户在内部控制、经营管理等方面的问题,通过适当的沟通,可以帮助客户改善内部控制,提升经营效率和管理效果。

2. 沟通的形式

注册会计师应根据审计准则、相关法律法规和审计业务约定书的要求,合理运用专业判断,确定与治理层和管理层沟通的形式。有效的沟通可以采用正式声明、书面报告等书面形式,也可以采用口头形式。对于审计工作中发现的重大问题或涉及注册会计师独立性的事项,应采用书面形式;对于一般事项,可以采用口头形式,以便沟通更多内容,确保及时沟通。

（二）沟通的内容

注册会计师与治理层、管理层沟通的事项可以包括：注册会计师的责任、计划的审计范围和时间、审计工作中发现的问题以及注册会计师的独立性及其他补充事项。

1. 注册会计师的责任

注册会计师应当就其责任直接与治理层和管理层沟通。具体来说,注册会计师通常会将有关沟通事项包含在审计业务约定书中,并向治理层和管理层进行说明。注册会计师的责任是按照审计准则的规定执行审计业务,对管理层在治理层监督下编制的财务报表发表审计意见,审计工作并不能减轻管理层和治理层的责任。

2. 计划的审计范围和时间安排

注册会计师应当就计划的审计范围和时间安排直接与治理层和管理层作简要沟通。在审计计划阶段,注册会计师应当就如何应对舞弊或错误导致的重大错报风险、内部控制测试方案、审计重要性的概念等事项与治理层和管理层进行沟通。与治理层和管理层的沟通有助于注册会计师计划审计范围和时间,但并不改变注册会计师独自承担制定总体审计策略和具体审计计划的责任。

3. 审计工作中的重大发现

注册会计师应当就审计工作中发现的问题与治理层和管理层直接沟通。在审计实施阶段,注册会计师应当将对被审计单位会计处理质量的看法、在审计工作中遇到的重大困难、尚未更正的错报,以及在审计中发现的、根据职业判断认为重大且与治理层履行财务报告过程监督责任直接相关的事项,与治理层和管理层进行适当的沟通。

4. 注册会计师的独立性

注册会计师还应与治理层和管理层就注册会计师的独立性进行沟通。例如,应对审计人员按照法律法规和职业道德规范的规定保持独立性作出声明;为消除对独立性的威胁或将其降至可接受的水平,已经采取的相关防护措施。如果出现了违反与注册会计师独立性有关的职业道德规范的情形,注册会计师应在形成正式的审计意见之前进行沟通。

通常情况下,会计师事务所应与被审计单位召开沟通会。会上,注册会计师可以口头报告本次审计所发现的问题,并说明建议被审计单位作必要调整或表外披露的理由。管理层也可以在会上申辩其立场。最后,双方通常会对需要被审计单位作出的改变达成协议。如果达成协议,注册会计师即可签发标准审计报告。否则,注册会计师则可能不得不出具其他类型的审计意见。

5. 补充事项

根据《〈中国注册会计师审计准则第 1151 号——与治理层的沟通〉应用指南》要求,补充事项是指虽然不一定与监督财务报告流程有关,但对治理层监督被审计单位的战略方向或与被审计单位受托责任相关的义务很可能是重要的事项。这些事项可能包括与治理结构或过程有关的重大问题、缺乏适当授权的高级管理层作出的重大决策或行动等。

在沟通补充事项时,注册会计师需要运用职业判断,确定这些事项对于治理层履行监督职责的重要程度。例如,企业关键业务部门频繁更换负责人且未履行正常审批程序,可能反映出公司治理结构存在缺陷。

注册会计师应及时与治理层沟通补充事项,沟通形式同样需根据事项的重要程度确定。对于可能严重影响公司治理和战略决策的补充事项,应采用书面形式,并详细说明事项的性质、影响及潜在风险;对于一般性补充事项,可采用口头形式进行沟通,但需在审计工作底稿中详细记录沟通的时间、对象和内容,确保审计工作的可追溯性。

七、评价审计结果

评价审计结果的目的是确定将要发表的审计意见的类型以及在整个审计工作中是否遵循了注册会计师审计准则。这一过程的主要工作是对重要性和审计风险的最终评价。对重要性和审计风险的最终评价,就是确定和汇总可能的审计差异,并分析审计差异汇总数对财务报表的影响程度,进而评价审计风险。(见审计工作底稿 9 - 10)

(一) 按财务报表项目确定可能的审计差异

可能的审计差异是指财务报表项目可能的错报金额,由以下四部分组成:

(1)已知错报:通过交易和会计报表项目的实质性程序所确认的未更正错报。包括注册会计师考虑报表项目层次重要性水平而未建议被审计单位予以调整的未调整不符事项,以及被审计单位拒绝按注册会计师的建议进行调整而形成的未调整不符事项。

(2)未更正预计错报:通过运用审计抽样技术所估计的未更正预计错报。

(3)其他估计错报:通过运用分析性程序发现和运用其他审计程序所量化的其他估计错报。

(4)上期未更正错报:上一期间未更正的对本期财务报表产生影响的错报。

(二) 分析各财务报表项目审计差异汇总数的影响

分析审计差异汇总数对财务报表层次重要性水平和其他与这些错报有关的财务报表总额(如流动资产或流动负债)的影响程度。一方面将审计差异与财务报表层次的重要性水平比较,确定是否可以接受审计差异汇总数;另一方面,通过计算某类财务报表项目的审计差异占该类财务报表项目总额的比例(如流动资产差异数占流动资产总额的比例),确定该财务报表项目内的审计差异数是否可以接受。应当注意的是,这里所用的财务报表层次的重要性水平是指在审计的实施阶段修正后的财务报表层次重要性水平。

审计总结

被审计单位：瑞亚房地产开发有限公司　　　　　　索引号：6600

项目：2024 年度审计　　　　　　　　　　　　截止日/期间：2024－12－31

编制：方芳　　　　　　　　　　　　　　　　复核：杨迪

日期：2025－03－28　　　　　　　　　　　　日期：2025－03－28

一、企业概况

（一）公司历史沿革

瑞亚房地产开发有限公司（以下简称"公司"或"本公司"）系于 2005 年 11 月经××市原工商行政管理局××区分局登记注册成立的有限责任公司。公司法定代表人：王晓；公司所处行业：房地产开发；企业法人营业执照注册号：3102××000192×××；公司设立时注册资本人民币 3 200 万元,实收资本 3 200 万元,已经 KH 会计师事务所有限公司审验,并于 2005 年 11 月 22 日出具 KF 会所验〔2005〕238 号验资报告。股东出资情况如下：

股东名称	出资额/元	出资方式	出资比例
王晓	22 400 000.00	货币	70%
	9 600 000.00	货币、实物	30%
合计	32 000 000.00	货币	100.00%

（二）公司注册地址、组织形式、总部地址

公司注册地址为××市××区××镇外××公路 28 号 B－23；组织形式为有限责任公司；总部地址与注册地址一致。

（三）公司的业务性质和主要经营活动

1. 业务性质

公司所属行业为房地产。

2. 经营范围

房地产投资；房地产开发（凭有效资质证书经营）；高新技术产品及其他项目投资。

二、审计范围

1. 对贵公司按照企业会计准则编制的 2024 年 12 月 31 日的资产负债表,2024 年度利润表、所有者权益变动表和现金流量表以及财务报表附注进行审计,按审计约定书范围执行,审计范围未受到限制。

2. 审计报告的用途为按审计约定书中约定用途。

3. 签署审计报告的最后期限为 2025 年 3 月 31 日

三、独立性声明

签发审计报告的注册会计师在形式上、实质上是独立于被审计单位,且没有任何影响独立性的事项。

四、按计划实施的主要程序

（1）已按计划进行了风险评估（通过了解被审计单位及其环境,了解内部控制）,经过了解,被审计单位风险评估为"中",与计划确定的风险水平一致。

（2）对主要项目实施了进一步实质性程序。

① 对库存现金进行了监盘,通过监盘并结合内部控制程序的检查,没有发现异常现象。

② 对银行存款（包括银行借款）进行了询证,询证结果与账面数相符。

③ 对往来款项进行了询证,包括对关联方往来进行了替代测试。

④ 对存货进行了监盘,存货主要为"工程施工",对其工程进度进行了测算,并进行现场勘查。

⑤ 对借款进行了询证,回函金额与报表数相符;检查并了解了相关借款,抵押或质押合同的主要条款,了解其借款条件、金额、利率,借款时间及还款方式、金额、时间等重要条款对企业产生的影响及企业对合同的遵守情况,经检查了解,没有发现异常情况;对借款利息进行了测试。

⑥ 对收入进行了分类分月统计,对销售发票进行了归集,并进行计价测试和截止测试。

⑦ 对成本进行分类分月统计,并结合存货进行了分析测算,并进行计价测试和截止测试。

五、重要财务数据分析

对财务报表附注中的财务报表主要项目及两年对比数据的变化进行分析,并考虑相关项目的衔接。

例:据已审资产负债表和利润表,存货项目比年初增加 111.5 万元,其他应收款项目比年初增加 1 000 万元,其他应付款比年初增加 1 550 万元。上述变化主要原因是本年发生了一笔勘查费导致存货增加,另有往来借款导致其他应收和其他应付增加。

六、重要事项

---

(1) 审计过程中遇到的重要事项,如关联交易、承诺事项、或有事项、资产负债表日后事项及其他重要事项。说明被审计单位对有关事项的处理或披露以及我们的判断意见,索引相关工作底稿。

(2) 存在的问题及解决方法或处理意见。与被审计单位讨论的结果。相应的审计证据的索引,最终的跟进结果及解决问题的最终方案。

七、重要会计政策、会计估计变更及重大差错更正

---

(1) 重要会计政策、会计估计变更与重大差错更正的理由以及对本年度财务报表的影响。

(2) 对重大会计差错更正实施的具体审计程序与取得证据的充分性。

八、重要审计调整及与客户交换意见情况

列示调整原因、有关说明、金额、被审计单位对调整的意见,未调整事项说明及原因,未调整事项累计对会计报表的影响程度。

例:我们在审计过程中发现,被审计单位年终开发产品结转时工程结算数据未审定,按初审数结转。在财务报表日后根据工程结算数据审定数进行了成本调整,同时还对漏转的收入和其他成本项目进行了调整,由于影响金额较大,涉及面较广,本次审计对此进行了调整。详见账项调整重分类调整分录汇总表。

九、审计结论

审计后的财务报表公允地反映了瑞亚房地产开发有限公司 2024 年 12 月 31 日财务状况以及 2024 年度的经营成果及现金流量,我们拟出具标准无保留意见。

十、对下年审计工作及今后相关业务的建议

建议建立健全内部控制制度。

(三)评价根据审计证据得出的审计结论

注册会计师应当评价根据审计证据得出的结论,以其作为对财务报表形成审计意见的基础。在对财务报表形成审计意见时,注册会计师应当根据已获取的审计证据,评价是否已对财务报表整体不存在重大错报获取合理保证。

（四）评价财务报表的合法性

注册会计师应当在考虑以下内容的基础上，对财务报表是否按照适用的企业会计准则和相关会计制度的规定编制进行评价：（1）选择和运用的会计政策是否符合适用的企业会计准则和相关会计制度，并适合于被审计单位的具体情况；（2）管理层作出的会计估计是否合理，确定会计估计的重大错报风险是否是特别风险，是否采取了有效的措施予以应对；（3）财务报表反映的信息是否具有相关性、可靠性、可比性和可理解性，是否符合信息质量特征；（4）财务报表是否作出充分披露，使财务报表使用者能够理解重大交易和事项对被审计单位财务状况、经营成果和现金流量的影响。

（五）评价财务报表的公允性

注册会计师应当依据以下内容，对财务报表是否作出公允反映进行评价：

（1）经管理层调整后的财务报表，是否与注册会计师对被审计单位及其环境的了解一致。在完成审计工作后，如果财务报表存在重大错报，注册会计师应当要求管理层进行调整。管理层做出调整或拒绝调整后，注册会计师可以确定已审计财务报表是否还存在重大错报，并形成恰当的审计意见。

（2）财务报表的列报、结构和内容是否合理。

（3）财务报表是否真实地反映了交易和事项的经济实质。

（六）评价审计风险

注册会计师在审计计划阶段已确定了审计风险的可接受水平。随着可能错报总和的增加，财务报表可能被严重错报的风险也会增加。如果注册会计师认为审计风险处在一个可接受的水平，可以直接提出审计结果所支持的意见；如果注册会计师认为审计风险不能接受，应追加实施进一步审计程序或者要求被审计单位作必要调整，以便使重大错报风险被降低到一个可接受的水平。否则，注册会计师应慎重考虑该审计风险对审计报告的影响。

注册会计师应当根据已获取的审计证据，评价是否已对财务报表整体不存在重大错报获取合理保证，以发表适当的审计意见，并草拟审计报告。

学习活动三　课堂自查

（根据本任务学习情况和实操能力填写）

1. 难点：_____

_____

_____

2. 改进：_____

_____

_____

_____

任务二 审计报告

任务 描述

本任务旨在认知各种审计意见类型以及其适用条件,并尝试撰写审计报告。

一、审计工作目标

(1) 提供客观、公正的信息。
(2) 增强财务信息的可信度。
(3) 满足报告使用者的需求。

二、审计程序和相关事项

(一) 认知审计意见的类型

(1) 无保留意见。
(2) 非无保留意见。

(二) 认知审计报告要素及类型

(1) 审计报告要素。
(2) 审计报告分类。

(三) 审计报告的编制

(1) 整理审计工作底稿,分类归纳资料。
(2) 核实原始资料,分析问题性质。
(3) 拟定编写提纲,撰写报告初稿。
(4) 征求意见,修改定稿。

(四) 在审计报告中沟通关键审计事项

(1) 确定关键审计事项。
(2) 在审计报告中沟通关键审计事项。
(3) 关键审计事项的沟通例外情况(不沟通)。
(4) 与治理层沟通关键审计事项。

(五) 在审计报告中增加强调事项段和其他事项段

(1) 在审计报告中增加强调事项段。
(2) 在审计报告中增加其他事项段。

任务 识别

1. 识读上述拟执行的审计任务,识别关键词,并把关键词写在横线上:＿＿＿＿＿＿＿＿＿＿＿

2. 从关键词中选择词语用于描述应收账款审计实质性程序任务(反映程序内容和要求):

📖知识 准备

审计报告由具有专业资质的注册会计师出具,目的是确定财务报表是否按照适用的财务报告编制基础编制,并实现公允反映,它表达了注册会计师的意见。投资者、债权人、监管机构等使用者可以通过审计报告了解企业的财务状况和经营成果的真实性和可靠性,从而做出合理的投资、信贷和监管决策。

审计报告阶段,注册会计师的目标是在评价根据审计证据得出的结论的基础上,对财务报表形成审计意见,并通过书面报告的形式清楚地表达审计意见。

一、审计报告编制缺陷形式

(一) 内容不完整

1. 缺少必要的要素

审计报告应包含标题、收件人、引言段、管理层对财务报表的责任段、注册会计师的责任段、审计意见段、注册会计师的签名和盖章、会计师事务所的名称、地址及盖章、报告日期等基本要素。缺少其中任何一项,都可能导致审计报告不完整。

2. 对重要事项披露不足

对于财务报表中存在的重大不确定事项、关联方交易、或有事项等重要事项,如果审计报告中没有进行充分的披露,会影响报告使用者对企业财务状况和经营成果的正确判断。

(二) 意见表达不准确

1. 审计意见类型错误

审计意见分为无保留意见、保留意见、否定意见和无法表示意见四种类型。如果注册会计师对财务报表的审计结论与实际情况不符,选择了错误的审计意见类型,会误导报告使用者。

2. 措辞含糊不清

审计报告中的审计意见应该明确、清晰,不能使用模糊、含糊的措辞。例如,"可能存在问题""大致符合要求"等表述都是不恰当的,会使报告使用者难以理解审计结论的真正含义。

(三) 依据不充分

1. 审计证据不足

审计报告的结论应该有充分的审计证据支持。如果注册会计师在编制审计报告时,没有获取足够的审计证据,或者对审计证据的分析和评价不恰当,就可能导致审计报告的依据不充分。

2. 引用法律法规错误

审计报告中可能会引用相关的法律法规、会计准则等作为判断财务报表是否合法、公允的依据。如果引用的法规错误,或者对法规的理解和应用不准确,也会影响审计报告的质量。

(四) 格式不规范

1. 排版混乱

审计报告的排版应该整齐、规范,字体、字号、行距等要统一。如果排版混乱,会影响报告的可读性。

2. 编号错误

审计报告通常需要进行编号,以便管理和查询。如果编号错误或者不连续,会给报告的使用和归档带来不便。

为避免审计报告编制中的缺陷,注册会计师应严格遵守审计准则和相关法律法规,保持职业谨慎和独立性,充分收集审计证据,准确表达审计意见,确保审计报告的内容完整、依据充分、格式规范。

二、审计报告编制应关注事项或情形

(一)审计范围

1. 明确审计范围

确定被审计单位的具体业务范围、财务报表涵盖的期间以及涉及的实体和分支机构等,确保审计工作全面覆盖所有应审计领域,避免遗漏重要部分。对于存在特殊交易、关联方业务或重大不确定性的领域,要特别关注其是否在审计范围内得到充分考虑。

2. 考虑限制审计范围的因素

若存在管理层施加的限制、法律规定的限制或其他客观原因导致审计范围受限,应评估其对审计报告的影响程度。注册会计师可能需要在审计报告中披露这些限制,并说明其可能对审计意见产生的影响。例如,无法获取重要的审计证据、被审计单位拒绝提供某些关键信息等情况,都可能限制审计范围。

(二)财务报表内容

1. 真实性与完整性审查

核实财务报表中的数据是否真实、准确地反映了被审计单位的财务状况和经营成果;检查会计记录、凭证和账簿,确保财务数据的来源可靠;关注财务报表是否完整地包含了所有应披露的项目,如资产、负债、所有者权益、收入、费用等,防止重要信息的遗漏。

2. 重大会计政策和估计的合理性

了解被审计单位采用的会计政策和会计估计,评估其是否符合相关会计准则和法律法规的要求;对于重大的会计政策变更和估计调整,要分析其合理性和对财务报表的影响。例如,固定资产折旧方法的选择、坏账准备的计提比例等会计估计的合理性直接影响财务报表的准确性。

3. 关联方交易的披露

审查被审计单位与关联方之间的交易是否按照规定进行了充分披露。关注关联方交易的价格是否公允、交易的必要性以及对财务报表的影响。识别潜在的未披露关联方关系和交易,防止通过关联方交易进行财务舞弊。

4. 或有事项和承诺的处理

检查被审计单位是否存在未决诉讼、担保、承诺等或有事项,评估其对财务报表的潜在影响。确保或有事项在财务报表附注中得到恰当的披露。对于重大的或有事项,可能需要考虑其对审计意见的影响。

(三)审计证据

1. 充分性和适当性评估

确保获取的审计证据足以支持审计结论和审计意见。审计证据应具有相关性、可靠性和充分性,能够为财务报表的真实性和合法性提供合理保证。对于重要的事项,应获取多种类型的审计证据,如书面证据、实物证据、口头证据,以增强证据的说服力。

2. 证据的可靠性分析

评价审计证据的来源和可靠性。来自独立第三方的证据通常比被审计单位内部提供的证据更可靠。对于存在疑问的证据,应进行进一步核实和调查。例如,银行对账单、税务机关的纳税证明等外部证据的可靠性较高,而被审计单位内部的备忘录、会议记录等证据的可靠性相对较低。

3. 证据的矛盾处理

如果发现不同来源的审计证据之间存在矛盾,应进行深入分析和调查,以确定哪个证据更为可靠。审计人员可能需要进一步获取证据或与相关方进行沟通,以解决证据矛盾问题。例如,被审计单位的财务报表数据与实际库存盘点结果不一致时,需要查明原因并确定正确的财务数据。

(四) 审计意见表达

1. 准确选择审计意见类型

根据审计结果,准确选择合适的审计意见类型。审计意见应与审计发现和被审计单位的财务状况相符合。对于存在重大问题的财务报表,不能轻易发表无保留意见,而应根据问题的严重程度选择适当的审计意见类型。

2. 清晰表述审计意见

在审计报告中,应清晰、准确地表述审计意见,避免使用模糊、含糊的语言。审计意见应明确指出财务报表是否在所有重大方面按照适用的会计准则和相关会计制度编制,是否公允反映了被审计单位的财务状况和经营成果。例如,"我们认为,贵公司财务报表在所有重大方面公允反映了其财务状况和经营成果。"这样的表述简洁明了,便于报告使用者理解。

(五) 其他

1. 遵守审计准则和职业道德规范

注册会计师在编制审计报告时,应严格遵守审计准则和职业道德规范,保持独立性和客观公正,不得受到被审计单位或其他利益相关方的不当影响,确保审计报告的真实性和可靠性。违反审计准则和职业道德规范的行为,可能会导致审计报告失去公信力,并使相关注册会计师面临法律责任。

2. 关注审计报告的时效性

审计报告应在规定的时间内出具,以保证其对财务报表使用者的及时性和有用性。如果审计工作延迟,可能会影响报告使用者的决策,降低审计报告的价值。同时,注册会计师应注意审计报告的有效期,对于过时的审计报告,应提醒报告使用者注意其参考价值的局限性。

3. 与被审计单位的沟通与协调

在审计过程中,应与被审计单位保持良好的沟通和协调:及时向被审计单位反馈审计发现和问题,听取被审计单位的解释和意见;对于重大问题,应与被审计单位进行充分的讨论和协商,以达成一致的解决方案。良好的沟通和协调有助于提高审计工作的效率和质量,减少审计风险,同时也有助于被审计单位更好地理解审计报告的内容。

认知审计报告编制、示例

一、审计意见的类型

审计意见的类型包括无保留意见和非无保留意见。

(一)无保留意见

无保留意见,是指当注册会计师认为财务报表在所有重大方面按照适用的财务报告编制基础编制并实现公允反映时发表的审计意见。如果认为财务报表在所有重大方面按照适用的财务报告编制基础编制并实现公允反映,注册会计师应当发表无保留意见。

(二)非无保留意见

非无保留意见,是指对财务报表发表的保留意见、否定意见或无法表示意见。① 保留意见,是指当注册会计师认为财务报表整体公允反映,但某些事项存在重大错报且无法消除的情形下发表的审计意见;② 否定意见,是指当注册会计师认为财务报表整体存在重大错报,且这些错报对财务报表的影响广泛,以至于财务报表不符合适用的财务报告编制基础情形下发表的审计意见;③ 无法表示意见,是指当注册会计师无法获取充分适当的审计证据,导致无法对财务报表整体是否存在重大错报发表意见情形下出具的审计结论。

当存在下列情形之一时,注册会计师应当按照《中国注册会计师审计准则第 1502 号——在审计报告中发表非无保留意见》的规定,在审计报告中发表非无保留意见:① 根据获取的审计证据,得出财务报表整体存在重大错报的结论;② 无法获取充分、适当的审计证据,不能得出财务报表整体不存在重大错报的结论。

如果财务报表没有实现公允反映,注册会计师应当就该事项与管理层讨论,并根据适用的财务报告编制基础的规定和该事项得到解决的情况,决定是否有必要按照审计准则的规定在审计报告中发表非无保留意见。导致注册会计师发表非无保留意见的情形归纳如表 9-3、表 9-4 所示。

表 9-3　导致发表非无保留意见的情形

导致发表非无保留意见的事项的情形	这些事项对财务报表产生或可能产生影响的广泛性事项	
	重大,但不具有广泛性	重大且具有广泛性
财务报表存在重大错报	保留意见	否定意见
无法获取充分、适当的审计证据	保留意见	无法表示意见

表 9-4　导致发表非无保留意见的情形说明

导致非无保留意见的情形	具体情形	报告类型	说明
重大但不广泛的财务报表错报	会计政策、会计估计或财务报表披露不符合规定,影响重大但不至于发表否定意见	保留意见	使用"除……的影响外"等术语说明保留意见的原因

导致非无保留意见的情形	具体情形	报告类型	说明
审计范围受到限制	由于客观环境或管理层限制,无法实施必要的审计程序	无法表示意见	在审计意见段中提及审计范围的限制情况,说明无法表示意见的理由
重大且广泛的财务报表错报	财务报表未按规定编制,未能在所有重大方面公允反映财务状况	否定意见	使用"由于上述问题造成的重大影响"等术语说明否定意见的原因
审计范围受到重大且广泛的限制	无法获取充分、适当的审计证据,对财务报表发表审计意见	无法表示意见	删除责任段,使用"由于审计范围受到限制可能产生的影响非常重大和广泛"等术语
注册会计师与管理层的分歧	会计政策、会计估计或财务报表披露方面的分歧	保留意见/否定意见	依据具体影响判断保留意见或否定意见

二、审计报告分类及要素

(一) 审计报告分类

审计报告可以从不同角度进行分类。

1. 按照审计意见类型分类

为帮助报告使用者更好地理解财务报表的可靠性和真实性,审计报告按审计意见性质分为标准审计报告和非标准审计报告两大类。

标准审计报告是指注册会计师出具的无保留意见的审计报告,不附加说明段、强调事项段或任何修饰性用语,说明注册会计师在审计过程中未受到限制,能够获取充分、适当的审计证据,表明财务报表在所有重大方面按照适用的财务报告编制基础编制,公允反映了被审计单位的财务状况、经营成果和现金流量。此类型报告内容简洁明了,通常只包括审计报告的基本要素。

非标准审计报告是指除标准审计报告以外的其他审计报告,包括：① 带强调事项段或其他事项段的无保留意见的审计报告;② 保留意见的审计报告;③ 否定意见的审计报告;④ 无法表示意见的审计报告。其中第①类非标准审计报告通常会在审计意见段之后增加强调事项段、其他事项段或说明段,以对财务报表中的特定事项进行说明或提醒报告使用者注意。此类报告内容相对复杂,需要注册会计师对审计过程中发现的问题进行详细说明,并阐述其对审计意见的影响。

(1) 无保留意见审计报告：表明财务报表在所有重大方面按照适用的财务报告编制基础编制,公允反映了被审计单位的财务状况、经营成果和现金流量。

(2) 保留意见审计报告：整体上财务报表是公允的,但存在对财务报表有重大影响的特定事项,其影响程度不足以导致否定意见。

(3) 否定意见审计报告：财务报表没有按照适用的财务报告编制基础编制,或者没有在所有重大方面公允反映被审计单位的财务状况、经营成果和现金流量。

(4) 无法表示意见审计报告：由于审计范围受到严重限制,注册会计师无法获取充分、适当的审计证据,以至于无法对财务报表发表审计意见。

非标准审计报告具体类型及适用情况如下。

(1)带强调事项段或其他事项段的无保留意见的审计报告:当注册会计师认为财务报表整体是公允的,但存在需要提醒报告使用者关注的重大事项时,会出具带强调事项段或其他事项段的无保留意见的审计报告。例如,对持续经营能力存在重大疑虑、重大不确定事项、重大关联方交易。

(2)保留意见的审计报告:当注册会计师认为财务报表整体是公允的,但存在对财务报表有重大影响的特定事项,且这些事项的影响程度不足以导致否定意见时,会出具保留意见的审计报告。例如,审计范围受到限制、财务报表的编制不符合适用的财务报告编制基础等。

(3)否定意见的审计报告:当注册会计师认为财务报表没有按照适用的财务报告编制基础编制,或者没有在所有重大方面公允反映被审计单位的财务状况、经营成果和现金流量时,会出具否定意见的审计报告。

(4)无法表示意见的审计报告:当注册会计师无法获取充分、适当的审计证据,以至于无法对财务报表发表审计意见时,会出具无法表示意见的审计报告。例如,审计范围受到严重限制,无法确定财务报表的真实性和可靠性。

总之,标准审计报告和非标准审计报告在内容和适用情况上存在明显差异,报告使用者在阅读审计报告时,应根据审计意见的类型,正确理解财务报表的真实性和可靠性。

2. 按照审计范围分类

(1)全面审计报告:对被审计单位的所有经济活动进行全面审计后出具的报告。

(2)专项审计报告:针对被审计单位的特定事项或特定领域进行审计后出具的报告,如固定资产审计报告、专项资金审计报告。

(二)审计报告要素

根据相关审计准则,审计报告应当包括以下基本要素。

1. 标题

审计报告应具有统一规范的标题,即"审计报告"。

2. 收件人

审计报告应按照审计业务约定载明收件人,通常是被审计单位的股东或治理层。

3. 审计意见

审计意见部分由两部分构成。

(1)第一部分:指出已审计财务报表。审计意见应当包括以下方面:① 被审计单位的名称;② 财务报表已经审计;③ 构成整套财务报表的每一财务报表的名称;④ 财务报表附注;⑤ 财务报表的日期或涵盖的期间。

(2)第二部分:说明注册会计师发表的审计意见。无保留意见应当使用类似"我们认为,财务报表在所有重大方面按照[适用的财务报告编制基础]编制,公允反映了……"的措辞。审计意见涵盖由适用的财务报告编制基础所确定的整套财务报表。例如,在许多通用目的财务报告编制基础中,财务报表包括资产负债表、利润表、现金流量表、所有者权益变动表和相关附注(通常包括重大会计政策和会计估计以及其他解释性信息)。

审计意见说明财务报表在所有重大方面按照适用的财务报告编制基础编制,公允反映了财务报表旨在反映的事项。例如,对于按照企业会计准则编制的财务报表,这些事项是"被审计单位期末的财务状况、截至期末某一期间的经营成果和现金流量"。

4. 形成审计意见的基础

该部分提供关于审计意见的重要背景,应当紧接在审计意见部分之后,并包括以下方面:① 说明注册会计师按照审计准则执行了审计工作;② 提及审计报告中用于描述审计准则规定的注册会计师责任的部分;③ 声明注册会计师保持独立性并履行了职业道德责任;④ 说明审计证据是充分、适当的,为发表审计意见提供了基础。

5. 管理层对财务报表的责任

该部分应说明管理层负责:① 按照适用的财务报告编制基础编制财务报表,使其实现公允反映,并设计、执行和维护必要的内部控制;② 评估被审计单位的持续经营能力和使用持续经营假设是否适当,并披露相关事项(如适用)。

6. 注册会计师对财务报表审计的责任

该部分说明应包括:① 说明注册会计师的目标是获取合理保证并出具包含审计意见的审计报告;② 说明合理保证是高水平的保证,但并不能保证在某一重大错报存在时总能发现;③ 说明错报可能由于舞弊或错误导致,并描述可能影响财务报表使用者决策的重大错报;④ 说明注册会计师在执行审计工作的过程中运用职业判断并保持职业怀疑;⑤ 其他说明(如适用)。

7. 按照相关法律法规的要求报告的事项(如适用)

除审计准则规定的注册会计师对财务报表出具审计报告的责任外,相关法律法规可能对注册会计师设定了其他报告责任。例如,如果注册会计师在财务报表审计中注意到某些事项,可能被要求对这些事项予以报告。此外,注册会计师可能被要求实施额外的规定的程序并予以报告,或对特定事项(如会计账簿和记录的适当性)发表意见。如果注册会计师在对财务报表出具的审计报告中履行其他报告责任,应当在审计报告中将其单独作为一部分,并以"按照相关法律法规的要求报告的事项"为标题,或使用适合于该部分内容的其他标题,除非其他报告责任涉及的事项与审计准则规定的报告责任涉及的事项相同。

8. 注册会计师的签名和盖章

审计报告应由项目合伙人和负责项目的注册会计师签名和盖章。

9. 会计师事务所的名称、地址和盖章

审计报告应载明会计师事务所的名称和地址,并加盖会计师事务所公章。

10. 报告日期

审计报告应注明报告日期,审计报告日不应早于注册会计师获取充分、适当的审计证据并在此基础上对财务报表形成审计意见的日期。

11. 与财务报表一同列报的补充信息

在某些情况下,被审计单位根据法律法规的要求,或出于自愿选择,与财务报表一同列报适用的财务报告编制基础未作要求的补充信息。例如,被审计单位列报补充信息以增强财务报表使用者对适用的财务报告编制基础的理解,或者对财务报表的特定项目提供进一步解释。这种补充信息通常在补充报表中或作为额外的附注进行列示。

如果被审计单位将适用的财务报告编制基础未作要求的补充信息与已审计财务报表一同列报,注册会计师应当根据职业判断,评价补充信息是否由于其性质和列报方式而构成财务报表的必要组成部分。如果补充信息构成财务报表的必要组成部分,应当将其涵盖在审计意见中。

如果认为适用的财务报告编制基础未作要求的补充信息不构成已审计财务报表的必要组

成部分,注册会计师应当评价这些补充信息的列报方式是否充分、清楚地使其与已审计财务报表相区分。如果未能充分、清楚地区分,注册会计师应当要求管理层改变未审计补充信息的列报方式。如果管理层拒绝改变,注册会计师应当指出未审计的补充信息,并在审计报告中说明补充信息未审计。

注册会计师还应按照《中国注册会计师审计准则第1324号——持续经营》《中国注册会计师审计准则第1504号——在审计报告中沟通关键审计事项》和《中国注册会计师审计准则第1521号——注册会计师对其他信息的责任》的相关规定,在审计报告中对与持续经营相关的重大不确定性、关键审计事项以及被审计单位年度报告中包含的除财务报表和审计报告之外的其他信息进行报告。

无保留审计意见报告和保留意见的审计报告(审计范围受到限制)见审计工作底稿实例9-11和审计工作底稿实例9-12。

 **审计工作底稿实例 9-11**

无保留审计意见报告

审 计 报 告

光明制造有限公司全体股东:
一、对财务报表出具的审计报告
　　(一)审计意见
　　我们审计了光明制造有限公司(以下简称"光明制造")财务报表,包括2024年12月31日的资产负债表,2024年度的利润表、现金流量表、所有者权益变动表以及相关财务报表附注。
　　我们认为,后附的财务报表在所有重大方面按照企业会计准则的规定编制,公允反映了光明制造2024年12月31日的财务状况以及2024年度的经营成果和现金流量。
　　(二)形成审计意见的基础
　　我们按照中国注册会计师审计准则的规定执行了审计工作。审计报告的"注册会计师对财务报表审计的责任"部分进一步阐述了我们在这些准则下的责任。按照中国注册会计师职业道德守则,我们独立于光明制造,并履行了职业道德方面的其他责任。我们相信,我们获取的审计证据是充分、适当的,为发表审计意见提供了基础。
　　(三)关键审计事项
　　关键审计事项是根据我们的职业判断,认为对本期财务报表审计最为重要的事项,这些事项是在对财务报表整体进行审计并形成意见的背景下进行处理的,我们不对这些事项提供单独的意见。
　　[按照《中国注册会计师审计准则第1504号——在审计报告中沟通关键审计事项》的规定描述每一关键审计事项。]
　　(四)其他信息
　　[按照《中国注册会计师审计准则第1521号——注册会计师对其他信息的责任》的规定报告。]
　　(五)管理层和治理层对财务报表的责任
　　光明制造公司管理层负责按照企业会计准则的规定编制财务报表,使其实现公允反映,并设计执行和维护必要的内部控制,以使财务报表不存在由于舞弊或错误导致的重大错报。在编制财务报表时,管理层负责评估光明制造的持续经营能力,披露与持续经营相关的事项(如适用),并运用持续经营假设,除非计划清算光明制造、停止营运或别无其他现实的选择。

治理层负责监督光明制造的财务报告过程。

(六)注册会计师对财务报表审计的责任

我们的目标是对财务报表整体是否不存在舞弊或错误导致的重大错报获取合理保证,并出具包含审计意见的审计报告。合理保证是高水平的保证,但并不能保证按照审计准则执行的审计在某一重大错报存在时总能被发现。错报可能为舞弊或错误导致,如果合理预期错报单独或汇总起来可能影响财务报表使用者依据财务报表作出的经济决策,则通常认为错报是重大的。

在按照审计准则执行审计的过程中,我们运用职业判断,并保持职业怀疑。同时,我们也执行下列工作:

(1)识别和评估由于舞弊或错误导致的财务报表重大错报风险;对这些风险有针对性地设计和实施审计程序;获取充分、适当的审计证据,作为发表审计意见的基础。由于舞弊可能涉及串通、伪造、故意遗漏、虚假陈述或凌驾于内部控制之上,未能发现由于舞弊导致的重大错报的风险高于未能发现错误导致的重大错报的风险。

(2)了解与审计相关的内部控制,以设计恰当的审计程序,但目的并非对内部控制的有效性发表意见。

(3)评价管理层选用会计政策的恰当性和作出会计估计及相关披露的合理性。

(4)对管理层使用持续经营假设的恰当性得出结论。同时,根据获取的审计证据,就可能导致对光明制造持续经营能力产生重大疑虑的事项或情况是否存在重大不确定性得出结论。如果我们得出结论认为存在重大不确定性,审计准则要求我们在审计报告中提请报表使用者注意财务报表中的相关披露;如果披露不充分,我们应当发表非无保留意见。我们的结论基于审计报告日可获得的信息。然而,未来的事项或情况可能导致光明制造不能持续经营。

(5)评价财务报表的总体列报、结构和内容,并评价财务报表是否公允反映相关交易和事项。

我们与治理层就计划的审计范围、时间安排和重大审计发现等事项进行沟通,包括沟通我们在审计中识别出的值得关注的内部控制缺陷。

我们还就已遵守与独立性相关的职业道德要求向治理层提供声明,并与治理层沟通可能被合理认为影响我们独立性的所有关系和其他事项,以及相关的防范措施(如适用)。从与治理层沟通的事项中,我们确定哪些事项对本期财务报表审计最为重要,因而构成关键审计事项。我们在审计报告中描述这些事项,除非法律法规禁止公开披露这些事项,或在极其罕见的情形下,如果合理预期在审计报告中沟通某事项造成的负面后果超过在公众利益方面产生的益处,我们确定不应在审计报告中沟通该事项。

二、按照相关法律法规的要求报告的事项

[本部分的格式和内容,取决于法律法规对其他报告责任的性质的规定。本部分应当说明相关法律法规规范的事项(其他报告责任),除非其他报告责任涉及的事项与审计准则规定的报告责任涉及的事项相同。如果涉及相同的事项,其他报告责任可以在审计准则规定的同一报告要素部分中列示。当其他报告责任和审计准则规定的报告责任涉及同一事项,并且审计报告中的措辞能够将其他报告责任与审计准则规定的责任(如差异存在)予以清楚地区分时,可以

将两者合并列示(即包含在"对财务报表出具的审计报告"部分中,并使用适当的副标题)。]

光华会计师事务所	中国注册会计师:杨迪(项目合伙人)
(盖章)	(签名并盖章)
中国上海市	中国注册会计师:方芳
二〇二五年三月三十一日	(签名并盖章)

 审计工作底稿实例 9－12

保留意见的审计报告(审计范围受到限制)

审 计 报 告①

A 股份有限公司全体股东:

一、对财务报表出具的审计报告②

(一)保留意见

我们审计了 A 股份有限公司(以下简称 A 公司)财务报表,包括 2024 年 12 月 31 日的资产负债表,2024 年度的利润表、现金流量表、所有者权益变动表以及相关财务报表附注。

我们认为,除"形成保留意见的基础"部分所述事项产生的影响外,后附的财务报表在所有重大方面按照企业会计准则的规定编制,公允反映了 A 公司 2024 年 12 月 31 日的财务状况以及 2024 年度的经营成果和现金流量。

(二)形成保留意见的基础

A 公司 2024 年 12 月 31 日资产负债表中存货的列示金额为×元。A 公司管理层(以下简称管理层)根据成本对存货进行计量,而没有根据成本与可变现净值孰低的原则进行计量,这不符合企业会计准则的规定。A 公司的会计记录显示,如果管理层以成本与可变现净值孰低来计量存货,存货列示金额将减少×元。相应地,资产减值损失将增加×元,所得税、净利润和所有者权益将分别减少×元、×元和×元。

我们按照中国注册会计师审计准则的规定执行了审计工作。审计报告的"注册会计师对财务报表审计的责任"部分进一步阐述了我们在这些准则下的责任。按照中国注册会计师职业道德守则,我们独立于 A 公司,并履行了职业道德方面的其他责任。我们相信,我们获取的审计证据是充分、适当的,为发表保留意见提供了基础。

(三)其他信息

[按照《中国注册会计师审计准则第 1521 号——注册会计师对其他信息的责任》的规定报告,见《〈中国注册会计师审计准则第 1521 号——注册会计师对其他信息的责任〉应用指南》附录 2 中的参考格式 6。该参考格式中其他信息部分的最后一段需要进行改写,以描述导致注册会计师对财务报表发表保留意见并且也影响其他信息的事项。]

---

① 其他非标准审计报告类型参见《中国注册会计师审计准则第 1502 号——在审计报告中发表非无保留意见》应用指南的附录。

② 如果审计报告中不包含"按照相关法律法规的要求报告的事项"部分,则不需要加入此标题。

（四）关键审计事项

关键审计事项是我们根据职业判断，认为对本期财务报表审计最为重要的事项。这些事项的应对以对财务报表整体进行审计并形成审计意见为背景，我们不对这些事项单独发表意见。除"形成保留意见的基础"部分所述事项外，我们确定下列事项是需要在审计报告中沟通的关键审计事项。

［按照《中国注册会计师审计准则第 1504 号——在审计报告中沟通关键审计事项》的规定描述每一关键审计事项。］

（五）管理层和治理层对财务报表的责任

［按照《中国注册会计师审计准则第 1501 号——对财务报表形成审计意见和出具审计报告》的规定报告，见《〈中国注册会计师审计准则第 1501 号——对财务报表形成审计意见和出具审计报告〉应用指南》参考格式 1。］

（六）注册会计师对财务报表审计的责任

［按照《中国注册会计师审计准则第 1501 号——对财务报表形成审计意见和出具审计报告》的规定报告，见《〈中国注册会计师审计准则第 1501 号——对财务报表形成审计意见和出具审计报告〉应用指南》参考格式 1。］

二、按照相关法律法规的要求报告的事项

［按照《中国注册会计师审计准则第 1501 号——对财务报表形成审计意见和出具审计报告》的规定报告，见《〈中国注册会计师审计准则第 1501 号——对财务报表形成审计意见和出具审计报告〉应用指南》参考格式 1。］

××会计师事务所	中国注册会计师：×××（项目合伙人）
（盖章）	（签名并盖章）
	中国注册会计师：×××
	（签名并盖章）
中国××市	2025 年 3 月 31 日

三、审计报告的编制

编制审计报告是一项严格而细致的工作。为确保审计工作的质量，审计人员应掌握编制审计报告的步骤和要求，认真做好审计报告的编制工作。编写审计报告的一般步骤如下。

（一）整理审计工作底稿，分类归纳资料

审计人员在实施审计过程中，对审查出的问题都要随时逐个记入审计工作底稿。编写审计报告时不是把所有的问题重复，而是针对审计的目标和范围，按照问题性质、重要程度和金额大小进行筛选，去粗取精，去伪存真，分类归纳整理，汇总金额，确定最重要的内容，以适应编写审计报告的需要。

（二）核实原始资料，分析问题性质

审计工作底稿经分类归纳整理之后，凡确定写入审计报告的资料，必须进一步查对核实。由于审计人员所收集的资料是在审计过程中随查随记的，所以，为了慎重起见，应从写入报告的资料是否齐全、完整，各种问题是否彻底查清，数据是否核实，佐证是否充分可信等方面对资料进行复查与核实,以保证资料的正确可靠性。

(三)拟定编写提纲,撰写报告初稿

对需要写入审计报告的问题,审计人员应发表的意见,经过进一步分析和考虑之后,便可由主审人拟定报告编写提纲,或由主审人拿出提纲初稿,提交会议讨论确定,在此基础上写出报告初稿。审计报告初稿可由一人执笔,也可由几个人分工撰写但必须由一人负责统稿。

(四)征求意见,修改定稿

审计报告初稿形成之后,可交由审计项目组成员传阅,再召开审计项目组会议,进行充分讨论、认真研究、修改完善,然后征求被审计单位的意见。被审计单位应当在收到审计报告后在规定限期内提出书面意见,若在规定限期内没有提出书面意见,视同无异议。被审计单位对审计报告有异议的,审计项目组应当进一步核实、研究。如有必要,应当修改审计报告。

四、在审计报告中沟通关键审计事项

《中国注册会计师审计准则第 1504 号——在审计报告中沟通关键审计事项》规定,注册会计师对上市实体通用目的财务报表审计,或其他经决定、委托方要求、法律法规规定的情形下,需要在审计报告中沟通关键审计事项。关键审计事项是注册会计师依职业判断,认定对当期财务报表审计最为重要的事项,从与治理层沟通过的事项中选取,旨在提升审计工作透明度与报告沟通价值。(见审计工作底稿实例 9-13)

须明确的是,沟通关键审计事项以形成财务报表整体审计意见为前提,且不能替代管理层必要披露、非无保留意见表述及持续经营相关报告,也并非对单一事项单独发表意见。

(一)确定关键审计事项

(1)筛选范围。从《中国注册会计师审计准则第 1151 号——与治理层的沟通》要求沟通的事项中选取,这些事项涵盖审计重要发现,如对会计政策、估计、披露的看法,审计面临的重大困难,是财务报表使用者关注焦点。

(2)关注重点领域。依据审计风险导向,重点关注高风险或特别风险领域、涉及重大管理层判断的领域、本期重大交易或事项,这些领域往往需更多专业判断与充分审计证据,影响审计策略和资源分配。

(3)重要性判断。在重点关注事项中,综合考量对报表使用者理解的重要性、会计政策复杂程度、错报风险、审计投入及困难等因素,确定对本期审计最重要的事项作为关键审计事项,与治理层的沟通深度可辅助判断。

(二)在审计报告中沟通关键审计事项

(1)报告结构。审计报告设独立"关键审计事项"部分,将各事项索引至财务报表相关披露,便于读者查阅。

(2)事项描述。对每个关键审计事项,说明被确定的原因、审计应对程序及注册会计师主要看法,清晰呈现审计关注与处理过程。

(三)关键审计事项的沟通例外情况

(1)法规限制。若法律法规禁止披露或沟通的负面后果超过了公众利益,可不披露该事项。

(2)非无保留意见关联。导致保留或否定意见的事项若为关键审计事项,在对应意见部分披露,不在关键审计事项部分重复。

(3)无法表示意见。如果发表的是无法表示意见,通常不沟通关键审计事项,除非法律法规强制要求。

（四）与治理层沟通关键审计事项

注册会计师需要与治理层沟通关键审计事项的确定依据、报告描述内容，以及特定情况下不沟通的关键审计事项，帮助治理层评估财务报表披露需求，提升披露质量。（见审计工作底稿实例 9－13）

审计工作底稿实例 9－13 ---

关键审计事项——研发费用资本化

相关信息披露详见财务报表附注——××

（一）事项描述

公司开发了大量的系统运行软件以及业务相关技术，并正在进一步开发其他技术以提高效率和产能。本年度，公司资本化的研发费用为 2 030.5 万元。

由于资本化的研发费用金额较大，且评估其是否达到企业会计准则规定的资本化标准涉及重大的管理层判断（特别是以下领域），因此该领域是关键审计事项。

（1）项目的技术可行性。

（2）项目产生足够未来经济利益的可能性。

我们尤其注意到公司目前正在投资开发新技术以满足其未来发展的需要，因此我们重点关注了这些在建项目的未来经济利益是否能够支撑资本化金额，这些项目包括：

（1）为提高公司开发、运营和拓展能力，重建其技术平台的项目，如能够投入使用，其经济利益需要在较长的期限内实现，因此涉及更多判断。

（2）由于某些开发技术的创新性而使其未来经济利益涉及重大判断的项目。

鉴于新软件和系统的开发，我们也关注了已经资本化的现有软件及系统的账面余额是否发生减值。

（二）实施的审计程序及结果

我们获取了本年度资本化的研发费用的明细表，并将其调节至总账中记录的金额，未发现重大异常。

我们测试了资本化金额超过 50 万元的所有项目和剩余样本中抽取的金额较小的项目，具体如下：

（1）我们获取了管理层就这些项目进行资本化的原因作出的解释，包括项目的技术可行性以及项目产生足够未来经济利益的可能性等方面。我们还与负责各选定项目的项目开发经理进行访谈，以印证上述解释并了解具体项目，从而使我们能够独立评估这些项目是否满足企业会计准则规定的资本化条件。我们发现项目经理给出的解释与我们从管理层获得的解释，以及我们对业务发展的理解一致，并认可管理层得出的这些支出满足资本化条件的评价。

（2）我们询问了管理层及相关项目经理，新软件和系统的开发是否代替了资产负债表中任何现有资产或使其减值。除财务报表附注××所披露的××万元的减值准备外，我们未发现进一步的减值迹象。我们还根据我们对于新建项目及现有项目的了解，考虑是否存在任何项目中的软件因受开发活动的影响而停止使用或减少使用年限。我们未发现重大异常。

（3）为确定支出是否可直接归属于各个项目，我们获取了单个项目耗用工时的清单，抽查了项目记录的某些工时数，并与相关项目经理讨论以了解项目，确认所测试的员工的确参与了项目,并确定这些员工所执行工作的性质。我们通过将耗用工时清单中某位员工的总工时数与其标准费率相乘来确认记录的工时工资与资本化的金额相一致。

(4) 我们还按照相当于公司技术开发小组平均工资的每小时费率对上述的标准小时费率进行了调节。我们认为所用费率能恰当反映内部开发员工的薪酬水平,未发现重大异常。

......

五、在审计报告中增加强调事项段和其他事项段

(一) 强调事项段

审计报告的强调事项段,是指审计报告中含有的一个段落,该段落提及已在财务报表中恰当列报或披露的事项,且根据注册会计师的职业判断,该事项对财务报表使用者理解财务报表至关重要。

1. 需要增加强调事项段的情形

如果认为有必要提醒财务报表使用者关注已在财务报表中列报或披露,且根据职业判断认为对财务报表使用者理解财务报表至关重要的事项,在同时满足下列条件时,注册会计师应当在审计报告中增加强调事项段:

(1) 按照《中国注册会计师审计准则第 1502 号——在审计报告中发表非无保留意见》的规定,该事项不会导致注册会计师发表非无保留意见;

(2) 当《中国注册会计师审计准则第 1504 号——在审计报告中沟通关键审计事项》适用时,该事项未被确定为在审计报告中沟通的关键审计事项。

(3) 按照《中国注册会计师审计准则第 1504 号——在审计报告中沟通关键审计事项》被确定为关键审计事项的事项,根据注册会计师的职业判断,也可能对财务报表使用者理解财务报表至关重要。在这些情况下,按照《中国注册会计师审计准则第 1504 号——在审计报告中沟通关键审计事项》的规定将该事项作为关键审计事项沟通时,注册会计师可能希望突出或提请进一步关注其相对重要程度。在关键审计事项部分,注册会计师可以使该事项的列报更为突出(如作为第一个事项),或在关键审计事项的描述中增加额外信息,以指明该事项对财务报表使用者理解财务报表的重要程度。

(4) 某一事项可能不符合《中国注册会计师审计准则第 1504 号——在审计报告中沟通关键审计事项》的规定,因而未被确定为关键审计事项(因该事项不是重点关注过的事项),但根据注册会计师的判断,其对财务报表使用者理解财务报表至关重要(如期后事项)。如果认为有必要提请财务报表使用者关注该事项,注册会计师应当将该事项包含在审计报告的强调事项段中。

2. 在审计报告中包含强调事项段时注册会计师应采取的措施

如果在审计报告中包含强调事项段,注册会计师应当采取下列措施:

(1) 将强调事项段作为单独的一部分置于审计报告中,并使用包含"强调事项"这一术语的适当标题。

(2) 明确提及被强调事项以及相关披露的位置,以便能够在财务报表中找到对该事项的详细描述。强调事项段应当仅提及已在财务报表中列报或披露的信息。

(3) 指出审计意见没有因该强调事项而改变。在审计报告中包含强调事项段不影响审计意见。包含强调事项段不能代替下列情形:

① 根据审计业务的具体情况,按照《中国注册会计师审计准则第 1502 号——在审计报告

中发表非无保留意见》的规定发表非无保留意见;

② 适用的财务报告编制基础要求管理层在财务报表中作出的披露,或为实现公允列报所需的其他披露;

③ 按照《中国注册会计师审计准则第 1324 号——持续经营》的规定,当可能导致对被审计单位持续经营能力产生重大疑虑的事项或情况存在重大不确定性时作出的报告。

如果注册会计师认为企业的持续经营能力不存在重大不确定性,应当在审计报告中发表无保留意见。如果注册会计师认为企业的持续经营能力存在重大不确定性,但财务报表仍然按照适用的财务报告编制基础进行编制并公允反映了企业的财务状况、经营成果和现金流量,注册会计师应当在审计报告中增加强调事项段,说明对持续经营能力的重大不确定性的关注。

如果注册会计师认为企业的持续经营能力存在重大不确定性,且财务报表未能按照适用的财务报告编制基础进行编制或未能公允反映企业的财务状况、经营成果和现金流量,注册会计师应当发表非无保留意见,如保留意见或否定意见。

(二) 其他事项段

其他事项段,是指审计报告中含有的一个段落,该段落提及未在财务报表中列报或披露的事项,且根据注册会计师的职业判断,该事项与财务报表使用者理解审计工作、注册会计师的责任或审计报告相关。

如果认为有必要沟通虽然未在财务报表中列报或披露,但根据职业判断认为与财务报表使用者理解审计工作、注册会计师的责任或审计报告相关的事项,在同时满足下列条件时,注册会计师应当在审计报告中增加其他事项段:

(1) 未被法律法规禁止;

(2) 当《中国注册会计师审计准则第 1504 号——在审计报告中沟通关键审计事项》适用时,该事项未被确定为在审计报告中沟通的关键审计事项。

具体而言,可能需要在审计报告中增加其他事项段的情形包括:

(1) 与使用者理解审计工作相关的情形。

(2) 与使用者理解注册会计师的责任或审计报告相关的情形。

(3) 对两套以上财务报表出具审计报告的情形。

(4) 限制审计报告分发和使用的情形。

需要注意的是,其他事项段的内容明确反映了未被要求在财务报表中列报的其他事项。其他事项段不包括法律法规或其他职业准则(如中国注册会计师职业道德守则中与信息保密相关的规定)禁止注册会计师提供的信息。其他事项段也不包括要求管理层提供的信息。如果在审计报告中包含其他事项段,注册会计师应当将该段落作为单独的一部分,并使用"其他事项"或其他适当标题。

当审计报告中同时包含关键审计事项部分、强调事项段和其他事项段时,有关它们之间相互影响的参考格式,详见审计工作底稿实例 9-14。

📍 **审计工作底稿实例 9-14**

审 计 报 告

光明制造有限公司全体股东:

一、对财务报表出具的审计报告

（一）审计意见

我们审计了 B 有限公司（以下简称"B 公司"）财务报表，包括 2024 年 12 月 31 日的资产负债表，2025 年度的利润表、现金流量表、所有者权益变动表以及相关财务报表附注。

我们认为，后附的财务报表在所有重大方面按照企业会计准则的规定编制，公允反映了光明制造 2025 年 12 月 31 日的财务状况以及 2025 年度的经营成果和现金流量。

（二）形成审计意见的基础

我们按照中国注册会计师审计准则的规定执行了审计工作。审计报告的"注册会计师对财务报表审计的责任"部分进一步阐述了我们在这些准则下的责任。按照中国注册会计师职业道德守则，我们独立于 B 公司，并履行了职业道德方面的其他责任。我们相信，我们获取的审计证据是充分、适当的，为发表审计意见提供了基础。

（三）强调事项

我们提醒财务报表使用者关注，财务报表附注×描述了火灾对 B 公司的生产设备造成的影响。本段内容不影响已发表的审计意见。

（四）关键审计事项

关键审计事项是根据我们的职业判断，认为对本期财务报表审计最为重要的事项。这些事项是在对财务报表整体进行审计并形成意见的背景下进行处理的，我们不对这些事项单独发表意见。

［按照《中国注册会计师审计准则第 1504 号——在审计报告中沟通关键审计事项》的规定描述每一关键审计事项。］

（五）其他事项

2024 年 12 月 31 日的资产负债表、2024 年度的利润表、现金流量表、所有者权益变动表以及相关财务报表附注由其他会计师事务所审计，并于 2025 年 3 月 31 日发表了无保留意见。

（六）其他信息

［按照《中国注册会计师审计准则第 1521 号——注册会计师对其他信息的责任》的规定报告。］

（七）管理层和治理层对财务报表的责任

［按照《中国注册会计师审计准则第 1501 号——对财务报表形成审计意见和出具审计报告》的规定报告。］

（八）注册会计师对财务报表审计的责任

［按照《中国注册会计师审计准则第 1501 号——对财务报表形成审计意见和出具审计报告》的规定报告。］

二、按照相关法律法规的要求报告的事项

［按照《中国注册会计师审计准则第 1501 号——对财务报表形成审计意见和出具审计报告》的规定报告。］

三、与治理层的沟通

如果拟在审计报告中增加强调事项段或其他事项段，注册会计师应当就该事项和拟使用的措辞与治理层沟通。

与治理层的沟通能使治理层了解注册会计师拟在审计报告中所强调的特定事项的性质，并在必要时为治理层提供向注册会计师作出进一步澄清的机会。对于连续审计业务，当某一特定事项在每期审计报告中的其他事项段中重复出现时，除非法律法规另有规定，注册会计师可能认为没有必要在每次审计业务中重复沟通。

光华会计师事务所(盖章)

中国北京市

中国注册会计师：杨迪(项目合伙人)(签名并盖章)

中国注册会计师：方芳(签名并盖章)

二○二五年三月三十一日

学习活动三　课堂自查

学生小结

（根据本任务学习情况和实操能力填写）

1. 难点：_____

_____

2. 改进：_____

_____

项 目 拓 展

拓展阅读

知识视窗

进行小型企业财务报表审计

一、小型企业财务报表审计的重要性

（一）服务决策需求

小型企业作为市场经济的重要组成部分,其财务报表的真实性和可靠性直接关系到投资者和债权人的决策。对于投资者而言,审计后的财务报表是评估企业价值的重要依据。对于银行等债权人而言,报告中的流动比率、速动比率等指标是其评估企业的短期偿债能力的依据。

（二）推动规范管理

在审计过程中,注册会计师会对企业的财务管理、会计核算等方面进行全面审查。审计也是揭露财务舞弊行为的重要手段。审计一旦发现舞弊线索,会及时予以揭露,这不仅保护了其他企业和社会公众的利益,也有助于维护市场经济的公平、公正和透明,营造健康的市场竞争环境。

二、小型企业财务报表审计核心风险与应对

（一）内部控制失效风险

由于缺乏有效的内部控制,企业的财务处理容易不规范,资产安全难以得到保障。应对这一风险,审计人员应扩大实质性程序的范围。在货币资金审计中,对银行账户进行 100% 函证,核实银行存款余额的真实性;对库存现金进行突击盘点,检查现金是否账实相符。在应收账款审计中,增加函证的比例,对重要客户的应收账款进行详细核实,确保应收账款的真实性和可收回性。

(二) 持续经营不确定性

小型企业规模小、抗风险能力弱,其持续经营能力存在较大的不确定性。市场波动、经济环境变化、行业竞争加剧等因素,都可能对小型企业的生存和发展造成严重威胁,使其面临无法持续经营的风险。审计人员应密切关注企业的持续经营能力,评估管理层为改善经营状况所采取的措施是否有效;若发现企业存在持续经营能力的重大疑虑,应在审计报告中予以充分披露,提醒财务报表使用者注意相关风险。

(三) 税务合规风险

部分小型企业对税收法规了解不够深入,可能存在无意识的税务违规行为;也有一些企业为了降低成本,存在故意偷逃税款的行为,如少报收入、多列成本费用。审计人员应加强对企业税务处理的审计,检查是否存在收入隐瞒的情况,判断成本费用的真实性和合理性;审查企业的发票使用情况,防止虚开发票等违规行为。同时,关注企业的税务申报是否及时、准确,确保企业遵守税收法规,降低税务风险。

(四) 资产真实性风险

存货和固定资产是小型企业的重要资产,其真实性和准确性直接影响财务报表的质量。例如,在存货审计中,审计人员不仅要核对存货的数量,还要关注存货的质量状况,检查是否存在积压、过时或损坏的存货。对于发现的问题存货,应进一步核实其价值,评估是否需要计提存货跌价准备。

三、审计差异化策略

(一) 简化流程但聚焦重点

鉴于小型企业的特点,审计流程应在保证审计质量的前提下进行适当简化;① 对于内部控制测试,由于小型企业内部控制普遍薄弱,可适当减少对内部控制的依赖,直接实施细节测试;② 聚焦重点领域和重要账户,通过对企业财务数据的初步分析,识别出高风险领域;③ 对于重大异常交易执行穿透式核查,追踪资金流向,核实交易的真实性和合法性,确保审计工作的有效性。

(二) 强化沟通与灵活取证

在小型企业审计中,与企业管理层和相关人员保持良好的沟通至关重要。审计人员应定期与管理层沟通审计发现的问题,及时获取管理层的解释和说明,降低双方间的信息不对称程度。由于小型企业财务记录可能不完整,审计人员需要灵活采用多种取证方式,如除了传统的书面证据外,还可以采用照片、视频等非传统证据。

(三) 报告披露侧重风险提示

在小型企业审计报告中,应侧重风险提示,如增加"强调事项段",或对企业存在的重大内部控制缺陷、持续经营能力不确定性等风险进行重点提示,引起财务报表使用者的关注。同时,审计报告的语言应尽量通俗易懂,避免使用过于专业的术语,使财务报表使用者能够更清晰地理解审计发现的问题和潜在风险,提高审计报告的可读性和实用性。

审计失败案例

作为曾经的房地产行业龙头,恒大地产集团有限公司(以下简称"恒大地产")在 2021 年爆发债务危机后,其财务问题逐渐浮出水面。2024 年,监管部门披露恒大地产在 2019—2020 年虚增收入超 5 641 亿元,虚增利润超 920 亿元,其中 2020 年虚增收入占当期营业收入的 78.54%。而负责审计的普华永道中天会计师事务所(以下简称"普华永道")因连续 14 年出具无保留意见审计报告,被财政部与中国证券监督管理委员会(以下简称"证监会")合计罚没 4.41 亿元。

财务舞弊手段

(1)系统性虚增收入。恒大地产通过提前确认未竣工项目收入、虚构销售合同等方式,2019 年虚增收入 2 139.89 亿元(占当期营业收入的 50.14%),2020 年进一步增至 3 501.57 亿元(占当期营业收入的 78.54%),虚增利润占比分别达 63.31% 和 86.88%。例如,审计人员实地核查时发现,部分被认定为"已交付"的楼盘实际仍是空地,交楼清单中业主签字日期普遍晚于资产负债表日。

(2)虚减成本与跨期调节。为配合收入虚增和实现利润目标,通过少计开发成本、延迟结转存货等手段,2019 年虚减成本 1 732.67 亿元,2020 年虚减 2 988.68 亿元。

(3)隐瞒重大负债与受限资金,恒大地产通过"明股实债"融资、存单质押等方式掩盖其受限资金,审计机构未质疑质押合同异常(如同一存单重复质押)。

审计失败关键点

(1)审计程序严重失效,底稿失真:① 88% 的地产项目观察记录与实际情况不符,部分走访记录甚至由恒大地产员工代签;② 样本失控,任由恒大地产剔除"敏感项目",将标注"不让去"的楼盘排除在核查范围外;③ 函证流于形式,对大额应收账款未有效函证,回函地址异常(如同一地址多个公司)未追查。

(2)独立性彻底丧失:普华永道不仅未保持独立性,还直接参与恒大地产合并财务报表的编制工作,并通过调整分录人为虚增利润。

(3)风险评估与职业怀疑缺失:对恒大地产激进的"高周转"模式、持续大额分红与现金流紧张的矛盾未保持警惕,未发现其未披露的重大债务。

监管处罚与行业影响

(1)行政处罚:财政部对普华永道罚没 1.16 亿元,暂停经营业务 6 个月并撤销广州分所;证监会罚没 3.25 亿元,4 名签字会计师被吊销注册会计师证书。

(2)市场反应:普华永道被大量上市公司解聘,流失审计费用超 5.4 亿元,行业声誉严重受损。

(3)跨境协作:财政部通过监管合作机制,配合香港会计及财务汇报局调查罗兵咸永道会计师事务所(普华永道香港关联所)的审计责任。

案例启示

(1)审计独立性面临严峻挑战,长期合作导致审计机构与企业利益绑定,普华永道 14 年间收取恒大地产审计费超 2 亿元。

(2)程序执行刚性不足,现场走访、函证等核心程序被企业操控,复核环节流于形式,暴露出审计机构质量控制的缺陷。

(3)监管处罚力度升级,监管部门对审计机构在审计项目中的违法所得给予顶格财产、资格罚,释放"零容忍"信号,要求中介机构切实履行"资本市场看门人"职责。

素养园地

一、法治精神与规则敬畏

安然事件(2001年)中,安达信会计师事务所因协助客户销毁审计证据、公然挑战法律底线,最终导致其破产倒闭。这不仅摧毁了这家会计师事务所,更动摇了公众对资本市场的信任基础。该事件直接催生了《萨班斯-奥克斯利法案》,其核心精神是强化审计独立性(如强制轮换制度)和审计师的法律责任。它警示我们:审计工作的生命线在于对法律法规的绝对敬畏。审计师必须将"规则至上、程序正义"内化为职业信仰,任何逾越法律红线的行为,都将付出惨痛代价。审计师应加强对相关法律法规的学习,明确审计行为的法律边界和违法后果。

二、职业怀疑与专业担当

奥林巴斯事件(2011年)中,审计机构长达10年未能发现公司通过复杂收购掩盖巨额亏损的舞弊。暴露了审计师职业怀疑精神的严重缺失和对复杂交易风险评估的失职。该事件促使国际审计准则大幅强化对会计估计和复杂交易的审计要求。它深刻说明:审计师不能满足于表面的"形式合规",必须具备穿透迷雾的"鹰眼"和敢于质疑的"硬骨头"精神。保持职业怀疑不仅是审计专业技术准则,更是专业伦理的核心要求和专业担当。

项目总结

学生感知

根据项目九学习、认知和能力训练情况,填写学习感知(掌握技能描述、心得体会等):

_____

项目总结

知识内容重点与难点

重点:审计报告前工作(如调整分录汇总、期后事项审查)、审计意见类型判断(如无保留、保留、否定意见)、关键审计事项披露(如高风险的收入确认、减值测试)。

难点:持续经营能力评估(如现金流预测、债务违约风险);关键审计事项的沟通与披露(如平衡重要性与商业机密)。

技能训练重点与难点

重点:填写审计调整分录汇总表、期后事项检查表;模拟不同意见类型报告撰写。

难点:判断期后事项性质(如调整事项与非调整事项区分);确保审计意见与错报影响程度一致(如重大但不广泛影响出具保留意见)。

审计工作
底稿：审
计报告

审计实操测试

　　项目九介绍了审计报告的编制程序和工作底稿填写。按教学技能目标的要求，学生应能够协助完成审计报告初稿编制和相关工作底稿填制。（本测试相关的审计工作底稿详见二维码）

职业能力评价

职业能力	评价项目	学生自评			
编制审计报告前的工作	1. 评价审计中的重大发现	□A	□B	□C	□D
	2. 评价审计过程中识别出的错报	□A	□B	□C	□D
	3. 实施分析程序	□A	□B	□C	□D
	4. 复核审计工作	□A	□B	□C	□D
	5. 获取管理层声明书	□A	□B	□C	□D
	6. 与被审计单位治理层沟通	□A	□B	□C	□D
	7. 评价审计结果	□A	□B	□C	□D
审计报告	1. 认知审计意见的类型	□A	□B	□C	□D
	2. 认知审计报告要素及类型	□A	□B	□C	□D
	3. 审计报告的编制	□A	□B	□C	□D
	4. 在审计报告中沟通关键审计事项	□A	□B	□C	□D
	5. 在审计报告中增加强调事项段和其他事项段	□A	□B	□C	□D

学生成绩：

注：（1）A 为掌握程度＞80％，B 为掌握程度＞70％，C 为掌握程度≥60％，D 为掌握程度＜60％。
　　（2）自评标准为学生对各项任务审计程序的执行力。
　　（3）教师根据学生独立完成的审计工作底稿情况进行打分和评价，结果可作为平时成绩之一。

主要参考文献

［1］ 《审计专业技术资格考试辅导教材》编写组. 审计理论与实务［M］. 北京：中国时代经济出版社,2025.

［2］ 陈汉文,韩洪灵,刘思义. 审计理论与实务［M］. 4 版. 北京：北京大学出版社,2024.

［3］ 审计署审计科研所. 审计基础与实务［M］. 4 版. 北京：清华大学出版社,2020.

［4］ 李凤. 审计基础与实务［M］. 2 版. 北京：高等教育出版社,2023.

［5］ 中国注册会计师协会. 审计［M］. 北京：中国财政经济出版社,2025.

感谢您使用本书。为方便教学，我社为教师提供资源下载、样书申请等服务，如贵校已选用本书，您只要关注微信公众号"高职财经教学研究"，或加入下列教师交流QQ群即可免费获得相关服务。

高职财经教学研究

高等教育出版社(上海)教材服务有限... ✔

上海

高等教育出版社旗下产品，提供高职财经专业课程教学交流、配套数字资源及样书申请等服务。›

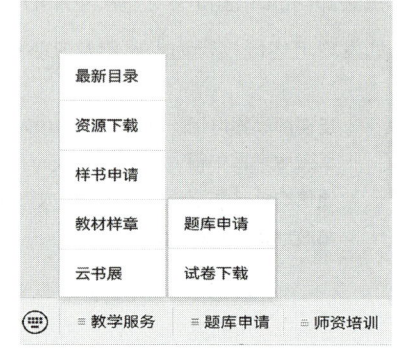

| 最新目录 |
| 资源下载 |
| 样书申请 |
| 教材样章　题库申请 |
| 云书展　试卷下载 |

≡教学服务　≡题库申请　≡师资培训

资源下载：点击"**教学服务**"—"**资源下载**"，注册登录后可搜索相应的资源并下载。（建议用电脑浏览器操作）

样书申请：点击"**教学服务**"—"**样书申请**"，填写相关信息即可申请样书。

样章下载：点击"**教学服务**"—"**教材样章**"，即可下载在供教材的前言、目录和样章。

题库申请：点击"**题库申请**"，填写相关信息即可申请题库或下载试卷。

师资培训：点击"**师资培训**"，获取最新会议信息、直播回放和往期师资培训视频。

联系方式

会计QQ3群 :473802328　　会计QQ2群 :370279388　　会计QQ1群 :554729666
会计QQ4群 :291244392

（以上4个会计 Q群，加入任何一个即可获取教学服务，请勿重复加入）
联系电话: (021)56961310　　电子邮箱:3076198581@qq.com

在线试题库及组卷系统

我们研发有十余门课程试题库："基础会计""财务会计""成本计算与管理""财务管理""管理会计""税务会计""税法""税收筹划""审计基础与实务""财务报表分析""EXCEL在财务中的应用""大数据基础与实务""会计信息系统应用""政府会计""内部控制与风险管理"等，平均每个题库近3000题，知识点全覆盖，题型丰富，可自动组卷与批改。如贵校选用了高教社沪版相关课程教材，我们可免费提供给教师每个题库生成的各6套试卷及答案（Word格式难中易三档，索取方式见上述"题库申请"），教师也可与我们联系咨询更多试题库详情。